权威·前沿·原创

皮书系列为
“十二五”“十三五”国家重点图书出版规划项目

本书获河南省社会科学院哲学社会科学创新工程试点经费资助

中国中部地区发展报告（2018）

ANNUAL REPORT ON DEVELOPMENT OF CHINA'S CENTRAL REGION (2018)

新时代新要求与中部崛起

主　编／王　勇　张占仓
副主编／周　立　袁凯声　王承哲

社会科学文献出版社
SOCIAL SCIENCES ACADEMIC PRESS (CHINA)

图书在版编目（CIP）数据

中国中部地区发展报告．2018：新时代新要求与中部崛起／王勇，张占仓主编．--北京：社会科学文献出版社，2018.8

（中部蓝皮书）

ISBN 978－7－5201－3178－0

Ⅰ.①中… Ⅱ.①王… ②张… Ⅲ.①区域经济发展－研究报告－中国－2018 ②社会发展－研究报告－中国－2018 Ⅳ.①F127

中国版本图书馆CIP数据核字（2018）第174551号

中部蓝皮书

中国中部地区发展报告（2018）

——新时代新要求与中部崛起

主　　编／王　勇　张占仓

副 主 编／周　立　袁凯声　王承哲

出 版 人／谢寿光

项目统筹／任文武

责任编辑／高　启　高振华

出　　版／社会科学文献出版社·区域发展出版中心（010）59367143

地址：北京市北三环中路甲29号院华龙大厦　邮编：100029

网址：www.ssap.com.cn

发　　行／市场营销中心（010）59367081　59367018

印　　装／三河市龙林印务有限公司

规　　格／开　本：787mm×1092mm　1/16

印　张：26.5　字　数：399千字

版　　次／2018年8月第1版　2018年8月第1次印刷

书　　号／ISBN 978－7－5201－3178－0

定　　价／89.00元

皮书序列号／PSN B－2007－089－1/1

中国中部地区发展报告编委会

摘　要

本书系统探索了新时代新要求下中部地区高质量发展的重大理论和现实问题，包括总报告、综合篇、地区篇和专题篇四个部分。

总报告在系统回顾中部崛起战略实施十五年以来，中部地区取得综合经济实力显著增强、人民生活水平大幅提高、生态环境质量总体改善、城乡面貌日新月异、改革创新步伐加快、全方位开放格局基本形成等显著成就的基础上，综合研判到2020年，中部地区全面建成小康社会将与全国一道如期实现。在中国特色社会主义进入新时代，经济进入高质量发展新阶段，面对发展新形势、新问题、新挑战，中部地区要坚持创新、协调、绿色、开放、共享新发展理念，把握发展新要求，以强化创新驱动、调整产业结构、深化改革开放、夯实基础支撑、加强民生保障、力促协同发展等为着力点，开启新时代中部崛起新征程，奋力谱写新时代中部崛起新篇章。

综合篇对新时代新要求下中部地区的供给侧结构性改革、现代化经济体系、城市群发展、创新驱动发展、生态文明建设、基本公共服务建设、文化创新创造发展等影响中部崛起的重点问题进行专项综合研究。

地区篇分别对河南经济强省建设、山西资源型经济转型发展、安徽战略性新兴产业集聚发展、江西特色区域创新体系构建、湖南绿色发展、湖北内陆口岸经济高地打造等中部各省经济社会发展正在推进的重大战略的实践进行深度研究。

专题篇分别对河南推进乡村振兴战略和“空中丝绸之路”河南核心区建设、山西太行山西部贫困山区农村社会问题和农村党风廉政建设、安徽经济后发赶超和农业产业化发展、江西实施精准扶贫战略、湖南优势新兴产业链发展等中部各省经济社会发展过程中面临的若干重点、热点、难点问题进行专项研究。

目 录

Ⅰ 总报告

Ⅱ 综合篇

Ⅲ　地区篇

Ⅳ　专题篇

皮书数据库阅读**使用指南**

总 报 告

General Report

B.1

进入新时代 踏上新征程

——中部崛起回眸与前瞻

河南省社会科学院课题组*

摘 要： 中部崛起战略实施15年以来，中部地区抢抓机遇、开拓进取，综合经济实力显著增强，人民生活水平大幅提高，生态环境质量总体改善，城乡面貌日新月异，改革创新步伐加快，全方位开放格局基本形成，“三基地、一枢纽”建设成就显著，“一中心、四区”建设加速推进。课题组判断从现在起到2020年，中部地区经济年均增长幅度能达到7.5%以上，中部地区全面建成小康社会将与全国一道如期实现。在中国特色社会主义进入新时代以后，经济进入高质量发展阶段，面对发展新形势、新问题、新挑战，中部地区要坚持创新、

* 课题组组长：张占仓；课题组成员：完世伟、武文超、石涛、崔理想、李丽菲、汪萌萌。

协调、绿色、开放、共享新发展理念，把握发展新要求，以强化创新驱动、调整产业结构、深化改革开放、夯实基础支撑、加强民生保障、力促协同发展等为着力点，开启新时代中部崛起新征程，奋力谱写中部崛起新篇章。

关键词： 中部崛起　中原城市群　农业生产基地

一　中部崛起战略实施15年回顾

中部崛起战略实施 15 年来，中部地区抢抓机遇、开拓进取，综合经济实力显著增强，人民生活水平大幅提高，生态环境质量总体改善，城乡面貌日新月异，改革创新步伐加快，全方位开放格局基本形成，粮食生产基地、能源原材料基地、现代装备制造及高技术产业基地和综合交通运输枢纽地位日益巩固，全国重要先进制造业中心、全国新型城镇化重点区、全国现代农业发展核心区、全国生态文明建设示范区、全方位开放重要支撑区建设加速推进，已经站在新的历史起点上。

（一）中部崛起战略的阶段划分

1. 谋划酝酿阶段（2003 ~2006年）

从 20 世纪 80 年代开始的沿海发展战略，到 1999 年的西部大开发战略，再到 2002 年提出的振兴东北等老工业基地战略，我国区域发展战略从空间上覆盖了东部、西部和东北，但是中部地区应该如何加快发展，国家一直没有明确提法。“中部塌陷”“不东不西，不是东西”等认识充分反映了中部地区人民对于“中部崛起”的迫切需求。2003 年 7 月在中共河南省委七届五次全会上提出要“奋力实现中原崛起”的决定，到 2020 年基本实现工业化，河南的发展要走在中西部地区前列。2004 年 1 月中央经济工作会议明确提出“促进中部崛起”，3 月时任国务院总理温家宝在政府工作报告中将

"促进中部地区崛起"作为统筹区域协调发展的重大问题提出。2005年，温家宝在政府工作报告中强调要抓紧研究制定促进中部地区崛起的规划和措施。2006年，中共中央政治局召开会议，研究促进中部地区崛起工作。至此，中部人民期望的"中部崛起"被中央高度重视，"中原崛起"的百年梦想历史性地迎来了实现的希望。

2. 实质性推进阶段（2006~2009年）

2006年4月15日，中共中央、国务院发出《关于促进中部地区崛起的若干意见》，明确指出要把中部地区建设成全国重要的粮食生产基地、能源原材料基地、现代装备制造及高技术产业基地和综合交通运输枢纽，中部地区要在发挥承东启西和产业发展的优势中崛起。之后，围绕该意见，国家出台一系列政策，支持中部地区发展。2006年5月，国务院发布《关于落实中共中央国务院关于促进中部地区崛起若干意见有关政策措施的通知》，围绕八大方面按照职责分工研究提出具体实施意见。2007年1月，国务院发布《关于中部六省比照实施振兴东北地区等老工业基地和西部大开发有关政策范围的通知》，确定中部六省中26个城市比照实施振兴东北地区等老工业基地有关政策，243个县（市、区）比照实施西部大开发有关政策做好政策落实工作。2007年4月，国家促进中部地区崛起办公室在国家发改委正式挂牌，标志着中部崛起的组织协调机构成立。2008年1月，国务院正式批复同意建立由国家发展改革委牵头的促进中部地区崛起工作部际联席会议制度。中部地区发展进入历史性的新时期。

3. 深入实施阶段（2009~2016年）

为进一步完善促进中部地区崛起的政策体系，优化区域开发结构，2009年9月23日，国务院通过了国家发改委起草的《促进中部地区崛起规划》，规定了粮食生产基地建设、能源原材料基地建设、现代装备制造及高技术产业基地建设、综合交通运输枢纽建设等八大方面的主要任务和工作重点。2010年5月，国家发改委印发了《关于促进中部地区城市群发展的指导意见的通知》，明确了中部地区城市群发展的总体要求、重点任务和支持政策。2010年8月，国家发改委印发了《促进中部地区崛起规划实施意见》，提出了2020年中部崛起的总体目标、具体量化目标和一系列任务要求。2012年8月，国务院发布了《关于大力实施促进中部地区崛起战略的若干意见》，提出了新形势下促进中部崛起，要推动重点地区加快发展、大力推进改革创新、全方位扩大开放等。除此之外，中部地区获批一系列区域规划和方案，武汉东湖、安徽合芜蚌、湖南长株潭自主创新示范区快速发展，湘江新区、赣江新区、郑州航空港经济综合实验区等功能性平台加速推进。中部崛起已进入加快崛起、谋势跨越的深入推进时期。

4. 协调推进阶段（2016年至今）

2016年12月，在继承原有“三基地、一枢纽”定位基础上，国家发改委发布《促进中部地区崛起“十三五”规划》，提出了“一中心、四区”的战略定位，即将中部地区建成全国重要先进制造业中心、全国新型城镇化重点区、全国现代农业发展核心区、全国生态文明建设示范区、全方位开放重要支撑区，明确支持武汉、郑州建设国家中心城市，强化长沙、合肥、南昌、太原等省会城市地位，加大了对中部地区发展的政策支持，进一步巩固中部地区发展良好态势，全面推动中部地区综合实力和竞争力再上新台阶，实现中部地区全面崛起。2016年12月，《中原城市群发展规划》获批，中原城市群、长江中游城市群、皖江城市带和山西中部城市群成为中部地区城镇最密集、产业最集中、人口最多的城市群。如今，中部地区已经形成了以城市群为主体的大中小城市和小城镇协调发展的城镇格局，科技创新、产业转型升级、全面开放、“一带一路”建设成为发展的关键词，区域协调发展加速推进。

（二）中部崛起战略的实施成效

1. 综合经济实力跃上新台阶

自中央提出中部崛起战略以来，中部地区持续保持良好的发展势头。2003~2017年，中部地区生产总值由25915.26亿元提高到179412.35亿元，增长了5.9倍，占全国经济总量的比重由19.08%提高到21.69%（见图1），与长三角地区基本相当。固定资产投资由2003年的9196.13亿元提高到2017年的163769.63亿元，增长了16.8倍，一般公共预算收入由2003年的1425.07亿元增长到2017年的18136.39亿元，增长了11.7倍。其中，2017年河南以44988.16亿元的地区生产总值遥遥领先，湖北和湖南地区生产总值分别为36522.95亿元和34590.56亿元。中部地区的地区生产总值增速从2008年超过东部地区之后，始终保持高速发展，2017年六省的地区生产总值增速全部高于全国6.9%的平均增速，江西、安徽、湖南、湖北、河南和山西的地区生产总值增速分别为8.9%、8.5%、8.0%、7.8%、7.8%和7%，中部地区成为拉动我国经济上行的“新引擎”。

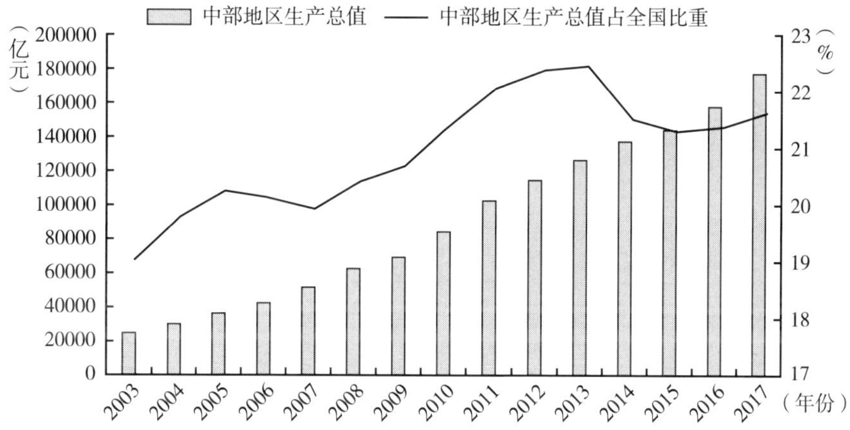

图1　2003～2017年中部地区生产总值及其占全国比重

资料来源：根据中部六省历年统计年鉴、统计公报整理而得。

2. 中部大粮仓的地位进一步巩固

中部六省是我国农业生产“重镇”，耕地面积占全国的23.8%，粮食、棉花、油料、水产、蔬果等均在全国处于领先地位，已经形成了一批特色优势农业和农产品生产基地，构建了较为完备的产业体系，为全国的粮食安全和农产品供给提供了重要保障。党的十八大以来，中部地区面向农业现代化和市场需求，大力推进农业供给侧结构性改革，更加注重绿色优质农产品供给，由满足“肚皮”温饱到对接“舌尖上”的需求，不断延伸农业产业链，探索“三产融合”，建设以精细农业为特色的优质农副产品供应基地和农产品追溯平台，提升农业科技信息化水平，向新时期绿色现代化“粮仓”迈进。2003～2017 年，中部地区粮食产量由 12557.19 万吨提高到 18458.2 万吨，占全国粮食总产量比重维持在 30% 左右（见图 2），为国家粮食安全和全国农产品供给提供有力保障。其中，河南的粮食产量增幅最大，从 2013 年的 3569.47 万吨增长到 2017 年的 5973 万吨，仅次于黑龙江，居全国第二位。

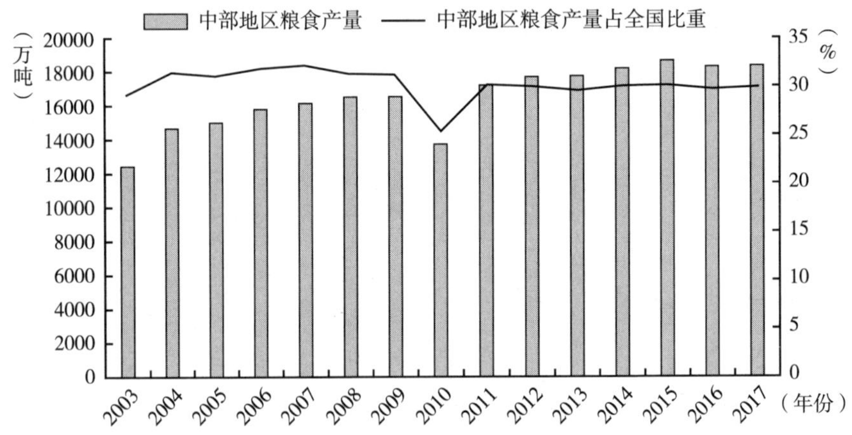

图 2　2003～2017 年中部地区粮食产量及其占全国比重

资料来源：根据中部六省历年统计年鉴、统计公报整理而得。

3. 先进制造业中心打造取得新成效

中部地区制造业基础较好，拥有武汉、郑州、长沙、太原、黄石、湘潭、株洲、南昌、萍乡等一批老工业基地，具有较为完备的产业体系。自 2003 年以来，中部地区充分利用人力资源优势和区位优势，不断提升自主创新能力，现代装备和高技术产业加速发展，中部地区城市群的相关产业在内部也已经形成了发展链条，产业集群发展的态势初步形成。目前，中部地区的新一代信息技术、新能源汽车、先进轨道交通、航空航天、新材料、现代生物医药、现代种业等新兴产业在全国已经具有较强竞争力，富士康、京东方等一些大型电子信息企业在中部地区完成产业布局，武汉、南昌、长沙、株洲、郑州等中心城市拥有多个国家级高新区，涌现了万瓦级光纤激光器、“超速超大超长”光传输、首台常温常压储氢·氢能汽车等一批国际领先的科技成果和多项自主创制的国际标准与国家标准。2003～2017 年，中部地区工业增加值由 9256.61 亿元提高到 69353.27 亿元，占全国工业增加值比重由 16.72% 提高到 24.75%（见图 3）。

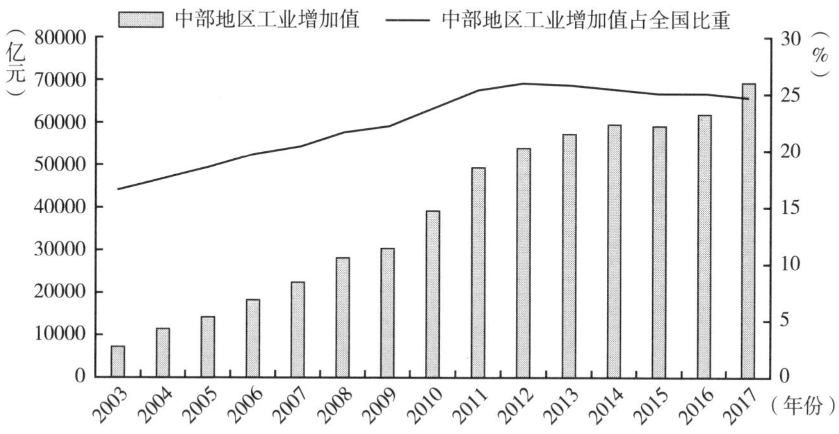

图 3　2003～2017 年中部地区工业增加值及其占全国比重

资料来源：根据中部六省历年统计年鉴、统计公报整理而得。

4. 新型城镇化建设开创新局面

中部地区城镇化进程呈现加速发展态势，逐渐形成了以城市群为主体的大中小城市和小城镇协调发展的城镇格局。目前，以中原城市群、长江中游城市群、皖江城市带和山西中部城市群为主体的中部地区城市群正在加速崛起，郑州、武汉、长沙、南昌、太原、合肥等中心城市辐射带动能力不断增强，洛阳、南阳、襄阳、湘潭等大中城市发展迅速，巩义的竹林镇、新乡的刘庄镇和小冀镇、临颍的南街村等小城镇功能不断提升，农村安全饮水、无电地区居民用电问题基本解决，现代城镇体系加速推进，承载能力明显提升。2003～2017 年，中部地区城镇化率由 33% 提高到 53%，总人口为 3.67 亿人，城镇人口达到 1.96 亿人，新增 7606 万人到城市居住生活。2017 年六省的城市人口均超过农村人口，其中湖北城镇化率达到 59.3%（超过全国平均水平 58.52%），山西为 57.34%，湖南为 54.62%，江西为 54.6%，安徽为53.5%，河南为50.16%。

5. 生态文明示范区建设取得新进展

中部地区是我国重要的水源涵养区、水土保持区、洪水调蓄区和生物多样性保持功能区，分布有鄱阳湖、巢湖等重要湖泊生态系统和大别山区、南方丘陵等森林生态系统。多年以来，中部地区利用江西全国生态文明示范省、武汉城市圈、长株潭城市群“两型社会”综合配套改革试验区等平台，扎实推进生态文明“六大制度体系”建设，有效落实五级“河长制”，主要污染物排放总量大幅减少，生态环境质量实现新改善。2017 年河南 PM10、PM2.5 浓度分别降至 106 微克/立方米、62 微克/立方米；湖南湿地保护率达75.44%，森林覆盖率达59.68%；湖北森林覆盖率达到41.6%，主要河流和湖库水质总体为良，万元生产总值能耗下降23.7%；安徽单位生产总值能耗下降了23.1%，PM10 年均浓度下降了11.1%；江西国家考核断面水质优良率为92%，空气质量优良率为83.9%，森林覆盖率稳定在63.1%；山西五年完成营造林2205.8 万亩，治理水土流失面积1.32 万平方公里，与2013 年相比，2017 年环境空气质量综合指数下降了8.3%，PM2.5 浓度下降了23.4%。

6. 全方位开放取得新突破

中部地区是中国的人口大区、经济腹地和重要市场，具有资源、能源、制造业、劳动力等方面的优势，近年来中部地区积极发展开放型经济，许多重要城市如郑州、武汉、长沙等都发展成为重要交通枢纽，成为东部和国际制造业转移的重要承接地。中欧班列（郑州）、中欧班列（武汉）、湘欧快线均实现了高频次、常态化、均衡化开行，开行数量和货物实载率均居全国前列，品牌效应日益凸显，业务覆盖范围和综合竞争力不断扩大与提升，其中2017 年中欧班列（郑州）综合运营水平居全国第一位，中欧班列（山西）也正在加快发展，跨境货运通道已经成为中部地区对接“一带一路”的重要抓手。2013 ~2017 年，中部地区进出口额由2003 年的251.17 亿美元提高到2017 年的2757.04 亿美元，增长了近10 倍，占全国的比重由2003 年的2.95%提高到2017 年的6.70%（见图4）。2017 年，中部地区实际使用外资561.3亿元，同比增长22.5%。外贸进出口总额18615亿元，增速为18.4%，超过全国增速4.2个百分点；其中，河南5232.8亿元，安徽3631.6亿元，湖北3134.3亿元，江西3020.0亿元，湖南2434.3亿元，山西1162.0亿元。

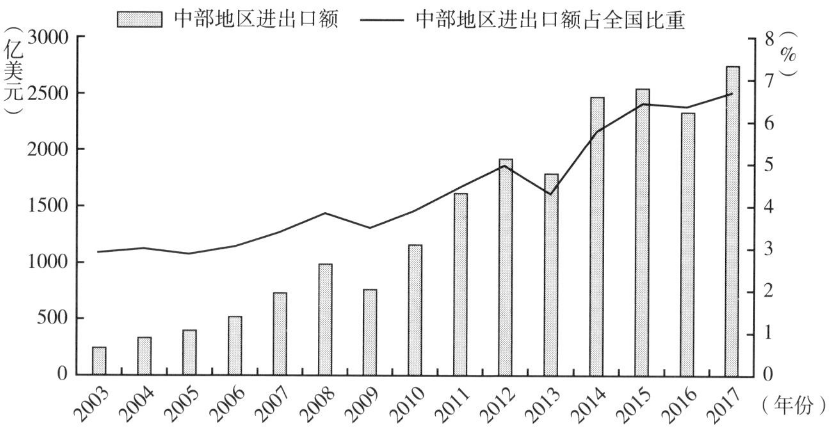

图4　2003～2017年中部地区进出口额及其占全国比重

资料来源：根据中部六省历年统计年鉴、统计公报整理而得。

（三）促进中部崛起的经验启示

1. 更加注重创新驱动

中部崛起战略实施15年以来，中部地区坚定不移地深入实施创新驱动发展战略，科技创新能力和科技成果转化水平显著提升，以新产业、新业态、新商业模式为代表的新经济发展势头强劲，创新成为引领经济发展的新动能。一是积极打造国家原始创新策源地。中部六省出台实施“科技十条”“新九条”等政策，拥有5个国家大科学工程、81家国家重点实验室，“脉冲强磁场实验装置”和“精密重力测量研究设施”等国家重大科技基础设施项目落地中原，逐步成为国家重要战略科技力量的支撑极。二是发明创造能力与水平明显提升。中部地区积极完善知识产权资助和奖励政策，专利数量和质量大幅提升，北斗芯片、量子导航、超级计算机、超级杂交稻、高铁

动力与控制系统、中低速磁浮等科技成果达到世界先进水平，全球最薄触控玻璃实现量产，液晶显示屏全球最高世代线建成投产，硅衬底LED技术获国家技术发明一等奖，南昌欧菲光获中国专利金奖。三是积极培育产业创新载体与企业创新主体。目前，中部六省共有45个国家高新区，其中湖北12个，江西9个，湖南8个，河南7个，安徽7个，山西2个。武汉东湖、长株潭、郑洛新、合芜蚌等国家自主创新示范区建设正在扎实推进，区域创新网络不断完善。中部地区建立了各具特色的促进企业主导产业技术创新的体制机制，强化企业技术创新主体地位，推动技术、人才、资金等创新要素向企业集聚，支持拥有自主知识产权、自主品牌和持续创新能力的高新技术龙头企业，目前共有高新技术企业13000多家。

2. 更加注重改革推动

中部崛起战略实施15年以来，中部地区坚定不移地以行政管理制度改革、国企改革、财税体制改革、环境保护体制改革、医疗卫生体制改革等为突破口，以促进社会公平正义、增进人民福祉为出发点和落脚点，采取有力措施，开启了全面深化改革的历史进程，取得了相当大的成效。一是深入推进“放管服”改革。精简省级行政审批项目和行政审批中介服务事项，取消非行政许可审批，开展“减证便民”专项行动，编制公布省市县三级政府部门权责清单，在全国率先实行“三十五证合一”，日均新登记企业数量是改革前的3.5倍。二是积极推进供给侧结构性改革。围绕落实“三去一降一补”任务，中部六省推行减量化生产，推动企业兼并重组和转型升级，提前超额完成钢铁、煤炭去产能目标任务；积极推进企业债转股项目，大幅度地降低了企业资产负债率和融资成本；大城市尤其是省会城市的房地产库存去化周期明显缩短；全面开展“营改增”试点，切实降低了企业税负。此外，农村综合改革和财税、国企国资、商事、医药卫生、教育、科技、投融资等领域改革取得积极进展。

3. 更加注重开放带动

中部崛起战略实施15年以来，中部地区坚定不移地加快开放型经济发展，深度融入“一带一路”建设，实施双向互动、内外联动的全面开放，内陆开放新高地建设迈出重大步伐。一是政策优势使中部地区在吸引外商投资上具有比较优势。2010 年商务部发布《中国中部地区外商投资促进规划》，2017 年 3 月国家修订发布《中西部地区外商投资优势产业目录（2017 年修订）》，更多的外资企业在中部地区可享受关税和增值税等方面的优惠，为中部地区吸引外资提供了政策优势。二是推进开放大通道大平台大通关建设。对外交通运输网络进一步完善，合肥、武汉、郑州、长沙等城市都相继开行中欧班列，借势“一带一路”建设，中部地区通过中欧班列将向西开放的经济触角延伸至欧亚大陆。三是开展一系列高水平的对外活动。郑州、南阳、合肥、芜湖、赣州、岳阳、湘潭等地相继设立了综合保税区，成功举办楚商大会、湘台会、赣商大会、“9 + 2”泛珠三角区域行政首长联席会议、中国企业 500 强高峰论坛等一系列重大招商活动，围绕经贸投资、技术创新、环境保护、临港经济发展、航运服务等领域开展了多方位合作。

4. 更加注重绿色发展

中部崛起战略实施 15 年以来，中部地区坚定不移地贯彻人与自然和谐共生理念，坚持向特色优势要竞争力，切实加强生态保护和环境治理。一是积极开展大气、水、土壤污染防治三大战役，全面推行河长制，生态环境质量实现新改善。湖南以“一湖四水”为主战场狠抓环境治理；江西以“净空、净土、净水”行动为抓手，全面开展大气、水、土壤污染防治和农村生活垃圾无害化处理、消灭劣五类水攻坚战等行动；河南持续实施蓝天、碧水、乡村清洁工程和城市河流清洁行动计划；山西实施“两山七河”生态治理工程。二是积极开展环境治理工程，绿水青山就是金山银山的理念更加深入人心。河南在 2017 年 12 月依法实施最严密的管控、最严格的监督、最严肃的问责、最严厉的处罚，有效遏制了冬季采暖期大气污染大幅反弹；湖南推动中央环保督察反馈问题整改，开展环境治理战役“夏季攻势”；坚决把修复长江生态环境摆在最重要的位置，实施湖北长江大保护九大行动；江西以“绿色生态农业十大行动”、重点用能单位“百千万”行动等为抓手，加快建立绿色产业体系，单位 GDP 能耗累计下降 18.6% 左右。三是积极推进生态文明示范创建，江西生态文明“六大制度体系”建设扎实推进，安徽加快“三河一湖一园一区”创建，巢湖流域、黄山、蚌埠、宣城入列国家生态文明先行示范区，生态强省建设不断取得新成绩。

5. 更加注重补齐短板

中部崛起战略实施15年以来，中部地区坚定不移地贯彻以人民为中心的发展思想，以脱贫攻坚为重点保障和改善民生，人民生活发生了翻天覆地的变化。一是贯彻精准扶贫、精准脱贫基本方略。打响农村脱贫攻坚战，聚焦重点片区、重点县村、重点人群，扎实开展易地扶贫搬迁、特色产业扶贫、生态扶贫、金融扶贫，强化教育、交通、医疗、水利、电力等专项扶贫。2017年中部地区农村贫困人口1112万人，比上年减少482万人，贫困发生率持续下降，其中2017年安徽下降到2.2%，河南为2.57%，江西为2.37%，均低于全国平均水平（3.1%）。二是坚持把实现好、维护好、发展好最广大人民根本利益作为根本目的，着力保障和改善民生。实施全民参保登记计划，实现城乡居民大病保险全覆盖和省级统筹。基本药物制度、公立医院改革向纵深推进，让人民群众得到更多实惠。坚持教育优先发展，各级各类教育全面进步。三是坚持统筹推进区域协调发展。大力加强基础设施建设，机场旅客年吞吐量不断增加，高速铁路网加快建设，高速公路网连通所有县城，地铁开通运营，多式联运、高效衔接的现代综合交通体系初步形成。

二　新时代中部崛起事关全局

在全面建成小康社会的决胜时期，在中国实现社会主义现代化强国的关键阶段，中部地区肩负着重要的历史使命，中部地区是中国社会经济发展的“牛肚子”，以其独特的资源优势，必然在未来中国经济发展中发挥主力作用。

（一）我国经济保持平稳较快增长的必然选择

当前，中国经济发展步入了由高速增长向中高速增长的新常态，着力推动社会经济的高质量发展，实现中部崛起是适应我国经济保持平稳较快增长的必然要求。

从国内经济发展的区域格局来看，在东部地区率先发展战略背景下，长期以来国家的资源要素向东部倾斜，东部地区经济发展潜能已达到现有资源禀赋的临界值，处于产能转化、产业结构向高端升级的转型阶段，规模扩张有限、发展速度减缓是东部地区经济发展的现实。西部地区除去四川、重庆、陕西等地以外，其他地区产业层次低、科技含量不高，生态保护功能突出；同时，东北地区产业结构过于单一、营商环境亟待优化等，有“塌陷”的趋势，东北及西部地区均不具备支撑全国经济稳定发展的基础。中部地区以其特有的经济规模、资源禀赋、国家战略红利等优势，能够肩负保持国内经济稳定增长的重任。截至 2017 年末，中部地区经济总量占全国的比重达到 21.7%，经济增速高于全国平均水平 1.1 个百分点；常住人口占全国总人口的 26.4%（3.67 亿人），经济总量规模大、增速快、人口多。与此同时，中部地区作为国家粮食生产核心基地、国家综合交通枢纽、现代装备制造及高技术产业基地等的地位日益巩固，安徽合芜蚌、武汉东湖、湖南长株潭等自主创新基地快速成长，郑州航空港国家经济综合实验区、赣江新区、湘江新区成效日益显著，交通区位优势显著、高技术产业发展迅猛、创新创业能力强，中部地区逐步成为中国经济发展新的增长极。

（二）促进我国区域协调发展的现实需要

随着国家区域战略新格局的形成，中部地区以其独特的地理位置在盘活棋局方面具有先天的优势，中部崛起是促进我国区域协调发展的必然要求。

在地理位置上，中部地区承东启西、接南连北，吸引四面、辐射八方，是国家重要的交通枢纽，打通中部交通要道意味着贯通了全国的交通关键节点。当前，郑州、武汉等地的“米”字形高铁网逐步成形，有利于提高中国交通物流的交换效率，是适应互联网经济快速发展的要求。在产业联动发展上，中部地区是承接东部地区经济转移，并向西部地区转移产业的关键节点。当前，随着我国东部地区社会经济发展的成本逐步加大，东部地区需要将一些产业，尤其是劳动密集型产业转移至中西部地区，而中部地区人口众多、地理位置优越，是承接东部地区产业转移的较好选择。在创新发展上，武汉、合肥、长沙、郑州、南昌均是国内高校资源的聚集地，武汉、合肥等地拥有一批高水平大学，在高精尖科技研发上具有雄厚的技术基础；同时，中部地区拥有国内较多的大学生，在高等教育人力资源方面具有一定优势，创新创业能力强。随着“一带一路”倡议的推进，中部地区的区位优势更加突出。

（三）保障国家粮食安全和资源安全的必然要求

党的十九大报告明确指出：“确保国家粮食安全，把中国人的饭碗牢牢端在自己手中。”中部地区是国家粮食生产核心区，实现中部崛起，构建现代化的粮食生产安全保障体系，是保障国家粮食安全的必然要求。近年来，中国的粮食安全问题得到了一定程度的缓解，但随着“四化”同步发展步伐的加快，必须要清醒地认识到农业仍旧是我国社会经济发展中的薄弱环节，在发展的过程中依然面临着粮食供求长期不均衡、稳定增产难度大、农产品价格上涨趋势明显等问题。中国 13 个粮食主产区，中部地区占 5 个，2017 年中部地区粮食产量占全国的比重超过 30%，中部地区是国家重要的粮食安全基地，尤其是河南省已经连续多年实现粮食增产。但是，中部地区耕地面积在缩小、农业附加值低等问题依旧存在，只有加快实现中部崛起，将中部打造成全国现代农业发展核心区，才能更好地为国家粮食安全提供有效保障。

随着中部地区工业化、城镇化建设步伐的加快，资源矛盾日益突出，实现中部崛起，解决好资源安全问题是保障国家粮食资源安全的必然要求。中部地区蕴藏着丰富的水、矿产等资源，尤其是淡水资源，是国家“南水北调”的渠首之地，中部地区水资源问题解决不好，将直接关系北方居民饮水问题。唯有以科技创新驱动中部地区工业化加快转型，深化供给侧结构性改革，破解资源约束，建成全国生态文明建设示范区、全国重要先进制造业中心、全国新型城镇化重点区，实现中部崛起，才能有效地破解资源安全难题。

（四）纾解东西部地区人口和环境压力的根本途径

中国不均衡的发展战略，使国内人口要素过度集中，区域生态环境压力逐步加大，促进中部崛起是纾解东西部地区人口和环境压力的必然要求。

东部地区作为中国改革开放的先行区，社会经济发展程度明显高于中西部地区，“孔雀东南飞”在一定时期内成为常态，因而，在东部地区有限的生态环境承载条件下，东部地区人口过于集中。2017 年，全国人口密度超过 1000 人/平方公里的城市中有 16 个城市位于珠三角、长三角和京津冀地区，人口过于集中给东部地区发展造成了一定的负面影响。一是用地紧张，东部地区，尤其是长三角、京津冀地区、珠三角地区房价长期高位运行。二是京津冀地区等北部地区空气环境质量较差，生态环境有待改善。三是东部地区教育、医疗等公共服务资源日趋紧张。与此同时，西部地区则是人口流失的重要地区，尤其是高端人才流出较多，使地区经济发展缺乏有力的智力支持；而沙漠化、水土流失等问题导致生态环境较差。中部地区社会经济发展潜力较大，对人才具有很强的吸引力，能够吸引东部地区流失的高端人才，以及西部地区流出的人才，中部地区崛起有望成为东部、西部地区人才的聚集地。疏导东部地区过于拥挤的人口，从而有效地缓解东部地区的生态环境压力。

（五）打好决胜全面小康三大攻坚战的关键举措

防范化解重大风险、精准脱贫、污染防治三大攻坚战是中央经济工作会议明确的决胜全面建成小康社会的关键所在。中部地区三大攻坚战难度大、责任重，中部崛起，是打好决胜全面小康三大攻坚战的必然要求。

化解中部地区重大风险意义重大。金融风险是防控重大风险的重点，中部地区民间金融、地方政府债、企业杠杆等金融问题仍然较严重，社会资金脱实入虚、避实就虚等现象依旧较为突出，尤其地方财政对土地的依赖性较

高，中部地区社会经济稳定发展面临巨大压力。2016 年末，中部地区贫困人口为 1467 万人，占全国贫困人口的比重达到 34%，河南和湖南的贫困人口分别达到 370 万人和 343 万人，分别居全国各省份贫困人口数量的第三位和第四位，仅次于贵州和云南两省。目前，距 2020 年仅三年时间，中部地区减贫人口基数大、减贫时间紧、任务重，脱贫攻坚难度高，解决好中部地区贫困问题，对全国如期脱贫具有十分重要的现实意义。此外，中部地区人口多且分布密集，城镇化水平较低；人地关系、用水关系较为紧张，流域性水环境污染、城市群大气环境污染、生态空间遭受挤占等形势严峻，环境质量持续改善的任务艰巨。随着中部地区城镇化、工业化步伐加速，区域开发规模与强度将进一步加大。通过中部崛起，利用好国家政策红利，是打好三大攻坚战的现实要求。

（六）实现“两个一百年”奋斗目标的战略选择

党的十五大首次提出“两个一百年”奋斗目标：第一个一百年，是到中国共产党成立 100 年（2021 年）时全面建成小康社会；第二个一百年，是到新中国成立 100 年（2049 年）时建成富强、民主、文明、和谐的社会主义现代化国家。2012 年，党的十八大描绘了全面建成小康社会、加快推进社会主义现代化的宏伟蓝图，向中国人民发出了向实现“两个一百年”奋斗目标进军的时代号召。党的十九大明确了从 2020 年到 2035 年，基本实现社会主义现代化，从 2035 年到 21 世纪中叶，把我国建成富强民主文明和谐美丽的社会主义现代化强国的两步走战略。作为我国社会经济转型发展的支撑区，经济增长的重要一极，中部地区建成人民认可、经得住历史检验的小康社会，事关中国实现“两个一百年”奋斗目标的全局，实现中部崛起，是实现“两个一百年”奋斗目标的必然要求。当前，中部地区正处在高质量发展的良好历史时期，中部地区有能力、有信心、有状态，紧抓坚定不移深化供给侧结构性改革这条主线，打好防范化解重大风险、精准脱贫、污染防治的三大攻坚战，为中国全面建成小康社会，实现“两个一百年”奋斗目标打下坚实的基础。

三　新时代中部崛起再审视

中部崛起战略实施 15 年以来，中部地区经济社会取得长足的发展，“三基地、一枢纽”建设成就显著，为促进我国区域协调发展起到了重要的作用，但从总体上看，与真正实现中部崛起仍有一定距离。与此同时，在中国特色社会主义进入新时代以后，经济进入高质量发展阶段，在新发展环境和发展阶段，中部崛起有了新的要求，同时面临着新的机遇，以及新的问题和挑战。

（一）新时代促进中部崛起要把握新要求

1. 深刻认识新时代的丰富内涵和特征

党的十九大报告提出，中国特色社会主义进入了新时代，明确了新时代中国特色社会主义的总目标、总任务、总体布局、战略部署和发展方向等重大基本问题，同时提出了决胜全面建成小康社会的三大攻坚战，以及全面建设社会主义现代化的两个阶段安排。中国特色社会主义进入新时代以后，我国社会的基本矛盾转变为人民日益增长的美好生活需要和不平衡不充分的发展之间的矛盾，经济从高速增长阶段转向高质量发展阶段。中央指出，我国当前处于转变发展方式、优化经济结构、转换增长动力的攻坚期，必须坚持供给侧结构性改革的主线，推动经济发展质量变革、效率变革、动力变革，实现建设现代化经济体系的目标。

2. 正确理解新时代中部崛起的新内涵

中国特色社会主义进入新时代，我国社会的基本矛盾、经济发展环境和发展阶段都发生了根本性变化。处在新时代，中部崛起也有了新的内涵，面临着发展目标、发展质量、发展动力和发展路径等方面的转变。

（1）发展目标的新调整。发展目标主要有两个方面的调整，一是中部地区要和全国一道，到 2020 年实现全面建成小康社会，以及全面建设社会主义现代化。中部地区拥有全国 1/4 以上的人口和 1/5 以上的经济总量，在全国实现两个“一百年”奋斗目标的进程中有着重要的作用，同样也承担重要的责任。二是促进中部崛起的“十三五”规划相对于2009年的促进中部崛起规划提出了新的目标，在经济发展、产业升级、生态治理等方面提出了定量的目标，为新一阶段中部崛起提出了新要求。

（2）发展质量的新提升。当前，我国经济已由高速增长阶段转向高质量发展阶段。这是未来一段时期我国发展的基本遵循，同样也是中部地区发展的必然要求。高质量发展就是要解决不平衡不充分问题，是要满足人民日益增长的美好生活需要，实现更有效率、更加公平、更可持续的发展。中部地区人口众多，城镇化率和居民收入偏低，产业发展对资源、劳动力和投资的依赖偏重，开放水平不高，推动高质量发展、实现中部地区崛起的需要十分迫切。

（3）发展动力的新变化。进入高质量发展阶段，经济发展将以供给侧结构性改革为主线，推动经济发展质量变革、效率变革、动力变革。在此背景下，过去中部地区偏重于资源、投资和人口红利驱动的模式不可避免地需要转变。未来将更加强调以创新作为发展的第一动力，推动产业不断迈向中高端；坚持深化改革，扩大对外开放，通过体制机制创新释放新的制度红利；推动消费升级，提高人口素质，加快经济结构优化；通过发展动力的转变，推动中部实现高质量发展。

（4）发展路径的新探索。发展环境、发展目标和发展动力的变化，发展质量的提升，意味着发展路径需要新的探索。一方面需要在供给侧结构性改革、创新驱动发展、建设现代化经济体系、区域协调发展、推动“大众创业、万众创新”等方面探索发展道路；另一方面需要在新型城镇化、现代农业建设、构建综合交通枢纽、加强生态环境建设、增强人民福祉等领域提升水平，探索出新的发展道路。以发展路径的新探索，实现发展动力的转变、发展质量的提升。

3. 牢牢把握新时代中部崛起的新取向

（1）促进中部崛起，必须明确战略定位和努力方向。党的十九大报告关于区域协调发展战略指出“发挥优势推动中部地区崛起”。中部崛起“十三五”规划指出，中部地区在全国发展大局中的定位从粮食生产基地、能源原材料基地、现代装备制造及高技术产业基地和综合交通运输枢纽（“三基地、一枢纽”）转变为全国重要先进制造业中心、全国新型城镇化重点区、全国现代农业发展核心区、全国生态文明建设示范区和全方位开放重要支撑区（“一中心、四区”）。新定位有着更加丰富的内涵，也为中部崛起指明了发展的方向。中部地区在新一轮发展中将更加注重制造业转型升级、新型城镇化、现代农业发展和生态文明建设，持续不断扩大对外开放，充分利用人口、资源、交通区位等方面优势实现中部崛起。

（2）促进中部崛起，必须大力推动高质量发展。在我国发展的四大板块当中，东部沿海地区是改革开放的前沿阵地，中部地区作为后发地区，可以借鉴东部地区创新发展的经验，站在更高的起点上，少走弯路，赢得后发优势。当前，我国经济已经进入高质量发展阶段，推动高质量发展是全国经济发展的必然要求。中部地区人口多、底子薄、城镇化率和居民收入偏低，投资效率偏低，资源环境压力日益加大，要真正实现中部地区崛起，必须推动高质量发展，实现经济发展的质量变革、效率变革和动力变革，使经济发展更高质量、更有效率、更加公平、更可持续，让人民群众过上更美好的生活。如果走片面追求规模扩张、粗放发展的老路，中部崛起将无从谈起。

（3）促进中部崛起，必须以供给侧结构性改革为主线。供给侧结构性改革是我国今后一段时期经济工作的主线，推动高质量发展、实现中部崛起必须以供给侧结构性改革为主线。坚持不断深化改革，优化市场环境，激发市场主体活力和社会创造力。优化经济结构，强化创新引领，加快发展先进制造业，支持传统产业优化升级，加快发展现代服务业，不断推动产业迈向价值链的中高端。加强水利、铁路、公路、航空以及能源、信息等领域基础设施建设，发挥中部地区战略腹地的优势。坚持推进“三去一降一补”，优化资源配置，在提升供给质量的同时不断扩大消费，实现供需动态平衡。大力推进“大众创业、万众创新”，鼓励和保护企业家精神，弘扬工匠精神，激发全社会创新创业活力。

（4）促进中部崛起，必须推动新型工业化、信息化、城镇化、农业现代化同步发展。中部地区位于我国腹地，是我国粮食主产区，传统工业基础较好，人口众多、城镇化率低、农村人口比例偏高，能源、矿产资源相对丰富，同时也面临产业升级和动能转换困难、居民收入偏低、可持续发展能力弱等问题。因此，中部崛起过程中必须推动“四化”同步发展，以新型工业化和农业现代化提升供给水平，带动以人为本的新型城镇化发展，以城镇化发展扩大需求、带动消费升级，促进供需平衡、人民收入增加，同时以信息化融入新型工业化、城镇化和农业现代化，使“四化”在互动中实现协调和同步发展，推动中部地区经济社会协调健康发展，在高质量发展道路上实现中部崛起。

（5）促进中部崛起，必须始终坚持改革推动、开放带动、创新驱动和区域联动。中部地区不沿边、不靠海，在以往的改革开放进程中始终没有处于前沿，没有最早享受到政策红利。同时，中部地区传统产业比重较高，科技创新能力不强，新兴产业发展相对落后。中国特色社会主义进入新时代以后，中部崛起必须紧抓机遇，坚持改革推动、开放带动、创新驱动，加快释放改革和开放的政策红利，加快以供给侧结构性改革为主线，加快创新驱动发展，塑造发展的新动力，大力推动高质量发展。此外，中部地区要起到承东启西、贯通南北的战略作用，需要加强综合交通枢纽建设，必须加强区域联动发展，更好地对接周边区域，在中部崛起的同时以更好的服务融入全国经济社会发展的大局。

（6）促进中部崛起，必须打好全面建成小康社会三大攻坚战。党的十九大提出：“要坚决打好防范化解重大风险、精准脱贫、污染防治的攻坚战，使全面建成小康社会得到人民认可、经得起历史检验。”中部地区处在中国中部，承载了全国1/4以上的人口和1/5以上的经济总量，在全面建成小康社会的大局中有着重要的地位。中部地区必须打好三大攻坚战，化解经济和社会各个领域的风险因素，带动贫困人口全部实现脱贫，大力推进环境保护和治理工作，实现经济社会全面发展，和全国人民一道决胜全面建成小康社会。如果中部地区不能打赢三大攻坚战，无法实现全面建成小康社会，不能为开启全面建设社会主义现代化国家新征程做出重要贡献，那么中部崛起将无从谈起。

（二）新时代促进中部崛起要抢抓新机遇

1. “一带一路”建设带来新机遇

党的十九大报告提出：“要以‘一带一路’建设为重点，坚持引进来和走出去并重，遵循共商共建共享原则，加强创新能力开放合作，形成陆海内外联动、东西双向互济的开放格局。”融入“一带一路”建设将为中部崛起带来新的机遇，一是“一带一路”建设向西发展联通中亚、欧洲、非洲，向东出海连接亚太环线，中部地区虽然不沿边、不靠海，但是能够起到联通东西、撑起中间地区的作用。二是为中部地区打造内陆开放型高地带来机遇。近年来，中部多个省会城市开通了中欧班列，通过铁路联通亚欧。河南推动建设的郑州—卢森堡“空中丝绸之路”受到习近平总书记的肯定。同时，以“一带一路”为契机，中部地区持续完善“铁公机港”网络建设，发展多式联运，以机制创新提升综合交通枢纽建设和对外开放水平。三是积极推动国际产能合作。积极加快钢铁、有色金属、建材、铁路、化工、轻纺、汽车、通信、工程机械、船舶、食品等传统优势产业的“走出去”，同时积极参与基础设施、能源、高技术产业等领域的“引进来”，扩大农产品出口。

2. 长江经济带发展带来新机遇

长江经济带战略是我国新一轮改革开放实施的重大战略。长江经济带横跨我国东中西部三大区域，中部地区依托长江这一货运量居全球内河第一位的黄金水道，打造具有世界影响力的内河经济带、东中西互动合作的协调发展带、沿海沿江沿边全面推进的对内对外开放带，以及生态文明建设的先行示范带，在全国区域发展大局中具有重大的战略作用。中部地区的湖北、湖南、安徽、江西居长江经济带的中游位置，可以依托长江经济带和长江中游城市群的发展连通长三角和成渝城市群，在挖掘长江中上游内陆地区内需潜力的同时，承接长三角产业梯度转移，形成上中下游优势互补、协作互动的格局，构建横贯东西、辐射南北、通江达海、经济高效、生态良好的发展区域。同时，依托长江经济带能够推进长江沿线区域积极开展生态环境联防联控，统筹利用沿江资源，深化区域通关一体化，构建陆、河、空、海相结合的综合交通运输体系，推动中部地区经济社会发展和综合交通枢纽体系建设。

3. 构建以城市群为主体的城镇格局带来新机遇

城市群是城镇化发展到成熟阶段形成的空间形态。我国在改革发展中形成了京津冀、长三角、珠三角三个比较发达的城市群，它们以5%左右的国土面积集聚了超过全国20%的人口，并能够创造接近全国40%的国内生产总值，成为带动我国经济发展和改革开放的重要引擎。相对而言，中部地区的城市群发展比较缓慢，缺乏拥有足够辐射力和带动力的增长极，城市群一体化发展程度较低，支撑区域经济社会发展的作用有限。党的十九大报告提出："以城市群为主体构建大中小城市和小城镇协调发展的城镇格局，加快农业转移人口市民化。"未来，城市群将成为新型城镇化发展的主要路径。在新时代促进中部地区崛起，就应当紧抓国家培育发展城市群的机遇，加快武汉和郑州建设国家中心城市的步伐，科学有序发展长江中游城市群（包含武汉城市圈、环长株潭城市群、环鄱阳湖经济圈、江淮城市群等）、中原城市群和山西中部城市群，通过中心城市带动城市群，以城市群促进中部地区经济健康发展。

4. 国家战略规划和战略平台建设带来新机遇

近年来，我国为了推动新一轮的改革开放，规划"一带一路"、长江经济带、京津冀协同发展三大战略，同时布局了一大批自由贸易试验区、国家级新区、国家自主创新示范区、产业转移示范区等改革发展战略平台。国务院批准的自由贸易试验区在中部的有中国（河南）自由贸易试验区和中国（湖北）自由贸易试验区，国家级新区在中部的有湖南湘江新区和江西赣江新区，国家自主创新示范区在中部的有武汉东湖、长株潭、郑洛新、合芜蚌四个国家自主创新示范区，国家级承接产业转移示范区在中部包括晋陕豫金三角、皖江城市带、湘南、湖北荆州、江西赣南五个承接产业转移示范区。除此之外，还有郑州航空港经济综合实验区、国家生态文明试验区（江西）等重要战略平台布局在中部，充分表明了中央对于中部崛起的支持和重视。

可以预见，这些国家战略规划和战略平台将为促进中部崛起提供强有力的支撑。

5. 国家全面深入推进改革开放带来新机遇

党的十九大报告提出："必须坚持和完善中国特色社会主义制度，不断推进国家治理体系和治理能力现代化。""贯彻新发展理念，建设现代化经济体系。"供给侧结构性改革已经成为当前经济工作的主线。开放与改革相伴而生、相互促进，党的十九大提出推动形成全面开放新格局。为了推动中部地区的改革和开放，中央在中部地区布局了一批国家战略规划和战略平台，为中部崛起提供先行先试空间。中央近年来积极推进现代财税制度改革、金融体制改革、投融资体制改革、市场准入负面清单制度改革、商事制度改革、国有资产管理体制改革，完善宏观调控和监管框架，实行高水平的贸易和投资自由化便利化政策，促进国际产能合作，改革开放事业开创了新局面。在此背景下，促进中部地区崛起，必须把握全面深化改革开放带来的机会，扩大对外开放，建设开放型经济，不断释放改革开放的红利，为推动高质量发展注入新动力。

6. 打好决胜全面小康三大攻坚战带来新机遇

党的十九大提出在全面建成小康社会的决胜期要打好防范化解重大风险、精准脱贫、污染防治三大攻坚战。三大攻坚战是决定如期全面建成小康社会的重要战役。中部地区居民收入偏低、社会风险治理难度较大、贫困人口基数大脱贫难，同时多年来经济发展方式偏粗放，资源环境消耗严重，打赢三大攻坚战面临着严峻的挑战。中部地区处在我国区域发展四大板块的中间位置，人口众多，在全国发展大局中有着重要地位，在打赢三大攻坚战、决胜全面建成小康社会的战役中责任重大。因此，中部崛起要把握打好决胜全面小康三大攻坚战带来的机遇，紧紧把握中央对防范化解重大风险、精准脱贫、污染防治领域的政策创新空间，积极推动改革和创新，争取中央对中部地区打好三大攻坚战的政策和资金支持，完善重大基础设施建设，稳定防范化解经济社会风险，带动贫困人口脱贫，提高居民收入，改善生态环境，完成决胜全面小康、推动中部崛起的历史任务。

（三）新时代促进中部崛起面临的新问题

1. 传统优势明显减弱

迈进新的发展阶段，中部地区面临多方面的机遇，但也应当认识到一些传统优势正在减弱。一是人口红利逐渐减弱。中部地区以约1/10的土地面积承载了全国1/4的人口，人口众多、劳动力成本低的优势曾为中部地区发展农业、重工业带来过优势，但是进入新时代以后，劳动力成本不断提高，劳动密集型产业发展空间逐渐缩小，投资驱动的发展方式难以为继。同时，中部地区城镇化率不高，人口的文化和科技素质不高，面对新时代发展的新要求，人口红利已经明显减弱。二是资源优势正在减弱。中部地区有着丰富的矿产资源，煤炭、石油、铁、有色金属等矿产资源丰富，为中部地区发展金属冶炼、机械、化工等重工业带来过优势，但是新时代发展更加要求质量，对环境保护的要求日益提高，同时伴随着科技在经济发展中的重要性不断提高，能源、原材料在产业发展中的重要性不断降低，中部地区的资源优势正在减弱。三是传统产业优势可能会减弱。一直以来，中部地区都是我国重要的能源和原材料基地，以及粮食生产核心区域，长期发展形成了以煤炭、石油、冶金、机械、化工、建材、食品等为主的优势产业，但目前产业发展环境发生变化，这些产业或多或少都面临产能过剩、能耗污染偏高、附加值偏低的情况。伴随着供给侧结构性改革的深入推进，中部地区如果不能加快产业转型升级步伐，推动传统产业提质增效，那么传统产业的优势将会进一步减弱。

2. 深层次矛盾仍很突出

传统优势减弱表明中部地区一些深层次矛盾仍然突出。一是创新能力不强。在产业体系方面，中部地区优势产业中高科技产业占比不高，前沿性领域分量不重，产品附加值不高。在创新投入方面，2017年山西、河南、湖北、安徽、湖南和江西六省研发经费投入占地区生产总值的比重分别为1.03%、1.23%、1.86%、1.97%、1.50%和1.13%，均低于全国的2.12%。在中国科技发展战略研究小组和中国科学院大学中国创新创业管理研究中心发布的《2017中国区域创新能力评价报告》中，山西、河南、湖北、安徽、湖南、江西的综合排名分别在全国第30、15、9、10、12、19位，整体处于中游水平。二是城镇化水平不高。2017年山西、河南、湖北、安徽、湖南和江西六省常住人口城镇化率分别为57.3%、50.2%、59.3%、54.6%、53.5%和54.6%，除湖北外均低于全国水平（58.5%）。当前，中部地区城镇化还存在中小城市功能不完善、城乡发展不平衡、城市发展模式粗放、公共服务供给不足等问题。三是居民收入不高、分布不平衡。2017年山西、河南、湖北、安徽、湖南和江西六省城乡居民人均可支配收入分别为39132元和10788元、29558元和12719元、31889元和13812元、33948元和12936元、31640元和12758元、31198元和13242元，除山西的城市居民人均可支配收入和湖北的农村居民人均可支配收入之外均低于全国平均水平36396元和13432元。城乡之间、区域之间的收入分布仍不平衡。四是生态环境保护压力加大。由于中部地区人口分布密集、一二产业科技含量不高，近年来面临着严重的水系污染、大气污染和农村面源污染，对人民生活质量和发展可持续性带来很大挑战。

3. 开放水平依然较低

自改革开放以来，中部地区由于不沿边、不靠海，一直都不是我国对外开放的前沿阵地。从中部崛起规划实施以来，中部地区综合交通运输枢纽建设进展迅速，尤其是近年来在“一带一路”建设的引领下，中部的武汉、郑州、长沙等省会纷纷开通了中欧班列，郑州的航空港经济综合实验区通过航空经济、跨境电子商务等平台从空中和网上扩大开放，合肥建设了中德（安徽）合作智慧产业园区，多个省份与“一带一路”沿线国家开展国际产能合作。国务院在河南和湖北批准建立了自由贸易试验区，但从总体来讲，中部地区的开放水平依然较低，2017年，中部地区六省外贸进出口总额为18615亿元，仅占全国的6.7%，而同期广东省的外贸进出口总额68156亿元，占全国的24.5%。中部的山西、河南、湖北、安徽、湖南和江西六省外贸依存度分别为7.8%、11.6%、8.6%、13.1%、7.0%和14.5%，广东省的外贸依存度为75.8%，全国水平为33.6%。可以看出，中部地区建设外向型经济的水平还相当落后，与发达省份还有较大差距。除此之外，长期以来中部地区开放水平较低，开放意识也相对较弱，社会和人文层面的对外交流相对较少，除极少数城市拥有落地免签、外事服务机构、接待国内外政要及国际会议的政策和经历以外，其他大部分城市的对外交往活动较少，城市知名度和影响力整体较低。

4. 脱贫攻坚任务艰巨

中部地区人口基数大，农村人口数量多，人均收入低于全国平均水平，长期以来中部地区农村贫困人口基数也较大。大别山区、秦巴山区、武陵山区、吕梁山区、罗霄山区、井冈山区、赣南山区等革命老区、偏远山区、集中连片特困地区都处在或涉及中部地区，沿淮沿黄的低洼易涝地区同样是贫困发生率较高的地区。国家统计局公布的信息显示，2017 年末，全国农村贫困人口有3046 万人，比上年末减少1289 万人，贫困发生率3. 1%。其中，中部地区农村贫困人口有 1112 万人，比上年减少 482 万人，中部地区农村贫困人口数量占全国 1/3 以上。在国家统计局公布的农村贫困发生率降至3% 及以下的 17 个省份中，中部只有安徽、江西和湖北 3 个省份，河南、山西和湖南农村人口贫困发生率仍在 3% 以上。经过多年扶贫工作，尚未脱贫的地区大多自然条件恶劣、经济基础薄弱，脱贫难度比较大。党的十九大报告提出，要打好精准脱贫攻坚战，确保全面决胜小康社会经得起检验。当前，决胜全面建成小康社会还有 3 年时间，中部地区要在未来 3 年时间内实现 1112 万人精准脱贫、稳定脱贫，任务仍然十分艰巨。

5. 发展合力尚未形成

经过多年发展，中部地区还没有形成带动整个区域发展的增长极。中部地区六省所处的地理位置有所不同，发展思路有所不同，中部地区六省发展没有形成合力，彼此之间还存在竞争。比如，武汉和郑州获批建设国家中心城市，分别要建设武汉都市圈和中原城市群的核心；湖南明确了“一带一部”的定位，提出了“全面融入长江经济带建设，对接长三角和粤港澳湾区”；安徽提出了“深化与沪苏浙一体化发展”；江西提出“深度融入长珠闽板块，推进赣浙、赣粤、赣闽、赣湘等合作平台建设”；山西提出“实施‘东融南承西联北拓’战略，积极参与‘一带一路’建设，主动融入京津冀和环渤海经济圈”。中部地区六省都是根据自身地理位置和优势主动与沿海、沿边发达省份对接，起到连通东中西的作用，推进梯度发展，但是中部地区六省之间的联系不够紧密，没有形成有较大影响力的合作平台，离心力大于向心力，发展的合力尚未形成。不仅如此，由于中部地区六省在资源禀赋方面比较接近，在产业发展上都偏重于煤炭、钢铁、机械、建材、食品等传统领域，彼此之间产业结构趋同、衔接度不高，在各自产业发展和承接国内外产业转移的过程中，竞争大于合作，还存在重复建设、过度竞争的情况，影响中部崛起和综合交通枢纽建设的效率。

四　新时代中部崛起前景展望

党的十九大描绘了我国社会主义现代化建设从现在到 21 世纪中叶的宏伟蓝图：从现阶段到 2020 年，实现第一个百年奋斗目标，即全面建成小康社会；从 2020 年到 2035 年，在全面建成小康社会的基础上，再奋斗 15 年，基本实现社会主义现代化；从 2035 年到 21 世纪中叶，在基本实现现代化的基础上，再奋斗 15 年，把我国建成富强、民主、文明、和谐、美丽的社会主义现代化强国。这是新时代新的奋斗目标，描摹了“两个百年”奋斗目标的动人图景，标注了坚定清晰的时间表和路线图，顺应了全国人民对美好生活的向往，必将凝聚起中部儿女砥砺前行的磅礴力量，奋力谱写中部崛起新篇章。

（一）准确把握新时代新目标的战略安排

实现中华民族伟大复兴是近代以来中华民族最伟大的梦想。新中国的诞生，标志着中华民族伟大复兴的第一个历史任务完成；此后近 30 年的建设、探索与曲折，奠定了实现中华民族伟大复兴的重要根基；改革开放后，我们走上了中国特色社会主义发展道路，对社会主义现代化建设做出了“三步走”战略安排：第一步是解决温饱，第二步是奔小康，第三步是现代化。解决人民温饱、人民生活总体达到小康这两个目标提前实现后，党的十八大提出了“两个一百年”的奋斗目标，即到建党一百年时全面建成小康社会，到新中国成立一百年时把我国建设成为社会主义现代化国家。党的十九大基于我国进入中国特色社会主义新时代的重大判断，明确了从2020年到21世纪中叶分两个阶段全面建设社会主义现代化国家的新的奋斗目标。

从全面建成小康社会到基本实现现代化，再到全面建成社会主义现代化强国，这是新时代中国特色社会主义发展的“两阶段”战略安排，标志着我国社会主义现代化建设开启了新征程。这一战略安排，是以习近平同志为核心的党中央对社会主义建设规律的新总结、新认识，擘画了接续奋斗实现民族复兴的宏伟蓝图，体现了我国经济由高速增长阶段转向高质量发展阶段的要求，紧扣我国社会主要矛盾的变化，顺应了人民日益增长的美好生活需要，标注了坚定清晰的时间表和路线图，彰显了近代以来久经磨难的中华民族迎来从站起来、富起来到强起来的伟大飞跃和实现中华民族伟大复兴的光明前景，是决胜全面建成小康社会、开启全面建设社会主义现代化强国新征程的行动纲领。

新时代“两阶段”战略安排既是宣言书，又是路线图；既是行动指南，又是工作安排，为全面建成小康社会后开启全面建设社会主义现代化国家新征程廓清了思路，明确了方向，为第二个百年目标和中国梦的实现吹响了号角。新时代“两阶段”战略目标实现之时，中国面貌将焕然一新，中国人民千百年来憧憬和孜孜以求的伟大复兴梦想将变为现实。当前，中部地区要按照党的十九大决策部署，全面深入学习贯彻习近平新时代中国特色社会主义思想，紧紧围绕新时代中国特色社会主义发展的“两阶段”战略安排，团结带领中部地区人民振奋精神、接力奋斗，为加快促进中部崛起谱写新篇章。

（二）新时代中部崛起战略目标判断

中部地区全面建成小康社会将与全国一道如期实现。全面建成小康社会的规定时限为21世纪头20年，现在即将过去18年。从目前到2020年既是冲刺期，也是决胜期。党的十九大明确了决胜全面建成小康社会的战略要求、重点难点、主攻方向、重大工程、重大举措，这将引领中部打赢决胜全面小康社会的三大攻坚战，如期全面建成小康社会。进入21世纪以来，特别是党的十八大以来，中部地区的改革开放和社会主义现代化建设取得了巨大成就，全面建成小康社会取得重大进展，为如期全面建成小康社会奠定了坚实基础。中部经济持续健康发展，主要经济指标可望如期实现目标要求；人民民主不断扩大，民主制度更加完善，民主形式更加丰富；文化建设基础更加坚实，区域文化软实力明显增强；人民生活水平持续提高，社会治理体制机制不断健全；生态文明建设成效显著，资源节约型、环境友好型社会建设取得重大进展。经过改革开放特别近20年的艰苦奋斗，中部地区已经接近实现全面建成小康社会的目标，完全有把握如期实现全面建成小康社会目标。

中部地区实现新时代“两阶段”战略目标，有基础、有优势、有潜力，切实可行，发展基础更加坚实。中部地区拥有全国25%以上的人口和20%以上的经济总量，30%左右的粮食产量，40%左右棉花、油料等主要农产品产量。2003～2017年，中部地区生产总值、固定资产投资、一般公共预算收入、进出口额分别增长了5.9倍、16.8倍、11.7倍、10倍，中部地区工业增加值占全国工业增加值比重由16.72%提高到24.75%，中部地区城镇化率由33%提高到53%，2017年六省的城市人口均超过农村人口。米字形高速铁路网加快建设，多式联运、高效衔接的现代综合交通枢纽体系初步形成，郑州、武汉等全国性枢纽地位日益彰显，交通基础支撑能力显著提升，连通东西、纵贯南北的枢纽地位日益强化，经济社会发展的基础支撑能力进一步增强，为促进中部崛起奠定了坚实基础，发展优势更加彰显。中部地区处于丝绸之路经济带西向、南向和连接海上丝绸之路的交会点，是中国东部产业转移、西部资源输出、南北经贸交流的桥梁和纽带，区位优势独特。中部地区已经成为中国重要粮食生产基地、能源原材料基地、装备制造业基地和综合交通运输枢纽，在全国经济社会发展格局中位势提升。中部地区是人力资源大省，劳动年龄人口占总人口（3.67亿人）70%左右，有利于发挥人口总量势能、结构红利、流动活力和素质资本叠加优势，生产要素综合优势明显。中部地区工业基础扎实、工业体系完备，中部地区工业间的配套能力较强。同时，中部地区已培育形成汽车、能源、机械制造、有色金属、生物医药、食品加工等有比较优势的特色产业集群，包括汽车、工程机械在内的现代制造业产业群，优势能源、原材料产业群，高新技术产业群以及农业优势产业集群，支撑产业和配套产业的不断完善以及优势特色产业集群奠定了中部崛起的产业基础，发展前景更加光明。世界经济复苏回暖，新一轮科技革命、产业变革蕴含着历史性机遇；产业梯度转移、空间梯度开发、开放梯度推进和国家实施“一带一路”倡议、长江经济带建设等重大机遇，推动内陆腹地成为开放前沿，提高中部经济整体素质和竞争力；国家战略规划和战略平台建设，战略叠加效应更加凸显；一些传统农区仍处于工业化城镇化快速推进阶段，四化同步发展的空间依然广阔。只要抢抓机遇、用足优势、激发潜力，就一定能决胜全面建成小康社会、开启新时代中部崛起新征程。

（三）新时代中部崛起战略目标测算

从国际来看，所有经济体在进入中等偏上收入（人均国民收入4000～12000美元）行列后，相对于人均收入低于4000美元时期的经济增速都有普遍下降。2011年，中部地区人均国民收入突破4000美元，2000～2011年中部地区经济年均实际增长率高达11.9%；而进入中上等收入行列后的2012～2017年，中部地区年均增速则降至8.9%。在进入高收入阶段之后，中部地区经济增长也会沿着这种发展轨迹稳步前行。

在综合分析国际经济演进轨迹和中国及中部地区经济发展趋势的基础上，课题组判断：从现在起到2020年，中部地区经济年均增长率能达到7.5%以上；2020～2035年，中部地区经济增长速度可能会回落到6.5%左右，届时只要要素投入每年能带来4%左右的增长，全要素生产率增速能够达到2.5%左右，经济就能再维持10年左右的中高速增长。到那时中部地区不但能够成功跨越中等收入陷阱，而且可以实现成功转型。从2035年至2050年，基本实现现代化后，中部地区经济将基本维持在全国平均水平，在2.5%～4%之间稳定持续增长。

2016年我国人均国民收入已突破8000美元，只要老百姓收入增长和经济增长保持基本同步，全国在2023年前后，中部地区在2025年前后，人均国民收入在1.2万美元左右，进入世界银行认可的高收入国家地区行列，将成功跨越“中等收入陷阱”。2035年的人均国民收入为2.2万美元左右，到2050年人均国民收入可能达到3.2万美元。

五　进一步促进中部崛起的对策建议

进入新时代，面对发展新形势、新问题、新挑战，中部六省要坚持创新、协调、绿色、开放、共享新发展理念，把握发展新要求，抢抓发展新机遇，以强化创新驱动、调整产业结构、深化改革开放、夯实基础支撑、加强民生保障、力促协同发展等为着力点，开启新时代中部崛起新征程，奋力谱写中部崛起新篇章。

（一）大力实施创新驱动战略，强化中部崛起内生动力

创新是引领发展的第一动力。进入新时代，中部地区要坚持创新驱动发展，突出关键和重点，整合区域创新资源，优化创新平台布局，完善创新服务体系，强化开放创新联动，力促区域创新协同，以强化中部崛起内生动力，实现中部地区更好发展。山西省要按照“131”创新驱动战略体系的总体部署及要求，以“四创联动”为路径，加快推进国家创新驱动发展战略山西行动计划和山西省低碳创新行动计划，着力破解资源型经济转型发展难题。河南省要强化开放式创新，加快推进郑洛新国家自主创新示范区和“双创”基地建设，积极开展科技金融结合、科技成果转化、高端人才引进等先行先试工作，努力打造全国中西部科技创新高地。湖北省要以加强科技创新能力建设、强化企业创新主体地位、促进科技成果转化、同步推进商业模式创新等为重点，加快武汉东湖国家自主创新示范区建设，创建区域领先、全国一流的制造业创新中心，推进“创新湖北”建设。湖南省要坚持

创新驱动，以建设长株潭自主创新示范区、推动重大领域创新突破、全面提升自主创新能力、营造活力迸发的创新生态等为重点，推进全面创新，努力建设中部区域创新中心，形成湖南发展新引擎。江西省要深入实施创新驱动“5511”工程，着力打造江西鄱阳湖国家自主创新示范区、赣江新区“双创”示范基地等一批国家级重大平台，创新产业转移承接模式，建设全国重要的先进制造业基地。安徽省要深入实施《创新驱动发展工程》，积极推进合芜蚌全面创新改革试验，加快建设合芜蚌国家自主创新示范区，切实推动合肥综合性国家科学中心建设迈上新台阶。

（二）突出产业转型升级，增强中部崛起的支撑力

加快推进产业转型升级是中部崛起的关键所在，是中部崛起的重要支撑。山西省要以构建现代产业体系为主攻方向，以资源型经济转型发展示范区建设为重点，加快碳基产业等传统产业转型升级，优化产业布局，推进新兴产业集群集约发展，努力形成以高端制造业和现代服务业为主体的产业转型新高地。河南省要围绕“四个强省”建设目标，坚持区别对待、分业施策，持续打好“产业转型升级”这张牌，推动传统产业绿色化、循环化和高端化发展，推动新兴产业集群化、网络化和生态化发展，加快构建现代产业体系。湖北省要围绕制造强省建设，按照《湖北产业转型升级发展纲要（2015~2020年）》规划部署，大力推进产业转型升级专项行动，着力构建现代产业新体系。湖南省要持续狠抓制造强省建设，创新产业转移承接模式，继续推进“一业一策”支持产业发展，以转型升级为方向振兴实体经济，加快建设实体经济、科技创新、现代金融、人力资源协同发展的产业体系。江西省要围绕建设全国重要的先进制造业基地等目标，持续推进战略性新兴产业倍增计划、传统产业转型升级工程、服务业发展提速三年行动计划等重点工作，着力推进产业转型升级，加快构建协同、绿色产业体系。安徽省深入实施战略性新兴产业集聚发展工程、传统产业改造提升工程、服务业加快发展工程等，大力推广“互联网+产业转型升级”模式，加快形成以战略性新兴产业为先导、先进制造业为主导、现代服务业为支撑的现代产业新体系。

（三）全面推进对内对外开放，增强中部崛起的驱动力

全面双向开放是新时代中部地区更好利用两个市场、两种资源，促进中部全面崛起的必由之路。中部地区要顺应区域经济深度融入全球经济趋势，坚持内外需协调、“引进来”和“走出去”并重，破解内陆地区开放发展难题，不断拓展开放深度、广度，增强中部崛起驱动力，打造内陆开放高地。山西省要主动融入“一带一路”和京津冀和环渤海经济圈，不断拓展开放广度和深度，不断提升开放型经济水平。河南省要全面融入“一带一路”、长江经济带等重大国家战略，充分利用中国（河南）自由贸易试验区、郑州航空港经济综合实验区、中国（郑州）跨境电子商务综合试验区等重大开放合作平台，深化区域内部合作，促进内外联动，打造内陆地区双向开放新高地。湖北省要加快中国（湖北）自由贸易试验区建设，促进区域协同发展，推动高水平双向开放，全面融入“一带一路”、长江经济带等重大国家战略，构筑面向全球的内陆开放高地。湖南省要围绕开放强省建设目标，深入实施创新引领开放崛起战略，坚持高水平“引进来”和高质量“走出去”并重，融入新丝路、经济带，对接自贸区、湘商会，形成全面开放的新格局。江西省要积极对接“一带一路”建设，全面参与长江经济带建设，全面融入对接“长珠闽”，完善开放平台体系，促进双向开放，深度拓展区域合作新空间。安徽省要全面融入国家开放大战略，深入实施双向互动、内外联动的全面开放，推进开放大通道、大平台、大通关建设，打造更高质量开放型经济新体系。

（四）加强中部地区城市群发展，形成中部崛起的带动力

加快城市群发展是新时代中部地区培育新增长极、增强发展承载能力和促进中部全面崛起的关键举措。推进城市群发展，关键在于强化城市间的紧密联系和协同互动，以更好发挥城市群的规模效应、集聚效应和协同效应。山西省要以山西中部城市群为建设重点，强化太原省会城市地位，积极构筑晋北、晋南、晋东南三大城镇群，大力推进智慧城市、绿色城市、海绵城

市、人文城市等建设，有效提升城市群承载力和城市品质。河南省要以中原城市群为建设重点，着力推进郑州国家中心城市建设，推进郑州大都市区、洛阳副中心城市、城镇协同发展区建设，深入实施百城建设提质工程，更好发挥中原城市群带动效应。湖北省要加快长江中游城市群规划落实，大力推动武汉城市圈、襄（阳）十（堰）随（州）城市群、宜（昌）荆（州）荆（门）城市群建设，推进武汉国家中心城市建设，打造长江中游城市群的核心支撑、城乡统筹协调发展“湖北样本”。湖南省要加快长江中游城市群规划落实，强化长沙省会城市地位，大力推动长株潭城市群建设，带动岳阳长江新区、邵阳东部城镇群等区域性城镇群发展，打造长江中游城市群核心引领区。江西省要加快长江中游城市群规划落实，加快环鄱阳湖生态城市群建设，强化南昌省会城市地位，推进一批海绵城市、绿色城市、智慧城市、人文城市等建设，发挥城市群带动效应。安徽省要以皖江城市带为建设重点，强化合肥省会城市地位，持续提升城市群能级，打造支撑中部崛起的核心增长极。

（五）进一步加强全面深化改革，激发中部崛起新活力

全面深化改革是新时代中部地区破解发展难题、激发发展活力、实现全面崛起的关键。对各省而言，要紧抓深化供给侧结构性改革主线，结合地方实际，攻坚克难，务求实效。山西省要以国企国资、财税体制、电力体制等为深化改革重点领域，坚持供给侧改革与综合改革相结合，充分发挥供给侧结构性改革的治本良方作用和转型综合改革的战略牵引作用，坚决破解资源型地区发展难题。河南省要坚持重点突破，抓住国企改革、农村改革、投融资体制改革、民生领域改革等关键节点、重点环节和短板问题，试点示范，形成传统农业大省、人口大省、经济大省全面深化改革的“河南经验”。湖北省要推进“放管服”、资源配置、扶贫等关键环节改革，推进一批改革试验区建设，努力形成更多可复制可推广的改革成果，助力湖北率先崛起。湖南省要全面完成长株潭两型社会建设综合配套改革试验区阶段改革任务，深化国企国资、“放管服”、农村、民生等关键领域改革，推进改革试点工作，为中部崛起贡献“湖南经验”。江西省要深化“放管服”、国企国资、财税

金融及环境治理等重点领域改革，全面推进改革试点、试验区建设，努力实现与中部地区全面同步崛起，在全国率先“绿色崛起”。安徽省要持续推进国家级重大改革试点工作，系统推进全面创新改革试验，纵深推进国企国资、“放管服”、产权制度、农村、民生等重点领域改革，努力走在中部崛起的改革前列。

（六）深入实施绿色发展战略，提升中部崛起承载力

进入新时代，推动绿色发展，实现绿色崛起，其本质上就是要求中部地区制定和实行绿色标准、绿色制度，鼓励和推行绿色规划、绿色产业、绿色城市、绿色消费、绿色治理、绿色管理、绿色出行等新业态、新模式，协力推进生产方式和生活方式绿色发展。山西省要以推进大型煤炭基地绿色化开采和改造等为重点，推进传统产业绿色改造和“高碳资源低碳发展、黑色煤炭绿色发展”，走出一条具有山西特色的“革命兴煤”之路。河南省要以推动形成绿色发展方式和生活方式为出发点，推进绿色发展行动计划，以绿色工程建设一批绿色工厂、绿色园区、绿色基地、绿色城市等，完善生态格局，建成美丽河南。湖北省要将修复长江生态环境摆在最重要的位置，加强生态环境协同监管和综合治理，围绕产业加快实施绿色低碳提升工程，形成可推广绿色增产增效提质模式，建成全国绿色发展新范本。湖南省要坚持绿色富省、绿色惠民，以推进长株潭地区、大湘西地区、湘南地区、洞庭湖地区四大板块协调绿色发展为抓手推进两型社会建设，发展绿色经济新业态，提高绿色发展指数。江西省要坚持绿色崛起，大力发展绿色经济，以环鄱阳湖生态城市群建设为契机，以国家生态文明试验区建设为重点，打造美丽中国“江西样板”，争取在全国率先实现绿色崛起。安徽省要以围绕两型社会建设、加快淮河流域综合治理与绿色发展为契机，加快国家生态文明先行示范区建设，推进生产方式和生活方式绿色发展，建设绿色江淮美好家园。

（七）进一步保障和改善民生，培育中部崛起原动力

增进民生福祉是发展的根本目的。进入新时代，中部地区要以“多谋

民生之利、多解民生之忧”为出发点，以幼有所育、学有所教、劳有所得、病有所医、老有所养、住有所居、弱有所扶等为着力点，坚决打赢脱贫攻坚战，努力补齐民生短板，促进社会公平正义，增强中部崛起动力。山西省要坚持改善民生和发展经济并重，全面抓好教育、文化、卫生等社会事业和就业、社保、居民增收等民生工作；以吕梁、太行两大连片特困地区为主战场，打好扶贫攻坚战，共同迈入全面小康社会。河南省要坚持全面推进共享发展，以落实脱贫攻坚“5 +5 +5”组合拳为抓手，打赢脱贫攻坚战；持续提高教育、文化、卫生、住房、社保、社会救助等公共服务能力及就业、居民增收、社会治理等民生保障水平。湖北省要以大别山、武陵山、秦巴山、幕阜山四个贫困人口相对集中的连片特困地区为主战场，坚持片区攻坚与精准扶贫同步推进，全面推进脱贫攻坚；全面提升教育、社会保障、就业等服务能力，增强人民群众共享发展获得感。湖南省要以湘西为主战场，以武陵山、罗霄山连片特困地区为重点，统筹推进集中连片特困地区、重点贫困县（市）及贫困人口全面脱贫；完善和提高教育、就业、社会保障、医疗卫生等服务体系及水平。江西省要以罗霄山集中连片特困地区，特别是革命老区贫困县为主战场，打造脱贫攻坚新样板；聚焦民生保障中存在的突出问题、短板，着力破解就业、教育、医疗、居住、养老等方面的难题。安徽省要深入实施教育、居民收入、就业、医疗卫生、社会保障等民生工程，推进“互联网 + 民生服务”，促进民生工程建设提质增效；以“十大工程”推进大别山区、皖北地区脱贫攻坚。

（八）构建中部区域合作协同机制，提升中部崛起凝聚力

合作协同发展，是新时代中部地区提升崛起凝聚力、实现可持续发展的重要基础。山西省要加强以煤会友，深化与京津冀、环渤海经济圈协同发展，积极对接长江经济带，加快晋陕豫黄河“金三角”区域协调发展，推进蒙晋冀（乌大张）长城金三角建设，强化沿黄经济带协作，建立健全跨区域协调机制。河南省要把“三区一群”作为支撑区域协同发展的综合载体平台，推进中原城市群城际互动发展，加强与周边省份城市群、城市圈、

经济带、试验区协同发展，形成省内协调联动运行机制和省际协同发展机制，构筑协调发展新格局。湖北省要以长江经济带为轴线，大力推进武汉城市圈等长江中游城市群建设，鼓励以长江、汉江、淮河、洞庭湖等岸线为载体，全面推进跨江跨区域合作；加强大别山区域合作开发，促进区域协同发展，构建跨区域城际协调联动机制。湖南省要全面融入长江经济带建设，对接长三角和粤港澳大湾区，推进长株潭地区、大湘西地区、湘南地区、洞庭湖地区四大板块协调发展，推进城市群、经济区、协作区等城际互动发展，健全区域协同发展机制，实现区域发展新局面。江西省要全面参与长江经济带建设，全面融入对接“长珠闽”，强化与周边省份城市群、经济带协同发展；推动环鄱阳湖生态城市群城际互动发展，开展跨区域旅游协作、产业合作，建立区域良性互动机制，构建区域协调发展新格局。安徽省要全面融入“一带一路”建设、长江经济带建设和京津冀协同发展战略，深化长三角一体化发展，统筹皖江城市带承接产业转移示范区、皖北“四化”协调发展先行区、皖南国际文化旅游示范区、皖西革命老区四大区域板块协调发展，建立健全区域协同发展机制。

参考文献

张和平：《关于江西省 2017 年国民经济和社会发展计划执行情况与 2018 年国民经济和社会发展计划草案的报告》，《江西日报》2018 年 2 月 11 日。

姜四清：《关于山西省 2017 年国民经济和社会发展计划执行情况与 2018 年国民经济和社会发展计划草案的报告（摘要）》，《山西日报》2018 年 3 月 5 日。

中国科技发展战略研究小组、中国科学院大学中国创新创业管理研究中心：《中国区域创新能力评价报告 2017》，科学技术文献出版社，2017。

国家统计局：《2017 年全国农村贫困人口明显减少　贫困地区农村居民收入加快增长》，国家统计局网站，http：//www. stats. gov. cn/tjsj/zxfb/201802/t20180201_ 1579703. html，2018 年 2 月 1 日。

喻新安、郭小燕、王新涛：《区域发展新棋局与中部崛起新机遇》，《区域经济评论》2014 年第 4 期。

喻新安、杨兰桥、刘晓萍、郭志远：《中部崛起战略实施十年的成效、经验与未来取向》，《中州学刊》2017 年第 9 期。

王业强、高春亮：《促进中部地区崛起的政策反思及调整方向》，《区域经济评论》2014 年第 2 期。

范恒山：《大力促进中部地区崛起若干重大问题的思考》，《宏观经济管理》2013 年第 1 期。

彭智敏、史佳可：《经济新常态下促进中部崛起的任务选择》，《湖北社会科学》2017 年第 6 期。

和军、樊寒伟：《中部崛起战略实施效果评析》，《湖北社会科学》2016 年第 11 期。

赵西君：《新常态下中部地区崛起的战略思路研究》，《中国市场》2015 年第 9 期。

范恒山：《中部地区实现全面崛起的挑战与重点路径》，《区域经济评论》2018 年第 1 期。

张大卫：《顺应区域发展战略再平衡　培育中部地区发展新优势》，《区域经济评论》2018 年第 1 期。

杜平：《研究中部地区崛起应关注的四个新变化》，《区域经济评论》2018 年第1 期。

周毅仁：《中部地区崛起面临的五大新挑战》，《区域经济评论》2018 年第 1 期。

刘尚希：《中部地区崛起面临的制度创新问题》，《区域经济评论》2018 年第 1 期。

曹文炼：《中部地区发展的短板与着力点》，《区域经济评论》2018 年第 1 期。

王圣云、许双喜：《中部经济崛起度动态评估与新常态下促进崛起的战略对策》，《华东经济管理》2016 年第 1 期。

陈栋生、罗序斌：《实施主体功能区战略：中部地区科学崛起的新引擎》，《江西社会科学》2011 年第 1 期。

冯子标：《中部塌陷原因及崛起途径探析》，《管理世界》2005 年第 11 期。

马立平、邹士年：《中部崛起事关全局举足轻重》，《宏观经济管理》2017 年第6 期。

综合篇

Comprehensive Reports

B.2

中部地区深化供给侧结构性改革研究

赵旭强　孙秀玲　张文霞*

摘　要： 供给侧结构性改革是中部地区实现中部崛起的重要战略任务。本文从推进供给侧结构性改革的背景入手，对中部地区实施“去产能、去库存、去杠杆、降成本、补短板”政策措施和实施效果进行了总结，进而从中部地区经济社会发展面临的问题入手提出了中部地区深化供给侧结构性改革的思路、原则和路径。

关键词： 中部地区　供给侧结构性改革　中原经济区

* 赵旭强，山西省社会科学院经济研究所研究员；孙秀玲，山西省社会科学院经济研究所副研究员；张文霞，山西省社会科学院经济研究所助理研究员。

推进供给侧结构性改革是我国经济进入新常态的重大战略决策，是今后我国经济工作主线，是全面深化改革的重要任务。中部地区只要紧抓这一改革机遇，进一步深入推进供给侧结构性改革，持续抓好“三去一降一补”，大力简政、减税、减费，不断优化营商环境，全面激发市场主体活力，才能提升经济发展质量，才能实现全面建成小康社会。

一　中部地区供给侧结构性改革的必要性分析

中部地区在全国区域发展格局中具有举足轻重的战略地位。2006 年党中央、国务院做出了关于促进中部地区崛起的战略决策，经过十多年努力，中部地区经济社会发展取得了显著成就。自 2008 年起，中部地区经济增长速度超过东部地区，迄今一直保持着这个状态。中部地区的经济总量占全国经济总量的比重由 2005 年的 18.8% 提升到 2016 年的 20.6%，战略效果比较明显。从产业演进规律看，中部六省基本处于工业化中后期阶段，工业化进程和城镇化发展水平不相适应，城镇化水平依旧不高，既影响工业化的进程，又影响农村剩余劳动力的转移；工业化层次不高，经济增长依然依赖自然资源、劳动力、资本等初级生产要素，只有通过供给侧结构性改革，创新体制机制，促进资源要素的市场化流动，提升资源配置效率，才能提高区域经济增长的全要素生产率，才能实现中部崛起。

（一）国际新一轮技术和工业革命对供给侧结构性改革提出紧迫要求

后金融危机时代世界消费模式及消费结构发生根本性转变，带来了全球新需求、新消费的迅猛增长。美国新型制造业与德国工业 4.0 版联手启动了新一轮世界工业革命，会导致新一轮的世界分工。各国均致力于通过产业结构调整及升级加大新供给，满足新需求新消费，抢占更多国际竞争制高点。

1. 后金融危机时代的世界消费模式及结构发生了根本性转变

2008 年全球金融危机所带来的影响不仅仅是拖累世界经济增长，其更大更深层次的影响是世界消费模式及消费结构的改变。世界消费模式的转变与传统消费模式的根本性区别体现在其与互联网、高科技、个性化的关联程度更高、更密切。世界消费结构迎来了根本性变革，过去消费模式以附加值较低、物质型消费为主，当前消费模式是以高附加值和非物质型消费相结合的新型消费模式。这种消费模式的改变刺激了世界新兴消费的快速增长，无论是欧美发达经济体国家还是发展中国家，新的消费需求都在迅猛增加。消费结构升级和新消费需求模式主要是指对新产品和新服务的需求，但不论是产品还是服务都源于科技创新和个性化需求，这些新的消费偏好模糊了产业的边界，企业既是产品的供应商，也是服务的提供商，特别是2012年以来新兴产业如自动化装备、智能机器人、无人机、移动终端、微芯片等快速增长，这些以互联网和大数据服务支撑的数字产业附加值越来越高。

2. 新一轮世界工业革命导致全球范围内经济领域发生深刻变革

欧美发达经济体在积极应对后金融危机时代消费结构升级和消费模式变革的同时，采取各种政策刺激实体经济发展，推动新供给增长。美国强调重振工业，推出新型制造业战略，欧盟提出容克投资计划，德国实施“工业4.0”战略，日本加快机器人产业发展等，发达经济体经济复苏明显。新兴市场经济体也加快了改革步伐，为了应对国际经济环境变化带来的压力，各国都在加大改革步伐。在遭受西方经济制裁之后，俄罗斯推出了系列“反危机”计划，加快实施进口替代战略、推动经济多元化、促进农业发展、积极扶持中小企业，并创立了“超前发展区”，从而给经济发展注入了新的活力。面对经济持续的衰退，巴西政府在采取各种措施加大基础设施投资、降低贸易保护、促进经济多元化、提高创新能力。当前，印度的改革在短期内对其国内经济增长形成了一定冲击，但从长期来看有利于经济的持续发展。全球经济增长新动能不断集聚，大国政策的外溢效应如美国推出的减税政策有望带动其他国家减税，从而降低企业负担，激发企业活力，促进全球经济增长。第三次工业革命正处于前夜，它所引发的蝶变效应以及版图重构的影响不可小视。从本质上讲，第三次工业革命将导致产业结构和社会结构发生深刻变革，一批新兴产业加快诞生并加速发展，新的生产模式、组织体系和社会关系将被重塑，世界经济地理版图及国家比较优势将发生新的变革，最终产生新的技术经济范式，推动人类社会全面发展。

3. 国内产业转型必须构建面向新一轮工业革命的现代产业体系

中国经济转型较早，但实际转型过程阻力较大，转型进展较慢。从国际贸易市场看，后危机时期开始，我国出口总额和出口增速都在逐年下降，净出口拉动经济增长贡献率在降低。自 2012 年以来，我国的进口、出口及出口增长速度开始大幅度回落，特别是 2014 年，出口、进口、进出口总额的增速均跌至十年间最低水平。从趋势看，未来几年进出口贸易额增速回落空间不大，基本会处于低位徘徊区间。因此，中国经济转型和产业结构升级必须依赖国内技术创新和研发，只能着眼于构建面向新一轮技术革命的现代产业体系，才能提高产业竞争优势，才能实现经济转型升级发展。

（二）国内经济发展新常态对中部地区供给侧结构性改革提出紧迫要求

在适度扩大总需求的同时，着力加强供给侧结构性改革，是中央在经济新常态的背景下，从我国经济深层次特征出发做出的重大战略决策，奠定了今后我国经济发展和产业转型升级的大逻辑。

1. 新常态成为较长时期内我国经济发展的基本背景

经济发展新常态意味着经济运行进入新的均衡状态，呈现新的增长特征。从经济增长模式看，过去那种“高投入、高增长、高污染”的粗放模式已经终结，经济增长进入“新动力、中高速、高效益”的高质量发展阶段，中国经济升级版正在形成。在这一基本背景下，一是要求我们必须适应中高速的增长特征，二是经济发展必须以优结构、高质量、可持续发展为目的。也就是说，尽管与过去高速增长相比，中速增长可能带来很多矛盾和更大的压力，但新常态要容忍中速增长，并在中速增长中找寻到优化发展质量的路径。因此，新常态不反对高增长，但高增长却不能突破新常态重视结构效益的基本要求。事实上，新常态不可能是一个自发演进的状态，它应当是一个主动调整、有意为之的结果。

2. 产业结构调整是引领和适应新常态的重要内容

深刻认识新常态的双重内涵，就是让我们在经济发展的速度、结构、效益之间找到平衡点。有研究认为，这一平衡点就是有效推进产业结构调整。原因在于，经历了30多年的高速发展，支撑中国经济增长的投资动力和人口红利等利好因素已经在弱化，由此产生的负面问题则是产能大幅过剩、产业相对低端等。这种情况在全球金融危机的冲击下，被迅速放大。这也是中国经济难以维系高速增长的根本性原因。如何破解这一困局，这就需要在顺应经济发展内在要求和基本趋势的前提下，前瞻性地寻找发展动力，把握新要素赋予的机遇，及时撬动产业结构的转变，迅速转换到新的发展轨道。历史经验告诉我们，一国只有重视产业结构的调整，紧紧抓住能够引领未来发展需求的产业根基，才能应对复杂多变的国际形势和竞争日益激烈的贸易环境，才能促进我国经济的可持续增长。新常态下经济增长动能向技术创新转变，传统增长方式已不适应当前市场需求，新技术的发展方向必须紧跟新业态和新商业模式下的新产品和新服务，才能占据世界战略性新兴产业的制高点。

3. 供给侧结构性改革为产业结构调整提供了新思路

新常态下我国经济进入增速调整、结构转型、动能转换的高质量增长阶段，经济转型和结构调整处于关键阶段，推进供给侧结构性改革正是从生产端出发，为经济转型和产业升级提供了新的思路。从经济增长的长期动力源来看，生产要素的高级化和专业化是产业持续发展的基础，因此，我国经济调控的重心由“需求侧”转向“供给侧”，创新供给以适应当前消费的升级换代，解决供需错配，是经济发展新常态下的重大政策创新。当前及今后一个阶段，面对复杂多变的世界经济和国内经济增长压力，推进供给侧结构性改革，优化和提升要素配置效率，以新供给创造新需求和新经济增长点，是现阶段我国产业结构调整和优化升级的根本。

（三）中部地区发展面临的问题对供给侧结构性改革提出了紧迫要求

中部地区已经成为促进区域协调发展和全国社会经济发展的重要力量。但是，从总体上看，中部地区还没有实现真正、全面的崛起，发展中仍然存在着一些较为突出的问题。

1. 整体上发展不充分、不平衡

中部地区不仅省际的差距较大，各省之内地区之间的差距也十分明显，这种差距既体现在增长速度、基本公共服务水平等方面，也体现在产业结构、新兴动能成长等未来发展潜能上。以人均生产总值为例，湖北成为中部崛起战略实施后中部地区首个人均地区生产总值超出全国平均水平的省份，为全国平均值的 101.01%；但其余五省与全国平均水平还存在明显差距，只相当于全国平均值的 73% ~87%。山西这一指标与全国的差距不仅没有缩小，反而有所扩大。

2. 对外开放依然滞后

2015 年，中部六省进出口总额仅占全国的 6.4%，不足广东省的 1/4，所以中部地区外向型经济发展还比较落后，与东部地区还有很大的差距。国际合作中心从 2012 年开始编制中国对外开放指数，对全国 31 个省份、副省级中心城市和地级市进行排名，中部地区有些地方甚至排在西部地区一些省份的后面。从 2016 年的数据来看，中部地区利用外资不错，从增量和流量来看，大概占全国的一半。但是从对外贸易来讲，这些年上升不多，甚至和改革开放的前期、中期差不多，中部地区占全国对外贸易总额在 6% 左右。“走出去”对外投资占比就更低了，2016 年对外投资占比只有 5.21%。

3. 产业整体发展仍不优不强

无论从产业体系来说，还是从产业经济效益来说，中部地区的产业竞争力较为薄弱。相当一部分产业的科技含量不高，整体上现代性、前端性产业分量不重，对资源、劳动要素和投资驱动依赖性较强，产品平均附加值不高，缺乏有竞争力、影响力的品牌产品。

4. 创新发展动力不足

有学者选取每万人拥有专利授权量、技术市场成交额、每万人专业技术人员数、科学经费占财政收入比例 4 项指标加权衡量区域创新动力的大小。研究结果表明，在 1990～2015 年，中部六省与广东之间的创新动力差距整体趋于扩大。中部六省创新动力的省际差异十分明显。从“七五”时期到“十二五”时期，湖北和安徽的创新动力得分增长率分别高达 39.02% 和 31.85%，但仍远低于广东（53.82%）。而中部其他四省的创新动力得分增长率介于 13%～22% 之间，山西的创新动力得分增长率在中部六省中最低，仅为 13.47%。

5. 城镇化水平不高

2016 年，中部地区城镇化率为 52.72%，略高于西部地区的 50.11%，明显低于东部地区的 66.03% 和东北地区的 61.07%，且中心城市辐射带动作用不明显，城乡统筹水平不高，城乡差距较大，还存在着较大范围的资源枯竭型地区、贫困地区等特殊困难地区，贫困人口较多。2016 年末，中部地区贫困人口为 1467 万人，占全国贫困人口的 34%，超过了 1/3，其中河南为 370 万人、湖南为 343 万人，分别居全国第三位和第四位，仅次于贵州、云南两省。此外，中部地区还存在着体制性约束较多、市场经济发育不够充分、开放合作水平较低、一体化程度不高等问题。

二　中部地区供给侧结构性改革重点任务“三去一降一补”采取的措施及实施效果

两年来，中部地区以供给侧结构性改革为主线，全面深入推进“去产能、去库存、去杠杆、降成本、补短板”，供给体系的质量和效率显著提升，供需关系不断改善，工业经济平稳运行，企业经济效益明显提高，经济转型升级的步伐逐渐加快，新兴产业、高新技术产业加快发展，城乡区域协调发展呈现新面貌。

（一）扎实有效地去产能

去产能居供给侧结构性改革“五大重点任务”之首，是推进供给侧结构性改革任务的关键。引导鼓励过剩产能行业、企业主动化解过剩产能、节能技改、转型升级。落实煤炭行业去产能财政奖补、关闭煤矿价款退还和职工安置政策，支持煤炭行业产能整体退出。支持采取兼并重组、债务重组或破产清算等综合措施，坚定不移处置“僵尸企业”。严格执行财政、能耗、安全、环保等制度、标准和政策，通过市场化手段倒逼“僵尸企业”有序退出。

煤炭产业是山西乃至全国经济的基础产业，涉及面广、从业人员多，关系经济发展和社会稳定大局。2016 年，山西关闭 25 座煤矿，退出煤炭产能 2325 万吨，居全国第一位。山西省在全国率先实施煤炭减量化生产，所有煤矿严格执行 276 个工作日，为改善全国煤炭市场供求关系做出了重要贡献。至 2017 年，山西省退出煤炭产能 4590 万吨，淘汰炼铁产能 82 万吨、炼钢产能 325 万吨。湖北产业结构偏重，除了重点抓好钢铁、煤炭、水泥、平板玻璃等行业的去产能工作，还综合运用市场机制、经济手段和法治办法，严格执行环保、质量、安全、技术等法规标准，积极淘汰落后产能、分类化解过剩产能、严控新增产能。2016 年，湖北调减煤炭产能 1011 万吨、钢铁产能 338 万吨、水泥熟料 105 万吨、平板玻璃 160 万重量箱，促进了相关产业健康有序发展，为先进产能和优势企业腾出了市场空间和环境容量。其中，武钢集团实现了与宝钢集团的战略重组，成为国有企业推进供给侧结构性改革的成功范例。安徽在化解过剩产能中积极稳妥做好职工安置，因地、因企、因人制宜，分类有序施策，通过“六个一批”分流安置路径，多渠道分流安置职工。至 2017 年，安徽关停 14 对煤炭矿井、退出产能 1672 万吨，化解生铁产能 124 万吨、粗钢产能 174 万吨。河南 2016 年关闭 100 座煤矿，去产能达 2388 万吨，化解钢铁过剩产能 100 万吨、粗钢产能 240 万吨。湖南 2016 年全年关闭煤矿 318 处，去煤炭过剩产能 2073 万吨，全面完成煤炭产能清退年度目标。江西关闭“地条钢”生产能力 542 万吨，彻底清除“地条钢”企业，通过产权转让、资产重组、关闭破产等方式，清理处置了370家“僵尸企业”。

（二）因地施策去库存

房地产去库存是供给侧结构性改革的“五大任务”之一。加快农民工市民化，落实支持农业转移人口市民化财政政策，以人为本推进新型城镇化建设，健全财政转移支付与农业转移人口市民化挂钩机制，促进基本公共服务均等化，允许农业转移人口就近城镇化，扩大住房需求群体。深化住房制度改革，建立购租并举的住房制度，完善多层次住房保障制度，提高住房公积金使用效率，化解房地产库存压力，促进房地产行业健康持续发展。积极发展住房租赁市场，培育市场供应主体。支持“因城施策”，实行差别化土地供应和住房保障方式，加大住房改造货币化安置力度，打通商品房与保障性住房供需通道。

截至2017年9月底，安徽省在售商品住房库存7750万平方米，比2016年末减少510万平方米，去化周期13.3个月；非住宅商品房库存4306万平方米，比2016年末减少356万平方米，去化周期58.6个月；全省棚户区改造货币化安置23.94万户，棚改货币化安置比例达70.14%；2017年前三季度全省房价同比下降1.3%。2017年，湖南省着力化解三四线城市存量房，促进房地产市场平稳健康发展。至2017年5月末，全省商品房待售面积下降26.3%，连续15个月下降，同比累计减少892.8万平方米，全省商品房去化周期已降为14.2个月。全省棚户区改造开工19.48万套，货币化安置16.38万户，货币化安置率达84.1%，进一步推动了房地产行业去库存。河南2016年末房地产去化周期已降到16个月以下，比2015年底的历史峰值缩短了5个多月。湖北加大推进房地产去库存，大城市依法查处捂盘惜售、囤积房源等行为，中小城市调整住房用地供应，消化积压商品房库存；实现了全省商品房销售面积增长、平均房价下降、库存面积减少等多个目标。山西瞄准商品房供给和需求两侧，共同发力化解房地产库存，全省商品房待售面积、库存消化周期实现“双下降”。至2017年底，江西商品住宅库存平均去化周期下降到5.8个月。

（三）积极稳妥落实去杠杆

积极稳妥去杠杆是推进供给侧结构性改革的重要任务之一。加强地方政府性债务管理，按照“疏堵结合、分清责任、规范管理、防范风险、稳步推进”的原则，建立“借、用、还”相统一的地方政府性债务管理机制。规范政府举债融资行为和渠道，严格执行政府债务限额管理。建立健全债务风险预警和应急处置机制，严禁违法违规融资和违规使用政府债务资金。加强全方位监管，规范各类融资行为，抓紧开展金融风险专项整治，坚决打击非法集资行为，加强风险监测预警，妥善处理风险案件。加快推动企业上市，扩大企业直接融资，支持企业市场化、法制化债转股，加大股权融资力度，加强企业自身财务杠杆约束，合理安排债务融资规模，有效控制企业杠杆率。

湖北把降低杠杆率作为重中之重，2016 年，全省直接融资 3700 亿元，企业债和公司债融资 938 亿元，规模以上工业企业资产负债率下降 1 个百分点。推进政府和社会资本合作模式，全省储备 PPP 项目 1766 个，总投资需 1.7 万亿元，投资额达到 903 亿元，减轻了财政支出压力，化解了地方的债务风险。加强地方政府性债务管理，截至 2016 年底，全省共发行置换债券 3311 亿元，政府债务余额 5104 亿元，低于国家核定给湖北的限额。同时，积极压降地方银行的不良贷款，加强互联网金融风险防范，严禁非法集资，地方金融机构的不良贷款率大幅下降。山西多措并举降低国有企业负债率，2017 年同比下降 1.7 个百分点。2017 年，安徽全省规模以上工业企业中，国有及国有控股企业资产负债率为 63.2%，同比降低 0.6 个百分点。安徽将坚持防范金融风险与畅通金融血脉并举去杠杆，确保不发生区域性系统性风险。除此之外，安徽扩大直接融资比例，积极推动具备条件的企业上市（挂牌）。仅 2017 年前三季度全省新增境内首发上市企业 9 家、“新三板”挂牌企业 68 家、省区域性股权市场挂牌企业 530 家；相关省属企业出资设立股权投资基金累计募集资金 215.5 亿元、投资项目 275 个、投资金额 124.8 亿元。河南支持银行业加快处置不良贷款，加快推动金融机构和金融产品去杠杆，企业降低了资产负债率，截至 2016 年 10 月底，河南全省规模以上工业企业资产负债率为 48.0%，低于同期全国平均水平 8.1 个百分点。湖南从 2014 年开始，分 3 年共推出 3 批 199 个省级示范“PPP”项目，总投资达 3109 亿元。2014 年和 2015 年两批示范项目签约率达 76.8%，落地率接近 50%，均处于全国领先水平，2017 年继续向社会推介“PPP”项目，共有 117 个项目作为第四批 PPP 省级示范项目，总投资金额 1738.99 亿元。江西积极稳妥降低企业杠杆率，中国工商银行、中国农业银行先后与江西省高速公路投资集团签订债转股合作协议，涉及金额 200 亿元，帮助企业资产负债率降低 7.55 个百分点。同时，江西加强政府债务管理，地方政府债券均由银行机构承销，降低了地方政府负债水平，利率水平均降到 4% 以下。

（四）多措并举落实降成本

降成本是深入推进供给侧结构性改革、加快振兴实体经济的重要内容。围绕降低实体经济成本、减轻企业负担，加快财税体制改革，精简归并“五险一金”，清理规范中介服务，最大限度降低企业电力价格、物流成本，减少政府审批事项，降低企业制度成本。

湖北连续两年出台多项政策措施，降低企业制度性交易成本、人工成本、能耗成本、税费负担、物流成本等，为全省企业降低成本 2000 多亿元。2016 年以来，湖北大幅度取消、下放、调整部分省级行政审批事项，成为全国省级行政审批事项最少的省份之一。2016 年全省企业依法减税 120 亿元，通过降低社保费用降低企业人力成本 24 亿元，通过降低电费减少要素成本 61 亿元，通过减少高速公路的通行费用降低物流成本 16 亿元。安徽积极落实国家阶段性下调社保费率政策，企业职工基本养老保险单位缴费率降低至 19%，2017 年减轻企业负担 17.5 亿元。阶段性降低失业保险总费率至 1%，全年减轻企业负担 6.4 亿元；在降低用能成本方面，放宽电力直接交易准入条件、扩大交易范围、丰富交易品种，降低企业用电成本约 35.6 亿元；认真贯彻国家有关行政事业性收费、政府性基金优惠政策，2017 年减轻企业和社会负担 40 亿元。河南 2016 年 6 月出台《河南省推进供给侧结构

性改革降成本专项行动方案》，共推出50条政策措施，主要涵盖用电、税负、融资、出口通关、资源使用、行政费用、物流费用、社保、中介费用和检验检测十大领域，全年为实体企业减少成本830亿元。湖南2016年非行政许可审批全部取消，行政审批事项取消137项，投资项目报建审批事项减少23项，2016年全省规模以上工业企业每百元主营业务收入的成本下降了0.1元。山西2017年规模工业企业每百元主营业务收入成本比2012年下降3.31元。江西先后出台降成本优环境“130条”，两年累计为企业减负1500亿元。

（五）聚焦重点补短板

在供给侧结构性改革提出的“三去一降一补”五大任务中，补短板是在做“加法”，就是要补齐供应短板，扩大有效供给，改善供给质量，增强产业竞争力和企业活力。

湖北针对发展动能不足的短板，在光电子、集成电路、3D打印、新一代信息技术等15个产业领域，组织实施了100个技术创新重大项目，推进1000项重要科技成果转化应用。由省政府出资400亿元，联合社会资本共同组建总规模达到2000亿元的湖北长江产业基金，重点支持战略性新兴产业发展。针对对外开放不足的短板，湖北省积极融入“一带一路”建设，大力推进中国（湖北）自贸试验区的建设，提高“走出去”“引进来”的水平。近两年落户湖北的世界500强企业新增26家，总数达到254家。安徽2017年出台现代基础设施体系建设“1+N”规划（2017~2021），建立项目台账，制定年度计划，相继建设一批交通、能源、水利、信息等重大基础设施项目，为全省经济社会发展和民生改善提供坚实支撑。湖南近年来针对经济补短板多管齐下，多措并举，不同程度地拉长了县域经济、非公经济、开放型经济和金融服务业“四块短板”。河南在脱贫攻坚方面，先后出台了脱贫攻坚5个“办法”、5个“方案”和5个“专项方案”，强力推动脱贫攻坚，全省2016年脱贫攻坚任务顺利完成。江西以创新驱动发展为核心战略，全面推动科技创新、产业创新、企业创新、业态创新、金融创新等，加大技术研究和重点攻关，全面提升科技创新对产业升级的贡献率，补齐科技创新短板，高新技术产业实现增加值增长 10.8%，占全省规模以上工业增加值比重为 30.1%。山西针对开放不足和发展基础设施不足方面，进一步加快岸港网建设。加快太原、大同、临汾无水港建设，推进中鼎、晋北（大同）、晋南（运城）物流园建设，出台《智慧物流体系建设实施意见》，全面推进智慧物流体系建设。加快“宽带山西”建设，加快推进 4G 网络建设，实现城市、县城和乡镇的连续覆盖和农村热点区域的有效覆盖；推动农村及偏远地区宽带建设发展，促进城乡基本公共服务均等化。

三　中部地区深化供给侧结构性改革的思路、原则和路径

适应新形势，站在新起点，中部地区必须按照中央关于加强供给侧结构性改革的总体要求，结合中部地区实践，坚持问题和目标导向，积极探索、大胆实践，大力推进供给侧结构性改革。

（一）总体思路

以习近平新时代中国特色社会主义思想为指引，全面贯彻落实党的十九大和十九届三中全会精神，按照中央关于供给侧结构性改革的工作部署，主动适应新时代、积极引领新时代，坚持新的发展理念，着力优化存量、引导增量、主动减量，促进产业核心竞争力提升；着力深化改革，完善要素配置的体制机制；着力推进创新发展，增强经济内在活力；着力提高投资有效性，增加公共产品和公共服务。通过优化供给结构，扩大有效供给，提高供给体系质量和效率，提高全要素生产率，促进中部地区由低水平供需平衡向高水平供需平衡的跃升，推动中部地区经济发展的质量和效益整体提升。

（二）基本原则

坚持供给侧改革与需求侧相结合。中部地区经济发展水平与东部地区还有很大差距，传统“需求侧”对经济的拉动空间仍然很大。深化供给侧结

构性改革，中部地区要把破解供给与需求不匹配、不协调和不平衡问题作为出发点和落脚点，供给侧与需求侧双管齐下，既要从供给侧发力，从生产领域扩大有效供给，也要坚持需求侧管理，适度扩大总需求。

坚持立足当前和着眼长远相结合。推进供给侧结构性改革，既要注重当前经济的稳定增长，坚持问题导向，从解决中部地区煤炭、钢铁等传统产能过剩、库存严重，企业盈利大幅下降，经济下滑严重等问题入手，着力化解风险；又要立足长远，注重培育创新发展产业，厚植发展优势，实现经济转型升级，增强经济可持续发展的动力和空间。

（三）中部地区深化供给侧结构性改革的着力点

供给侧结构性改革的本质是从供给端发力，理顺影响经济增长的结构性矛盾，是一个长期的系统工程。重点是通过体制机制改革，释放束缚于结构性矛盾中的经济增长活力。中部地区在改革开放方面总体落后于东部沿海地区，因此中部地区应该借助供给侧结构性改革这次难得的机遇，短期要以“三去一降一补”为抓手，长期要以动能转换、体制改革为核心，着力提高全要素生产率、着力完善市场机制、着力调整经济结构、着力改善发展环境，推动生产要素从无效和低效的需求领域流向高效需求领域，从低效率产业部门流向高效率产业部门，进而提高中部地区经济发展的质量和效益。

1. 着力提高全要素生产率

随着我国经济发展步入新常态，经济增长速度逐步放慢，经济增长动力由投资转向创新，中部地区如何突破增长的局限，关键要把技术创新摆在发展全局的核心位置，着力提高中部地区全要素生产率。一是中部各省份要加大当地创新平台建设。加快建设武汉东湖、长株潭、郑洛新、合芜蚌、江西鄱阳湖等国家自主创新区和国家创新型城市。山西要把山西科技创新城打造成为创新发展的桥头堡。中部地区要发挥各自优势，在一些重点领域跨区域整合创新资源，形成区域协同创新共同体，力争在核心技术领域取得大的突破。二是集聚高素质人力资本。人才是创新的必要条件，没有人才，创新无从谈起。未来区域发展的竞争主要体现在人才竞争上。中部地区首先要留住本地人才，其次要抓住海外回流人才，再次要主动引进东部技术人才，形成才为我所留、才为我所用、才为我所荣的开放用人制度和氛围。强化利益导向和激励机制，鼓励人才创新创造。完善科技创新评价制度和标准，建立与供给侧结构性改革相适应的促进技术创新的激励机制、成果转化机制和利益分配机制，加大高技能人才选拔激励力度，引进更多“高精尖缺”人才；打通人才便捷流动、优化配置的通道。三是推动中部地区多层次资本市场建设。加快构建更加开放的投融资体制，将以间接投融资为主导的体制向以直接投融资为主导的投融资体制转化。完善中部地区政府服务环境，打通投融资渠道，充分挖掘民间资本潜力，鼓励私募基金、创业投资基金发展。加强和各类金融机构的联系和合作，吸引各类金融机构在中部地区设立机构总部、地区总部和分支机构。完善金融交易市场建设。

2. 着力完善市场机制

供给侧结构性改革的终极目标是按照市场配置资源，大力推进市场取向的改革，需要进一步推进市场化改革和完善市场机制。一是完善现代市场体系。支持和鼓励新业态、新商业模式发展，破除不合理的准入障碍，营造有利于公平竞争的市场环境，推进要素市场改革。二是提升中部地区开放型经济发展水平，打造内陆地区开放发展新高地。强化中部地区内部经济合作和对外开放，高度对接“一带一路”建设，与京津冀、长三角、珠三角地区加强区域互助合作，深度融入全球产业链和价值链，发挥中部地区在新一轮对外开放中的主体作用。三是完善以公有制为主体、多种所有制经济共同发展的经济制度。加快国有企业改革和促进民营企业发展，发挥企业在供给侧结构性改革中的主体作用。四是明确市场与政府边界，推进简政放权，完善由市场形成价格的机制，营造商品自由流动、开放有序、平等交换的市场环境，破除垄断和地方保护主义。

3. 着力推进经济结构调整

以市场需求为导向，坚持分类指导、分业施策，培育新的增长点。一是培育新兴产业。按照产业链垂直整合、同类企业集聚、先进制造业与生产性服务业融合的思路，有效对接高技术、大资本、大市场，推动产业高端化、

配套化、集聚化发展。做精做强中部地区智能制造、现代煤化工产业、新材料产业、节能环保产业、现代医药产业、信息技术产业、特色食品产业、轻工纺织产业，以提质增效为导向，优化产品结构，促进创新发展。二是升级改造传统产业，围绕产业链薄弱环节，强化需求导向，深入实施技术改造、工业强基等专项工程，努力提高供给质量。三是以乡村振兴战略为引领，提高中部地区农产品质量，深入推进农业供给侧结构性改革，把中部地区打造成我国优质农产品供给基地。

4. 着力改善发展环境

供给侧结构性改革是一个中长期过程，但短期经济发展中面临的突出矛盾和重点问题，使供给侧结构性改革面临较大的风险和挑战，这在一定程度上束缚了供给侧结构性改革的实施。因而，需要着力化解短期经济发展中出现的问题或矛盾，为供给侧结构性改革的实施拓展空间、赢得时间、营造环境。着力化解产能过剩，推进企业兼并重组，释放错配的生产要素资源；有效化解房地产库存，实现房地产业健康发展，降低房地产业波动对经济发展的冲击；有效化解金融风险，如地方政府债务、银行坏账、企业高负债等风险，防止系统性金融风险。深化政府“放管服效”改革，借鉴发达地区“只需跑一次”办事经验，进一步取消一批审批事项和相关评估的评审，打造“审批最少、流程最优、体制最顺、机制最活、效率最高、服务最好”的发展环境。

参考文献

王圣云、单梦静、谭嘉玲：《中部地区经济发展跟踪评价与“十三五”加速崛起对策》，《地域研究与开发》2018 年第 1 期。

彭智敏、史佳可：《经济新常态下促进中部崛起的任务选择》，《湖北社会科学》2017 年第 6 期。

马健：《加快供给侧结构性改革　打造河南提升供给体系质量先行区》，《河南日报》2018 年 1 月 2 日。

楼阳生：《2018年山西省政府工作报告》，《山西日报》2018年2月5日。

蒋超良：《供给侧结构性改革是湖北破解发展难题的必由之路》，中国共产党新闻网，http：//cpc. people. com. cn/n1/2017/0525/c164113 – 29299584. html，2017年5月25日。

祝亮：《安徽省在售商品房库存今年已减510万 m^2》，《市场星报》2017年11月1日。

张世平、黎雁南、朱继无等：《近年来我省供给侧结构性改革的成效与挑战》，湖南省统计局网站，http：//data. hntj. gov. cn/tjfx/jczx_ 3462/2017jczx/201707/t20170711_ 632638. html，2017年7月11日。

胡文悦、李智永：《河南省供给侧结构性改革思考》，《合作经济与科技》2017年第5期。

安徽省经信委：《安徽供给侧改革成效显著》，安徽经信委网站，http：//www. aheic. gov. cn/info_ view. jsp? strId = 15175404417896075，2018年2月2日。

江西省发改委：《江西省供给侧改革抓住“牛鼻子”》，江西省人民政府网站，http：//www. jiangxi. gov. cn/xzx/jxyw/tjyw/201708/t20170824_ 1391589. html，2018年8月24日。

《湖北省人民政府关于财政支持供给侧结构性改革助推经济社会发展的意见》，湖北省人民政府网站，http：//www. hubei. gov. cn/govfile/ezf/201708/t20170811_ 1032949. shtml，2017年7月2日。

B.3

中部地区加快构建现代化经济体系研究

湖北省社会科学院课题组*

摘　要： 建设现代化经济体系，是党和国家做出的重大决策部署。中部地区在建设现代化经济体系工作中，扎实推进，成效显著，但仍存在一些短板和问题，须进一步贯彻新发展理念，加快构建现代化经济体系。

关键词： 中部地区　现代化经济体系　新时代

一　中部地区构建现代化经济体系的现实条件

（一）中部地区供给侧结构性改革现状

2017年，山西省“三去一降一补”成效明显。全年关闭煤矿27座，退出产能2265万吨，压减钢铁产能325万吨。全省商品房销售面积和销售额分别增长17.2%和32.2%。截至12月底，全省商品房待售面积1225.7万平方米，比2016年末减少535.3万平方米。1～11月，全省规模以上工业企业每百元主营业务收入中的成本为80.7元，较上年下降4.6元；每百元主营业务收入中的三项费用（管理、经营、财务费用）为12.0元，较上年下降0.9元。11月末，全省规模以上工业资产负债率较年初下降1.2个百

* 课题组成员：刘秀清，湖北省社会科学院中部研究所副研究员；周戎，湖北省社会科学院中部研究所助理研究员；管志鹏，湖北省社会科学院中部研究所助理研究员。

分点。2017 年全省道路运输业投资比上年增长 16.8%，生态保护和环境保护治理业投资增长 31.5%。

2017 年，安徽省供给侧结构性改革取得新进展。全年关闭矿井 4 对、退出煤炭过剩产能 705 万吨，化解生铁产能 62 万吨、粗钢产能 64 万吨。商品房库存、工业企业产成品库存持续下降。12 月末，商品房待售面积 2021.3 万平方米，比上年末减少 380.1 万平方米，同比下降 15.8%。11 月末，规模以上工业企业产成品存货占流动资产比重由上年同期的 8.8% 下降到 8.5%。11 月末规模以上工业企业资产负债率由上年同期的 57.4% 下降到 56.8%。1～11 月，规模以上工业企业每百元主营业务收入中的三项费用为 6.8 元，比上年同期减少 0.2 元。全年生态保护和环境治理业投资增长 41.7%，皖北六市投资增长 15.4%。

2017 年，河南省“去降补”有序推进。全年煤炭行业去产能任务完成，22 家“地条钢”企业全部拆除。商品房库存去化周期保持在 6 个月左右，12 月末全省商品房待售面积下降 16.2%。企业负债率持续下降，至 11 月末规模以上工业企业资产负债率为 47.6%，同比下降 0.3 个百分点。生态保护和环境治理业投资增长 78.3%，互联网和相关服务业投资增长 67.1%，公共设施管理业投资增长 34.7%。

2017 年，江西省高耗能行业增速放缓，六大高耗能行业增加值同比增长 5.1%，较上年下降 1.0 个百分点，低于全省平均增速 3.8 个百分点。

2017 年，湖南省取缔“地条钢”生产企业 12 家，化解煤炭落后产能 350 万吨以上，关闭退出危险化学品企业 134 家、烟花爆竹企业 294 家。1～11 月，商品房待售面积下降 31%。

2017 年，湖北省“五大任务”落实显成效。去产能加快推进。全省六大高耗能行业增加值增长 3.8%，低于全省规模以上工业增加值增速 3.6 个百分点。重点高能耗产品水泥、平板玻璃、生铁和粗钢产量均在低位运行，分别增长 0.7%、4.5%、3.4% 和 3.4%。去库存步伐加快，全省商品房待售面积为 1848.01 万平方米，下降 22.1%，降幅比上年扩大 11.6 个百分点；其中，住宅待售面积 1025.65 万平方米，下降 30.1%，降幅比上年扩大

11.4个百分点。1～11月，全省规模以上工业企业资产负债率为52.9%，低于全国平均水平2.9个百分点；规模以上工业企业每百元主营业务收入成本为85.31元，比上半年下降0.76元。全省基础设施累计完成投资9640.6亿元，同比增长18.3%，高于全省投资增速平均水平7.3个百分点。电力、燃气及水的生产和供应业，卫生和社会工作等与民生有关的行业投资力度加大，同比分别增长27.8%和32.9%。

（二）中部地区创新发展现状

中部六省创新发展现状可以通过专利申请量、全社会科技研发经费、科技研发经费投入强度以及新经济新兴产业状况、综合科技创新指数来反映。2016年，山西省专利申请量为20031件，全社会科技研发经费为132.6亿元，科技研发经费投入强度为1.03%，2016～2017年综合科技创新指数为51.8。安徽省专利申请量为172552件，全社会科技研发经费为475.1亿元，科技研发经费投入强度为1.97%，2016～2017年综合科技创新指数为58.24。河南省专利申请量为94669件，全社会科技研发经费为494.2亿元，科技研发经费投入强度为1.23%，2016～2017年综合科技创新指数为48.21。江西省专利申请量为60494件，全社会科技研发经费为207.3亿元，科技研发经费投入强度为1.13%，2016～2017年综合科技创新指数为50.05。湖南省专利申请量为67779件，全社会科技研发经费为468.8亿元，科技研发经费投入强度为1.5%，2016～2017年综合科技创新指数为55.65。湖北省专利申请量为95157件，全社会科技研发经费为600亿元，科技研发经费投入强度为1.86%，2016～2017年综合科技创新指数为65.75。

2017年，山西省战略性新兴产业增加值同比增长10%，比全部工业增加值增速高3个百分点；其中新能源汽车产业增加值同比增长1.8倍（新能源汽车产量增长1.5倍），高端装备制造业同比增长47.6%，新材料产业同比增长8.6%，生物产业同比增长11.1%。安徽省规模以上工业中，高新技术产业增加值同比增长14.8%，比全部工业增加值增速高5.8个百分点，增加值占全部工业增加值的比重由上年的39.8%提高到40.2%；战略性新兴产业增加值增长21.4%，比全部工业增加值增速高5.3个百分点，增加值占全部工业增加值的比重由上年的23.3%提高到24.7%。河南省高技术产业增加值同比增长16.8%，战略性新兴产业增加值同比增长12.1%，分别高于全省规模以上工业增速8.8个和4.1个百分点，工业机器人产量580套，同比增长19.1%，锂离子电池产量同比增长229.4%，太阳能电池产量同比增长84.3%，新能源汽车产量同比增长17.1%。江西省战略性新兴产业增加值同比增长11.6%，占规模以上工业增加值比重为15.1%；工业新产品中，新能源汽车同比增长1.5倍，光缆同比增长51.2%，太阳能电池（光伏电池）同比增长46.9%，稀土磁性材料同比增长21.1%。湖南省新产业加快成长，高新技术企业新增574家，达到3584家，实现增加值8119.95亿元，同比增长14.7%，明显快于增速。新能源汽车同比增长17.6%，智能手机同比增长26.9倍，数控金属切削机床同比增长92%，技术陶瓷制品同比增长125.8%。湖北省高技术制造业同比增长14.9%，高于全省规模以上工业增速7.5个百分点。工业机器人、新能源汽车、微型计算机设备产量同比分别增长23.9%、118.2%、52.3%。

（三）中部地区农村发展现状

2017年，山西省农村人口1579万人，占总人口的42.66%。农村居民人均可支配收入10788元，同比增长7.0%；农村居民家庭恩格尔系数为27.4%。农业生产资料价格上涨2.2%；全省农作物种植面积3721.4千公顷，比上年增加0.6千公顷；粮食产量1299.9万吨，同比减少18.6万吨，减产1.4%；完成造林面积312.0千公顷，同比增长17.0%；全省机械耕地面积2733.2千公顷，同比增长0.7%。安徽省农村人口为2909.1万人，占总人口46.5%。农村居民人均可支配收入12758元，同比增长8.9%；农村常住居民恩格尔系数为33.5%，比上年下降0.7个百分点；农村常住居民人均住房建筑面积50.7平方米，比上年增加1.4平方米。全年粮食种植面积6642.5千公顷，比上年减少2.1千公顷；粮食总产量为695.2亿斤，比上年增加11.7亿斤，同比增长1.7%。河南省农村人口为4764.27万人，占

总人口的 49.84%。农村居民人均可支配收入 12719 元，增长 8.7%。农业生产资料价格同比下降 0.3%，农产品生产者价格指数同比下降 5.1%。全省粮食种植面积 10135.50 千公顷，比上年减少 150.65 千公顷。全年粮食产量 5973.40 万吨，比上年增加 26.80 万吨，同比增长 0.45%。江西省农村居民人均转移净收入同比增长 11.5%。农村居民恩格尔系数为 33.6%，比上年降低 1.7 个百分点。农业总产值 3187.6 亿元，按可比价格计算，同比增长 4.4%，较上年提高 0.3 个百分点。粮食生产保持稳定，全省粮食播种面积 5501.1 万亩，比上年减少 28.2 万亩，总产量为 425.4 亿斤。湖南省农村人口 3113.1 万人，占总人口的 45.38%。农村居民人均可支配收入 12936 元，同比增长 8.4%，扣除价格因素实际增长 7.2%。全年粮食种植面积 4862.4 千公顷，比上年减少 28.2 千公顷；粮食产量 2984.0 万吨，比上年增产 1.0%。湖北省农村人口 2402.11 万人，占总人口的 40.7%。农村常住居民人均可支配收入 13812 元，同比增长 8.5%。全省农业增加值 3921.03 亿元，按可比价格计算，比上年增长 4.3%。粮食总产量 2599.69 万吨，比上年增加 45.58 万吨，同比增长 1.8%。

（四）中部地区协调发展现状

山西省地处“一带一路”和京津冀协同发展两大战略交汇处，是连接陆路丝绸之路与京津冀等环渤海中心区的桥梁，山西正好发挥区位优势，打造贯通东西的现代物流基地。山西省着重推进环渤海地区合作，打造环渤海地区综合能源基地，环渤海地区以健康、养生、休闲、娱乐为主题的文化旅游休闲基地以及环渤海地区绿色产业群。山西省依托地缘优势，承接京津产业外迁。

安徽省在区域协调发展上全面布局，设立皖江城市带承接产业转移示范区，皖北 6 市县进入中原经济区规划，皖南建立国际文化旅游示范区，皖西地区被纳入大别山革命老区振兴发展规划，等等。安徽省高新技术产业发展迅速，为区域协调发展助力。在区域空间结构安排上，安徽省加强交通网和互联网建设，使城镇间、城乡间联系更加便利，电子商务普及程度较高。

河南省把中原城市群融合发展，打造中原经济区核心增长板块作为引领区域发展的基本途径，豫北安阳、鹤壁、濮阳联动发展，与中原经济区和环渤海经济圈衔接，豫西的三门峡融入“郑洛三工业走廊”，南阳融入黄淮四市一体化发展。此外河南还注重县域经济发展，将其作为中原崛起的基石支撑。

江西省制定“龙头昂起、两翼齐飞、苏区振兴、绿色崛起”的区域发展战略。党的十九大以后，江西省进一步强化协调发展的思想认识，以协调发展推进供给侧结构性改革，拓展全方位开放新空间，培育新经济新动能，全力对接“长江经济带”战略，推进东西轴建设，注重绿色发展，建立鄱阳湖生态城市群，打造山水林田湖草综合治理样板区。

湖南省“长株潭城市群”是全国资源节约型和环境友好型社会建设综合配套改革试验区，湘西、怀化、张家界、娄底、邵阳五市（州）形成武陵山片区区域发展和扶贫攻坚规划，衡阳、郴州、永州三市承接湘南产业转移，岳阳、常德、益阳三市纳入洞庭湖生态经济区规划，全省 14 个市（州）四大区域实现国家战略全覆盖。

湖北省实施长江经济带、中部地区崛起、武汉城市圈、长江中游城市群、洞庭湖生态经济区、大别山革命老区振兴发展等区域发展战略，构建多极发展新格局。建设武汉重大产业项目引进和综合交通枢纽，建设襄阳、宜昌区域性中心城市，带动能力强的地级市加快发展，形成新兴增长极，承载能力强的县（市），建设成为新的增长节点，培育国家级、省级特色小镇，推进绿色示范乡村创建。

（五）中部地区经济对外开放现状

2017 年，中部各省进出口总额除河南、湖南增速提升外，其他省份均有所回落，江西增速回落 5.3 个百分点，各省按增速排名依次为：湖南 39.8%、安徽 20.8%、湖北 20.6%、江西 14.5%、河南 10.9%、山西 5.6%。

从出口情况来看，各省全年出口增速除河南、山西有所回升外，其他省份呈现不同程度回落。各省按出口增速排名依次为湖南 33.8%、湖北 20.2%、安徽 17.2%、江西 13.3%、河南 11.8%、山西 5.3%。

二　中部地区构建现代化经济体系面临的问题

（一）实体经济质量优势不明显

实体经济在国民经济中起基础性作用，是供给侧结构性改革过程中尤为关键的一环，也是加快传统产业转型升级的重要抓手。当前，中部地区加快发展新经济、培育新动能，全社会创新创业生态持续优化，实体经济近年来取得了长足发展，但总体来说，实体经济发展质量优势并不明显。

1. 产业结构趋同化和低端化

由于长期条块体制分割，各省片面追求地方利益，加之区位及自然资源的相似性，中部地区产业结构趋同化和低端化严重，造成实体经济体量大质量低。产业的趋同化也导致其丧失了区域产业发展特色。中部地区优势产业中绝大多数产业有两个或者两个以上省份共有，例如有色金属冶炼及压延加工业为湖南、安徽、江西、河南四个省份的共有优势产业，而纺织、塑料、化纤产品、建材产品等一般水平的加工工业产品重复严重。这些产业大多位于产业链的低端环节，效益较低，成长乏力。目前，中部六省在要素合理流动基础上的跨省市资产重组方面还缺乏突破，规模优势也不明显，战略性新兴产业总体规模还需加强。

2. 运行成本高是实体经济亟须破解的难题

运行成本高是我国实体经济面临的主要障碍。中部实体经济同样面临这一痛点。经济发展开始遭遇资源环境“承载力天花板”和劳动力成本大幅上涨的“成本地板”双重挤压。一是生产成本上升。由于人口老龄化加剧，劳动力数量减少，很多用人单位劳动力供不应求，劳动力薪资上浮造成中部地区实体经济总体成本上升，此外汇率升高也是成本增加的一个重要因素。二是土地资源要素约束更加显著。随着城镇化进程的加快，用地需求越来越大。但是受到用地总量制约、增减挂钩政策制约等因素影响，建设用地新增指标减少，制约实体经济发展。三是中部地区制度性交易成本相对沿海地区过高，营商环境还不够优化。

（二）创新型经济增长点不多

1. 创新基础设施薄弱，区域分布和结构不平衡

中部六省科技资源分布不均衡，主要分布在武汉、长沙、合肥等大中城市。其中武汉是国家重要的科教基地之一，科教综合实力和在校大学生数量居全国大城市第三位，聚集了5%以上的湖北科技人员和科技投入等创新资源。而其他地区创新资源匮乏，地区创新驱动发展滞后。中部六省创新基础设施普遍薄弱，创新人才短缺、创新平台不多，校企合作还不够紧密，一些重要的科技信息资源得不到有效利用。一些大型科学仪器设备、研究实验基地、自然科技资源、科技文献信息资源、科学数据等重要资源主要集中在大专院校，企业科技资源占有量相对不足。

2. 科技产出较低

2016 年，中部六省专利申请数总和为 121451 件，而广东、江苏两省分别达到 145448 件、131284 件。其中广东分别是山西、安徽、江西、河南、湖北和湖南的 38.4 倍、2.9 倍、11.5 倍、8.3 倍、7.4 倍和 8.0 倍。这说明与东部发达省份相比，中部六省科技成果的商品化、市场化程度还偏低。

3. 创新驱动的体制机制仍存在一定问题

首先，创新成果应用转化机制不畅，创新资源应用转化能力弱，科技成果未能与市场有效对接，科技成果市场适应性不强，后期转化困难。其次，创新人才激励机制机制不活，近年来，中部六省开始重视人才的作用，纷纷出台各种措施吸引人才，但总体来看中部地区创新驱动仍然面临着创新人才激励机制不活的问题。人才评价导向不够合理，创新人员的薪酬激励机制尚未健全，难以将科研成果有效转化为现实生产力。2017 年 9 月 11 日上午，全球化智库（CCG）、西南财经大学发展研究院、社会科学文献出版社在北京发布《中国区域国际人才竞争力报告（2017）》，湖北、安徽、湖南、江

西、河南、山西分别位列全国第 12 位、14 位、17 位、18 位、21 位、27 位，无一省进入前十名，排名比较靠后。

（三）城市化进程中的乡村发展迟滞现象不容忽视

当前我国城乡发展存在一定的差距，二元经济结构矛盾相对突出，乡村发展相对缓慢。身处内陆的中部六省乡村发展迟滞现象尤为突出。

1. 农村人口结构失衡

工业化、城镇化的快速发展吸引了大量农村剩余劳动力涌入城市。中部地区农村劳动力的大量流失造成了农村人口数量锐减，乡村普遍出现空心化、老龄化的现象。大量年轻优质的农村劳动力进城务工，导致在农村留守的都是一些中老年人以及妇女、儿童，乡村人口的年龄结构、性别结构出现严重失衡，影响了先进的农业科技成果在农村的普及和应用，影响了农业和农村现代化的推进。

2. 农村产业发展滞后

中部地区农村人口较多，第一产业比重大。2016 年中部六省第一产业占全国比重为 26.4%。从农村的产业结构看，中部六省农村第一产业生产效率偏低，现代化水平不高；农村第二产业工艺技术落后；农村第三产业发展更是严重滞后。中部农村以家庭为单位的小规模农业经营模式制约了对农业现代要素的投入，经营方式粗放，农业产业化程度较低，农村产业结构单调，农民难以实现收入增加。在推进农业现代化进程中出现很多矛盾。由于农业生产资料价格上涨，农业生产费用成本上升，农民收益明显减少，农民种地意愿日益减弱。再加上大部分年轻劳动力进城务工，有劳动能力种地的农民日益减少，导致了大量农村土地闲置、耕地撂荒，造成了耕地资源的浪费，对农业的发展不利，甚至还威胁到国家的粮食安全。

3. 乡村社会治理存在隐患

中部地区城乡、社会群体之间的公共服务不均等，差距普遍存在并且有逐渐拉大的趋势。由于财政支持不够，乡村基础设施建设滞后，乡镇治理体系还不完善。城镇化进程加快也对乡村治理提出了挑战：大量青壮年外出务工，农村留守儿童由于缺乏家长管教监督，经常发生意外伤害事件，且普遍缺乏学习兴趣，心理健康问题比较突出；大量人口流出，尤其是传统生产生活方式的转变，使乡村传统文化越来越凋敝；土地征用、拆迁等利益冲突时有发生；农村基层组织运转缺乏资金支撑；等等。

（四）区域协调发展有待加强

中部六省都位居内陆，合计陆域面积 107.84 万平方公里，占中国近 11.2% 的国土面积。自中部崛起战略实施后，中部各省在各个领域开展了一系列合作，区域经济一体化的进程取得了一定成果，但各省长期受体制等因素的影响，观念落后，各自为政，地方保护主义严重，阻碍了其进一步深化合作的步伐。这些合作障碍的存在，从表面来看是行政区域分割造成的，但根源上与利益分配机制问题有密不可分的关系。

1. 一体化的整体发展规划还不够完善

目前，中部各省缺乏一体化的整体发展规划，崛起合力不足。由于地缘因素的关系，长三角、珠三角地区都在通过“泛长三角”“泛珠三角”概念向中部渗透，就连环渤海经济圈也将山西纳入辐射范围。江西、安徽、湖南、山西等省为了自身经济发展的需要，扮演着双重角色，形成合力的内在驱动力明显不足，削弱了中部地区经济的整体性，使中部地区缺乏强大的凝聚力和合适的利于地区协调发展的区域政策。中部各省应抓住组团发展的机遇，打破区域间的行政分割，制定一体化的整体发展规划，形成合力来实现中部崛起。

2. 地方保护主义严重

中部崛起战略为各地发展提供了机遇，区域内各省资金、项目、人才、信息等要素的竞争也越来越激烈。尽管国家批复的规划都强调了区域经济的合作与协调，但在唯 GDP 论的政府考核体系下，让地方利益让位于区域整体发展是不现实的。正是这种地方保护主义和市场壁垒的存在，中部各省还没形成统一的市场，资源难以实现自由流动。一方面地方政府违背市场规律，利用行政权力干涉市场，设置市场障碍，以追求当地利益最大化；另一方面各个行政区政府在制定经济发展规划和引进外来资源时，只重视自身利益而忽略整体发展，往往竞争大于合作，有时甚至是恶性竞争，使统一的市场规则被行政区划割裂，造成资源的严重浪费。

（五）社会主义市场经济有待完善

1. 市场准入限制较多

中部地区在计划经济时期被定位于原材料输出地区，工业基础较东部地区更为薄弱。受传统观念的影响，中部六省商品生产意识和市场经济传统远不如东部沿海地区浓厚。由于市场准入限制较多，对民营经济等非公有制经济重视不够，大型民营企业集团较少。民众市场观念落后，创业意识不强，民间资本不活跃，非常不利于中部地区市场化发展，也会阻碍市场化改革的步伐。

2. 与市场相配套的法治环境仍需改善

改革开放以来，我国制定和实施了大量的民法，但由于市场观念的形成与市场体系发育滞缓，中部地区和东部发达地区相比法制意识更为淡薄，存在一些机会主义倾向。因为法律的不健全，中部地区较东部地区更容易发生债务纠纷、知识产权纠纷等问题，需要更高的法律成本解决这些纠纷。政府在执行法律、制定法规、实行自由裁量权方面，存在有法不依、执法不严的情况。政策和法律环境不透明增加了企业的经营成本。中部六省要想促进市场经济繁荣发展，必须加快法律制度建设，健全法治环境。

3. 政府与市场的界限尚未很好地厘清

与东部地区相比，中部省份有的地方政府过多直接干预经济运行，例如行政审批项目过多、对不同所有制企业没有做到一视同仁、习惯用“管制”而非服务的眼光看待新事物的出现等等。这些行为挤压了市场和企业发挥作用的空间。中部地区由于受经济、历史、文化影响，计划经济残余较多，这使得资源难以配置到自身具有比较优势的产业上，不利于经济发展，阻碍了市场化的深入推进。中部地区要有效推动市场化改革、加快经济发展方式的转变，就必须深化“放管服”改革，真正让市场在资源配置中起决定性作用。

（六）对外开放程度有待提升

1. 外贸进出口规模小，产品竞争力不强

中部地区开放型经济发展基础弱，对外开放水平不够，贸易依存度普遍低于全国水平。按照国际标准，一般经济较开放、国际化较高的国家或者地区外贸依存度都在30%以上。目前，中部地区6省的对外依存度均在20%以下，不论是其规模还是增长速度都远低于全国平均水平，这说明中部地区外向型经济总体规模仍然偏小，发展速度相对缓慢，对外开放水平还远远不够。由于基数小，中部六省进出口规模和沿海相比较小。中部地区招商引资的数量方面虽然增长快，但出口型企业不多，外贸对经济增长的拉动作用有限。

2. 利用外资规模小、后劲不足，“走出去”发展不够

2016年，外商在中部六省的投资总额为4267亿美元，同期北京、上海、江苏外商投资总额分别为4274亿美元、7342亿美元、8799亿美元，均高于中部六省的总和。外来投资产业结构及布局不够合理，投资主要集中在第二产业，投资企业规模偏小，大型跨国企业相对较少。对外投资产业层次低，在生产领域以资源开发和加工制造业为主。对外直接投资、对外承包工程、对外劳务合作大部分集中在亚洲、非洲、拉丁美洲，在欧美发达国家的投资相对偏少。

3. 对外开放结构不优，开放格局需要重构

一是进出口行业集中。进出口主要倚重资源和劳动密集型传统行业，出口主要集中在机械设备、电子电器、无线电话、服装等四类行业，行业结构层次较低。出口产品以资源型、低附加值产品为主，处于产业链中低端，而知名品牌、高附加值商品寥寥无几。进口主要集中在电子电器、集成电路、铁矿砂三类产业。外商投资企业、民营企业进出口占比偏低。二是产业配套能力不强，市场主体能量有待激发。企业创新主体地位作用发挥不够，缺少具有示范带动作用的龙头企业以及引领产业升级的高端项目，汽车、钢铁、化工等支柱产业发展优势没有转化为国际竞争优势。外贸出口增长点不多、

后劲不足，外贸规模的增长对外贸产生的拉动效应不明显。

4. 对外开放制度与发展环境不够完善

一些部门受利益驱动，本能地存在扩权运动，行政审批制度和投资体制改革不到位，致使出口环节耗时较长、成本过高。与发达省份相比，中部六省在所得税、县域出口退税等优惠政策方面缺乏比较优势。各类配套服务能力仍有不足，重企亲商的投资环境、公平竞争的市场环境、诚实守信的信用环境仍需大力营造。

三 中部地区加快构建现代化经济体系的对策建议

（一）大力发展工业实体经济

实体经济是现代化经济体系的根基，构建中部地区现代化经济体系，首先要把着力点放在发展工业实体经济上。钢铁、有色金属、建材、铁路、电力、化工、轻纺、汽车、通信、工程机械、航空航天、船舶和海洋工程等，是中部地区的传统优势产业。固此，要依托中部地区的科技人才优势、区位优势、要素禀赋优势和十年崛起累积的制造业基础等，进一步做大做强这些传统产业。同时，也要依托这些优势，主动承接东部地区转移出来的高技术密集型、高附加值、高加工度的“三高”行业，努力打造国家高端制造业核心区域，构建新型经济区。同时，要加大力度推进战略性新兴产业的发展，加大力度发展电子信息、高端装备、新能源汽车等产业，打造世界级现代工业产业集群。

（二）加大力度推进乡村产业振兴

中部六省均是传统农业大省，大力推进乡村产业振兴，夯实实施乡村振兴战略的物质基础，是中部地区构建现代化经济体系的内在要求和重要任务。对此，要加大力度推进农村三产融合发展。一是高标准推进优势特色农业基地建设，夯实融合发展基础。立足水稻、油菜、柑橘、茶叶等优势产业，融合现代农业科技和标准化生产模式，加快推进农业生产标准体系、农产品质量安全检测体系和乡镇监管能力建设，推进农产品全过程标准化生产，发展无公害农产品、绿色食品、有机食品和地理标志保护产品，打造全国现代农业示范区。二是突破性发展加工业，提高现代农业发展水平。融入现代农产品加工技术，提升农产品加工水平，打造一批全国农产品加工示范市（县）。显著提升市场化水平，彰显现代农业经济效益。提升各省农产品流通水平，加强市场开拓，打造一批具有各省特色的农产品品牌，推动传统农业向生态、智慧、安全、高值农业转变。三是培育新型业态，拓宽融合发展空间。瞄准市场消费需求，抢抓国家大力发展乡村休闲旅游业和推进“互联网+”现代农业机遇，拓展农业多种功能，全面发展乡村休闲旅游产业，大力发展农村康养产业，积极发展农村电商产业，培育发展创意农业等新业态，打造中部农业经济发展新引擎。四是推动多元发展，培育融合发展主体。加快培育多元化新型农业经营主体，鼓励和支持家庭农场、农庄、专业合作社、龙头企业、社会资本等开展多种形式的农村三产融合发展。五是创新体制机制，增强融合发展动力。全面深化农村经营管理体制改革，探索建立有效的利益联结机制，加快完善农村公共服务体系，高效推进农村基础设施配套，破解现行农村土地制度、农业金融制度和农民组织制度对农村产业融合发展的制约，形成农村三产融合发展动力。六是持续推进美丽乡村建设，改善融合发展环境。按照美丽乡村建设要求，探索推行政府和社会资本合作（PPP模式）等多种投融资方式，努力改善农村基础设施条件，加强农村生态环境治理，提升农村从业人员素质，为农村三产融合发展营造良好环境。

（三）打造全国现代服务业高地

充分发挥中部各省九州通衢的交通优势，全力打造全国现代服务业高地。一是实施《促进中部地区崛起“十三五”规划》，全力推进武汉、郑州建设国家中心城市，彰显两大城市在综合服务功能、产业集群功能、物流枢纽功能、开放高地功能和人文凝聚功能等方面的国家功能作用，打造全国现代服务中心城市。二是依托中部各省，尤其是各省省会城市高铁交通优势，发展各具特色的现代服务业，形成强大的区域产业要素磁聚效应。三是用“互联网 +”思维，发展新型服务业，改造提升传统服务业。四是遵循融合发展思路，围绕产城、区域、城乡融合发展，培育促进融合发展的新型服务业业态。五是着眼开放发展，打造促进开放发展的新型服务业，全方位构筑开放平台，深层次融入全球网络。

（四）大力实施创新驱动发展战略

大力实施创新驱动发展战略，打造全国重要的科技创新中心和新兴产业基地。一是大力培育企业创新主体。破解制约企业创新的体制机制障碍，增强企业创新意愿，提升企业创新能力。通过税收优惠、创业补助、贷款贴息、股权投资等扶持政策和专业服务，支持自主研发或技术引进，引导中小微企业向“专精特新”方向发展。依托骨干企业，建设若干国家级工程（技术）研究中心、企业技术中心、工业设计中心，鼓励更多的企业创建国家高新技术企业和新型研发机构，不断提升骨干企业自主研发和技术创新能力，培养大批具有国际竞争力的创新型领军企业。二是集聚和优化配置创新资源。充分发挥市场集聚和优化配置创新资源的作用，促进科技资源有机整合、高效集聚和科学配置。围绕产业链部署创新链，将创新真正落实到产业发展上。依托各级各类高新区、开发区、产业集聚区等创新创业载体，加强科技基础设施建设，打造基础性、综合性、公益性科技服务平台。用好财税政策的引导作用，采取政府引导基金、政府采购和政府贴息、担保等支持方式，激发社会力量增加科技投入。三是促进创新成果向产业化转化。探索高校院所等事业单位从事科技成果转化管理和服务的工作人员入股科技成果转化项目的利益、风险共担激励机制，建立完善以增加知识价值为导向的分配激励政策。支持技术转移中介机构设立科技成果转化投资基金，引导技术转移中介机构与科技企业孵化器紧密合作，发挥技术转移中介机构投融资功能，加快科技成果转移转化。四是打造高水平创新人才队伍。优化创新型人才培养模式，加大对一线人才的培养力度，完善人才引进政策，建立创新导向的人才分配激励机制。坚持以市场机制集聚人才，面向全球公开引进一批高层次人才团队，采取多种方式激发人才创新力，充分发挥人才在推动创新发展中的重要作用。五是营造创新发展的良好环境。大力弘扬创新文化，营造敢为人先、宽容失败的良好氛围，调动全社会创业创新积极性。建立认同创新、尊重创新、鼓励创新、保护创新的激励机制，包括提供完备的法治保障、有利的政策引导、导向性科研投入、宽松的社会环境以及畅通的信息平台等。[①]

（五）大力发展开放型经济

党的十九大报告指出，要推动形成全面开放新格局。对外开放是中部地区发展短板，既要重视对国外的开放，也要重视对国内其他区域的开放。一是大力实施本土跨国公司和国际知名品牌培育工程。以省高新区、经济开发区、重点产业集聚区为重点，着力打造品牌产品，建设外向型产品品牌示范区，努力将行业、技术和质量优势转化为品牌优势和外贸优势。二是加快出口基地建设，提升优势产业出口规模。以省级出口基地为依托，培育一批新兴的优势产业出口基地，重点提升农产品、机电、轻纺、化工等传统出口产品的科技含量和附加值，推动船舶、轨道交通、汽车等优势装备制造业和大型成套设备出口。着力打造国家级船舶出口基地、精品钢材出口基地等。三是大力发展跨境电子商务业务。推进综合保税区跨境电商公共平台建设，加快建立与跨境电商相适应的海关、商检、退税和支付管理模式，推动跨境电商企业集聚。积极开展“服务业提速升级行动计划”，继续巩固和提升软件与基础服务外包，积极开展研发设计、动漫创意、专业技术服务等高端知识型外包服务。四是加快融入“一带一路”建设。鼓励各省企业建立境外经贸合作区，与“一带一路”沿线国家发展合作项目。以新疆为重点，积极拓展各省优势产业向西转移，以长江经济带和长江中游城市群建设为纽带，共同打造东南亚外贸发展大通道。积极参

① 苏娜：《推动湖北创新发展走在前列》，《湖北日报》2016 年 10 月 3 日。

与丝路经济带沿线国家石油、天然气等短缺能源和矿产资源开发。鼓励创新企业“走出去”，推进多种方式的境外投资。五是增强口岸功能。扩大口岸规模，增强口岸综合服务功能，实现口岸管理相关部门信息互换、监管互认、执法互助。六是营造扩大开放的体制机制环境。改革投资管理体制，简化外资市场准入程序，加快制定涉外投资准入“负面清单”和“鼓励清单”，“并联”审批流程。加快改善财政金融支撑环境。

B.4
中部地区城市群发展研究

河南省社会科学院课题组*

摘　要： 党的十九大报告提出，以城市群为主体构建大中小城市和小城镇协调发展的城镇格局。中部地区城市群在培育新的增长极、增强资源承载能力和促进中部崛起中发挥了主体和引领作用。本文在梳理中部地区城市群发展现状的基础上，分析新时代中部地区城市群发展面临的新形势、新问题、新挑战，从找准功能定位实现错位互补发展、构建中部地区特色产业体系、优化城市群空间格局和城镇体系、推动中部地区生态环境共建共治、提升对内对外合作开放水平、深化区域内部合作体制机制创新六个方面提出加快中部地区城市群发展的思路与对策。

关键词： 中部地区　城市群　城镇化建设

中部地区作为我国农产品、能源、原材料和装备制造业基地，在我国区域发展总体战略中具有突出的地位和功能，对促进区域协调发展，确保国家粮食生产、流域生态和人居环境安全，提升国家经济发展质量具有十分重要的作用。2016 年 12 月，国务院批复《促进中部地区崛起“十三五”规划》，提出要发展壮大长江中游城市群、中原城市群、皖江城市带、山西中

* 课题组负责人：王建国；课题组成员：王新涛、柏程豫、李建华、左雯、韩鹏、吴旭晓、郭志远、彭俊杰、易雪琴；执笔人：彭俊杰、易雪琴。

部城市群，加大对内对外开放力度，有序承接国际及沿海地区产业转移，加快新型工业化进程，健全功能完备、布局合理的城镇体系，形成经济充满活力、生活品质优良、生态环境优美的新型城市群。基于此，研究中部地区城市群发展现状，以及面临的新形势新问题新挑战，并提出相应的发展对策，为中部崛起战略深入实施背景下正确处理好城市群发展规模与资源环境承载能力、重点区域流域开发与生态安全格局之间的矛盾，实现中部地区可持续发展提供重要参考和借鉴。

一　中部地区城市群发展现状

城市群作为最有效的空间组织形式，人口密度大、经济集中度高，是城镇化发展的主体形态。中部地区城市经过多年城镇化发展，城市间的相互联系日益紧密，已经形成了以中原城市群、长江中游城市群、皖江城市带和山西中部城市群为主体的中部地区城市群发展形态。

2016 年 12 月，《中原城市群发展规划》获批，中原城市群范围涵盖河南省 18 个省辖市，以及河北省的 2 个市（主要包括邯郸和邢台），山西省的 3 个市（主要包括长治、晋城和运城），安徽省的 5 个市（主要包括宿州、淮北、阜阳、亳州和蚌埠），山东省的 2 个市（主要包括聊城和菏泽），主要定位于经济发展新增长极、重要的先进制造业和现代服务业基地、中西部地区创新创业先行区、内陆地区双向开放新高地和绿色生态发展示范区。2015 年 4 月，《长江中游城市群发展规划》获批，长江中游城市群是以武汉城市圈、环长株潭城市群、环鄱阳湖城市群为主体形成的特大型城市群，主要定位于中国经济新增长极、中西部新型城镇化先行区、内陆开放合作示范区和“两型”社会建设引领区。2010 年 1 月，《皖江城市带承接产业转移示范区规划》获得国务院批复，这是全国首个以承接产业转移为主题的区域战略规划，也是安徽省首个上升为国家战略的区域规划。经过 6 年多的建设发展，在探索产业承接新途径、优化产业分工格局、促进中部地区崛起、推动区域协调发展等方面发挥了重要作用。为进一步打造皖江示范区升级版，促进安徽省产业承接和转型发展，2015 年 3 月，安徽省启动示范区规划修订工作，2016 年 10 月安徽省人民政府正式印发《皖江城市带承接产业转移示范区规划（修订）》。示范区规划范围为安徽省长江流域，包括合肥、芜湖、马鞍山、铜陵、安庆、池州、滁州、宣城 8 市全境和六安市金安区、舒城县，共 58 个县（市、区），辐射安徽全省，连接上海市、江苏省、浙江省。定位于合作发展的先行区、科学发展的试验区、中部地区崛起的重要增长极、具有国际竞争力的先进制造业和现代服务业基地以及长江经济带生态文明建设的安徽样板。2017 年 5 月，山西省人民政府印发的《山西省贯彻落实〈促进中部地区崛起“十三五”规划〉工作方案》指出，要发展壮大山西中部城市群，按照“一核一圈三群”的布局，加快构建具有山西特色的现代城镇体系。积极发展以太原都市区为核心，以太原盆地城镇密集区为主体，以阳泉、忻州、吕梁为腹地的太原都市圈，形成引领山西省城镇化发展的龙头。加快发展三大城镇群，建设以大同、朔州为核心的晋北城镇群，以临汾、侯马、运城为核心的晋南城镇群，以长治、晋城为核心的晋东南城镇群，培育区域经济新的增长极。

中原城市群、长江中游城市群、皖江城市带和山西中部城市群是中部地区城镇最密集、产业最集中、人口最多的城市群。2017 年长江中游城市群 GDP 突破 8 万亿元，达到 80018.81 亿元，居中部地区城市群之首；中原城市群 GDP 达到 66255.26 亿元，皖江城市带 GDP 达到 18904.60 亿元，山西中部城市群 GDP 达到 14926.18 亿元。四大城市群 GDP 占全国 GDP 总量的 21.7%。在经济总量不断发展壮大的同时，随着新型城镇化和农业转移人口市民化的不断推进，中部地区人口逐渐向城市群集聚。2017 年，中部地区城市群人口已经达到 36687.17 万人，占全国总人口的 26.4%。其中，中原城市群人口总量达到 16495.26 万人，长江中游城市群人口总量达到 12982.14 万人，皖江城市带人口总量达到 3545.65 万人，山西中部城市群人口总量达到 3664.12 万人。

二　中部地区城市群发展面临的新形势

（一）中部地区城市群发展的机遇和有利条件

1. 国家战略支撑不断增强

2006 年《关于促进中部地区崛起的若干意见》，2009 年《促进中部地区崛起规划》和 2010 年《全国主体功能区规划》，均把长江中游、中原列为国家重点开发区域，以推动形成“新的大城市群和区域性的城市群”。2012 年《国务院关于大力实施促进中部地区崛起战略的若干意见》和 2016 年《促进中部地区崛起“十三五”规划》在继承原有定位基础上提出了“一中心、四区”的战略定位，即全国重要先进制造业中心，全国新型城镇化重点区、全国现代农业发展核心区、全国生态文明建设示范区、全方位开放重要支撑区。相关战略和政策措施紧锣密鼓地出台，标志着中部地区已成为国家新一轮工业化、城镇化、信息化和农业现代化的重点区域，在全国区域发展格局中的战略地位显著提升。同时，《长江中游城市群发展规划》《皖江城市带承接产业转移示范区规划》《中原城市群发展规划》《太原都市群发展规划》等城市群发展规划相继获批，为中部各大城市群的发展提供了战略支撑和政策支持。“一带一路”倡议的实施为不沿海、不沿边的内陆省份扩大对外开放，充分发挥连接东西、沟通南北的区位优势提供了发展空间。一系列国家战略的叠加，将为中部地区城市群发展带来丰厚的改革红利、创新红利、开放红利和载体红利。

2. 地理区位优势逐渐凸显

中部地区承东启西、连南接北，区域内城市群地域相连、交通便捷，是我国公路网和铁路网最为稠密的地区，又有长江中游发达的水运网络，铁路、公路和水路相互连接形成一个立体网络，在国家新一轮区域发展战略格局中有着显著的区位优势。京广、京港、浙赣、京昆、京福、郑西、郑徐等多条铁路以及京港澳、连霍等多条国家高速公路大动脉穿过中部地区，尤其是武汉、郑州两大国家中心城市已初步形成了辐射八方的“米”字形高铁网络，依次连接了太原、中原、武汉、长株潭等中部多个城市群（圈）。同时，沿着长江干流中游段黄金水道，包括芜湖、安庆、九江、武汉、宜昌、沙市等大中城市，构成了东西走向的经济贸易走廊，串联了武汉都市圈、皖江城市带与环鄱阳湖城市群。另外，中欧（郑州、武汉、长沙）班列顺利开行，郑州等城市以航空港区为载体，发展国际货运航空物流网络，快速融入全球主要经济体货运航天枢纽，有力地提升了中部地区连接海内外的优势。良好的地理和交通区位优势，使各个城市群成为中部地区经济走廊的核心地带，有利于中部地区更好地承接国内外产业转移，在我国经济发展重心从东部地区向西部地区转移过程中充分发挥“二传手”的作用。

3. 产业基础良好

中部地区城市群拥有一大批老工业基地，如武汉、郑州、长沙、太原、黄石、湘潭、株洲、南昌、萍乡等，制造业基础雄厚，产业体系较为完备，特色和优势突出。2017 年，中部地区城市群的 GDP 总量达到 18.01 万亿元，占全国 GDP 总量的 21.7%。目前，各个城市群基本形成了汽车、电子信息、钢铁、装备制造、石油化工、生物医药等支柱产业，并在光电子、重型机械、汽车、船舶等行业拥有一批关键核心技术，在全国范围内具有较强的影响力。在高新技术方面，武汉、南昌、长沙、株洲、郑州等中心城市拥有多个国家级高新区，涌现了万瓦级光纤激光器、“超速超大超长”光传输、首台常温常压储氢·氢能汽车等一批国际领先的科技成果和多项主导创制的国际标准与国家标准。围绕制造业的雄厚基础和发展优势，中部地区城市群的相关产业在内部也已经形成了一些发展链条，其互补性和关联性不断增强，产业集群发展的态势初步形成。比如截至 2016 年底，河南省共有 180 个省级以上产业集聚区，其中国家级经济技术开发区 9 个，国家级高新技术产业开发区 7 个。同时，中部大部分地区是我国的粮食主产区，特别是长江中游城市群地区是我国的鱼米之乡，现代农业优势突出，近年来形成了一批特色优势农业和农产品生产基地，粮食、棉花、油料、水产、蔬果等产业均在全国占有重要地位。较为完备的产业体系为中部地区城市群快速发展奠定了良好的基础。

4. 要素资源密集

中部地区有我国人口大省，人力资源丰富，是主要的劳动力输出地，数以百万计的劳动力为城市群的产业发展提供了成本较低的劳动力资源。长江中游地区江河湖泊众多，洞庭湖、鄱阳湖两大淡水湖位于此，湖北素有“千湖之省”称号，水资源和动植物资源非常丰富，大部分地区是粮食主产区；河南、山西、湖南等地的煤炭和铝、铜等有色金属等矿产资源也非常丰富。在科技教育资源方面，中部地区各城市群以中心城市为核心布局了较多的高等教育资源和科研机构，正逐步成为国家重要的智力密集区。比如，武汉作为全国重要的科技教育中心，科技教育综合实力居全国第三位，截至2016年底，拥有82所高等院校，近90个国家级的科研机构、科技企业孵化器和科技成果产业化基地，68名两院院士。其他各城市群内的中心城市的科技、教育资源也较为密集。中部地区城市群面积大，人力资源、生物资源、矿产资源、历史文化资源等都相当丰富，各类要素成本较低，既是产业集聚和人口集中的重点区域，也是统筹新型城镇化、工业化和农业现代化的重要区域，在发展后劲、开发潜力、水土配合、人力资源、生态环境、辐射国内外市场等方面具有明显优势，通过整合资源和协同发展，该地区有望成为继长三角、珠三角和京津冀之后引领中国经济增长的“第四极”。

5. 共同的利益诉求

中部地区城市群地域相连，文脉相亲，同属于当前国家的重点开发区域，要素禀赋和政策机遇也较为相似，有着众多的共同的利益诉求，尤其是在共同开发、共同治理、共同保护、承接产业转移、创新驱动等方面有着广泛的合作空间，地缘优势形成的联系也越来越密切。比如，长江中游城市群各省高层进行了多次考察和互访，就合作推进城市群建设达成了初步共识，就推动多方宽领域、多层次、全方位合作正逐步构建起协调机制，并在一些实质性领域取得进展。长江中游城市群省会城市之间的住房公积金异地互认互贷在全国率先实施，医疗保险异地即时结算基本实现，公共服务一体化不断加快。武汉城市圈、长株潭城市群、中原城市群等积极搭建城市群协调发展平台，定期举行由多个城市相关负责人出席的联席会议，等等。总之，中部地区城市群既面临共同的发展难题，也有着共同的利益诉求，合作共赢的理念越来越成为城市群内各个城市的发展共识，将为中部地区各个城市群的快速发展、共同推动中部崛起提供有力保障。

（二）中部地区城市群发展的挑战和制约因素

1. 城市群之间的发展差距较大

由于传统体制机制的制约和现有区域协调机制还不健全，尽管城市群内部城市之间的合作不断加强与紧密，但城市群之间资源整合力度和区际协调程度较弱，在发展中甚至出现离心趋势。比如，武汉与郑州试图以各自的城市群（圈）为核心争夺中部领头羊的地位，湖南尝试发展成为泛珠三角和粤港澳地区经济发展的“后院”，山西欲积极融入京津冀环渤海地区，安徽、江西正积极加强与长三角、珠三角、闽三角的联动，等等。虽然各省的战略取向符合经济发展的趋势，也各有一定的合理性，但同时也反映出中部各城市群之间横向经济联系较少的现象。在这种情形下，中部地区各大城市群的发展呈现出极不平衡的局面，地区经济走势呈现较大分化、南北差异加大现象较为突出。比如，长江中游城市群的综合发展水平明显高于其他城市群，而北部地区尤其黄河以北地区的发展水平整体低于其他地区。各大城市群不仅要加强城市群区域内部之间的沟通与协作，还要加强城市群之间的共同发展、合作发展的意愿，才能有效缩小城市群之间的发展差距，共同推动中部崛起。

2. 传统增长模式的路径依赖

中部地区城市群整体上仍处于工业化中后期阶段，许多城市是国家老工业基地，或者是以能源、矿产为主导产业，抑或是重化工基地，对资源、劳动力要素和投资驱动仍然比较依赖，传统产业向外转移较慢、产业升级和动能转换难，存在传统增长模式的路径依赖。随着供给侧结构性改革的持续推进，国家产业结构深度调整，部分城市的可持续发展能力较弱，产业升级和动能转换存在困难。比如，湖北作为全国的老工业基地之一，钢铁、汽车、

石化等行业仍然是支柱产业；湖南 2016 年规模工业增加值居前五位的产业中，高能耗、高排放产业有 3 个。中部地区资源型城市的城镇化与生态环境的协调度大多数仍处于初级阶段，亳州、南阳、滁州、宜春、郴州、赣州、邵阳等城市的协调关系甚至恶化。同时，城市群内各个城市之间以及各个城市群之间的产业同构问题较为突出，发展的关联性有待提高，存在一定程度的低水平同质化竞争。不少产业还集中在产业价值链的中低端，没有形成具有竞争力的产业基础和特色，加之企业自主创新能力不强，现代物流和服务业发展较为滞后，城市配套功能不足，缺少在国际国内市场上有影响力的自主品牌。如何加快转变经济增长模式，摆脱传统增长模式的路径依赖，增强可持续发展的能力，对中部城市群发展提出了严峻挑战。

3. 城镇化的水平和质量较低

中部城市群的城镇体系发展还不够完善，各城市间的城镇化水平和质量存在较大差距，整体水平和质量不高。比如，河南省作为中原城市群的主要组成部分，2017 年常住人口城镇化率达到 50.18%，实现了较大跨越，但是与全国平均水平 58.52% 相比还存在一定差距，户籍人口城镇化率与全国平均水平的差距更大，城镇化的水平和质量整体不高。各个城市群普遍还存在城镇体系发展不完善的问题，大多数城市群的城乡二元结构特征非常明显，城市的道路、交通等公共基础设施和基本服务设施十分发达，而农村的相关设施陈旧、落后甚至缺乏。另外，除武汉外，各城市群的中心城市辐射带动作用整体不强，属于“弱核牵引”模式。中心城市与周边地区争夺资源、资金、人才和市场，对周边的虹吸效应远远大于辐射带动作用，导致中部城市群整体竞争力都不强。

4. 生态环境问题依然严峻

中部地区是人口密集和经济增速较快的地区，也是生态退化和环境污染严重的地区。随着城镇化、工业化的快速推进，各大城市群生态资源环境承载力面临较大的压力。黄淮平原、江汉平原、洞庭湖平原及鄱阳湖平原均存在不同程度的水质污染，重点湖泊水域面积缩小、水系遭受破坏、水体富营养化的趋势没有得到根本性遏制，水环境容量不断缩小。中部地区是钢铁、有色金属、重化工等高碳产业密集地带，传统煤烟型污染与臭氧、PM2.5、挥发性有机物等新老环境问题并存，主要污染物排放量仍处于高位，“雾霾”“三废”等环境污染的趋势没有减缓，总量减排与环境质量改善的关系更趋复杂。另外，中部大部分地区还是粮食主产区，存在较大范围的农业地区，长期以来化肥、农膜、农药在生产过程中大量使用，农村生活污水和垃圾随意无序排放，农村面源污染依旧较为严重，土壤污染问题没有得到有效解决。资源过度消耗、环境污染问题没有得到有效缓解，生态系统破坏加剧等问题成为制约中部地区城市群发展的主要因素。

5. 对内对外开放水平亟待提高

改革开放以来，沿海城市群已经成为国家外向经济、出口贸易和“世界工厂”的主要承载地区，而中部六省大多是典型的内陆省份，不沿边、不沿海，受到自然条件和社会经济条件的限制，长期以来对内对外开放水平不高，经济的外向度整体偏低。从自然条件和经济基础来看，中部各大城市群的对外开放度存在极大的空间差异。部分中心城市，比如武汉、长沙、郑州等，依靠中欧班列、“航空港”和富士康等外资企业的入驻较大地提升了所在城市群的对外开放水平。一些区位优势相对更好的城市及城市群，比如皖江城市带和环鄱阳湖城市群，凭借毗邻长三角、京津冀经济圈的优势，受其经济辐射的影响，开放度相对高于其他地区。从对外服务能力来看，各大城市群的核心城市，除去极少数城市拥有落地免签、外事服务机构、接待国内外政要及国际会议的政策和经历以外，其他大部分城市的对外交往活动较少，城市知名度和影响力整体较低。

三　加快中部地区城市群发展的思路与对策

1. 找准功能定位实现错位互补发展

加快中部地区城市群的发展，是推动形成区域发展新格局的具体体现，也是推进中部地区加快崛起的具体行动。中部地区正处于工业化和城镇化“双加速”的关键时期，各城市群有必要结合自身发展实际和发展优势，找

准功能定位，实现错位互补发展。长江中游城市群要依托武汉、长沙、南昌等中心城市的科技教育优势，加快实施创新驱动发展战略，加快构建现代产业体系，同时率先在中部实施城市群一体化进程，努力扩大与提高长江中游城市群的发展规模和发展层级，要积极对标珠三角城市群以及粤港澳大湾区建设，力争把长江中游城市群打造成为全球有重要影响力的现代产业基地以及全国有重要影响力的创新创业基地，并且具有国际标准的绿色发展示范区。中原城市群要充分发挥郑州的铁路枢纽与交通轴线的带动作用和空港优势，积极承接国内外产业转移，逐步建设成为全国重要的先进制造业、现代服务业基地和现代综合交通枢纽，并以“一带一路”建设为契机，推动形成新亚欧大陆桥经济走廊核心发展带。皖江城市带作为承接产业转移示范区，要加快推动与长三角城市群的无缝对接，构筑沿江产业发展轴，加强六大通道建设（向东发展通道、沿江发展与跨江发展综合通道、辐射合肥发展通道、安徽南部旅游大通道、山西煤炭运输大通道和长江黄金水道），建设产业实力雄厚、资源利用集约、生态环境优美、人民生活富裕、全面协调可持续发展的示范区。山西中部地区城市群要把握现有能源、原材料等传统优势，加快产业转型升级，全面强化产业整体竞争力，探索出资源型城市群经济发展的有效途径，逐步打造在全国有重要示范作用的推动资源转型升级示范区以及重要的制造业基地和文化旅游基地。

2. 构建中部地区特色产业体系

以城市群发展推动中部地区崛起，产业支撑是关键。各城市群要按照“基础产业协调发展、新兴产业共同发展、支柱产业互补发展”的原则，强化、延伸主要产业链，加快形成中部地区特色产业体系。加快老工业城市转型升级示范园区、制造业创新中心和工业设计中心建设，促进产业向高端化、集聚化、智能化升级，不断夯实和提升城市群的工业基础能力和综合竞争力。准确把握产业变革方向，发展壮大一批战略新兴产业，例如新一代的信息技术、生物技术、智能制造、数字经济以及文化创意等，推动技术产业化和新型前沿领域创新和应用，不断拓展新兴产业增长空间。依托主要经济发展轴带和重点经济区，引导产业优化布局和分工协作，改造提升现有产业集聚区，建设一批特色和优势突出、产业链协同高效、核心竞争力强、公共服务体系健全的新型工业化示范基地，促进产业向集群化方向发展。完善服务业发展体制和政策，推动生产性服务业向专业化和价值链高端延伸，生活性服务业向精细化和高品质转变。巩固提升国家粮食核心区建设，保障国家粮食安全，统筹推进新型城镇化与乡村振兴协调发展，着力提高农业生产规模化、专业化水平。充分发挥中心城市的龙头带动作用，不断整合各类要素资源，构建深层次的产业合作协调机制，推动跨省域与毗邻地区共建产业园区，合理承接产业转移，逐步形成良好的产业协同发展新格局。

3. 优化城市群空间格局和城镇体系

加快城市群规划的修编工作，加强各个城市群发展规划的协调合作与相互补充，促进中部城市群整体实力的提升。统筹规划城市群交通基础设施和信息网络布局，加快推进城市群交通和信息等基础设施一体化进程。充分发挥中心城市的龙头带动作用，加快建设武汉、郑州国家中心城市，强化长沙、合肥、南昌、太原省会城市地位，以这些中心城市为核心推动其与周边地区共同构建组合型大都市区和半小时、1 小时经济圈，增强其要素集聚、科技创新、服务功能和城市治理能力，实现各城市群由“弱核牵引”向“强核带动”的转变。做大做强洛阳、宜昌、芜湖、岳阳等城市群副中心城市，努力提升县级城市的综合承载能力和产业支撑能力，促进区域副中心城市的培育和大中小城市的合理分工，推动农业转移人口实现更多就近城镇化，提升城市群整体综合实力。推进扩权强县和简政强镇，赋予县级更大的经济社会管理权限，推动 10 万人口以上的特大镇建设为小城市。加快实施乡村振兴工程，实现城镇化与乡村振兴战略协同发展，共同推动城市群的城镇体系和空间格局优化。

4. 推动中部地区生态环境共建共治

加快中部地区城市群发展，必须坚持在保护中发展、在发展中保护，加大生态建设和环境保护共建共治的力度，提高资源利用效率。要严格落实国家主体功能区环境政策，实施生态环境保护、土地利用等“多规合一”和重点生态功能区产业准入负面清单，严守生态保护红线，确保自然生态系统

的稳定性。推进流域综合治理与绿色发展，不断强化汉江、东江、赣江等主要支流江河源头水源保护和饮用水水源地保护，加快建设南水北调中线和长江中下游、黄河中下游、淮河等流域及交通通道沿线生态走廊，加强洞庭湖、鄱阳湖、洪湖等重点湖泊和湿地保护与恢复，提高水资源的保护和利用水平。加大对农业面源污染、土壤污染、重金属污染耕地修复等综合治理的支持力度，加大矿山生态环境修复治理力度，推进黄土高原区、武陵山区、丹江口库区及上游、江西红壤地区等重点区域的水土保持工程，加强秦岭、大巴山、大别山等生物多样性保护优先区域的保护与监管。创新环境治理理念和方式，探索建立城市群大气污染联防、联控、联治机制和水权、排污权有偿使用和交易制度与交易平台，加快完善包括流域治理、大气污染等在内的生态补偿基金和横向生态补偿机制。构建生态环境保护与治理的协调机构，加强对整个流域的建设与保护的规划、指导、协调和决策。

5. 提升对内对外合作开放水平

充分发挥中部地区区位优势，全方位扩大对内对外开放，在更大范围配置各类要素资源，建设开放型经济新高地。在对内合作方面，长江中游城市群和皖江城市带要全面深度融入长江经济带发展，加强上下游省份的协调与联动，鼓励和支持长三角地区优先向皖江城市带承接产业转移示范区转移产业，加快构建沿江综合交通体系和合作共赢机制，强化中部地区崛起对长江经济带发展的支撑作用。充分利用中部地区承接产业转移的良好条件，深化与京津冀、泛珠三角等区域的合作，推动山西、河南在承接产业转移、生产供应能源、生态环境共治、基础设施连通等方面上升到新的水平。推动加工贸易、信息技术等东南沿海地区产业及国内外知名企业生产基地向中部地区有序转移，共同培育先进产业集群。在对外开放方面，制定中部地区全产业链布局和国际化战略，加快引进重点产业和跨国企业，打造一批开放程度高、综合服务效率好的中外合作专业园区，提高制造业和现代服务业利用外资的规模和水平，进一步增强国际资源要素的吸附能力。加快中部地区的自由贸易试验区、跨境电子商务综合试验区、综合保税区和保税物流中心建设。依托郑州、武汉等国际航空港和中欧班列等载体，加快完善口岸体系和

“一站式”大通关服务体系，打通“一带一路”沿线主要国家和城市通道。加强企业“走出去”的顶层设计和整体规划，引导企业走差异化发展的道路，同时发挥“深耕国外”老企业的带动作用，探索按照“一省一国”“一群一国”等发展思路建立海外工业园区，实现抱团发展。

6. 深化区域内部合作体制机制创新

推动中部地区崛起，政策协调是关键，更是难点。各城市群应从中部地区的整体利益出发，以促进中部地区崛起为目标，健全城市群区域共治机制，形成整体并推的合力，发挥整体竞争优势。加快体制机制创新，打破各类地方保护和隐形壁垒，加快构建统一大市场，完善多层次地方政府间定期联席会议制度和平等对话协商机制，在中部地区城市群大经济圈实现政策共享。推进综合配套改革，建立协调机制，从资源、市场、利益三个关键环节推动建立经济一体化的发展机制。建立健全跨区域的利益协调机制以及生态补偿机制，积极推动中部地区城市群在城乡基础设施建设、公共服务领域、生态环境保护、旅游开发等重点领域创新创业、共建共享、共创共治，进一步加强在科技资源、人力要素、市场体系、公共服务等方面的无缝对接。借鉴长三角等区域发展经验，建立中部地区合作与发展共同促进基金和重点专题合作制度，在基础设施建设、科技创新、生态治理等重大领域开展专题合作。建立中部地区城市群统一的要素市场尤其是人才资源库和人才交易市场，搭建中部6省人才信息发布和合作交流平台，促进人才资源跨区合理流动和优化配置。加强中部地区的文化交流与合作，突出6省的悠久历史、厚重的文化底蕴，共同营造浓厚的区域文化氛围，着力提高城市群的文明程度和文化软实力。

参考文献

肖金成、黄征学：《中部地区城市群的形成与展望》，《区域经济评论》2014年第1期。

赵曦、吴通宜、李磊、马慧敏：《中部地区六大城市群对外开放度比较分析》，《四川师范大学学报》(自然科学版) 2015 年第 1 期。

王国霞、刘婷:《中部地区资源型城市城市化与生态环境动态耦合关系》,《中国人口·资源与环境》2017 年第 7 期。

赵娜、王博、刘燕:《城市群、集聚效应与“投资潮涌”——基于中国 20 个城市群的实证研究》,《中国工业经济》2017 年第 11 期。

方创琳:《中国城市群研究取得的重要进展与未来发展方向》,《地理学报》2014 年第 8 期。

赵勇、魏后凯:《政府干预、城市群空间功能分工与地区差距——兼论中国区域政策的有效性》,《管理世界》2015 年第 8 期。

魏后凯、成艾华:《携手共同打造中国经济发展第四极——长江中游城市群发展战略研究》,《江汉论坛》2012 年第 4 期。

王发曾、张伟:《基于中部地区崛起的城市群整合发展》,《人文地理》2009 年第 5 期。

段小薇、李璐璐、苗长虹、胡志强:《中部六大城市群产业转移综合承接能力评价研究》,《地理科学》2016 年第 5 期。

杨刚强:《长江中游城市群协同发展评价报告(2017)》,社会科学文献出版社,2017。

B.5

中部地区全面推进创新驱动发展战略研究

孔令刚*

摘　要： 在创新"引擎"驱动下，中部地区充分发挥创新综合优势。中部地区创新形成了以承担国家战略为使命，突出中部创新特色；以系统推进全面创新改革试验机制建设为根本，注重整体联动和综合配套改革；以政策创新为先导，集聚和激活创新资源要素；以实现科技成果"三级跳"为落脚点，激发全社会创新活力与创造潜能；以培育创新主体为重点，打造创新型产业集群；以强化创新驱动为智力支撑，让中部地区成为各类人才创新创业的热土；以推进区域创新协调发展为目标，培育带动中部区域创新发展新的增长极等鲜明创新特色。中部地区依然存在整体创新能力不强，新旧动能转换亟须加快等问题，需要在新时代深化实施创新驱动发展战略，通过强化中部地区在原始创新方面的领跑地位，继续深化创新体制改革、加大力度系统推进全面创新改革试验和建设创新载体，打造中部国际化人才高地，保持优势领域，补足短板，奋起直追，以更高的站位、更宽的视野、更大的力度，创造更多依靠创新驱动的引领型发展案例，实现从要素驱动到创新驱动的"惊人一跃"。

* 孔令刚，安徽省社会科学院城乡经济研究所所长、研究员。

关键词： 国家战略　创新驱动　全面创新改革试验　区域创新综合能力

创新是引领发展的第一动力。中部地区是我国经济和地理腹地。党的十八大以来，中部六省坚持创新驱动发展，加快推动新旧动能转换，加快推进产业结构优化升级。一大批领跑全国乃至全球的创新成果在这里诞生，越来越多的中部企业在全国新兴产业格局中成为行业引领者，中部地区作为我国重要的科技创新策源地和新兴产业基地的战略地位初步确立。面对新一轮技术革命和产业变革蓬勃兴起和发展动能转换的新机遇与新挑战，中部地区要加大力度继续深入实施创新驱动发展战略，激发中部地区发展新动力和发展新活力，构建现代化经济体系，推动高质量发展，让创新成为中部地区“崛起动力源”和“潜能激发器”，增强现代化经济体系建设的动力支撑。

一　中部地区创新驱动发展成就

（一）打造国家原始创新策源地取得重要进展

集中优势科研资源，聚焦源头创新是中部地区创新驱动发展的重点，也是中部地区承担国家战略使命的着力点，中部地区逐步成为国家重要战略科技力量的支撑极。

1. 打造国家创新驱动主要策源地

2012 年以来，中部六省加大力度出台政策促进区域创新，加大科研基础设施建设力度，超前部署应用基础及国际前沿技术研究，重点开展具有前瞻性、原创性的应用基础研究，加强基础研究人才队伍培养，激励基础研究和原始创新，把中部建设成国家综合性科学中心和创新高地，涌现出一批重大原创性科学成果和国际顶尖水平的科学大师，为产业可持续发展、突破性发展、跨越式发展提供创新性技术成果。中部地区逐步成为国家创新驱动主要策源地，为建成富强、民主、文明、和谐、美丽的社会主义现代化强国和世界科技强国提供强大的科学支撑。

2. 建设一批大科学装置和国家重大科技基础设施

大科学装置是国家战略性、基础性和前瞻性谋划布局的面向科学技术前沿，实现原始创新战略目标的大型科学研究设施。目前，中部地区有国家大科学工程 5 个，如聚变堆主机关键系统综合研究设施落地合肥，“脉冲强磁场实验装置”和“精密重力测量研究设施”等国家重大科技基础设施项目落地湖北。以这些大科学装置和国家重大科技基础设施为依托，中部地区瞄准科学技术前沿，实施国家原始创新重大战略计划，解决重大科学问题，提升原始创新能力、催生变革性技术，成为中部地区代表国家水平参与国际科学技术前沿研究的重大创新平台。

3. 建成一批重点实验室

重点实验室是国家组织高水平基础研究和应用研究、聚集和培养优秀科学家的重要基地和组成部分。中部地区各省及时跟踪和掌握国家重点实验室建设动态，加大政策支持力度积极争取国家重点实验室落地。截至 2017 年底，中部地区共有国家重点实验室 81 家。其中安徽有国家重点（工程）实验室 25 个；湖北国家级重点实验室数量已达到 27 家，居全国第 4 位，仅次于北京、上海和江苏；湖南省有企业国家重点实验室 9 家，居中部地区第 1 位；江西有依托江南大学和南昌大学的食品科学与技术国家重点实验室、依托江西农业大学的省部共建猪遗传改良与养殖技术国家重点实验室、依托江西江中制药（集团）有限责任公司和江西本草天工科技有限责任公司的创新药物与高效节能降耗制药设备国家重点实验室以及依托江西青峰药业有限公司的创新天然药物与中药注射剂国家重点实验室 4 家国家级实验室；河南省有国家级实验室 10 家；山西省有国家重点实验室 6 家。除了国家重点实验室，中部地区还有 965 家省级重点实验室。这些国家重点实验室和省级重点实验室瞄准国际科技发展前沿并结合国家需求，承担了一批国家重点项目，密切跟踪和围绕国内外的前沿问题，开展重大基础理论和技术开发研究，在一些优势领域取得了一批原创性研究成果。

4. 越来越多的重大原创科技成果从中部地区诞生

2017 年，中部地区科技成果获得国家科学技术奖的数量在全国区域板块中领先其他区域。安徽省全年登记科技成果 377 项，主要科技成果有有机化合物结构性质关系及反应规律性、聚合物/层状无机物纳米复合材料的火灾安全设计与阻燃机理、重型压力容器轻量化设计制造关键技术及工程应用等；湖北省全年共登记重大科技成果 1600 项，其中基础理论成果 20 项，应用技术成果 1540 项；湖南省评出 48 项省自然科学奖、15 项省技术发明奖和 150 项省科学技术进步奖；江西省硅衬底 LED 技术获国家技术发明一等奖，南昌欧菲光获中国专利金奖；山西省全年新登记科技成果 560 项，获得国家科学技术奖 3 项。越来越多的重大原创科技成果从中部地区诞生，带动全国、影响世界，中部地区为创新型国家建设做出了重要贡献。

（二）发明创造能力与水平明显提升

专利是技术发明与技术创新的重要表现方式，也是区域创新的重要资源，区域发明专利申请量和授权量反映了区域创新活动的活跃程度，也是区域发明创造能力与水平的体现。专利制度是保护技术创新的重要手段，是鼓励发明创造，提高创新能力，推动科技进步，促进经济社会发展的重要制度。中部六省强化创新主体的知识产权能力建设，提升企业发明使用核心专利的能力，专利数量和质量大幅提升。

1. 专利助推安徽经济转型发展取得新进展

2017 年，安徽省专利申请 172552 件，居全国第 6 位，中部第 1 位；发明专利申请量 95963 件，居全国第 4 位，中部第 1 位；全年专利授权量 60983 件，居全国第 9 位；发明专利授权量 15292 件，居全国第 7 位。万人发明专利拥有量 2015 年为 4. 29 件，居全国第 8 位；2016 年为 6. 37 件，较上年增长 48. 5%；2017 年达到 7. 70 件，同比增长 20. 9%。

2. 湖北初步形成知识产权大保护格局

2017 年，湖北省专利申请量首次突破 10 万件，达到 110234 件，同比增长 15. 84%；其中发明专利申请 51569 件，同比增长 17. 77%；万人发明专利拥有量持续快速提升，由2012年的2.1件增长至2017年的6.87件，增幅超过2倍。企业依然是湖北专利申请的主力军。2017年，湖北省分4批选取986家企业开展知识产权示范企业建设工作，在11个市（州）建立了35家知识产权双创服务基地，总计服务在孵企业3000多家，提升了企业专利数量和质量，企业专利申请占申请总量比重创历史最好水平，达到55.29%。产生了武汉华星光电、斗鱼科技等发明专利申请过千件的专利密集型企业。知识产权示范建设企业专利申请量年均增长32%，发明专利申请量年均增长38%，产值年均增长11%，利润年均增长13%。2017年湖北省新增湖北鼎龙控股股份有限公司等11家国家知识产权示范企业、武汉高德红外股份有限公司等47家国家知识产权优势企业，新增“国字号”专利数量居中部第1位。

3. 湖南确立新时代知识产权强省建设新目标

2017年，湖南省专利申请达67779件，同比增长27.85%；发明专利申请为25524件，同比增长41.92%；专利授权34050件，发明专利授权6967件，同比分别增长9.60%和10.03%；有效发明专利34774件，万人发明专利拥有量5.09件。PCT专利申请（国际专利申请）208件。湖南获得第19届中国专利奖22项，其中金奖3项，连续两年获得全国20项金奖中的3项。

4. 江西实施知识产权富民强县专项行动

到2015年底，江西省万人发明专利拥有量达到1件，2016年江西省专利申请量6.1万件，同比增长65.9%，增幅居全国首位。2013～2017年，江西累计专利申请量15.24万件；累计授权量8.74万件，其中发明专利申请量6401件，占4.2%。南昌大学江风益教授率领的团队所研发的“硅衬底高光效GaN基蓝色发光二极管”项目获得2015年度国家技术发明奖中唯一的一等奖。

5. 河南推进知识产权强省、强市建设

河南省将知识产权工作纳入市、县政府年度目标考核体系，强化知识产权创造、保护和运用，加强知识产权强市、强县和园区试点示范工作，知识产权创造质量明显提升。2017 年，全省专利申请量首次突破 10 万件，为 94669 件，比上年增长 26.0%；专利授权量突破 5 万件，专利授权 49145 件，同比增长 12.7%。有效发明专利 28615 件，同比增长 26.6%；每万人口发明专利拥有量 3.0 件，同比增长 25.0%。获第 19 届中国专利奖 14 项，其中金奖 2 项。2017 年，河南省设立了第一支规模为 3 亿元的重点产业知识产权运营基金，设立专利奖并评审出第一届专利奖 49 项；郑州市获批国家知识产权运营服务体系建设重点城市，获中央财政 2 亿元资金支持；知识产权贯标企业达到 192 家，居全国前列；备案知识产权强企 129 家；全年自主知识产权产品产值超过 2500 亿元；国家知识产权优势示范企业 58 家。

6. 山西明确专利提质增效新目标

2016 年山西省出台了《关于新形势下推进知识产权强省建设的实施意见》，推动了高端装备制造、新能源、新材料、节能环保、生物医药、煤层气、信息技术、新能源汽车等重点优势产业和战略性新兴产业形成一批核心专利，激励发明创造，努力实现专利提质增效目标。全省专利授权量 11311 件，同比增长 12.4%。其中，发明专利授权量 2382 件，万人发明专利拥有 2.7 件，5 项专利获第 19 届中国专利优秀奖。

中部六省近年发明创造热情高涨，专利申请与授权量质同步提升，促进知识产权创造的数量和质量协调发展，创新效能得到有效激发。中部各省将专利工作纳入各级政府日常工作之中，形成较为完整的促进政策体系，建立有效的促进机制，设立专利发展专项资金，充分发挥知识产权对科技创新的激励、引领和推动作用，带动区域创新出现良好新局面。

（三）产业创新载体与企业创新主体建设与培育成效显著

中部六省注重培育创新主体，打造以国家级、省级高新区为主的创新载体，培育以“双创”空间为主要形式的新型产业创新载体，激励“大众创业，万众创新”，以产业创新载体为平台，制定“产业规划、平台建设、龙头带动、上下游延伸”产业发展战略，推动产业布局由分散型向聚集型转变，培育壮大企业创新主体，提升产业聚集能力，初步形成“源头创新—

成果转化—新兴产业”的以市场为导向、产学研协同发展“全创新链”。

1. 高新区创新载体承载能力进一步拓展

中部各省均致力于把国家级、省级高新区打造成区域科技创新高地和高新技术产业、先进制造业发展的主阵地，高新技术产业和战略性新兴产业的主要集聚发展载体，支持高新区拓展发展空间，鼓励和支持各类工业园区向高新区转型，促进创新型企业快速集聚，支持高新区做大做强。2017 年，中部六省共有国家级高新区 38 个。其中，安徽省有合肥高新区、蚌埠高新区、芜湖高新区、马鞍山慈湖高新区、安庆高新区、淮南高新区和铜陵高新区 7 个国家级高新区，另有省级高新技术产业开发区 20 个；湖北省有武汉东湖、襄阳、宜昌、孝感、荆门、随州、仙桃、咸宁、黄冈、荆州、潜江和黄石大冶湖国家级高新区 12 个，国家信息光电子创新中心也获批在武汉建设；湖南省实施长株潭国家自主创新示范区建设三年行动计划，打造“创新谷”“动力谷”“智造谷”，2017 年新增省级高新区 11 个；河南省有郑州国家高新区、洛阳高新区、安阳高新区、南阳高新区、新乡高新区、平顶山高新区和焦作高新区 7 个国家级高新区，2017 年增加了 2 个；江西的宜春丰城高新区、九江共青城高新区等升级为国家高新区，使江西国家级高新区增加至 9 个；山西有太原高新区、长治高新区和大同高新区 3 个国家高新区。面对新时代全球经济增长模式深度调整，新一轮技术革命浪潮席卷而来的机遇与挑战，中部六省加大力度推动各省国家级高新区“三次创业”，推动高新区体制机制创新，支持省级高新区形成各具特色的产业布局和创新体系，拓展高新区创新载体承载能力。

2. 以“双创空间”为主要形式的新型创新载体蓬勃发展

自 2014 年以来，中部六省整合技术、成果、人才、资金、管理等创新资源，吸引和支持各类投资主体建设创客空间、创新工场、孵化大楼、孵化园区等新型孵化平台和众创空间，同时对传统开发园区、工业区进行升级改造，连点成线、聚园成网，形成新型“众创空间 + 孵化器 + 加速器 + 产业园区”新型孵化器和产业创新空间，一批社会力量参与建设的科技创新载体崛起，成为中部产业转型、创新发展的新助推器。例如，山西省出台了一系列政策文件，逐步完善支持“双创”公共服务平台的政策体系，鼓励探索适合山西产业结构和资源禀赋的“双创”模式，为全省“双创”活动的蓬勃开展提供了广阔的发展空间。到 2017 年，山西省省级及以上众创空间达到 184 个，太原转型综合改革示范区学府产业园区成为全国“双创”示范基地，形成长治唯美诺“创意 + 工厂”、山西华翔“人人创新、全员创客”等一批可推广复制的“双创”模式。湖南省新增省级科技企业孵化器、众创空间等“双创”服务载体 125 个，湘江新区成为国家双创示范基地。河南省加大对科技企业孵化器的政策扶持力度，推动传统工业园转型升级；对原有开发区和工业园区进行统筹规划，打造集总部经济、产业孵化、生活配套于一体的创新园区。到 2017 年，河南省新建省级以上科技企业孵化器 91 个，其中国家级 23 个，郑州国家大数据综合试验区获批。2017 年，江西省国家级绿色金融改革创新试验区、“双创”示范基地、通用航空产业综合示范区、“中国制造 2025”试点示范城市、新一代宽带无线移动通信网国家转移转化试点等获批，新增国家级创新平台 8 个。安徽优化制度供给，营造良好氛围，推广众创空间、创业苗圃、创新工场等新型孵化模式，发展众创、众包、众扶、众筹等新兴创新创业模式，建成覆盖全省的省级集中、整体联动、部门协同、一网办理的“互联网 + 创业贷款”技术和服务体系，持续推动“双创”向更大范围、更高层次、更深程度迈进。至 2017 年，全省共有科技企业孵化器 161 个，其中国家级 25 个，省级 59 个。全省共有众创空间 267 个，其中国家级 41 个，省级 98 个；众创空间总面积达 390.7 万平方米，众创空间总收入 2 亿元，获得投融资的团队、企业累计 1492 个。2017 年，国家共享经济创新交易示范中心落户合肥；安徽推进 10 个国家级农民工返乡创业试点县建设；合肥荣事达“双创中心—合伙人制—事业部制”新型“双创”模式获得国务院肯定，“双创”活动成果带来新的技术模式、企业组织模式，让荣事达这个老品牌重新焕发生机。

3. 高新技术企业成为技术创新和产业创新的主体力量

按照国家要求，高新技术企业在知识产权与科技成果转化能力、研究开发组织管理水平、企业成长性等方面都是具有独特优势的企业，是掌握高精尖技术，站在行业最高点，引领产业前沿科技发展潮流的企业。中部六省建立起各具特色的促进企业主导产业技术创新的体制机制，强化企业技术创新主体地位。按照国家高新技术企业认定办法，2017 年中部六省共有高新技术企业 13000 多个。其中安徽有高新技术企业 4310 个，当年新认定的就有 924 个；营业总收入在亿元以上的高新技术企业有 1138 个，10 亿元以上的有 156 个，百亿元以上的有 8 个；高新技术企业实现产值 9221 亿元，高新技术企业申请专利 47736 项，专利授权 23562 项。湖北省有高新技术企业 3824 个。河南省有高新技术企业 2270 个，科技型中小企业突破 1.6 万个。江西省高新技术企业突破 2000 个。

4. 新型产业技术研发组织异军突起

新型研发机构是区域科技创新体系的重要组成部分，以开展产业技术研发为核心功能，兼具应用基础研究、成果二次开发、技术转移转化、企业孵化育成、产业投融资、科技服务等功能，是围绕区域性、行业性重大技术需求，面向战略性新兴产业集聚发展和传统产业改造升级的重点领域，集聚优质创新要素、突破产业关键共性技术、服务企业技术创新、支撑产业转型升级，打造成创新创业资源的汇聚平台、高端人才团队的集聚平台、产业先进技术的集成平台、科技体制改革的试验平台，实行多元化投资、多样化模式、市场化运作的独立法人科研组织。中部地区新型研发机构有“民办官助”“企业及联盟创办”“国有新制”三种模式，有专业化产业技术研究院和综合性产业技术研究院两种组织形式。至 2017 年，中部六省共注册建立 216 个新型研发机构，其中独立法人 152 个，与高校科研院所合作 50 个，与企业合作共建 14 个。这些新型研发机构在整合行业和区域创新资源、开展科技研发、培育创新人才、推进产学研合作和成果转化、促进科技与经济结合、加快新兴产业发展等方面取得了积极进展。安徽省的 52 家新型研发机构（如中科大先进技术研究院、清华公共安全研究院、合肥家电技术工程研究院、蚌埠硅基新材料产业技术研究院、滁州中国家用电器研究院安徽分院等）围绕电子信息、新材料、新能源与节能、现代农业、生物医药、新能源汽车、装备制造、公共安全等战略性新兴产业的技术需求，在培育与壮大以及服务具有地方特色的传统产业转型升级等方面发挥了非常重要的作用；山西省依托骨干企业、重点高等院校、科研院所，探索建立全新体制机制，有效激活创新要素，促进产业链和创新链的有机融合，建设一批集应用技术研发、成果转化为一体的产业技术研究机构，改造提升山西传统优势产业，培育发展新兴产业，形成产业核心竞争力，在推动企业、高校和科研机构等在战略层面有效结合，突破产业发展技术瓶颈，打通科技成果转移转化通道等方面做出了积极努力，成效显著。

（四）高新技术产业发展迅速

高新技术产业是以高新技术为基础的，具有知识密集、技术先进、高成长性、创新性等特征，能够推进新兴产业发展和促进传统产业改造升级，对国民经济和社会可持续发展产生重要作用的产业。中部地区发挥高新技术产业对产业结构调整的引领、带动作用，推动重大产业技术应用，培育新的经济增长点，实现产业结构转型并带动区域经济结构的优化升级。

1. 安徽高新技术产业稳定增长

2017 年安徽新兴产业重大基地、重大工程、重大专项建设全面展开，创新型现代化产业体系加快构建，战略性新兴产业产值和高新技术产业增加值同比分别增长 20.2% 和 14.5%。全省规模以上高新技术产业产值比 2016 年增长 20.4%，增加值增长 14.8%，对全省规模以上工业增加值增长的贡献率为 63.5%。战略性新兴产业基地成为高新技术产业的重要载体，24 个战略性新兴产业集聚发展基地工业总产值增长 23.1%，高新技术产业中各领域主导产业带动作用充分显现。其中，电子信息和家用电器产业增加值比 2016 年增长 14%，汽车和装备制造产业增加值比 2016 年增长 10.2%，食品医药产业增加值比 2016 年增长 13.3%，材料和新材料产业增加值比 2016 年增长 19.8%，轻工纺织产业增加值比 2016 年增长 28.2%，能源和新能源产业增加值比 2016 年增长 33%。

2. 湖南产业发展中高端化日趋明显

湖南省积极运用高新技术、“互联网 +”改造提升重点产业，2017 年湖南省高新技术产业增长14.7%，科技进步贡献率56%，比上年提高1.4个百分点。全省规模以上工业增长7.3%。在制造领域，代表中高端制造业的高加工度工业、高技术产业增加值分别增长12.2%和15.9%。

3. 江西新旧动能转换步伐加快

江西重点发展光机电一体化、电子信息、生物、医药和医疗器械、新材料等具有江西优势的高新技术产业领域，这些产业成为江西省高新技术产业发展主要支撑。新技术、新产业、新业态、新模式加速孕育成长。

4. 山西一批非煤高技术产业关键技术取得新突破

2014年以来，山西实施以非煤产业凝聚经济增长新动能的新战略，把深化供给侧结构性改革与深化转型综合改革试验区建设紧密结合，聚焦遴选符合山西实际的高新技术产业发展重点方向，除高端装备制造、汽车外，重载机车、高铁轮对、大型起重机、无缝钢管轧制成套设备等非煤产业推动全省经济发展的新动能的引擎作用逐步呈现。2017年，山西高技术产业同比增长17.2%；战略性新兴产业、非煤产业增加值占规模以上工业增加值比重分别达到9%和51.3%。在山西全省规模以上工业中，非煤产业增加值增长9.7%，快于煤炭产业6.1个百分点，对工业增长的贡献率达76.2%。在非煤产业中汽车产量增长3.3倍。建立产学研合作平台，鼓励解决新兴产业关键技术获得新突破，通过产业技术的创新突破，带动产业创新，做强非煤产业，实现产业体系多元发展，特别是在高端碳纤维、笔尖钢、高铁轮轴钢等一批关键技术上取得新突破，成为山西高新技术产业发展的一大亮点。

二　中部各省创新能力比较与中部地区创新特色

在创新“引擎”驱动下，中部地区充分发挥创新综合优势，以更高的站位、更宽的视野、更大的力度，创造更多的依靠创新驱动引领发展案例，实现从要素驱动到创新驱动的“惊人一跃”，创造一批可推广、可复制的经验和制度成果。

（一）中部各省创新能力比较

1. 反映创新活跃程度及创新能力主要指标比较

课题组根据中部六省 2017 年统计局统计公报和中部六省科技厅统计公报，制订 2017 年中部六省主要创新指标（见表 1）。

表 1　2017 年中部六省主要创新指标比较

指标		河南	湖北	湖南	安徽	江西	山西
R&D经费	总额(亿元)	494.19	600.04	468.84	542.13	207.31	132.6
	占地区生产总值的比重(%)	1.23	1.86	1.50	1.97	1.13	1.03
地方财政科技拨款	总额(亿元)	96.1	190.1	71.4	259.5	83.1	34.6
	占地方财政支出的比重(%)	1.29	2.96	1.13	4.7	1.80	1.01
高新区	国家高新区数(个)	7	12	8	7	9	3
	高新技术企业(个)	1664	5136	2212	3863	1455	936
规模以上工业企业	有 R&D 活动的企业所占比重(%)	11.3	18.3	21.9	19.4	20.2	9.8
	有研发机构的企业所占比重(%)	7.3	6.2	11.1	17.6	10.2	8.6
	R&D 经费占主营业务收入比重(%)	0.50	0.97	1.0	0.88	0.49	0.68
	新产品销售收入占主营业务收入比重(%)	7.7	14.6	20.7	17.4	8.6	7.6
区域创新能力	全国排名	15	7	12	9	19	30
	中部六省排名	4	1	3	2	5	6
专利	专利申请量(件)	94669	110234	67779	172552	60494	20031
	发明专利申请量(件)	28582	51569	25524	95963	8202	8208
	专利授权量(件)	49145	41822	34050	60983	31472	10062
	发明专利授权量(件)	6811	8517	6967	15292	1914	2411
技术合同成交额(亿元)		59.24	927.73	105.62	217.74	79.01	42.74
获国家科技奖(项)		17	29	12	13	12	5

R&D 经费占地区生产总值的比重和地方财政科技拨款占地方财政支出的比重两项指标反映了省一级政府对科技创新的投入力度，这两项指标安徽在中部地区都居第 1 位。

专利申请量等指标反映了区域技术发明活动活跃程度，也反映了技术发明人是否有积极性谋求专利保护。专利申请数量越多，表示区域知识产权保护力度越大、区域创新能力越高，社会就越有活力。2017 年中部地区专利申请量的排名依次为安徽、湖北、河南、湖南、江西和山西，中部六省企事业单位专利保护意识普遍增强，知识产权创造、运用、保护、管理和服务能力显著提升，专利申请的数量与质量明显提高。

技术合同成交额包括技术开发、技术转让、技术咨询和技术服务类合同的成交额，是反映科技成果转移转化程度的重要指标。中部六省采取政府搭台、市场机构唱戏的激励措施，推动科技成果与技术需求精准对接，取得了显著的经济与社会效益。2017 年中部地区技术合同成交额排名依次为湖北、安徽、湖南、江西、河南、山西。

国家科技奖是国家为了促进基础科学与应用科学相结合，增强原始创新能力而设立的奖项。一个区域获奖数量反映了该区域的原始创新资源富集程度、原始创新能力。2017 年中部地区各省获国家科技奖排名，湖北第 1 位、河南第 2 位、安徽第 3 位、湖南与江西并列第 4 位，山西排最后。

国家级高新区是区域创新发展的核心载体和重要引擎，国家赋予国家级高新区的角色是促进技术进步和增强自主创新能力的重要载体，是带动区域经济结构调整和经济发展方式转变的强大引擎，是抢占世界高新技术产业制高点的前沿阵地。2017 年，中部六省共有国家级高新区 46 个，其中湖北有 12 个，排第 1 位；江西 9 个，排第 2 位；湖南有 8 个，排第 3 位；河南和安徽各有 7 个，排名并列第 4 位；山西有 3 个，排最后。

2017 年，湖北有 5136 家高新技术企业，排名第 1 位；安徽有高新技术企业 3863 家，排名第 2 位；湖南有 2212 家高新技术企业，排名第 3 位；河南有 1664 家高新技术企业，排名第 4 位；江西有 1455 家高新技术企业，排名第 5 位；山西有 936 家高新技术企业，排名第 6 位。

在规模以上工业企业中有 R&D 活动的企业所占比重、有研发机构的企业所占比重、R&D 经费占主营业务收入比重和新产品销售收入占主营业务收入比重四项指标反映了区域企业作为创新主体在社会创新活动中的地位，企业研发投入实际上反映了企业的研发意愿、研发成效、成果转化效率等。中部六省的这几项指标各有特色。

2. 综合创新能力比较

区域综合创新能力湖北在全国排第9位，中部第1位；安徽在全国排第10位，中部第2位；湖南在全国排第12位，中部第3位；河南在全国排第15位，中部第4位；江西在全国排第19位，中部第5位；山西在全国排第30位，中部第6位（见表2和表3）。

（二）中部地区创新特色与经验

1. 以承担国家战略为使命，突出中部创新特色

推进中部地区协同创新、区域创新融入国家发展战略，下好创新“先手棋”。中部地区一方面围绕国家战略布局，抓住机会争取国家战略支持，把中央做出的新部署、新要求贯穿中部创新发展的始终，把国家出台的新政策、新举措用足用活，提高在国内外配置创新资源的能力和水平，在更大的范围整合资源，把创新驱动摆在发展全局的核心位置，把创新作为最大政策，以科技创新为核心引领全面创新，加快建设重大科技基础设施集群，加快建设一批具有国际水平的交叉前沿创新平台和科技成果转化平台，推动前瞻性基础研究、引领性原创成果取得重大突破，着力实现科技创新从“跟跑”到“领跑”，实现国家战略目标，以更高的站位、更广的视野系统推进创新发展；另一方面突出中部地区特色，紧扣中部地区经济社会发展需求、创新基础和产业特色，立足重点领域和关键环节，推动中部地区产业技术创新，提升中部地区企业创新主体创新能力，形成有中部地区特色的创新发展支撑体系、创新发展治理体系等“中部方案”，为建设创新型国家做出“中部贡献”。

2. 以政策创新为先导，集聚和激活创新资源要素

湖北探索科技成果转化“三权改革”，推出“科技十条”“新九条”等，大力度推进创新驱动发展政策体系；湖南围绕建设以长株潭国家自主创新示范区为核心的科技创新基地，实施长株潭国家自主创新示范区建设三年行动计划，构建“1+X”创新政策体系，加大创新投入，出台财政奖补等优惠

表 2　2017 年中部六省创新能力综合及分项指标比较

指标	河南			湖北			湖南			安徽			江西			山西		
	指标值	全国排名	中部排名	指标值	全国排名	中部排名	指标值	全国排名	中部排名	指标值	全国排名	中部排名	指标值	全国排名	中部排名	指标值	全国排名	中部排名
综合值	24.23	15	4	29.35	9	1	26.62	12	3	23.36	10	2	22.04	19	5	17.93	30	6
1 知识创造综合指标	15.96	24	4	23.79	13	2	20.44	16	3	31.99	6	1	13.77	29	6	15.43	27	5
1.1 研究开发投入综合指标	14.68	19	4	17.88	15	2	16.01	17	3	22.68	10	1	12.32	22	5	9.97	27	6
1.2 专利综合指标	17.45	25	4	25.33	11	2	24.84	14	3	48.11	5	1	12.76	29	6	18.21	23	5
1.3 科研论文综合指标	15.56	30	6	32.5	9	1	20.48	20	2	18.35	26	5	18.7	24	4	20.78	19	3
2 知识获取综合指标	11.24	26	6	18.75	11	1	14.04	18	3	11.6	24	5	14.41	17	2	13.91	19	4
2.1 科技合作综合指标	19.86	20	5	31.25	9	1	27.19	12	2	22.17	18	3	18.01	25	6	23.14	17	4
2.2 技术转移综合指标	8.39	20	4	18.71	11	1	11.95	17	3	7.37	29	6	16.74	13	2	10.57	22	5
2.3 外资企业投资综合指标	6.91	14	1	9.42	15	2	5.73	23	4	6.83	21	3	9.97	14	1	4.19	25	5
3 企业综合创新指标	21.38	20	4	29.78	11	3	35.3	9	2	38.82	7	1	20.75	22	5	15.57	30	6
3.1 企业研究开发投入综合指标	33.78	14	4	42.99	10	3	43.93	9	2	44.56	8	1	30.09	18	5	21.47	26	6
3.2 设计能力综合指标	9.78	27	6	17.63	14	3	20.42	11	2	40.21	4	1	11.95	22	4	8.12	28	5
3.3 技术提升能力综合指标	17.81	29	6	26.96	15	3	34.96	9	1	31.62	12	2	25.13	19	5	25.65	16	4

续表

指标	河南			湖北			湖南			安徽			江西			山西		
	指标值	全国排名	中部排名	指标值	全国排名	中部排名	指标值	全国排名	中部排名	指标值	全国排名	中部排名	指标值	全国排名	中部排名	指标值	全国排名	中部排名
3.4 新产品销售收入综合指标	23.77	13	4	31.03	12	3	45.05	5	1	35.35	9	2	15.59	20	5	7.82	30	6
4 创新环境综合指标	26.15	11	2	29.85	7	1	23.71	17	4	22.48	19	5	25.48	14	3	20.12	27	6
4.1 创新基础设施综合指标	22.11	14	2	24.9	11	1	21.41	17	3	20.02	22	4	19.24	24	5	17.77	27	6
4.2 市场环境综合指标	30.2	17	2	33.9	12	1	24.34	31	6	25.01	29	5	25.75	27	4	26.87	24	3
4.3 劳动者素质综合指标	30.45	10	1	29.82	11	2	28.82	12	3	26.98	14	4	24.39	19	5	24.15	21	6
4.4 金融环境综合指标	12.76	21	4	25.61	8	1	17.34	14	3	12.01	22	5	24.35	10	2	10.07	25	6
4.5 创业水平综合指标	35.22	8	1	35.03	9	2	26.65	18	5	28.36	14	4	33.67	11	3	21.74	22	6
5 创新绩效综合指标	41.34	7	1	40.3	8	2	33.51	14	3	32.46	16	4	31.26	18	5	23.03	30	6
5.1 宏观经济综合指标	39.62	12	2	42.48	10	1	37.38	13	3	30.77	18	4	29.15	19	5	11.07	31	6
5.2 产业结构综合指标	31.22	7	1	24.71	11	2	22.38	13	4	21.1	15	5	22.42	12	3	18.3	17	6
5.3 产业国际竞争力综合指标	44.57	6	1	23.58	12	3	17.89	16	5	19.32	15	4	14.28	19	6	24.61	11	2
5.4 就业综合指标	33.24	5	2	40.64	3	1	19.75	20	5	27.04	9	3	26.59	11	4	13.85	30	6
5.5 可持续发展与环保综合指标	58.04	23	5	70.08	9	2	70.13	8	1	64.1	17	3	63.89	18	4	47.3	29	6

表 3　2017 年中部六省区域创新实力、效率和潜力指标比较

	综合能力						知识创造能力						知识获取能力					
	实力		效率		潜力		实力		效率		潜力		实力		效率		潜力	
	全国排名	中部排名	全国排名	中部排名	全国排名	中部排名	全国排名	中部排名	全国排名	中部排名	全国排名	中部排名	全国排名	中部排名	全国排名	中部排名	全国排名	中部排名
河南	10	3	26	6	17	5	13	3	28	5	28	6	16	4	28	5	20	5
湖北	7	1	10	1	9	3	10	2	16	2	20	4	10	1	15	2	11	1
湖南	14	4	11	2	15	4	14	4	21	3	17	3	21	3	13	1	27	6
安徽	9	2	13	3	8	2	8	1	6	1	2	1	14	2	31	6	19	4
江西	18	5	22	5	7	1	23	6	29	6	14	2	17	5	18	3	18	3
山西	23	6	21	4	29	6	22	5	22	4	25	5	23	6	19	4	17	2

	企业创新能力						创新环境						创新绩效					
	实力		效率		潜力		实力		效率		潜力		实力		效率		潜力	
	全国排名	中部排名	全国排名	中部排名	全国排名	中部排名	全国排名	中部排名	全国排名	中部排名	全国排名	中部排名	全国排名	中部排名	全国排名	中部排名	全国排名	中部排名
河南	9	4	30	6	17	5	7	1	29	5	15	3	7	1	8	1	6	2
湖北	8	3	11	3	10	3	9	2	9	1	10	2	8	2	13	2	4	1
湖南	7	2	9	2	13	4	14	4	23	4	18	5	13	3	14	3	9	3
安徽	6	1	7	1	9	2	13	3	30	6	17	4	14	4	18	5	10	4
江西	17	5	26	5	3	1	18	5	11	2	6	1	15	5	16	4	13	5
山西	20	6	22	4	29	6	23	6	20	3	25	6	28	6	21	6	30	6

政策，引导企业和科研机构增加研发投入，打造“创新谷”“动力谷”“智造谷”；江西实施创新驱动“5511”工程，出台实施贯彻新理念培育新动能的意见，完善“1+N”政策体系（包括《深入实施创新驱动发展战略推进创新型省份建设意见》《重点创新产业化升级工程实施办法》《创新驱动“5511”工程实施意见》《深化人才发展体制机制改革实施意见》等一系列政策文件），开展全社会研发投入攻坚行动，R&D 经费支出占 GDP 比重突破 1.1%；安徽以“突出遵循规律、突出深化改革、突出问题导向、突出产业企业”，出台从创新发展“1+6”政策，到“1+6+2”政策，再到科技创新“新十条”等一系列政策。2017 年 9 月，国务院办公厅印发《关于推广支持创新相关改革举措的通知》，推广 8 个区域开展全面创新改革试验区先行先试的首批 13 项改革经验，其中包括有湖北、安徽实施的事业单位编制周转池制度、事业单位采用年薪制引进高层次人才改革以及在长沙、武汉、合肥先行先试的专利权质押融资、鼓励外国留学生在华就业创业、外国人来华工作许可和永久居留申请便利化等 8 项经验。

三　中部地区深入实施创新驱动战略目标与建议

中部地区在创新驱动发展上依然存在产业层次偏低，企业规模普遍偏小，高新技术产业占比不大，支撑跨越发展基础还不牢固；新兴产业规模偏小，产业链不完整，带动力不足，新产业、新业态、新模式的总体发展水平还不高，竞争优势不明显；企业科技创新意识和创新投入的资源基础较为薄弱；技术领军型和复合型人才缺乏，创新发展基础不够厚实；人才政策吸引力有待提高，发展环境需要进一步完善；创新动力不足，研发投入占比不高，整体创新能力不强，新旧动能转换亟须加快等问题，需要在新时代深化实施创新驱动发展战略，保持优势领域，补足短板，奋起直追。

（一）强化中部地区在原始创新方面的领跑地位

坚持战略和前沿导向，发挥中部地区在一些重点领域科技领先优势，争取国家政策资源，争取在中部地区布局更多的代表国家战略意图的国家重点实验室、大科学装置、大科学工程和重大科技项目，集聚一流研发团队，大力开展基础前沿、关键共性、社会公益和战略高技术研究，突破重点领域、关键技术，强化原始创新。争取国家加大对中部地区国家重大人才工程的支持力度，加大力度推进人才引育工作，培养一批学科前沿原始创新高层次人才，在引领性原创研究、前瞻性和应用性基础研究等方面取得更多成果，继续保持在原始创新方面的领跑地位。

湖南要积极承担种业创新、航空航天、新材料等国家重大科技项目。依托岳麓山国家大学科技城创建国家实验室，培育一批国家级企业技术创新平台，推动各类重点实验室、工程技术研究中心的建设和共享；安徽加快建设合肥综合性国家科学中心，推进合肥滨湖科学城规划，打造国家实验室核心区、大科学装置集中区、教育科研区。

（二）继续深化创新体制改革

继续深化探索国家赋予武汉、合芜蚌、郑州、南昌、长沙在股权、期权、分红等方向的激励方式自主创新试点，用足国家对自主创新示范区建设相关扶持政策，争取在中部地区开展知识产权综合管理改革和知识产权证券化、技术需求与科技成果清单制度，科技成果评估、归属和利益分享机制，企业研发准备金、创新券制度，科技融资担保、科技保险等试点工作，建立多部门联动的重大经济项目知识产权评议机制，将试点成果完善固化为知识产权、科技成果转化为股权、期权等各项政策；落实高校、公立医院、科研院所等用人、职称评审、工资分配“三项自主权”；推动政府职能从研发管理向创新服务转变，全面下放项目经费管理自主权、创新成果处置权、使用权和收益权；推进科研项目立项、成果评价、成果转化机制改革，建立以市场为导向的科研组织方式和运行机制，重点支持新兴产业重大科技专项和重点研发项目。在中部地区各省科技成果转化引导基金基础上，鼓励中部地区各省市县建立科技成果转化引导基金，促进科技成果转化，完善科技成果转化和知识产权交易服务平台，建设一批科技成果转化示范基地。

江西加快江西—中科院科技成果转移中心建设，推进鹰潭国家科技重大专项转移转化试点示范，推进中国（南昌）知识产权保护中心建设。支持各类服务机构开展创业项目开发、风险评估、创业指导、融资服务、跟踪扶持等系列化、精准化服务，加强技术交易机构专业化能力和品牌建设以及信用管理，支持在规范发展现有技术交易机构基础上建设国家级技术转移示范机构。

（三）继续加大力度系统推进全面创新改革试验

继续加大力度系统推进湖北（武汉）、安徽合芜蚌、湖南长株潭、河南郑洛新国家自主创新示范区全面创新改革试验。江西继续深化实施“5511”工程倍增计划和重点创新产业化升级工程，在国家级创新平台和载体、国家级人才团队、重大科技专项和科技协同创新体系建设方面实现突破。争创鄱阳湖国家自主创新示范区；推进中部各省国家创新型省份和城市建设，支持县域科技创新攻坚，开展创新驱动发展示范县（市）建设；支持符合条件的地区打造国家级军民融合创新示范区。

湖北要支持襄阳、宜昌建成区域性创新中心，武汉力争建设具有全球影响力的产业创新中心、综合性国家科学中心、全面改革创新试验区。湖南开展创新型县（市、区）试点，到2020年培育15个左右科技成果转移转化示范县。河南推动洛阳等地创建国家军民融合创新示范区，支持信息工程大学国家一流网络安全学院建设，加快实施可见光通信、北斗综合服务云平台等军民融合重大示范项目。湖南加快建设湖南省军民融合科技创新产业园，组建智能化技术、惯性技术、北斗导航等一批军民协同创新中心。

（四）加大力度推动产业技术体系创新

加强中部各省高校、科研机构、企业与中国科学院、中央部属科研院所、中部地区“双一流”高校、中央企业研究机构等大院、大所、名校合作，鼓励其在中部地区设立分支机构或共建新型高端研发平台，争取在中部地区加快建设一批产业技术创新与育成中心；在中部地区引进更多国内外著名高校和研发机构；支持中央驻中部各省各类科研院所深化体制改革、加快成果就地转化。山西把推动产业技术体系创新构建现代产业体系作为主攻方向，率先走出资源型地区转型升级、创新驱动发展的新路。湖南聚焦重点产业领域和关键环节，部署一批科技创新项目，攻克一批关键核心技术和共性技术，形成若干战略性新技术、新产品。

（五）加快培育创新型企业集群

中部各省根据产业基础和企业特点，建立科技帮扶入企机制，建设一批有创新活力的创新创业平台载体。健全完善上下联动、多部门配合的高新技术企业培育服务体系，围绕重点培育新兴产业和先导产业的产业链和创新链，聚集产业发展创新资源，重点发展一批创新引领型企业。建立和完善科技型中小企业培育体系，支持科技企业做大做强，形成以创新型领军企业为龙头、科技型上市企业为骨干、高新技术企业为主体的创新型企业集群；强化企业在自主创新中的主体地位，壮大创新主体，加快培育创新型企业集群。

山西要在新兴产业集群集聚集约发展方面下大力气；江西要聚焦新制造经济、新服务经济、绿色经济、智慧经济和分享经济五大新动能，加快新旧动能接续转换；河南要实施一批重大科技专项，加快通信技术、超级电容、工业 CT 和生物育种等创新引领型项目产业化，加快建设大数据及网络安全、轨道交通装备、新能源汽车及动力电池等一批产业集群；湖北要实施一批重大科技专项，攻克一批关键领域核心技术，建设长江中游大数据和云计算中心；安徽要以高端制造、智能制造、绿色制造、精品制造和服务型制造为主攻方向，培育具有国际竞争力的先进制造业集群。

（六）打造区域协同创新共同体

促进中部地区跨省跨区域整合创新资源。大力提升中部地区开放式创新水平，鼓励中部地区独立研发机构或一流科研院所开展产学研合作，支持中部地区与发达国家、国内外知名高等院校和科研院所开展科技合作。加强鼓励企业并购、合资、参股国际研发企业或设立海外研发中心和产业化基地，加快融入全球创新网络，通过与国际国内科技资源的互动和有效衔接，开展区域协同创新。鼓励创业载体、重点企业开展跨区域交流合作，实现错位发展、共同提升。

（七）加大力度建设创新载体

支持新设立国家自主创新示范区，优化国家高新区、国家技术创新中心等平台布局。努力创建国家级“双创”示范基地。加强专业化众创空间和科技企业孵化器建设。建设创新创业资源共享平台，打造更多的市场化、专业化众创空间。湖北要发挥东湖国家自主创新示范区龙头作用，促进高新区、开发区创新发展，支持黄石、荆州、潜江争创国家级高新区。推进创新创业资源共享，拓展专业化、市场化众创空间，高质量建设“双创”示范基地。

（八）打造中部地区国际化人才高地

推动各地出台实施更具吸引力的“招才引智”政策，全面落实以增加知识价值为导向的分配政策，更加重视解决人才的基础性、制度性问题。要继续深入实施人才驱动战略，充分发挥人才计划带动作用，加强高端创新人才引育，吸引一批海外高层次人才、科技型企业家到中部地区创新创业。开辟人才职称“绿色通道”，完善科技事业单位岗位统筹管理机制，建立有利于人才脱颖而出的职称评价制度。引导企业建立研发机构、申报高新技术企业，建立完善人才培养体系，拓展人才发展空间，创优人才发展环境。强化高技能人才培养，加快建设知识型、技能型、创新型劳动者大军，大幅提升劳动者综合素质。

河南要继续完善吸引、留住、激活人才的政策措施，创新柔性“招才引智”机制，深入实施“中原千人计划”“名校英才入豫计划”“海外引智计划”等重大人才工程。湖南健全人才评价、流动、激励机制，加大创新型企业家、青年科技人才和高技能人才培养力度，实施“芙蓉人才行动计划”，深入推进“百人计划”、长株潭高层次人才聚集工程，引进一批高端创新人才和团队。湖北实施海外优秀人才引进倍增计划，引进一批具有国际水平的科技人才和高水平创新团队；加强技能人才培养，培育更多“湖北工匠”；推进“我选湖北”计划，促进省内外大学生在鄂就业创业。安徽开辟人才引进“绿色通道”，启动国家科学中心引进海外人才百人计划，加强院士工作站、海外人才工作站建设，引进扶持50个高层次科技人才团队。

参考文献

《2018年山西省政府工作报告》，《山西日报》2018年2月5日。

《2018年河南省政府工作报告》，《河南日报》2018年2月2日。

《2018年湖北省政府工作报告》，《湖北日报》2018年2月5日。

《2018年湖南省政府工作报告》，《湖南日报》2018年2月11日。

《2018年江西省政府工作报告》，《江西日报》2018年2月9日。

《2018年安徽省政府工作报告》，《安徽日报》2018年1月29日。

《安徽省2017年国民经济和社会发展统计公报》，《安徽日报》2018年3月8日。

胡伟林：《关于湖南省2017年国民经济和社会发展计划执行情况与2018年计划草案的报告》，《湖南日报》2018年2月26日。

《2017年湖北省国民经济和社会发展统计公报》，《湖北日报》2018年3月6日。

张和平：《关于江西省2017年国民经济和社会发展计划执行情况与2018年国民经济和社会发展计划草案的报告》，《江西日报》2018年2月11日。

《2017年河南省国民经济和社会发展统计公报》，《河南日报》2018年2月28日。

《山西省2017年国民经济和社会发展统计公报》，《山西日报》2018年3月12日。

姜四清：《关于山西省2017年国民经济和社会发展计划执行情况与2018年国民经济和社会发展计划草案的报告（摘要）》，《山西日报》2018年3月5日。

徐海涛、廖君、刘扬涛、谢樱、陈毓珊、付昊苏：《中国腹地的“创新领跑”——我国中部地区创新驱动发展纪实》，《人民日报》2017年9月23日。

国家发展改革委：《促进中部地区崛起“十三五”规划》，2016年12月。

张紫赟、陈俊：《创新增活力，发展有后劲——中部新五“谷”丰登观察》，《人民日报》2017年9月23日。

周恩德、刘国新：《新驱动背景下湖北新型研发机构培育策略研究》，《湖北社会科学》2017年第7期。

徐春莲：《加快中部地区高新技术产业发展研究——以河南省安阳市为例》，《安阳工学院学报》2016 年第 5 期。

邹文卿、段美宇：《创新型省份目标下山西省科技研发现状与政策建议》，《山西科技》2016 年第 5 期。

陈建安、武雪朦：《湖北省新型产业技术研究院发展现状、问题与对策研究》，《科技进步与对策》2015 年第 22 期。

潘勇、徐雁：《安徽省新型研发机构发展现状分析与对策研究》，《中国科技信息》2015 年第 15 期。

马丽、李林、黄晃：《发达国家产业协同创新对中部区域产业创新的启示》，《科技进步与对策》2014 年第 23 期。

B.6

中部地区生态文明建设研究*

江西省社会科学院课题组**

摘　要： 本文总结了党的十八大以来中部地区生态文明建设取得的成就，梳理了中部地区省、市、县各层面生态文明建设的典型做法。同时指出，中部地区生态文明建设方面仍然面临产业结构调整优化任务艰巨、能源资源综合利用水平亟待提升、巩固提升生态环境优势的压力较大、环境保护投入相对不足等问题，并进一步分析产生这些问题的原因。最后提出了完善生态保护制度、打造绿色产业体系、加快实施重大绿色工程、加强生态文化建设等对策建议。

关键词： 中部地区　生态文明建设　生态保护制度

2016年，国务院印发《促进中部地区崛起规划（2016～2025年）》，明确将全国生态文明建设示范区作为中部地区重要战略定位之一。中部地区要充分发挥江西国家生态文明建设试验区，武汉城市圈、长株潭城市群“两型社会”综合配套改革试验区等试验平台的作用，积极探索生态文明建设体制改革，为推进全国生态文明建设和生态文明体制改革积累经验、树立典

---

* 本文系国家社会科学基金项目“绿色长江经济带生态环保一体化与政策协调机制研究”（16BJL072）的阶段性研究成果

** 课题组组长：孔凡斌，江西省社会科学院副院长，教授；副组长：李志萌，江西省社会科学院发展战略研究所所长，研究员；何雄伟，江西省社会科学院企业经济副主编、副研究员；尹传斌，博士，江西省社会科学院助理研究员。

范。总结中部地区生态文明建设成就，分析中部地区省、市、县各层面生态文明建设的典型做法，提炼生态文明建设的典型模式和先进经验，准确把握存在的问题和不足，对进一步推进中部地区生态文明建设乃至全国生态文明制度体系的完善具有重要意义。

一　中部地区生态文明建设取得了显著成就

党的十八大以来，中部地区各省牢固树立“绿水青山就是金山银山”绿色发展理念，努力转变经济发展方式，以改善生态环境为核心，以坚决打好大气污染防治攻坚战为主线，全面加强污染治理和生态保护，生态文明建设取得显著成就，有效改善了中部地区环境质量，切实增强了人民群众对美好生态环境的“获得感”。

（一）经济高质量发展的良好态势正在形成

实现经济社会与生态环境协调发展是生态文明建设的内在要求，转变经济发展方式、实现新旧动能转换、推动经济高质量发展是生态文明建设的重要内容。在我国经济发展进入新常态，经济下行压力大的背景下，在经济发展对资源、劳动力要素和投资驱动依赖较重的困境下，仍处于工业化中后期阶段的中部地区，经济实现了平稳较快发展，经济发展水平进一步提升，产业结构得到优化升级，经济高质量发展的势头强劲。

1. 中部地区经济发展速度快于全国

2016 年，中部地区国内生产总值达到 160645 亿元，占全国的比重由 2007 年的 19.6% 提高到 2016 年的 21.7%，提升了 2.1 个百分点，2007 ~ 2016 年中部地区国内生产总值年均增长率达到 14.1%，高于全国同期水平（13.1%）1 个百分点（见表 1）。

表 1　2007～2016 年全国及中部地区经济增长情况

单位：亿元，%

年份	国内生产总值		中部地区占比	增速	增速
	全国	中部地区		全国	中部地区
2007	270232.3	53072.4	19.6	23.1	21.8
2008	319515.5	64152.3	20.1	18.2	20.9
2009	349081.4	70577.6	20.2	9.3	10.0
2010	413030.3	86109.5	20.8	18.3	22.0
2011	489300.6	104473.9	21.4	18.5	21.3
2012	540367.4	116277.8	21.5	10.4	11.3
2013	595244.4	127909.6	21.5	10.2	10.0
2014	643974.0	138679.7	21.5	8.2	8.4
2015	685506.0	146950.5	21.4	6.4	6.0
2016	741140.4	160645.6	21.7	8.1	9.3

2. 中部地区各省的产业结构进一步优化

2016 年，山西省、安徽省、江西省、河南省、湖北省和湖南省第三产业增加值占比分别为 55.8%、41.0%、40.4%、41.9%、44.7%、46.3%，比 2007 年分别提高了 18.9 个、3.1 个、7.3 个、10.6 个、2.6 个、5.6 个百分点。

表 2　2007～2016 年中部六省第三产业增加值比重

单位：%

年份	山西省	安徽省	江西省	河南省	湖北省	湖南省
2007	36.9	37.9	33.1	31.3	42.1	40.7
2008	37.2	36.5	33.8	29.7	40.5	40.1
2009	39.4	36.4	34.4	31.0	40	41.4
2010	37.3	33.9	33	30.6	37.9	39.7
2011	35.7	32.5	33.5	32.1	36.9	38.3
2012	39.4	32.7	34.6	33.8	36.9	39.0
2013	41.9	34.2	35.5	35.7	38.1	40.9
2014	44.5	35.4	36.8	37.1	41.5	42.2
2015	53.2	39.1	39.1	40.2	43.1	44.1
2016	55.8	41.0	40.4	41.9	44.7	46.3

3. 高新技术产业对经济增长贡献不断增强

2016 年山西省战略性新兴产业增加值占规模以上工业增加值比重由 2007 年的 9% 提高到 16%。安徽省规模以上高新技术产业实现增加值 4094.9 亿元，同比增长 11.3%，占规模以上工业增加值的比重达到 31.34%。江西省高新技术产业实现增加值 2346.52 亿元，同比增长 10.8%，占规模以上工业增加值的比重达到 12.8%。河南高新技术产业增加值同比增长 15.5%，占规模以上工业增加值的 8.7%。湖北省高新技术产业实现增加值 5574.54 亿元，同比增长 13.9%，占规模以上工业增加值的比重达到 17.1%。湖南省高新技术产业实现增加值 6859.2 亿元，同比增长 16%，占规模以上工业增加值的比重达到 22%。

（二）节能减排成效显著

1. 节能降耗成效明显，资源利用效率不断提升

在能源消耗方面，山西、安徽、江西、河南、湖北、湖南的单位 GDP 能耗值分别从 2007 年的 2.760、1.130、0.982、1.298、1.400、1.360，下降到 2016 年的 0.970、0.531、0.480、0.570、0.680、0.640，分别下降了 64.86%、53.01%、51.12%、56.09%、51.43%、52.94%，年均下降幅度分别达到了 12.32%、8.75%、8.28%、9.57%、8.35%、8.74%。在水资源消耗方面，山西、安徽、江西、河南、湖北、湖南的万元工业增加值水耗值分别从 2007 年的 45.96、298.26、242.92、68.32、269.29、242.94，下降到 2016 年的 31.42、96.79、88.16、32.61、80.90、81.33，分别下降了 31.64%、67.55%、63.71%、52.27%、69.96%、66.52%，年均下降率分别达到了 3.52%、7.51%、7.10%、5.81%、7.77%、7.39%。

2. 主要污染物减排效果显著

中部地区六省废气、废水和固体废弃物排放得到有效控制，2007～2016 年废气、废水排放强度不断下降，工业固体废弃物综合利用率达到较高水平。2016 年，中部地区二氧化硫排放强度为 18.18 吨/亿元，比 2007 年（114.48 吨/亿元）下降了 84.12%，山西、安徽、江西、河南、湖北、湖

南的下降幅度分别达到了76.76%、85.15%、86.02%、90.19%、88.47%、88.53%。2016年中部地区废水排放强度值为10.05，比2007年（23.02）下降了56.34%。山西、安徽、江西、河南、湖北、湖南的废水排放强度值分别为10.67、9.86、11.95、9.93、8.41、9.47，比2007年分别下降了37.49%、58.60%、50.93%、49.70%、68.16%、64.54%。在废水排放中，中部地区化学需氧量（COD）的排放强度值由2007年的6.83下降到2016年的1.9，下降幅度达到72.12%。2016年山西、安徽、江西、河南、湖北、湖南各省的COD排放强度值分别为1.74、2.03、3.00、1.15、1.59、1.91，比2007年分别下降了71.50%、66.81%、62.92%、75.18%、75.28%、80.06%。

3. 中部地区在固体废弃物综合利用方面提升幅度相对较小

固体废弃物综合利用率除了湖北省出现大幅下降、山西省略微下降外，中部地区其他省份都有提升。安徽、河南、湖南的固体废弃物综合利用率较高，分别从2007年的82.22%、67.8%、74.3%提高到2016年的85.6%、73.6%、75.1%。江西的固体废弃物综合利用率较低，从2007年的36.4%提高到2016年的38.8%，实现小幅提升。山西省的固体废弃物综合利用率变化较小，2007年和2016年分别为48.9%、48.4%。湖北省的固体废弃物综合利用率出现较大幅度下降，从2007年的74.92%下降到2016年的57.5%。

（三）生态环境质量稳中有升

1. 空气质量稳中趋好

中部地区各省积极实施《大气污染防治行动计划》，开展空气质量改善专项行动，推进区域间大气污染联防联控，大气污染防治效果较为明显，大气环境质量稳中趋好。2016年山西、安徽、江西、河南、湖北、湖南空气质量优良天数比例均值分别为67.9%、74.3%、86.1%、53.6%、73.4%、81.3%，除了河南省空气质量相对较差外，其他省份空气质量都较优。

2. 森林覆盖率和建成区绿化覆盖率稳步提高

中部地区森林覆盖率较高，除山西省外，其他省份森林覆盖率都高于全国平均水平，尤其是江西省和湖南省。2016 年，山西、安徽、江西、河南、湖北、湖南的森林覆盖率分别为 20.5%、28.35%、63.1%、23.6%、38.4%、59.64%，比 2007 年分别提高了 7.20 个、2.29 个、7.24 个、7.40 个、11.63 个、19.01 个百分点。中部地区森林面积达到 3749.45 万公顷，比 2007 年（3100.21 万公顷）增加了 649.24 万公顷。中部地区建成区绿化覆盖率处于较高水平且提升明显，山西、安徽、江西、河南、湖南建成区绿化覆盖率分别从 2007 年的 32.6%、36.1%、39.1%、34.3%、35.6% 提高到 2016 年的 40%、41.7%、43.6%、39.3%、40.6%；只有湖北省建成区绿化覆盖率没有提高，2007 年和 2016 年都维持在 37.6%。

3. 自然保护区建设进一步加强

2016 年，中部地区自然保护区总数达到了 593 个，自然保护区总面积达 598.9 万公顷。其中，山西拥有自然保护区 46 个，自然保护区面积达 110.3 万公顷，占全省国土面积的 7.4%；安徽拥有自然保护区 106 个，自然保护区面积达 51.3 万公顷，占全省国土面积的 3.7%；江西拥有自然保护区 200 个，自然保护区面积达 122.6 万公顷，占全省国土面积的 7.3%；河南拥有自然保护区 33 个，自然保护区面积达 77.3 万公顷，占全省国土面积的 4.7%；湖北拥有自然保护区 80 个，自然保护区面积达 105.9 万公顷，占全省国土面积的 5.7%；湖南拥有自然保护区 128 个，自然保护区面积达 131.5 万公顷，占全省国土面积的 6.2%。

4. 水质量得到持续改善

2016 年末，山西省主要河湖达到Ⅲ类以上水质标准的断面占 48.0%，全省城市集中式饮用水水源地总体水质达标率为 89.3%。安徽地表水达到Ⅲ类以上水质标准的断面占 69.6%，全省城市集中式饮用水水源地水质达标率为 97%。江西地表水达到Ⅲ类以上水质标准的断面占 81.4%，主要河流监测断面水质达标率为 88.6%，全省城市集中式饮用水水源地水质达标率为 100%。河南地表水达到Ⅲ类以上水质标准的断面占 51.1%，城市集中式饮用水水源地水质达标率为100%。湖北省地表水达到Ⅲ类以上水质标准的断面占88.6%，全省城市集中式饮用水水源地水质达标率为99.8%。湖南省地表水达到Ⅲ类以上水质标准的断面占89.7%，城市集中式饮用水水源地水质达标率为96.6%。

（四）生态环境治理有力有效

1. 对环境污染治理投资不断扩大，环境污染治理力度不断加强

中部地区环境污染治理投资总额由2007年的468.2亿元增加到2015年的2013亿元，占GDP的比重从0.88%提升到1.37%。2015年，山西、安徽、江西、河南、湖北、湖南各省环境污染治理投资额分别达到了257.60亿元、439.70亿元、235.50亿元、295.80亿元、246.80亿元、537.60亿元，占GDP的比重分别为2.02%、2.00%、1.41%、0.80%、0.84%、1.86%，分别比2007年增加了165.57%、433.62%、417.58%、158.57%、283.83%、732.20%。

2. 城市污水处理率和城市生活垃圾无害化处理率显著提高

2016年，中部地区所有省份城市污水处理率达到了88%以上，与2007年相比，山西、安徽、江西、河南、湖北、湖南各省的城市污水处理率分别提高了26.09个、18.49个、50.37个、20.18个、24.97个、46.29个百分点。2016年，山西、安徽、江西、河南、湖北、湖南各省的城市生活垃圾无害化处理率分别达到了94.6%、99.99%、95%、98.8%、95.8%、99.9%，比2007年分别提高了56.4个、50.89个、24.49个、43.9个、53.9个、47.1个百分点。

二　中部地区省、市、县域生态文明建设的典型做法

自党的十八大做出“大力推进生态文明建设”的战略决策以来，中部地区各省积极推进生态文明建设，努力探索生态文明建设的有效模式，在省、市、县不同层面形成了大量宝贵的做法和经验。

（一）省级层面

中部地区各省因地制宜，在探索生态文明建设道路上形成了一些有各自特色的模式、做法和经验。

江西省作为国家生态文明试验区，围绕以绿色发展打造美丽中国“江西样板”目标，牢记探索生态文明重大制度形成可复制、可推广的典型模式的使命，坚持把制度建设作为推进生态文明建设的核心，建立了“源头严防、过程严管、后果严惩”的生态文明建设制度框架。在生态环境治理体制机制建设方面，江西在全国率先建立省内全流域生态补偿机制，建立了跨省域生态补偿机制，建立了五级河长负责制，探索出鄱阳湖流域山水林田湖草综合治理等经验。

湖北省在生态文明建设中，积极推进国家级和省级水生态文明城市建设试点任务，创新水生态文明建设模式，探索建立水权制度；推进碳排放交易试点，碳金融创新走在全国前列；制定了《湖北长江大保护九大行动方案》推进长江大保护。

湖南省在推进生态文明建设方面也有其特点，一是突出了规划对生态文明建设的引领作用。湖南建立了全面的绿色规划体系，在长江经济带建设、洞庭湖生态经济区建设等重大规划编制中，始终贯穿绿色发展主线，并编制了生态和环境保护、节能、新能源发展、应对气候变化等专项规划。二是重视国家政策对生态文明建设的带动作用，湖南先后争取到生态文明先行示范区、国家公园、农村环境综合整治等50多项“国字号”改革试点。三是把湘江保护和治理列为“一号重点工程”，突出对湘江源头和湘江流域的重点保护。

安徽省是国家生态文明先行示范区，致力于打造生态文明建设安徽样板，大力推进国家级绿色循环低碳交通运输城市、国家湿地生态效益补偿试点、水生态文明城市建设试点等国家级试点示范项目，积极参加长三角区域污染联防，建立大别山区域跨市界水环境生态补偿机制。

河南省坚持以生态省建设作为推进生态文明建设的有效载体和总抓手，

制定了《河南生态省建设规划纲要》，突出将生态省建设与中部地区崛起、中原经济区建设、中原崛起和河南振兴等战略融合。同时，河南注重发挥林业主体作用推进生态文明建设，全面开展林业推进生态文明建设示范县创建工作。河南生态功能区面积占全省面积较大，突出加强对重点生态功能区的保护和管理也是河南省生态文明建设的特点。

山西省富煤缺水是其资源禀赋特征，因而山西省在生态文明建设中，突出矿山环境的恢复治理工作，积极推进国土综合整治；重点强化水资源节约集约利用，建设节水型社会，开展太原、晋城、侯马、阳泉全国节水型社会建设试点工作。同时，也突出强化黄土高原地区沟壑区保塬工作和汾河等流域生态修复和系统整治。

（二）市级层面

中部地区生态文明建设有特色的典型市较多，其中尤以安徽宣城、湖北咸宁、湖南永州、江西赣州的做法较为典型。宣城市在生态环境保护体制机制和生态文明建设工作推进机制方面开创了很多具有特色的做法。

宣城率先成立了生态文明与环境保护委员会，建立市政府委派环保督察员制度和大气污染防治联席会议制度。创新开展“林长制”，探索性开展自然资源资产离任审计试点工作，建立了重点河流、湖库的环保联防联控机制；创新干部培训，制定实施《2014～2017年宣城市干部教育培训规划》，将生态文明、环境保护等相关内容列入干部培训规划。

咸宁市围绕国际生态城市和中国中部“绿心”建设目标，以创建国家生态文明建设示范市为抓手，大力推进长江大保护行动，开展湖泊湿地生态修复行动，进行长江和重点湖泊岸线整治，加强沿江沿湖排污口整治与监管，开展江河湖库水质提升行动、重金属及磷污染治理行动、水上污染综合治理行动等。大力实施“水生态文明城市创建”工作，积极推进咸宁市水生态文明城市建设国家试点及咸安区、通城县水生态文明城市建设省级试点工作。

永州市围绕湖南省湘江源头区域国家生态文明先行示范区建设，积极开

展湘江源头保护，强化区域内山体、水体、湿地等重要生态资源和生态空间的保护，维系源头区域乃至整个湘江流域生态安全。创新生态文明建设投资融资模式，永州市每年从土地出让收入中提取8%，从其他行政事业收费中提取2%，设立生态文明建设专项资金。按照“政府主导、市场运作、社会参与”的建设模式，探索实行PPP、BOT等新型投资模式，拓宽融资渠道。永州市还建立了严格的“一审计、二通报、三签状、四追责”的监督考核制度。

2017年2月，赣州市被纳入国家山水林田湖生态保护修复试点，赣州市以生态问题和生态功能为导向，遵循“山水林田湖是生命共同体”理念，按流域、分片区，突出东北、东南、西北、西南4个片区各自特点，重点实施生态系统与生物多样性保护、流域水环境保护与整治、矿山环境修复、水土流失治理、土地整治与土壤改良五大工程，以达到实现生态环境“从山岭到河湖”的整体保护、系统修复和综合治理。

（三）县级层面

县域生态文明的创新实践，能更加清晰、细致地看到中部地区贯彻生态文明建设战略的精彩、生动实践。

“中国最美乡村”婺源县，走出了一条独具特色的发展乡村旅游与新农村建设相结合的生态文明建设之路。婺源的发展道路可以概括为两步走：一是大力实施生态家园创建工程，保护绿水青山，通过一系列特色工程将婺源打造成为名副其实的中国“最美乡村”。二是大力发展乡村旅游，以乡村旅游为核心的生态旅游业，形成了全域旅游的发展模式，实现了绿水青山变金山银山。

如今的“塞上绿洲”右玉县，曾经是一片“不毛之地”，其成功蜕变是生态文明建设的一个生动样本。在新时期生态文明建设的“二次创业”中，右玉县继续发挥“右玉精神”推进国土绿化工程，构筑护卫京津的绿色生态屏障，推进宜居县城建设，培育特色小镇，实施“村庄革命”打造一批特色村落。右玉县坚持以生态为特色、文化为内涵、旅游为载体，全面推进生态建设和文化旅游的深度融合，形成了特色鲜明、内涵丰富的生态文化旅游产业体系。发挥资源优势，大力发展清洁能源产业，建立起颇具规模的清洁能源产业链。

被誉为“洛阳后花园”的栾川县，在20世纪八九十年代，由于矿业资源无序开采，出现生态环境危机，如今成为全国首批、河南省唯一的国家生态文明建设示范县。栾川作为资源型城市，其生态文明建设为资源型城市生态环境治理方面树立了典型、积累了宝贵经验。一是栾川县通过规范矿业权管理和资源整合，使得矿企走上依法、科学、合理开采的轨道，从根本上遏制了对矿山地质环境的破坏行为。二是坚持“谁破坏、谁治理”原则，对已破坏的地质环境问题严格落实“谁破坏、谁治理”原则。三是实行严格的矿山恢复治理保证金制度，对不缴存矿山恢复治理保证金的企业不予年审，一票否决。四是对没有推行生态环境治理方案的企业，其采矿证延续、变更、转让等工作不予受理。五是抓龙头、重点企业，采取以点带面的方法进行矿山环境恢复与治理。

三　中部地区生态文明建设存在的主要问题及对策

近年来，中部地区的生态文明建设虽然成绩斐然，但是任务依然艰巨，对照党的十九大报告提出生态文明建设的更高要求，一系列难题仍然亟待破解。分析存在的问题和原因，提出应对之策，对促进中部地区生态文明建设，把中部地区打造成为全国生态文明建设示范区，实现中部地区与全国同步小康的宏伟目标有着重大的现实指导意义。

（一）存在的问题

1. 产业结构调整优化任务艰巨

（1）由于中部地区正处于工业化、城市化的快速发展阶段，三次产业结构中第二产业的占比不断加大，第三产业发展相对比较落后。2015年，江西第二产业占比达到50.8%，第二产业比重高出全国平均水平10.3个百

分点；第三产业占比仅为38.6%，比全国平均水平低11.9个百分点。

（2）在第二产业中，工业特别是能耗强度大的重化工业比重特别大。2016年，江西省重工业增加值为4839.4亿元，全省规模以上工业增加值中重工业占到62.01%。从增加值增速来看，重工业增长10.0%，高于整体工业1个百分点。高耗能产业在工业中占主导地位。江西省钢铁、水泥、电力、有色金属冶炼、化工等六大高耗能行业实现增加值2812.5亿元，占全省规模以上工业增加值的36.8%，高于全国平均水平8.4个百分点。湖南六大高耗能行业增加值增长5.1%，占规模以上工业的比重为30.6%，同比提高0.3个百分点。安徽重工业增加值为6413.57亿元，占全省规模以上工业增加值的65.95%。

（3）中部地区的这些高能耗工业部门又大多是国民经济的支柱产业，在就业压力和税收压力较重的情况下，要在短期内实现产业结构的有序进退，淘汰落后产能，加快产业结构调整，仍存在难度。大量中小企业，在更新改造、节能减排的资金实力方面还很弱，缺乏节能减排的主动性和积极性。因此，中部地区在加快发展和调整产业结构方面也存在着矛盾。

2. 能源资源综合利用水平亟待提升

当前，中部地区正处于工业化和城市化快速发展时期，对能源的需求也在不断增加。

（1）从中部地区近几年的能源消费情况看，能源消费量呈现持续增长的态势。2010年，江西能源消耗总量为6280.6万吨标准煤，2016年则达到8747.2万吨标准煤，6年间增长近40%。2010年，安徽能源消耗总量为9414.00万吨标准煤，2016年则达到12694.96万吨标准煤，6年间增长近35%。2010年，河南能源消耗总量为18594万吨标准煤，2016年则达到23117万吨标准煤，6年间增长24.3%。

（2）从能源消费结构看，化石燃料的比重偏高，以煤为主的能源消费格局短时间难以改变。2016年，江西省煤炭消费约占能源消费总量的65.8%，天然气消费占比只有3%，风电水电消费占比仅为8.1%。河南省煤炭消费占能源消费总量75.1%，而天然气消费占比只有5.2%，风电水电消费占比仅为6.2%。

（3）中部地区各省与全国和周边省份相比较，中部地区经济发展呈现粗放式的增长特点，对能源和资源依赖程度较高。例如，单位GDP能耗虽然中部地区大部分省份低于全国水平，但山西省是全国的2倍多，而且与浙江、江苏等东部发达省份相比，中部各省能耗强度还是偏高；在单位GDP水耗方面，江西达到132.66立方米/万元，是浙江的3.46倍（见表3）。

表3　2016年中部地区资源消耗与全国及部分周边省份比较

指标	山西	安徽	江西	河南	湖北	湖南	江苏	浙江	全国
万元生产总值能耗（吨标准煤/万元）	1.49	0.52	0.47	0.57	0.52	0.50	0.40	0.26	0.58
万元生产总值水耗（立方米/万元）	57.83	119.10	132.66	56.24	86.33	104.72	74.61	38.33	80.93

数据来源：各省2017年统计年鉴。

3. 巩固提升生态环境优势压力较大

（1）中部省份许多地区山清水秀，多项生态环境指标均处于全国前列。但是其生态优势，是建立在工业化程度比较低的基础上的，是一种原始性的生态优势，非常脆弱。随着工业化进程的加速，工业化与可持续发展之间的矛盾不断尖锐起来，生态环境恶化态势日趋明显，这种现象已在一些地方开始显现。一些地区已经面临较为严重的农业面源污染、重金属污染、植被破坏和次生地质灾害等生态环境问题，一些地区和领域生态功能退化严重，有的地方还可能面临不可逆转的环境风险，加大环境治理和生态保护的任务十分紧迫。中部地区废水排放总量2016年比2011年增加近31亿吨，一般工业固体废物产生量2016年比2011年增加5323万吨，说明中部地区污染物排放量均处于高位运行状态。

（2）中部地区生态环境监测体系有待完善。环境监测水平有待进一步提高，信息获取的系统性、准确性、时效性和信息综合分析研究能力必须进一步加强。一方面机构建设、队伍建设滞后，对生态环境保护的执行力和监管能力仍然较弱；另一方面部分乡村群众收入水平低，对生态保护的积极性主动性不高，有的地方甚至出于生计所迫，出现边治理边破坏的现象。

4. 环境保护投入相对不足局面亟待改善

和全国其他省份相比，生态是江西最大的优势，绿色是江西最亮的品牌。然而，江西经济基础薄弱，既面临加快发展、做大总量、改善民生的重要任务，又肩负着保护好青山绿水、巩固好生态优势的重要使命。经济社会发展与生态环境保护的矛盾依然突出。特别是未来随着建设美丽中国的要求提出，对区域内投资项目在生态环境方面的要求会更高，许多经济效益好但对生态环境有负面影响的项目被拒之门外，而区内的原有资源型产业又被压缩规模甚至退出，这些都将影响经济增长速度。江西经济基础薄弱，难以拿出大量的资金为生态建设提供财力支持。2016 年，江西工业污染治理完成投资仅 10.45 亿元，湖南仅 12.70 亿元，而同一时期江苏投入 74.78 亿元、浙江投入 60.18 亿元。从节能环保支出占财政支出比重来看，江西占比仅为 2.55%，安徽占比为 2.42%，河南占比为 2.63%，湖北和湖南占比分别为 2.27% 和 2.70%，而全国的这一比重达到 2.77%，可以看出，中部地区大部分省份节能环保投入比例偏低。

（二）制约中部地区生态文明建设的主要原因分析

当前，中部地区在推进生态文明建设过程中，在考核制度、观念理念、生态制度建设等方面存在一些制约因素。

1. 政绩考核制约

当前，中部地区各地政府对生态文明重视程度越来越高，但受制于长期以来受 GDP 至上观念影响，对经济增长具有本能的追求冲动，因此在促进经济发展过程中往往不太重视生态环保问题。在当前的政绩考核中，生态文明所占的权重还非常少，更多还是经济指标考核，这也让很多地方政府忽略生态保护工作。中部地区要实现创建全国生态文明建设示范区的目标，就必须改变以往以 GDP 为上的片面和不符合当前发展趋势的政绩观，要继续加大生态指标在政绩考核中的权重。改革开放 40 年，中部地区经济实力已今非昔比，如果还按照原来的发展模式，经济发展将是不可持续的。因此，政府必须将政绩考核转到生态与经济融合发展的思路上来。

2. 经济发展水平与环境保护矛盾

和东部发达省份相比，生态良好应该是中部地区较大的优势。然而，中部地区大多数省份既面临加快发展、做大总量、改善民生的重要任务，又肩负着保护好青山绿水、巩固好生态优势的重要使命。经济社会发展与生态环境保护的矛盾依然突出。从中部六省整体来看，经济发展不足依然是中部地区面临的主要问题，把中部地区放在全国格局和周边发达省份相比较，中部地区经济发展水平仍然有很大的差距。2016 年，中部地区居民人均可支配收入 20006 元，而全国的平均水平为 23821 元，无论城镇人均收入还是农民人均收入中部地区都低于全国平均水平。

3. 生态制度建设还有待完善

为加强生态环境建设，中部地区先后制定了一系列与加强生态建设相关的制度，但政策制度大多过度依赖政府的政策指导和行政指令的约束，市场化制度建设明显不足。制度创新任务繁重与创新意识不强的现实矛盾客观存在，依靠改革创新推动生态文明建设和统筹生态综合系统治理的协同意识和主动性还不够，多部门全社会协同联动机制还不健全；生态环境治理的创新技术与政策研究能力不足同改革创新引领支撑之间的现实矛盾客观存在，生态系统综合管理的智库建设水平和相关政策研究能力还难以满足现实需要。完善的生态责任追究和奖惩机制尚未建立。公民、法人和社会组织等参与环境治理的积极性未能有效发挥，多方主体共同参与生态文明建设的体制机制尚待建立健全。

四　进一步推进中部地区生态文明建设的对策建议

在中国特色社会主义新时代，打造好全国生态文明建设示范区，必须始终坚持加快发展与保护生态环境相结合，着力把生态优势转化为发展优势，着力发挥政府的作用，通过制定相关法律法规，强化执行力度来健全生态环境保护管理制度，努力探索出欠发达地区实现经济发展与环境保护良性循环的新路。

1. 进一步完善生态保护制度

完善生态立法是生态治理最主要、最有效的手段。要通过顶层设计，从法律法规、标准体系、体制机制等进行总体部署，使中部地区生态文明建设进入法律化、制度化的轨道。推动共建共享，在环境多元共治体系上进行创新。加快生态环境保护管理制度创新，使政府、企业、社会组织和公众各方明确各自的定位，承担起相应职责，形成多元共治、高效有序的环境治理体系。完善生态监管，在自然资源资产管理和自然生态监管方面进行创新。按照统筹“山水林田湖草”综合治理要求，整合生态治理和环境保护相关的部门职能，中部各省要建立综合性的自然资源资产管理和自然生态监管部门，统筹协调自然资源资产管理和监护工作，统一管理全民所有自然资源资产和统一监管国土空间用途。大力推进合作，在区域合作和国际合作制度上进行创新。生态环境保护，必须要强化区域合作、国际合作，以建立有效区域合作机制。强化目标考核，完善生态文明建设考核评价体系和评价方式，逐步加强生态文明建设考核在整个政绩考核体系中的权重，树立和强化绿色发展的鲜明导向。建立严格的生态环境保护责任台账制度，对生态环境损害责任追究实行“党政同责、一岗双责，权责一致、终身追责”。

2. 坚定不移地发展绿色经济，打造绿色产业体系

生态经济、生态产业是中部地区打造全国生态文明建设示范区的最佳切入点。促进产业结构进一步优化，加快构建以先进制造业和高新技术产业、现代服务业为主导的现代生态产业体系，加快打造中部地区乃至全国具有较大影响力的先进制造业重要生产基地、资源型产业精深加工基地、高新技术产业和战略性新兴产业重要成长基地、工业可持续发展和新型工业化示范区、信息化与工业化深度融合示范区。在农业方面，主要是发展全国现代农业示范区。在区内全面推行农业清洁生产，发展循环农业。建立产业布局合理、基础设施配套、农业装备良好、产业化水平高的优质粮油等农业基地，发展规模养殖、生态养殖等，推广农产品绿色、无公害生产，提升农业产业附加值，使中部地区成为高产、优质、高效的现代农业示范区。在现代服务业方面，按照绿色环保的要求，主要围绕节能环保、资源循环利用、绿色生

产、绿色消费，大力推广和发展节能环保项目设计、专业化节能咨询、节能技术支持等专业服务。

3. 进一步加快实施重大绿色工程

优化区域空间结构，稳定扩大生态空间，集约整合生活空间，优化拓展生产空间。加强生态廊道建设，以保护生态系统、维护生态安全为主要目标，大力实施“森林城乡、绿色通道”工程、防护林带建设工程和重点流域水土保持工程，构建生态屏障。江西省着重加强对鄱阳湖、“五河”流域等重点水系保护力度，加快开展鄱阳湖流域湿地生态修复等重点生态工程。安徽要大力建设长江防护林工程，构建皖江城市带和合肥经济圈绿色生态屏障，构建皖西大别山区水资源保护绿色生态屏障和皖南山区绿色生态屏障。山西继续推进退耕还林、天然林保护建设、三北防护林建设、防沙治沙及低质低效公益林和灌木林改造等生态工程建设。河南省着重建设南水北调中线生态保护带，以及黄河、淮海流域生态保护工程，强化对这些生态领域的保护力度。湖北省要重点落实长江大保护要求，构建沿江生态廊道。湖南统筹推进“山水林田湖草”生态环境保护与修复工程，加强对洞庭湖流域的保护力度，构建以湘、资、沅、澧水系为脉络的“一湖三山四水”生态安全屏障。

4. 进一步加强生态文化建设

坚持人与自然和谐共生，形成人与自然和谐共处的美好社会，形成生态建设人人参与、人人贡献的新局面。一是传承弘扬生态文化。树立正确的绿色生态道德观念，努力传承发展中部各省份绿色文化，充分继承和弘扬区域优秀传统生态文化，推进生态文化创新。充分利用各类图书、音像以及媒体、活动中心、生态规划馆和其他文化科技场馆等使普通民众了解区域内生态文化。二是加强对民众开展绿色生态理念、知识、环保法律法规等方面的教育，积极组织保护生态、爱护环境、节约资源的宣传教育和知识普及活动。积极开展“绿色回收”进机关、进商场、进园区、进社区、进学校“五进”活动，鼓励使用节能节水节材产品和可再生产品，促进资源循环利用。三是开展生态文明创建活动。支持创建国家级文明城市、园林城市、森林城市、卫生城市。实施绿色出行“135”计划，倡导公众1公里步行、3公里骑自行车、5公里乘坐公交车，制定中部地区促进绿色消费行动方案。

参考文献

江西省生态文明建设领导小组办公室：《江西深入推进国家生态文明试验区建设纪实》，江西省发改委网站，http://www.jxdpc.gov.cn/yaowen/201707/t20170719_206433.htm，2017年7月27日。

顾维林：《宣城市生态文明建设：绿色变革，久久为功》，中安在线，http://ah.anhuinews.com/system/2017/08/22/007694554.shtml，2017年8月22日。

杨峰：《实施绿色发展战略　加快推进生态文明建设》，《江西政报》2008年第2期。

崔世俊、李小军、李红伟：《“中国钼都”的新“桃花源记”——看河南栾川县如何发力生态文明建设》，《中国矿业报》2018年2月2日。

李志萌：《低碳经济与区域发展——以鄱阳湖生态经济区为例》，中国社会科学出版社，2016。

梁勇：《走出坚持人与自然和谐共生的发展新路》，《江西日报》2018年1月1日。

B.7

中部地区基本公共服务建设研究

李芷菡　李梦琴*

摘　要： 随着中部地区综合实力逐年加强，其基本公共服务财政保障能力持续提升，基本公共服务共建共享水平稳步提高。2017年，基础教育、医疗卫生、社保与就业和生态环境领域的发展尤为迅速，其各项预算支出比2016年分别增长8.5%、11.3%、15.6%和19.02%。然而中部地区基本公共服务建设仍存在着整体水平较低，各省之间供给不平衡不充分，供需匹配度低等问题。在新时代，首先要提升公共财政对基本社会保障的供给水平，重视引入市场主体，培育公共服务供给多元化竞争机制，促进公共服务供给端充分、均衡发展；其次，完善公众对公共品的需求表达机制，提升公共服务供需匹配度；最后，强化中部地区公共品联动供给，打造中部地区基本公共服务共建共享新格局。

关键词： 中部地区　基本公共服务　财政保障

党的十九大报告指出，我国社会主要矛盾已经转化为人民日益增长的美好生活需要和不平衡不充分的发展之间的矛盾。因此，“在发展中补齐民生

---

* 李芷菡，武汉大学中国中部发展研究院硕士生，主要研究方向为公共资源配置与区域协调发展；李梦琴，武汉大学中国中部发展研究院硕士生，主要研究方向为公共资源配置与区域协调发展。

短板、促进社会公平正义，在幼有所育、学有所教、劳有所得、病有所医、老有所养、住有所居、弱有所扶上不断取得新进展”[①]，是新时期保障和改善民生的重要内容，是解决我国公共服务体系发展不平衡不充分的重要途径。在中国特色社会主义新时代，必须坚持在发展中保障和改善民生，完善公共服务体系，加快推进基本公共服务均等化，提高保障和改善民生水平，保证全体人民在共建共享发展中有更多的获得感。

中部地区承东启西、连南接北，交通网络发达、生产要素密集、人力和科教资源丰富、基础条件优越、发展潜力巨大，在全国区域发展格局中具有重要战略地位。[②] 提高我国近 1/3 人口的基本公共服务水平，对于落实党的十九大提出的“增进民生福祉是发展的根本目的”具有重要意义。

一　中部地区基本公共服务建设成效

（一）中部地区基本公共服务建设呈现新局面

2017 年，中部地区基本公共服务供给能力较 2016 年总体呈现稳定增长的趋势。从一般公共预算支出方面来看，2017 年中部地区一般公共预算支出为 37049. 43 亿元，占全国一般公共预算支出的 18. 2%，较 2016 年提高了 0. 2 个百分点。中部六省一般公共预算支出较 2016 年均有提高，其中河南省、湖南省、湖北省的一般公共预算支出居前三位，分别是 8224. 66 亿元、6857. 70 亿元、6832. 00 亿元，分别占中部地区一般公共预算支出的 22. 2%、18. 5% 和 18. 4%。[③]

2017 年中部地区教育支出为 6252. 24 亿元，占全国教育支出的 20. 7%，

① 习近平：《决胜全面建成小康社会夺取新时代中国特色社会主义伟大胜利——在中国共产党第十九次全国代表大会上的报告》，人民出版社，2017。

② 《〈促进中部地区崛起规划（2016～2025 年）〉政策解读》，中华人民共和国国务院新闻办公室网站，http：//www. scio. gov. cn/34473/34515/Document/1535229/1535229. htm，2016 年 12 月 9 日。

③ 数据来自 2018 年中部六省的政府工作报告。

同比增加0.2个百分点。教育支出绝对值较高的三个省份分别是河南、湖北、湖南，而人均公共预算教育支出最高的是江西、湖北、山西。目前，教育无一例外成为各省在基本公共服务领域最看重的方面。

在社会保障和就业支出中，2017年中部地区为5554.53亿元，占全国该项支出的22.4%，较上年增加0.1个百分点，是所有领域中投入增长速度最快的一类。社会保障和就业支出绝对值较高的三个省份分别是河南、湖北、湖南，而人均社保与就业支出最高的是湖北、山西、湖南。社保与就业是各省继教育之后第二个看重的领域，长沙、合肥、南昌、武汉四市于2017年签署了《长江中游四省会城市人才发展合作框架协议》，提出将逐步消除限制人才流动的体制性障碍，最大限度地实现毕业生在四省会城市间自主择业、就业，加快建成区域人才一体化发展新体系。①

在医疗卫生与计划生育支出方面，2017年中部地区该项支出为3476.89亿元，占全国该项支出的23.81%，较上年增加0.05百分点，医疗卫生与计划生育支出绝对值较高的三个省份分别是河南省、湖北省、安徽省，人均医疗公共预算支出较高的三省是湖北、江西、安徽。早在2015年12月，武汉、长沙、合肥、南昌四市基本实现医疗保险异地就医即时结算，惠及3000多万人。近年来，在远程医疗合作和跨区域院前急救合作上也有所突破，2017年武汉市第一医院牵头组建了首个跨区域专科医疗联盟——长江中游皮肤科联盟，为推动中部地区医疗卫生资源共建共享提供了优秀典范。

2017年，中部地区文化体育与传媒支出为569.42亿元，占全国该项支出的16.9%。中部地区文化体育与传媒支出绝对值较高的三个省份分别是湖南、河南、湖北，分别是148.70亿元、101.20亿元、92.30亿元。从近几年的数据可以看出，湖南省在文化传媒方面的公共财政投入一直是中部地区的排头兵，且远远高出六省平均值，几乎分别是江西、山西、安徽三省的两倍，在文化创新与创意营造方面湖南是中部地区乃至全国的佼佼者。

在节能环保支出中，2017年中部地区节能环保支出为1029.23亿元，

① 杨刚强：《长江中游城市群蓝皮书》，社会科学文献出版社，2017，第223～225页。

占全国该项支出的18.1%，其中节能环保支出绝对值较高的三个省份是河南省、安徽省、湖南省。

（二）中部地区教育事业稳步提升

教育公平是社会公平的重要基础，是最基本且最重要的公平，是实现社会公平“最伟大的工具”[①]。2010～2017年，中部地区的教育财政支出稳步增长，2017年达到6252.24亿元（见表1），位于全国中上等水平。各省的教育基本公共服务保障水平虽受到省内人口、经济发展状况等因素制约，但总体呈现出增长趋势。

表1　2016年、2017年中部六省教育支出概况

单位：亿元

年份	湖北	河南	湖南	江西	山西	安徽
2016	1047.40	1343.80	1011.50	845.20	606.97	908.20
2017	1140.00	1421.10	1110.30	941.50	621.44	1017.90

注：其中河南省2017年为预算数据。

资料来源：2018年中部各省政府工作报告和《中国城市统计年鉴（2017）》。

湖北是教育大省，其教育发展处于全国领先水平，该省于2012年在全省范围内实施“湖北省高等学校创新能力提升计划”，至2017年，该省建设省级协同创新中心56个，为促进中部崛起提供了人才和人力资源保证。学前教育初步普及，有效缓解“入园难”“入园贵”等问题。义务教育初步实现县域基本均衡，城乡、校际差距明显缩小。高等教育实现普及化，至2016年末高校共向社会输送毕业生273万人，推出一大批服务国家和湖北发展战略的标志性研究成果，技术转移和成果转化成效显著。[②] 2017年江西

① 卢洪友、祁毓：《中国教育基本公共服务均等化进程研究报告》，《学习与实践》2013年第2期，第129页。

② 《湖北省教育事业发展“十三五”规划》，湖北省人民政府网站，http：//gkml. hubei. gov. cn/auto5472/auto5473/201701/t20170106_ 936632. html，2016年12月16日。

社长致辞

蓦然回首，皮书的专业化历程已经走过了二十年。20年来从一个出版社的学术产品名称到媒体热词再到智库成果研创及传播平台，皮书以专业化为主线，进行了系列化、市场化、品牌化、数字化、国际化、平台化的运作，实现了跨越式的发展。特别是在党的十八大以后，以习近平总书记为核心的党中央高度重视新型智库建设，皮书也迎来了长足的发展，总品种达到600余种，经过专业评审机制、淘汰机制遴选，目前，每年稳定出版近400个品种。“皮书”已经成为中国新型智库建设的抓手，成为国际国内社会各界快速、便捷地了解真实中国的最佳窗口。

20年孜孜以求，“皮书”始终将自己的研究视野与经济社会发展中的前沿热点问题紧密相连。600个研究领域，3万多位分布于800余个研究机构的专家学者参与了研创写作。皮书数据库中共收录了15万篇专业报告，50余万张数据图表，合计30亿字，每年报告下载量近80万次。皮书为中国学术与社会发展实践的结合提供了一个激荡智力、传播思想的入口，皮书作者们用学术的话语、客观翔实的数据谱写出了中国故事壮丽的篇章。

20年跬步千里，“皮书”始终将自己的发展与时代赋予的使命与责任紧紧相连。每年百余场新闻发布会，10万余次中外媒体报道，中、英、俄、日、韩等12个语种共同出版。皮书所具有的凝聚力正在形成一种无形的力量，吸引着社会各界关注中国的发展，参与中国的发展，它是我们向世界传递中国声音、总结中国经验、争取中国国际话语权最主要的平台。

皮书这一系列成就的取得，得益于中国改革开放的伟大时代，离不开来自中国社会科学院、新闻出版广电总局、全国哲学社会科学规划办公室等主管部门的大力支持和帮助，也离不开皮书研创者和出版者的共同努力。他们与皮书的故事创造了皮书的历史，他们对皮书的拳拳之心将继续谱写皮书的未来！

现在，“皮书”品牌已经进入了快速成长的青壮年时期。全方位进行规范化管理，树立中国的学术出版标准；不断提升皮书的内容质量和影响力，搭建起中国智库产品和智库建设的交流服务平台和国际传播平台；发布各类皮书指数，并使之成为中国指数，让中国智库的声音响彻世界舞台，为人类的发展做出中国的贡献——这是皮书未来发展的图景。作为“皮书”这个概念的提出者，“皮书”从一般图书到系列图书和品牌图书，最终成为智库研究和社会科学应用对策研究的知识服务和成果推广平台这整个过程的操盘者，我相信，这也是每一位皮书人执着追求的目标。

“当代中国正经历着我国历史上最为广泛而深刻的社会变革，也正在进行着人类历史上最为宏大而独特的实践创新。这种前无古人的伟大实践，必将给理论创造、学术繁荣提供强大动力和广阔空间。”

在这个需要思想而且一定能够产生思想的时代，皮书的研创出版一定能创造出新的更大的辉煌！

社会科学文献出版社社长

中国社会学会秘书长

谢寿光

2017年11月

社会科学文献出版社简介

社会科学文献出版社（以下简称“社科文献出版社”）成立于1985年，是直属于中国社会科学院的人文社会科学学术出版机构。成立至今，社科文献出版社始终依托中国社会科学院和国内外人文社会科学界丰厚的学术出版和专家学者资源，坚持“创社科经典，出传世文献”的出版理念、“权威、前沿、原创”的产品定位以及学术成果和智库成果出版的专业化、数字化、国际化、市场化的经营道路。

社科文献出版社是中国新闻出版业转型与文化体制改革的先行者。积极探索文化体制改革的先进方向和现代企业经营决策机制，社科文献出版社先后荣获“全国文化体制改革工作先进单位”、中国出版政府奖·先进出版单位奖，中国社会科学院先进集体、全国科普工作先进集体等荣誉称号。多人次荣获“第十届韬奋出版奖”“全国新闻出版行业领军人才”“数字出版先进人物”“北京市新闻出版广电行业领军人才”等称号。

社科文献出版社是中国人文社会科学学术出版的大社名社，也是以皮书为代表的智库成果出版的专业强社。年出版图书2000余种，其中皮书400余种，出版新书字数5.5亿字，承印与发行中国社科院院属期刊72种，先后创立了皮书系列、列国志、中国史话、社科文献学术译库、社科文献学术文库、甲骨文书系等一大批既有学术影响又有市场价值的品牌，确立了在社会学、近代史、苏东问题研究等专业学科及领域出版的领先地位。图书多次荣获中国出版政府奖、“三个一百”原创图书出版工程、“五个‘一’工程奖”、“大众喜爱的50种图书”等奖项，在中央国家机关“强素质·做表率”读书活动中，入选图书品种数位居各大出版社之首。

社科文献出版社是中国学术出版规范与标准的倡议者与制定者，代表全国50多家出版社发起实施学术著作出版规范的倡议，承担学术著作规范国家标准的起草工作，率先编撰完成《皮书手册》对皮书品牌进行规范化管理，并在此基础上推出中国版芝加哥手册——《社科文献出版社学术出版手册》。

社科文献出版社是中国数字出版的引领者，拥有皮书数据库、列国志数据库、“一带一路”数据库、减贫数据库、集刊数据库等4大产品线11个数据库产品，机构用户达1300余家，海外用户百余家，荣获“数字出版转型示范单位”“新闻出版标准化先进单位”“专业数字内容资源知识服务模式试点企业标准化示范单位”等称号。

社科文献出版社是中国学术出版走出去的践行者。社科文献出版社海外图书出版与学术合作业务遍及全球40余个国家和地区，并于2016年成立俄罗斯分社，累计输出图书500余种，涉及近20个语种，累计获得国家社科基金中华学术外译项目资助76种、“丝路书香工程”项目资助60种、中国图书对外推广计划项目资助71种以及经典中国国际出版工程资助28种，被五部委联合认定为“2015-2016年度国家文化出口重点企业”。

如今，社科文献出版社完全靠自身积累拥有固定资产3.6亿元，年收入3亿元，设置了七大出版分社、六大专业部门，成立了皮书研究院和博士后科研工作站，培养了一支近400人的高素质与高效率的编辑、出版、营销和国际推广队伍，为未来成为学术出版的大社、名社、强社，成为文化体制改革与文化企业转型发展的排头兵奠定了坚实的基础。

宏观经济类

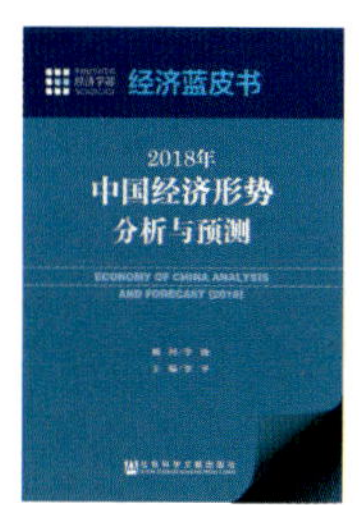

经济蓝皮书

2018年中国经济形势分析与预测

李平 / 主编　2017年12月出版　定价：89.00元

◆ 本书为总理基金项目，由著名经济学家李扬领衔，联合中国社会科学院等数十家科研机构、国家部委和高等院校的专家共同撰写，系统分析了2017年的中国经济形势并预测2018年中国经济运行情况。

城市蓝皮书

中国城市发展报告 No.11

潘家华　单菁菁 / 主编　2018年9月出版　估价：99.00元

◆ 本书是由中国社会科学院城市发展与环境研究中心编著的，多角度、全方位地立体展示了中国城市的发展状况，并对中国城市的未来发展提出了许多建议。该书有强烈的时代感，对中国城市发展实践有重要的参考价值。

人口与劳动绿皮书

中国人口与劳动问题报告 No.19

张车伟 / 主编　2018年10月出版　估价：99.00元

◆ 本书为中国社会科学院人口与劳动经济研究所主编的年度报告，对当前中国人口与劳动形势做了比较全面和系统的深入讨论，为研究中国人口与劳动问题提供了一个专业性的视角。

中国省域竞争力蓝皮书

中国省域经济综合竞争力发展报告（2017 ~ 2018）

李建平　李闽榕　高燕京 / 主编　2018 年 5 月出版　估价：198.00 元

◆　本书融多学科的理论为一体，深入追踪研究了省域经济发展与中国国家竞争力的内在关系，为提升中国省域经济综合竞争力提供有价值的决策依据。

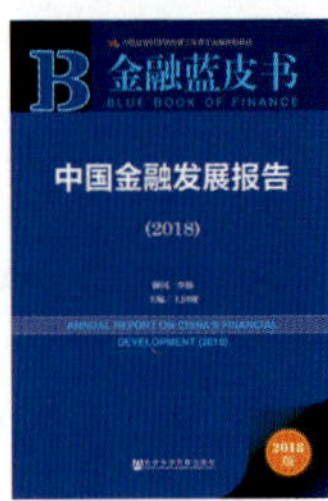

金融蓝皮书

中国金融发展报告（2018）

王国刚 / 主编　2018 年 6 月出版　估价：99.00 元

◆　本书由中国社会科学院金融研究所组织编写，概括和分析了 2017 年中国金融发展和运行中的各方面情况，研讨和评论了 2017 年发生的主要金融事件，有利于读者了解掌握 2017 年中国的金融状况，把握 2018 年中国金融的走势。

区 域 经 济 类

京津冀蓝皮书

京津冀发展报告（2018）

祝合良　叶堂林　张贵祥 / 等著　2018 年 6 月出版　估价：99.00 元

◆　本书遵循问题导向与目标导向相结合、统计数据分析与大数据分析相结合、纵向分析和长期监测与结构分析和综合监测相结合等原则，对京津冀协同发展新形势与新进展进行测度与评价。

社会政法类

社会蓝皮书

2018年中国社会形势分析与预测

李培林　陈光金　张翼 / 主编　2017年12月出版　定价：89.00元

◆　本书由中国社会科学院社会学研究所组织研究机构专家、高校学者和政府研究人员撰写，聚焦当下社会热点，对2017年中国社会发展的各个方面内容进行了权威解读，同时对2018年社会形势发展趋势进行了预测。

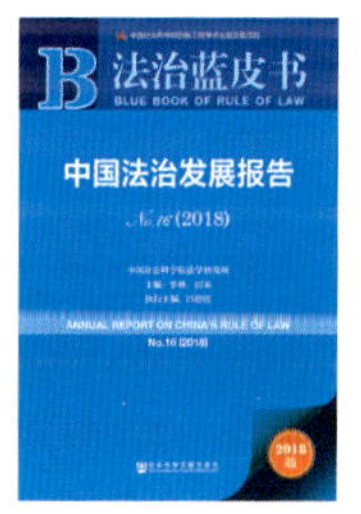

法治蓝皮书

中国法治发展报告 No.16（2018）

李林　田禾 / 主编　2018年3月出版　定价：128.00元

◆　本年度法治蓝皮书回顾总结了2017年度中国法治发展取得的成就和存在的不足，对中国政府、司法、检务透明度进行了跟踪调研，并对2018年中国法治发展形势进行了预测和展望。

教育蓝皮书

中国教育发展报告（2018）

杨东平 / 主编　2018年3月出版　定价：89.00元

◆　本书重点关注了2017年教育领域的热点，资料翔实，分析有据，既有专题研究，又有实践案例，从多角度对2017年教育改革和实践进行了分析和研究。

社会体制蓝皮书

中国社会体制改革报告 No.6（2018）

龚维斌 / 主编　2018 年 3 月出版　定价：98.00 元

◆　本书由国家行政学院社会治理研究中心和北京师范大学中国社会管理研究院共同组织编写，主要对 2017 年社会体制改革情况进行回顾和总结，对 2018 年的改革走向进行分析，提出相关政策建议。

社会心态蓝皮书

中国社会心态研究报告（2018）

王俊秀　杨宜音 / 主编　2018 年 12 月出版　估价：99.00 元

◆　本书是中国社会科学院社会学研究所社会心理研究中心“社会心态蓝皮书课题组”的年度研究成果，运用社会心理学、社会学、经济学、传播学等多种学科的方法进行了调查和研究，对于目前中国社会心态状况有较广泛和深入的揭示。

华侨华人蓝皮书

华侨华人研究报告（2018）

贾益民 / 主编　2017 年 12 月出版　估价：139.00 元

◆　本书关注华侨华人生产与生活的方方面面。华侨华人是中国建设 21 世纪海上丝绸之路的重要中介者、推动者和参与者。本书旨在全面调研华侨华人，提供最新涉侨动态、理论研究成果和政策建议。

民族发展蓝皮书

中国民族发展报告（2018）

王延中 / 主编　2018 年 10 月出版　估价：188.00 元

◆　本书从民族学人类学视角，研究近年来少数民族和民族地区的发展情况，展示民族地区经济、政治、文化、社会和生态文明“五位一体”建设取得的辉煌成就和面临的困难挑战，为深刻理解中央民族工作会议精神、加快民族地区全面建成小康社会进程提供了实证材料。

产业经济类

房地产蓝皮书

中国房地产发展报告 No.15（2018）

李春华　王业强 / 主编　2018 年 5 月出版　估价：99.00 元

◆　2018 年《房地产蓝皮书》持续追踪中国房地产市场最新动态，深度剖析市场热点，展望 2018 年发展趋势，积极谋划应对策略。对 2017 年房地产市场的发展态势进行全面、综合的分析。

新能源汽车蓝皮书

中国新能源汽车产业发展报告（2018）

中国汽车技术研究中心　日产（中国）投资有限公司
东风汽车有限公司 / 编著　2018 年 8 月出版　估价：99.00 元

◆　本书对中国 2017 年新能源汽车产业发展进行了全面系统的分析，并介绍了国外的发展经验。有助于相关机构、行业和社会公众等了解中国新能源汽车产业发展的最新动态，为政府部门出台新能源汽车产业相关政策法规、企业制定相关战略规划，提供必要的借鉴和参考。

行业及其他类

旅游绿皮书

2017 ~ 2018 年中国旅游发展分析与预测

中国社会科学院旅游研究中心 / 编　2018 年 1 月出版　定价：99.00 元

◆　本书从政策、产业、市场、社会等多个角度勾画出 2017 年中国旅游发展全貌，剖析了其中的热点和核心问题，并就未来发展作出预测。

民营医院蓝皮书

中国民营医院发展报告（2018）

薛晓林 / 主编　2018 年 11 月出版　估价：99.00 元

◆　本书在梳理国家对社会办医的各种利好政策的前提下，对我国民营医疗发展现状、我国民营医院竞争力进行了分析，并结合我国医疗体制改革对民营医院的发展趋势、发展策略、战略规划等方面进行了预估。

会展蓝皮书

中外会展业动态评估研究报告（2018）

张敏 / 主编　2018 年 12 月出版　估价：99.00 元

◆　本书回顾了 2017 年的会展业发展动态，结合“供给侧改革”、“互联网 +”、“绿色经济”的新形势分析了我国展会的行业现状，并介绍了国外的发展经验，有助于行业和社会了解最新的展会业动态。

中国上市公司蓝皮书

中国上市公司发展报告（2018）

张平　王宏淼 / 主编　2018 年 9 月出版　估价：99.00 元

◆　本书由中国社会科学院上市公司研究中心组织编写的，着力于全面、真实、客观反映当前中国上市公司财务状况和价值评估的综合性年度报告。本书详尽分析了 2017 年中国上市公司情况，特别是现实中暴露出的制度性、基础性问题，并对资本市场改革进行了探讨。

工业和信息化蓝皮书

人工智能发展报告（2017 ~ 2018）

尹丽波 / 主编　2018 年 6 月出版　估价：99.00 元

◆　本书国家工业信息安全发展研究中心在对 2017 年全球人工智能技术和产业进行全面跟踪研究基础上形成的研究报告。该报告内容翔实、视角独特，具有较强的产业发展前瞻性和预测性，可为相关主管部门、行业协会、企业等全面了解人工智能发展形势以及进行科学决策提供参考。

国际问题与全球治理类

世界经济黄皮书

2018年世界经济形势分析与预测

张宇燕 / 主编　2018年1月出版　定价：99.00元

◆　本书由中国社会科学院世界经济与政治研究所的研究团队撰写，分总论、国别与地区、专题、热点、世界经济统计与预测等五个部分，对2018年世界经济形势进行了分析。

国际城市蓝皮书

国际城市发展报告（2018）

屠启宇 / 主编　2018年2月出版　定价：89.00元

◆　本书作者以上海社会科学院从事国际城市研究的学者团队为核心，汇集同济大学、华东师范大学、复旦大学、上海交通大学、南京大学、浙江大学相关城市研究专业学者。立足动态跟踪介绍国际城市发展时间中，最新出现的重大战略、重大理念、重大项目、重大报告和最佳案例。

非洲黄皮书

非洲发展报告No.20（2017～2018）

张宏明 / 主编　2018年7月出版　估价：99.00元

◆　本书是由中国社会科学院西亚非洲研究所组织编撰的非洲形势年度报告，比较全面、系统地分析了2017年非洲政治形势和热点问题，探讨了非洲经济形势和市场走向，剖析了大国对非洲关系的新动向；此外，还介绍了国内非洲研究的新成果。

国别类

美国蓝皮书

美国研究报告（2018）

郑秉文　黄平 / 主编　2018 年 5 月出版　估价：99.00 元

◆　本书是由中国社会科学院美国研究所主持完成的研究成果，它回顾了美国 2017 年的经济、政治形势与外交战略，对美国内政外交发生的重大事件及重要政策进行了较为全面的回顾和梳理。

德国蓝皮书

德国发展报告（2018）

郑春荣 / 主编　2018 年 6 月出版　估价：99.00 元

◆　本报告由同济大学德国研究所组织编撰，由该领域的专家学者对德国的政治、经济、社会文化、外交等方面的形势发展情况，进行全面的阐述与分析。

俄罗斯黄皮书

俄罗斯发展报告（2018）

李永全 / 编著　2018 年 6 月出版　估价：99.00 元

◆　本书系统介绍了 2017 年俄罗斯经济政治情况，并对 2016 年该地区发生的焦点、热点问题进行了分析与回顾；在此基础上，对该地区 2018 年的发展前景进行了预测。

文化传媒类

新媒体蓝皮书

中国新媒体发展报告 No.9（2018）

唐绪军 / 主编　2018 年 6 月出版　估价：99.00 元

◆　本书是由中国社会科学院新闻与传播研究所组织编写的关于新媒体发展的最新年度报告，旨在全面分析中国新媒体的发展现状，解读新媒体的发展趋势，探析新媒体的深刻影响。

移动互联网蓝皮书

中国移动互联网发展报告（2018）

余清楚 / 主编　2018 年 6 月出版　估价：99.00 元

◆　本书着眼于对 2017 年度中国移动互联网的发展情况做深入解析，对未来发展趋势进行预测，力求从不同视角、不同层面全面剖析中国移动互联网发展的现状、年度突破及热点趋势等。

文化蓝皮书

中国文化消费需求景气评价报告（2018）

王亚南 / 主编　2018 年 3 月出版　定价：99.00 元

◆　本书首创全国文化发展量化检测评价体系，也是至今全国唯一的文化民生量化检测评价体系，对于检验全国及各地 " 以人民为中心 " 的文化发展具有首创意义。

地方发展类

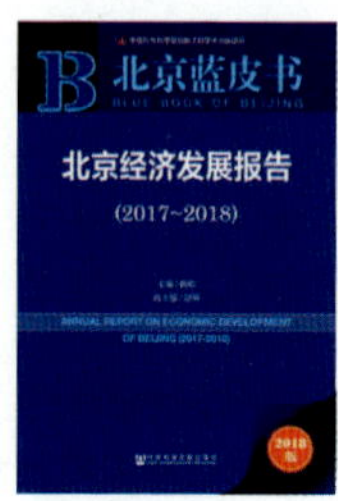

北京蓝皮书

北京经济发展报告（2017 ~ 2018）

杨松 / 主编　2018 年 6 月出版　估价：99.00 元

◆　本书对 2017 年北京市经济发展的整体形势进行了系统性的分析与回顾，并对 2018 年经济形势走势进行了预测与研判，聚焦北京市经济社会发展中的全局性、战略性和关键领域的重点问题，运用定量和定性分析相结合的方法，对北京市经济社会发展的现状、问题、成因进行了深入分析，提出了可操作性的对策建议。

温州蓝皮书

2018 年温州经济社会形势分析与预测

蒋儒标　王春光　金浩 / 主编　2018 年 6 月出版　估价：99.00 元

◆　本书是中共温州市委党校和中国社会科学院社会学研究所合作推出的第十一本温州蓝皮书，由来自党校、政府部门、科研机构、高校的专家、学者共同撰写的 2017 年温州区域发展形势的最新研究成果。

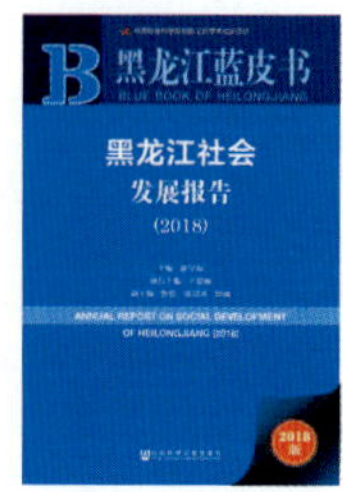

黑龙江蓝皮书

黑龙江社会发展报告（2018）

王爱丽 / 主编　2018 年 1 月出版　定价：89.00 元

◆　本书以千份随机抽样问卷调查和专题研究为依据，运用社会学理论框架和分析方法，从专家和学者的独特视角，对 2017 年黑龙江省关系民生的问题进行广泛的调研与分析，并对 2017 年黑龙江省诸多社会热点和焦点问题进行了有益的探索。这些研究不仅可以为政府部门更加全面深入了解省情、科学制定决策提供智力支持，同时也可以为广大读者认识、了解、关注黑龙江社会发展提供理性思考。

宏观经济类

城市蓝皮书
中国城市发展报告（No.11）
著(编)者：潘家华 单菁菁
2018年9月出版 / 估价：99.00元
PSN B-2007-091-1/1

城乡一体化蓝皮书
中国城乡一体化发展报告（2018）
著(编)者：付崇兰
2018年9月出版 / 估价：99.00元
PSN B-2011-226-1/2

城镇化蓝皮书
中国新型城镇化健康发展报告（2018）
著(编)者：张占斌
2018年8月出版 / 估价：99.00元
PSN B-2014-396-1/1

创新蓝皮书
创新型国家建设报告（2018～2019）
著(编)者：詹正茂
2018年12月出版 / 估价：99.00元
PSN B-2009-140-1/1

低碳发展蓝皮书
中国低碳发展报告（2018）
著(编)者：张希良 齐晔
2018年6月出版 / 估价：99.00元
PSN B-2011-223-1/1

低碳经济蓝皮书
中国低碳经济发展报告（2018）
著(编)者：薛进军 赵忠秀
2018年11月出版 / 估价：99.00元
PSN B-2011-194-1/1

发展和改革蓝皮书
中国经济发展和体制改革报告No.9
著(编)者：邹东涛 王再文
2018年1月出版 / 估价：99.00元
PSN B-2008-122-1/1

国家创新蓝皮书
中国创新发展报告（2017）
著(编)者：陈劲 2018年5月出版 / 估价：99.00元
PSN B-2014-370-1/1

金融蓝皮书
中国金融发展报告（2018）
著(编)者：王国刚
2018年6月出版 / 估价：99.00元
PSN B-2004-031-1/7

经济蓝皮书
2018年中国经济形势分析与预测
著(编)者：李平 2017年12月出版 / 定价：89.00元
PSN B-1996-001-1/1

经济蓝皮书春季号
2018年中国经济前景分析
著(编)者：李扬 2018年5月出版 / 估价：99.00元
PSN B-1999-008-1/1

经济蓝皮书夏季号
中国经济增长报告（2017～2018）
著(编)者：李扬 2018年9月出版 / 估价：99.00元
PSN B-2010-176-1/1

农村绿皮书
中国农村经济形势分析与预测（2017～2018）
著(编)者：魏后凯 黄秉信
2018年4月出版 / 定价：99.00元
PSN G-1998-003-1/1

人口与劳动绿皮书
中国人口与劳动问题报告No.19
著(编)者：张车伟 2018年11月出版 / 估价：99.00元
PSN G-2000-012-1/1

新型城镇化蓝皮书
新型城镇化发展报告（2017）
著(编)者：李伟 宋敏
2018年3月出版 / 定价：98.00元
PSN B-2005-038-1/1

中国省域竞争力蓝皮书
中国省域经济综合竞争力发展报告（2016～2017）
著(编)者：李建平 李闽榕
2018年2月出版 / 定价：198.00元
PSN B-2007-088-1/1

中小城市绿皮书
中国中小城市发展报告（2018）
著(编)者：中国城市经济学会中小城市经济发展委员会
中国城镇化促进会中小城市发展委员会
《中国中小城市发展报告》编纂委员会
中小城市发展战略研究院
2018年11月出版 / 估价：128.00元
PSN G-2010-161-1/1

区域经济类

东北蓝皮书
中国东北地区发展报告（2018）
著(编)者：姜晓秋　2018年11月出版 / 估价：99.00元
PSN B-2006-067-1/1

金融蓝皮书
中国金融中心发展报告（2017～2018）
著(编)者：王力 黄育华　2018年11月出版 / 估价：99.00元
PSN B-2011-186-6/7

京津冀蓝皮书
京津冀发展报告（2018）
著(编)者：祝合良 叶堂林 张贵祥
2018年6月出版 / 估价：99.00元
PSN B-2012-262-1/1

西北蓝皮书
中国西北发展报告（2018）
著(编)者：王福生 马廷旭 董秋生
2018年1月出版 / 定价：99.00元
PSN B-2012-261-1/1

西部蓝皮书
中国西部发展报告（2018）
著(编)者：璋勇 任保平　2018年8月出版 / 估价：99.00元
PSN B-2005-039-1/1

长江经济带产业蓝皮书
长江经济带产业发展报告（2018）
著(编)者：吴传清　2018年11月出版 / 估价：128.00元
PSN B-2017-666-1/1

长江经济带蓝皮书
长江经济带发展报告（2017～2018）
著(编)者：王振　2018年11月出版 / 估价：99.00元
PSN B-2016-575-1/1

长江中游城市群蓝皮书
长江中游城市群新型城镇化与产业协同发展报告（2018）
著(编)者：杨刚强　2018年11月出版 / 估价：99.00元
PSN B-2016-578-1/1

长三角蓝皮书
2017年创新融合发展的长三角
著(编)者：刘飞跃　2018年5月出版 / 估价：99.00元
PSN B-2005-038-1/1

长株潭城市群蓝皮书
长株潭城市群发展报告（2017）
著(编)者：张萍 朱有志　2018年6月出版 / 估价：99.00元
PSN B-2008-109-1/1

特色小镇蓝皮书
特色小镇智慧运营报告（2018）：顶层设计与智慧架构标
著(编)者：陈劲　2018年1月出版 / 定价：79.00元
PSN B-2018-692-1/1

中部竞争力蓝皮书
中国中部经济社会竞争力报告（2018）
著(编)者：教育部人文社会科学重点研究基地南昌大学中国中部经济社会发展研究中心
2018年12月出版 / 估价：99.00元
PSN B-2012-276-1/1

中部蓝皮书
中国中部地区发展报告（2018）
著(编)者：宋亚平　2018年12月出版 / 估价：99.00元
PSN B-2007-089-1/1

区域蓝皮书
中国区域经济发展报告（2017～2018）
著(编)者：赵弘　2018年5月出版 / 估价：99.00元
PSN B-2004-034-1/1

中三角蓝皮书
长江中游城市群发展报告（2018）
著(编)者：秦尊文　2018年9月出版 / 估价：99.00元
PSN B-2014-417-1/1

中原蓝皮书
中原经济区发展报告（2018）
著(编)者：李英杰　2018年6月出版 / 估价：99.00元
PSN B-2011-192-1/1

珠三角流通蓝皮书
珠三角商圈发展研究报告（2018）
著(编)者：王先庆 林至颖　2018年7月出版 / 估价：99.00元
PSN B-2012-292-1/1

社会政法类

北京蓝皮书
中国社区发展报告（2017～2018）
著(编)者：于燕燕　2018年9月出版 / 估价：99.00元
PSN B-2007-083-5/8

殡葬绿皮书
中国殡葬事业发展报告（2017～2018）
著(编)者：李伯森　2018年6月出版 / 估价：158.00元
PSN G-2010-180-1/1

城市管理蓝皮书
中国城市管理报告（2017-2018）
著(编)者：刘林 刘承水　2018年5月出版 / 估价：158.00元
PSN B-2013-336-1/1

城市生活质量蓝皮书
中国城市生活质量报告（2017）
著(编)者：张连城 张平 杨春学 郎丽华
2017年12月出版 / 定价：89.00元
PSN B-2013-326-1/1

城市政府能力蓝皮书
中国城市政府公共服务能力评估报告（2018）
著(编)者：何艳玲　　2018年5月出版 / 估价：99.00元
PSN B-2013-338-1/1

创业蓝皮书
中国创业发展研究报告（2017~2018）
著(编)者：黄群慧 赵卫星 钟宏武
2018年11月出版 / 估价：99.00元
PSN B-2016-577-1/1

慈善蓝皮书
中国慈善发展报告（2018）
著(编)者：杨团　　2018年6月出版 / 估价：99.00元
PSN B-2009-142-1/1

党建蓝皮书
党的建设研究报告No.2（2018）
著(编)者：崔建民 陈东平　　2018年6月出版 / 估价：99.00元
PSN B-2016-523-1/1

地方法治蓝皮书
中国地方法治发展报告No.3（2018）
著(编)者：李林 田禾　　2018年6月出版 / 估价：118.00元
PSN B-2015-442-1/1

电子政务蓝皮书
中国电子政务发展报告（2018）
著(编)者：李季　　2018年8月出版 / 估价：99.00元
PSN B-2003-022-1/1

儿童蓝皮书
中国儿童参与状况报告（2017）
著(编)者：苑立新　　2017年12月出版 / 定价：89.00元
PSN B-2017-682-1/1

法治蓝皮书
中国法治发展报告No.16（2018）
著(编)者：李林 田禾　　2018年3月出版 / 定价：120.00元
PSN B-2004-027-1/3

法治蓝皮书
中国法院信息化发展报告 No.2（2018）
著(编)者：李林 田禾　　2018年2月出版 / 定价：118.00元
PSN B-2017-604-3/3

法治政府蓝皮书
中国法治政府发展报告（2017）
著(编)者：中国政法大学法治政府研究院
2018年3月出版 / 定价：158.00元
PSN B-2015-502-1/2

法治政府蓝皮书
中国法治政府评估报告（2018）
著(编)者：中国政法大学法治政府研究院
2018年9月出版 / 估价：168.00元
PSN B-2016-576-2/2

反腐倡廉蓝皮书
中国反腐倡廉建设报告 No.8
著(编)者：张英伟　　2018年12月出版 / 估价：99.00元
PSN B-2012-259-1/1

扶贫蓝皮书
中国扶贫开发报告（2018）
著(编)者：李培林 魏后凯　　2018年12月出版 / 估价：128.00元
PSN B-2016-599-1/1

妇女发展蓝皮书
中国妇女发展报告 No.6
著(编)者：王金玲　　2018年9月出版 / 估价：158.00元
PSN B-2006-069-1/1

妇女教育蓝皮书
中国妇女教育发展报告 No.3
著(编)者：张李玺　　2018年10月出版 / 估价：99.00元
PSN B-2008-121-1/1

妇女绿皮书
2018年：中国性别平等与妇女发展报告
著(编)者：谭琳　　2018年12月出版 / 估价：99.00元
PSN G-2006-073-1/1

公共安全蓝皮书
中国城市公共安全发展报告（2017~2018）
著(编)者：黄育华 杨文明 赵建辉
2018年6月出版 / 估价：99.00元
PSN B-2017-628-1/1

公共服务蓝皮书
中国城市基本公共服务力评价（2018）
著(编)者：钟君 刘志昌 吴正杲
2018年12月出版 / 估价：99.00元
PSN B-2011-214-1/1

公民科学素质蓝皮书
中国公民科学素质报告（2017~2018）
著(编)者：李群 陈雄 马宗文
2017年12月出版 / 定价：89.00元
PSN B-2014-379-1/1

公益蓝皮书
中国公益慈善发展报告（2016）
著(编)者：朱健刚 胡小军　　2018年6月出版 / 估价：99.00元
PSN B-2012-283-1/1

国际人才蓝皮书
中国国际移民报告（2018）
著(编)者：王辉耀　　2018年6月出版 / 估价：99.00元
PSN B-2012-304-3/4

国际人才蓝皮书
中国留学发展报告（2018）No.7
著(编)者：王辉耀 苗绿　　2018年12月出版 / 估价：99.00元
PSN B-2012-244-2/4

海洋社会蓝皮书
中国海洋社会发展报告（2017）
著(编)者：崔凤 宋宁而　　2018年3月出版 / 定价：99.00元
PSN B-2015-478-1/1

行政改革蓝皮书
中国行政体制改革报告No.7（2018）
著(编)者：魏礼群　　2018年6月出版 / 估价：99.00元
PSN B-2011-231-1/1

华侨华人蓝皮书
华侨华人研究报告（2017）
著(编)者：张禹东 庄国土　2017年12月出版 / 定价：148.00元
PSN B-2011-204-1/1

互联网与国家治理蓝皮书
互联网与国家治理发展报告（2017）
著(编)者：张志安　2018年1月出版 / 定价：98.00元
PSN B-2017-671-1/1

环境管理蓝皮书
中国环境管理发展报告（2017）
著(编)者：李金惠　2017年12月出版 / 定价：98.00元
PSN B-2017-678-1/1

环境竞争力绿皮书
中国省域环境竞争力发展报告（2018）
著(编)者：李建平 李闽榕 王金南
2018年11月出版 / 估价：198.00元
PSN G-2010-165-1/1

环境绿皮书
中国环境发展报告（2017～2018）
著(编)者：李波　2018年6月出版 / 估价：99.00元
PSN G-2006-048-1/1

家庭蓝皮书
中国"创建幸福家庭活动"评估报告（2018）
著(编)者：国务院发展研究中心"创建幸福家庭活动评估"课题组
2018年12月出版 / 估价：99.00元
PSN B-2015-508-1/1

健康城市蓝皮书
中国健康城市建设研究报告（2018）
著(编)者：王鸿春 盛继洪　2018年12月出版 / 估价：99.00元
PSN B-2016-564-2/2

健康中国蓝皮书
社区首诊与健康中国分析报告（2018）
著(编)者：高和荣 杨叔禹 姜杰
2018年6月出版 / 估价：99.00元
PSN B-2017-611-1/1

教师蓝皮书
中国中小学教师发展报告（2017）
著(编)者：曾晓东 鱼霞
2018年6月出版 / 估价：99.00元
PSN B-2012-289-1/1

教育扶贫蓝皮书
中国教育扶贫报告（2018）
著(编)者：司树杰 王文静 李兴洲
2018年12月出版 / 估价：99.00元
PSN B-2016-590-1/1

教育蓝皮书
中国教育发展报告（2018）
著(编)者：杨东平　2018年3月出版 / 定价：89.00元
PSN B-2006-047-1/1

金融法治建设蓝皮书
中国金融法治建设年度报告（2015～2016）
著(编)者：朱小黄　2018年6月出版 / 估价：99.00元
PSN B-2017-633-1/1

京津冀教育蓝皮书
京津冀教育发展研究报告（2017～2018）
著(编)者：方中雄　2018年6月出版 / 估价：99.00元
PSN B-2017-608-1/1

就业蓝皮书
2018年中国本科生就业报告
著(编)者：麦可思研究院　2018年6月出版 / 估价：99.00元
PSN B-2009-146-1/2

就业蓝皮书
2018年中国高职高专生就业报告
著(编)者：麦可思研究院　2018年6月出版 / 估价：99.00元
PSN B-2015-472-2/2

科学教育蓝皮书
中国科学教育发展报告（2018）
著(编)者：王康友　2018年10月出版 / 估价：99.00元
PSN B-2015-487-1/1

劳动保障蓝皮书
中国劳动保障发展报告（2018）
著(编)者：刘燕斌　2018年9月出版 / 估价：158.00元
PSN B-2014-415-1/1

老龄蓝皮书
中国老年宜居环境发展报告（2017）
著(编)者：党俊武 周燕珉　2018年6月出版 / 估价：99.00元
PSN B-2013-320-1/1

连片特困区蓝皮书
中国连片特困区发展报告（2017～2018）
著(编)者：游俊 冷志明 丁建军
2018年6月出版 / 估价：99.00元
PSN B-2013-321-1/1

流动儿童蓝皮书
中国流动儿童教育发展报告（2017）
著(编)者：杨东平　2018年6月出版 / 估价：99.00元
PSN B-2017-600-1/1

民调蓝皮书
中国民生调查报告（2018）
著(编)者：谢耘耕　2018年12月出版 / 估价：99.00元
PSN B-2014-398-1/1

民族发展蓝皮书
中国民族发展报告（2018）
著(编)者：王延中　2018年10月出版 / 估价：188.00元
PSN B-2006-070-1/1

女性生活蓝皮书
中国女性生活状况报告No.12（2018）
著(编)者：高博燕　2018年7月出版 / 估价：99.00元
PSN B-2006-071-1/1

汽车社会蓝皮书
中国汽车社会发展报告（2017～2018）
著(编)者：王俊秀　2018年6月出版 / 估价：99.00元
PSN B-2011-224-1/1

青年蓝皮书
中国青年发展报告（2018）No.3
著(编)者：廉思　2018年6月出版 / 估价：99.00元
PSN B-2013-333-1/1

青少年蓝皮书
中国未成年人互联网运用报告（2017～2018）
著(编)者：李为民 李文革 沈杰
2018年11月出版 / 估价：99.00元
PSN B-2010-156-1/1

人权蓝皮书
中国人权事业发展报告No.8（2018）
著(编)者：李君如　2018年9月出版 / 估价：99.00元
PSN B-2011-215-1/1

社会保障绿皮书
中国社会保障发展报告No.9（2018）
著(编)者：王延中　2018年6月出版 / 估价：99.00元
PSN G-2001-014-1/1

社会风险评估蓝皮书
风险评估与危机预警报告（2017～2018）
著(编)者：唐钧　2018年8月出版 / 估价：99.00元
PSN B-2012-293-1/1

社会工作蓝皮书
中国社会工作发展报告（2016~2017）
著(编)者：民政部社会工作研究中心
2018年8月出版 / 估价：99.00元
PSN B-2009-141-1/1

社会管理蓝皮书
中国社会管理创新报告No.6
著(编)者：连玉明　2018年11月出版 / 估价：99.00元
PSN B-2012-300-1/1

社会蓝皮书
2018年中国社会形势分析与预测
著(编)者：李培林 陈光金 张翼
2017年12月出版 / 定价：89.00元
PSN B-1998-002-1/1

社会体制蓝皮书
中国社会体制改革报告No.6（2018）
著(编)者：龚维斌　2018年3月出版 / 定价：98.00元
PSN B-2013-330-1/1

社会心态蓝皮书
中国社会心态研究报告（2018）
著(编)者：王俊秀　2018年12月出版 / 估价：99.00元
PSN B-2011-199-1/1

社会组织蓝皮书
中国社会组织报告（2017-2018）
著(编)者：黄晓勇　2018年6月出版 / 估价：99.00元
PSN B-2008-118-1/2

社会组织蓝皮书
中国社会组织评估发展报告（2018）
著(编)者：徐家良　2018年12月出版 / 估价：99.00元
PSN B-2013-366-2/2

生态城市绿皮书
中国生态城市建设发展报告（2018）
著(编)者：刘举科 孙伟平 胡文臻
2018年9月出版 / 估价：158.00元
PSN G-2012-269-1/1

生态文明绿皮书
中国省域生态文明建设评价报告（ECI 2018）
著(编)者：严耕　2018年12月出版 / 估价：99.00元
PSN G-2010-170-1/1

退休生活蓝皮书
中国城市居民退休生活质量指数报告（2017）
著(编)者：杨一帆　2018年6月出版 / 估价：99.00元
PSN B-2017-618-1/1

危机管理蓝皮书
中国危机管理报告（2018）
著(编)者：文学国 范正青
2018年8月出版 / 估价：99.00元
PSN B-2010-171-1/1

学会蓝皮书
2018年中国学会发展报告
著(编)者：麦可思研究院　2018年12月出版 / 估价：99.00元
PSN B-2016-597-1/1

医改蓝皮书
中国医药卫生体制改革报告（2017～2018）
著(编)者：文学国 房志武
2018年11月出版 / 估价：99.00元
PSN B-2014-432-1/1

应急管理蓝皮书
中国应急管理报告（2018）
著(编)者：宋英华　2018年9月出版 / 估价：99.00元
PSN B-2016-562-1/1

政府绩效评估蓝皮书
中国地方政府绩效评估报告 No.2
著(编)者：贠杰　2018年12月出版 / 估价：99.00元
PSN B-2017-672-1/1

政治参与蓝皮书
中国政治参与报告（2018）
著(编)者：房宁　2018年8月出版 / 估价：128.00元
PSN B-2011-200-1/1

政治文化蓝皮书
中国政治文化报告（2018）
著(编)者：邢元敏 魏大鹏 龚克
2018年8月出版 / 估价：128.00元
PSN B-2017-615-1/1

中国传统村落蓝皮书
中国传统村落保护现状报告（2018）
著(编)者：胡彬彬 李向军 王晓波
2018年12月出版 / 估价：99.00元
PSN B-2017-663-1/1

中国农村妇女发展蓝皮书
农村流动女性城市生活发展报告（2018）
著(编)者：谢丽华　　2018年12月出版 / 估价：99.00元
PSN B-2014-434-1/1

宗教蓝皮书
中国宗教报告（2017）
著(编)者：邱永辉　　2018年8月出版 / 估价：99.00元
PSN B-2008-117-1/1

产业经济类

保健蓝皮书
中国保健服务产业发展报告 No.2
著(编)者：中国保健协会　　中共中央党校
2018年7月出版 / 估价：198.00元
PSN B-2012-272-3/3

保健蓝皮书
中国保健食品产业发展报告 No.2
著(编)者：中国保健协会
中国社会科学院食品药品产业发展与监管研究中心
2018年8月出版 / 估价：198.00元
PSN B-2012-271-2/3

保健蓝皮书
中国保健用品产业发展报告 No.2
著(编)者：中国保健协会
国务院国有资产监督管理委员会研究中心
2018年6月出版 / 估价：198.00元
PSN B-2012-270-1/3

保险蓝皮书
中国保险业竞争力报告（2018）
著(编)者：保监会　　2018年12月出版 / 估价：99.00元
PSN B-2013-311-1/1

冰雪蓝皮书
中国冰上运动产业发展报告（2018）
著(编)者：孙承华 杨占武 刘戈 张鸿俊
2018年9月出版 / 估价：99.00元
PSN B-2017-648-3/3

冰雪蓝皮书
中国滑雪产业发展报告（2018）
著(编)者：孙承华 伍斌 魏庆华 张鸿俊
2018年9月出版 / 估价：99.00元
PSN B-2016-559-1/3

餐饮产业蓝皮书
中国餐饮产业发展报告（2018）
著(编)者：邢颖
2018年6月出版 / 估价：99.00元
PSN B-2009-151-1/1

茶业蓝皮书
中国茶产业发展报告（2018）
著(编)者：杨江帆 李闽榕
2018年10月出版 / 估价：99.00元
PSN B-2010-164-1/1

产业安全蓝皮书
中国文化产业安全报告（2018）
著(编)者：北京印刷学院文化产业安全研究院
2018年12月出版 / 估价：99.00元
PSN B-2014-378-12/14

产业安全蓝皮书
中国新媒体产业安全报告（2016～2017）
著(编)者：肖丽　　2018年6月出版 / 估价：99.00元
PSN B-2015-500-14/14

产业安全蓝皮书
中国出版传媒产业安全报告（2017～2018）
著(编)者：北京印刷学院文化产业安全研究院
2018年6月出版 / 估价：99.00元
PSN B-2014-384-13/14

产业蓝皮书
中国产业竞争力报告（2018）No.8
著(编)者：张其仔　　2018年12月出版 / 估价：168.00元
PSN B-2010-175-1/1

动力电池蓝皮书
中国新能源汽车动力电池产业发展报告（2018）
著(编)者：中国汽车技术研究中心
2018年8月出版 / 估价：99.00元
PSN B-2017-639-1/1

杜仲产业绿皮书
中国杜仲橡胶资源与产业发展报告（2017～2018）
著(编)者：杜红岩 胡文臻 俞锐
2018年6月出版 / 估价：99.00元
PSN G-2013-350-1/1

房地产蓝皮书
中国房地产发展报告No.15（2018）
著(编)者：李春华 王业强
2018年5月出版 / 估价：99.00元
PSN B-2004-028-1/1

服务外包蓝皮书
中国服务外包产业发展报告（2017～2018）
著(编)者：王晓红 刘德军
2018年6月出版 / 估价：99.00元
PSN B-2013-331-2/2

服务外包蓝皮书
中国服务外包竞争力报告（2017～2018）
著(编)者：刘春生 王力 黄育华
2018年12月出版 / 估价：99.00元
PSN B-2011-216-1/2

工业和信息化蓝皮书
世界信息技术产业发展报告（2017～2018）
著(编)者：尹丽波　2018年6月出版 / 估价：99.00元
PSN B-2015-449-2/6

工业和信息化蓝皮书
战略性新兴产业发展报告（2017～2018）
著(编)者：尹丽波　2018年6月出版 / 估价：99.00元
PSN B-2015-450-3/6

海洋经济蓝皮书
中国海洋经济发展报告（2015～2018）
著(编)者：殷克东 高金田 方胜民
2018年3月出版 / 定价：128.00元
PSN B-2018-697-1/1

康养蓝皮书
中国康养产业发展报告（2017）
著(编)者：何莽　2017年12月出版 / 定价：88.00元
PSN B-2017-685-1/1

客车蓝皮书
中国客车产业发展报告（2017～2018）
著(编)者：姚蔚　2018年10月出版 / 估价：99.00元
PSN B-2013-361-1/1

流通蓝皮书
中国商业发展报告（2018～2019）
著(编)者：王雪峰 林诗慧
2018年7月出版 / 估价：99.00元
PSN B-2009-152-1/2

能源蓝皮书
中国能源发展报告（2018）
著(编)者：崔民选 王军生 陈义和
2018年12月出版 / 估价：99.00元
PSN B-2006-049-1/1

农产品流通蓝皮书
中国农产品流通产业发展报告（2017）
著(编)者：贾敬敦 张东科 张玉玺 张鹏毅 周伟
2018年6月出版 / 估价：99.00元
PSN B-2012-288-1/1

汽车工业蓝皮书
中国汽车工业发展年度报告（2018）
著(编)者：中国汽车工业协会
中国汽车技术研究中心
丰田汽车公司
2018年5月出版 / 估价：168.00元
PSN B-2015-463-1/2

汽车工业蓝皮书
中国汽车零部件产业发展报告（2017～2018）
著(编)者：中国汽车工业协会
中国汽车工程研究院深圳市沃特玛电池有限公司
2018年9月出版 / 估价：99.00元
PSN B-2016-515-2/2

汽车蓝皮书
中国汽车产业发展报告（2018）
著(编)者：中国汽车工程学会
大众汽车集团（中国）
2018年11月出版 / 估价：99.00元
PSN B-2008-124-1/1

世界茶业蓝皮书
世界茶业发展报告（2018）
著(编)者：李闽榕 冯廷佺
2018年5月出版 / 估价：168.00元
PSN B-2017-619-1/1

世界能源蓝皮书
世界能源发展报告（2018）
著(编)者：黄晓勇　2018年6月出版 / 估价：168.00元
PSN B-2013-349-1/1

石油蓝皮书
中国石油产业发展报告（2018）
著(编)者：中国石油化工集团公司经济技术研究院
中国国际石油化工联合有限责任公司
中国社会科学院数量经济与技术经济研究所
2018年2月出版 / 定价：98.00元
PSN B-2018-690-1/1

体育蓝皮书
国家体育产业基地发展报告（2016～2017）
著(编)者：李颖川　2018年6月出版 / 估价：168.00元
PSN B-2017-609-5/5

体育蓝皮书
中国体育产业发展报告（2018）
著(编)者：阮伟 钟秉枢
2018年12月出版 / 估价：99.00元
PSN B-2010-179-1/5

文化金融蓝皮书
中国文化金融发展报告（2018）
著(编)者：杨涛 金巍
2018年6月出版 / 估价：99.00元
PSN B-2017-610-1/1

新能源汽车蓝皮书
中国新能源汽车产业发展报告（2018）
著(编)者：中国汽车技术研究中心
日产（中国）投资有限公司
东风汽车有限公司
2018年8月出版 / 估价：99.00元
PSN B-2013-347-1/1

薏仁米产业蓝皮书
中国薏仁米产业发展报告No.2（2018）
著(编)者：李发耀 石明 秦礼康
2018年8月出版 / 估价：99.00元
PSN B-2017-645-1/1

邮轮绿皮书
中国邮轮产业发展报告（2018）
著(编)者：汪泓　2018年10月出版 / 估价：99.00元
PSN G-2014-419-1/1

智能养老蓝皮书
中国智能养老产业发展报告（2018）
著(编)者：朱勇　2018年10月出版 / 估价：99.00元
PSN B-2015-488-1/1

中国节能汽车蓝皮书
中国节能汽车发展报告（2017～2018）
著(编)者：中国汽车工程研究院股份有限公司
2018年9月出版 / 估价：99.00元
PSN B-2016-565-1/1

中国陶瓷产业蓝皮书
中国陶瓷产业发展报告（2018）
著(编)者：左和平 黄速建
2018年10月出版 / 估价：99.00元
PSN B-2016-573-1/1

装备制造业蓝皮书
中国装备制造业发展报告（2018）
著(编)者：徐东华
2018年12月出版 / 估价：118.00元
PSN B-2015-505-1/1

行业及其他类

“三农”互联网金融蓝皮书
中国“三农”互联网金融发展报告（2018）
著(编)者：李勇坚 王弢
2018年8月出版 / 估价：99.00元
PSN B-2016-560-1/1

SUV蓝皮书
中国SUV市场发展报告（2017～2018）
著(编)者：靳军　　2018年9月出版 / 估价：99.00元
PSN B-2016-571-1/1

冰雪蓝皮书
中国冬季奥运会发展报告（2018）
著(编)者：孙承华 伍斌 魏庆华 张鸿俊
2018年9月出版 / 估价：99.00元
PSN B-2017-647-2/3

彩票蓝皮书
中国彩票发展报告（2018）
著(编)者：益彩基金　　2018年6月出版 / 估价：99.00元
PSN B-2015-462-1/1

测绘地理信息蓝皮书
测绘地理信息供给侧结构性改革研究报告（2018）
著(编)者：库热西・买合苏提
2018年12月出版 / 估价：168.00元
PSN B-2009-145-1/1

产权市场蓝皮书
中国产权市场发展报告（2017）
著(编)者：曹和平
2018年5月出版 / 估价：99.00元
PSN B-2009-147-1/1

城投蓝皮书
中国城投行业发展报告（2018）
著(编)者：华景斌
2018年11月出版 / 估价：300.00元
PSN B-2016-514-1/1

城市轨道交通蓝皮书
中国城市轨道交通运营发展报告（2017～2018）
著(编)者：崔学忠 贾文峥
2018年3月出版 / 定价：89.00元
PSN B-2018-694-1/1

大数据蓝皮书
中国大数据发展报告（No.2）
著(编)者：连玉明　　2018年5月出版 / 估价：99.00元
PSN B-2017-620-1/1

大数据应用蓝皮书
中国大数据应用发展报告No.2（2018）
著(编)者：陈军君　　2018年8月出版 / 估价：99.00元
PSN B-2017-644-1/1

对外投资与风险蓝皮书
中国对外直接投资与国家风险报告（2018）
著(编)者：中债资信评估有限责任公司
　　　　　中国社会科学院世界经济与政治研究所
2018年6月出版 / 估价：189.00元
PSN B-2017-606-1/1

工业和信息化蓝皮书
人工智能发展报告（2017～2018）
著(编)者：尹丽波　　2018年6月出版 / 估价：99.00元
PSN B-2015-448-1/6

工业和信息化蓝皮书
世界智慧城市发展报告（2017～2018）
著(编)者：尹丽波　　2018年6月出版 / 估价：99.00元
PSN B-2017-624-6/6

工业和信息化蓝皮书
世界网络安全发展报告（2017～2018）
著(编)者：尹丽波　　2018年6月出版 / 估价：99.00元
PSN B-2015-452-5/6

工业和信息化蓝皮书
世界信息化发展报告（2017～2018）
著(编)者：尹丽波　　2018年6月出版 / 估价：99.00元
PSN B-2015-451-4/6

工业设计蓝皮书
中国工业设计发展报告（2018）
著(编)者：王晓红 于炜 张立群　　2018年9月出版 / 估价：168.00元
PSN B-2014-420-1/1

公共关系蓝皮书
中国公共关系发展报告（2017）
著(编)者：柳斌杰　　2018年1月出版 / 定价：89.00元
PSN B-2016-579-1/1

公共关系蓝皮书
中国公共关系发展报告（2018）
著(编)者：柳斌杰　2018年11月出版 / 估价：99.00元
PSN B-2016-579-1/1

管理蓝皮书
中国管理发展报告（2018）
著(编)者：张晓东　2018年10月出版 / 估价：99.00元
PSN B-2014-416-1/1

轨道交通蓝皮书
中国轨道交通行业发展报告（2017）
著(编)者：仲建华　李闽榕
2017年12月出版 / 定价：98.00元
PSN B-2017-674-1/1

海关发展蓝皮书
中国海关发展前沿报告（2018）
著(编)者：干春晖　2018年6月出版 / 估价：99.00元
PSN B-2017-616-1/1

互联网医疗蓝皮书
中国互联网健康医疗发展报告（2018）
著(编)者：芮晓武　2018年6月出版 / 估价：99.00元
PSN B-2016-567-1/1

黄金市场蓝皮书
中国商业银行黄金业务发展报告（2017～2018）
著(编)者：平安银行　2018年6月出版 / 估价：99.00元
PSN B-2016-524-1/1

会展蓝皮书
中外会展业动态评估研究报告（2018）
著(编)者：张敏　任中峰　聂鑫焱　牛盼强
2018年12月出版 / 估价：99.00元
PSN B-2013-327-1/1

基金会蓝皮书
中国基金会发展报告（2017~2018）
著(编)者：中国基金会发展报告课题组
2018年6月出版 / 估价：99.00元
PSN B-2013-368-1/1

基金会绿皮书
中国基金会发展独立研究报告（2018）
著(编)者：基金会中心网　中央民族大学基金会研究中心
2018年6月出版 / 估价：99.00元
PSN G-2011-213-1/1

基金会透明度蓝皮书
中国基金会透明度发展研究报告（2018）
著(编)者：基金会中心网
清华大学廉政与治理研究中心
2018年9月出版 / 估价：99.00元
PSN B-2013-339-1/1

建筑装饰蓝皮书
中国建筑装饰行业发展报告（2018）
著(编)者：葛道顺　刘晓一
2018年10月出版 / 估价：198.00元
PSN B-2016-553-1/1

金融监管蓝皮书
中国金融监管报告（2018）
著(编)者：胡滨　2018年3月出版 / 定价：98.00元
PSN B-2012-281-1/1

金融蓝皮书
中国互联网金融行业分析与评估（2018～2019）
著(编)者：黄国平　伍旭川　2018年12月出版 / 估价：99.00元
PSN B-2016-585-7/7

金融科技蓝皮书
中国金融科技发展报告（2018）
著(编)者：李扬　孙国峰　2018年10月出版 / 估价：99.00元
PSN B-2014-374-1/1

金融信息服务蓝皮书
中国金融信息服务发展报告（2018）
著(编)者：李平　2018年5月出版 / 估价：99.00元
PSN B-2017-621-1/1

金蜜蜂企业社会责任蓝皮书
金蜜蜂中国企业社会责任报告研究（2017）
著(编)者：殷格非　于志宏　管竹笋
2018年1月出版 / 定价：99.00元
PSN B-2018-693-1/1

京津冀金融蓝皮书
京津冀金融发展报告（2018）
著(编)者：王爱俭　王璟怡　2018年10月出版 / 估价：99.00元
PSN B-2016-527-1/1

科普蓝皮书
国家科普能力发展报告（2018）
著(编)者：王康友　2018年5月出版 / 估价：138.00元
PSN B-2017-632-4/4

科普蓝皮书
中国基层科普发展报告（2017～2018）
著(编)者：赵立新　陈玲　2018年9月出版 / 估价：99.00元
PSN B-2016-568-3/4

科普蓝皮书
中国科普基础设施发展报告（2017～2018）
著(编)者：任福君　2018年6月出版 / 估价：99.00元
PSN B-2010-174-1/3

科普蓝皮书
中国科普人才发展报告（2017～2018）
著(编)者：郑念　任嵘嵘　2018年7月出版 / 估价：99.00元
PSN B-2016-512-2/4

科普能力蓝皮书
中国科普能力评价报告（2018～2019）
著(编)者：李富强　李群　2018年8月出版 / 估价：99.00元
PSN B-2016-555-1/1

临空经济蓝皮书
中国临空经济发展报告（2018）
著(编)者：连玉明　2018年9月出版 / 估价：99.00元
PSN B-2014-421-1/1

旅游安全蓝皮书
中国旅游安全报告（2018）
著(编)者：郑向敏 谢朝武　2018年5月出版 / 估价：158.00元
PSN B-2012-280-1/1

旅游绿皮书
2017～2018年中国旅游发展分析与预测
著(编)者：宋瑞　2018年1月出版 / 定价：99.00元
PSN G-2002-018-1/1

煤炭蓝皮书
中国煤炭工业发展报告（2018）
著(编)者：岳福斌　2018年12月出版 / 估价：99.00元
PSN B-2008-123-1/1

民营企业社会责任蓝皮书
中国民营企业社会责任报告（2018）
著(编)者：中华全国工商业联合会
2018年12月出版 / 估价：99.00元
PSN B-2015-510-1/1

民营医院蓝皮书
中国民营医院发展报告（2017）
著(编)者：薛晓林　2017年12月出版 / 定价：89.00元
PSN B-2012-299-1/1

闽商蓝皮书
闽商发展报告（2018）
著(编)者：李闽榕 王日根 林琛
2018年12月出版 / 估价：99.00元
PSN B-2012-298-1/1

农业应对气候变化蓝皮书
中国农业气象灾害及其灾损评估报告（No.3）
著(编)者：矫梅燕　2018年6月出版 / 估价：118.00元
PSN B-2014-413-1/1

品牌蓝皮书
中国品牌战略发展报告（2018）
著(编)者：汪同三　2018年10月出版 / 估价：99.00元
PSN B-2016-580-1/1

企业扶贫蓝皮书
中国企业扶贫研究报告（2018）
著(编)者：钟宏武　2018年12月出版 / 估价：99.00元
PSN B-2016-593-1/1

企业公益蓝皮书
中国企业公益研究报告（2018）
著(编)者：钟宏武 汪杰 黄晓娟
2018年12月出版 / 估价：99.00元
PSN B-2015-501-1/1

企业国际化蓝皮书
中国企业全球化报告（2018）
著(编)者：王辉耀 苗绿　2018年11月出版 / 估价：99.00元
PSN B-2014-427-1/1

企业蓝皮书
中国企业绿色发展报告No.2（2018）
著(编)者：李红玉 朱光辉
2018年8月出版 / 估价：99.00元
PSN B-2015-481-2/2

企业社会责任蓝皮书
中资企业海外社会责任研究报告（2017～2018）
著(编)者：钟宏武 叶柳红 张蒽
2018年6月出版 / 估价：99.00元
PSN B-2017-603-2/2

企业社会责任蓝皮书
中国企业社会责任研究报告（2018）
著(编)者：黄群慧 钟宏武 张蒽 汪杰
2018年11月出版 / 估价：99.00元
PSN B-2009-149-1/2

汽车安全蓝皮书
中国汽车安全发展报告（2018）
著(编)者：中国汽车技术研究中心
2018年8月出版 / 估价：99.00元
PSN B-2014-385-1/1

汽车电子商务蓝皮书
中国汽车电子商务发展报告（2018）
著(编)者：中华全国工商业联合会汽车经销商商会
北方工业大学
北京易观智库网络科技有限公司
2018年10月出版 / 估价：158.00元
PSN B-2015-485-1/1

汽车知识产权蓝皮书
中国汽车产业知识产权发展报告（2018）
著(编)者：中国汽车工程研究院股份有限公司
中国汽车工程学会
重庆长安汽车股份有限公司
2018年12月出版 / 估价：99.00元
PSN B-2016-594-1/1

青少年体育蓝皮书
中国青少年体育发展报告（2017）
著(编)者：刘扶民 杨桦　2018年6月出版 / 估价：99.00元
PSN B-2015-482-1/1

区块链蓝皮书
中国区块链发展报告（2018）
著(编)者：李伟　2018年9月出版 / 估价：99.00元
PSN B-2017-649-1/1

群众体育蓝皮书
中国群众体育发展报告（2017）
著(编)者：刘国永 戴健　2018年5月出版 / 估价：99.00元
PSN B-2014-411-1/3

群众体育蓝皮书
中国社会体育指导员发展报告（2018）
著(编)者：刘国永 王欢　2018年6月出版 / 估价：99.00元
PSN B-2016-520-3/3

人力资源蓝皮书
中国人力资源发展报告（2018）
著(编)者：余兴安　2018年11月出版 / 估价：99.00元
PSN B-2012-287-1/1

融资租赁蓝皮书
中国融资租赁业发展报告（2017～2018）
著(编)者：李光荣 王力　2018年8月出版 / 估价：99.00元
PSN B-2015-443-1/1

商会蓝皮书
中国商会发展报告No.5（2017）
著(编)者：王钦敏　2018年7月出版 / 估价：99.00元
PSN B-2008-125-1/1

商务中心区蓝皮书
中国商务中心区发展报告No.4（2017～2018）
著(编)者：李国红 单菁菁　2018年9月出版 / 估价：99.00元
PSN B-2015-444-1/1

设计产业蓝皮书
中国创新设计发展报告（2018）
著(编)者：王晓红 张立群 于炜
2018年11月出版 / 估价：99.00元
PSN B-2016-581-2/2

社会责任管理蓝皮书
中国上市公司社会责任能力成熟度报告No.4（2018）
著(编)者：肖红军 王晓光 李伟阳
2018年12月出版 / 估价：99.00元
PSN B-2015-507-2/2

社会责任管理蓝皮书
中国企业公众透明度报告No.4（2017～2018）
著(编)者：黄速建 熊梦 王晓光 肖红军
2018年6月出版 / 估价：99.00元
PSN B-2015-440-1/2

食品药品蓝皮书
食品药品安全与监管政策研究报告（2016～2017）
著(编)者：唐民皓　2018年6月出版 / 估价：99.00元
PSN B-2009-129-1/1

输血服务蓝皮书
中国输血行业发展报告（2018）
著(编)者：孙俊　2018年12月出版 / 估价：99.00元
PSN B-2016-582-1/1

水利风景区蓝皮书
中国水利风景区发展报告（2018）
著(编)者：董建文 兰思仁
2018年10月出版 / 估价：99.00元
PSN B-2015-480-1/1

数字经济蓝皮书
全球数字经济竞争力发展报告（2017）
著(编)者：王振　2017年12月出版 / 定价：79.00元
PSN B-2017-673-1/1

私募市场蓝皮书
中国私募股权市场发展报告（2017～2018）
著(编)者：曹和平　2018年12月出版 / 估价：99.00元
PSN B-2010-162-1/1

碳排放权交易蓝皮书
中国碳排放权交易报告（2018）
著(编)者：孙永平　2018年11月出版 / 估价：99.00元
PSN B-2017-652-1/1

碳市场蓝皮书
中国碳市场报告（2018）
著(编)者：定金彪　2018年11月出版 / 估价：99.00元
PSN B-2014-430-1/1

体育蓝皮书
中国公共体育服务发展报告（2018）
著(编)者：戴健　2018年12月出版 / 估价：99.00元
PSN B-2013-367-2/5

土地市场蓝皮书
中国农村土地市场发展报告（2017～2018）
著(编)者：李光荣　2018年6月出版 / 估价：99.00元
PSN B-2016-526-1/1

土地整治蓝皮书
中国土地整治发展研究报告（No.5）
著(编)者：国土资源部土地整治中心
2018年7月出版 / 估价：99.00元
PSN B-2014-401-1/1

土地政策蓝皮书
中国土地政策研究报告（2018）
著(编)者：高延利 张建平 吴次芳
2018年1月出版 / 定价：98.00元
PSN B-2015-506-1/1

网络空间安全蓝皮书
中国网络空间安全发展报告（2018）
著(编)者：惠志斌 覃庆玲
2018年11月出版 / 估价：99.00元
PSN B-2015-466-1/1

文化志愿服务蓝皮书
中国文化志愿服务发展报告（2018）
著(编)者：张永新 良警宇　2018年11月出版 / 估价：128.00元
PSN B-2016-596-1/1

西部金融蓝皮书
中国西部金融发展报告（2017～2018）
著(编)者：李忠民　2018年8月出版 / 估价：99.00元
PSN B-2010-160-1/1

协会商会蓝皮书
中国行业协会商会发展报告（2017）
著(编)者：景朝阳 李勇　2018年6月出版 / 估价：99.00元
PSN B-2015-461-1/1

新三板蓝皮书
中国新三板市场发展报告（2018）
著(编)者：王力　2018年8月出版 / 估价：99.00元
PSN B-2016-533-1/1

信托市场蓝皮书
中国信托业市场报告（2017～2018）
著(编)者：用益金融信托研究院
2018年6月出版 / 估价：198.00元
PSN B-2014-371-1/1

信息化蓝皮书
中国信息化形势分析与预测（2017～2018）
著(编)者：周宏仁　2018年8月出版 / 估价：99.00元
PSN B-2010-168-1/1

信用蓝皮书
中国信用发展报告（2017～2018）
著(编)者：章政 田侃　2018年6月出版 / 估价：99.00元
PSN B-2013-328-1/1

休闲绿皮书
2017~2018年中国休闲发展报告
著(编)者：宋瑞　2018年7月出版 / 估价：99.00元
PSN G-2010-158-1/1

休闲体育蓝皮书
中国休闲体育发展报告（2017~2018）
著(编)者：李相如 钟秉枢
2018年10月出版 / 估价：99.00元
PSN B-2016-516-1/1

养老金融蓝皮书
中国养老金融发展报告（2018）
著(编)者：董克用 姚余栋
2018年9月出版 / 估价：99.00元
PSN B-2016-583-1/1

遥感监测绿皮书
中国可持续发展遥感监测报告（2017）
著(编)者：顾行发 汪克强 潘教峰 李闽榕 徐东华 王琦安
2018年6月出版 / 估价：298.00元
PSN B-2017-629-1/1

药品流通蓝皮书
中国药品流通行业发展报告（2018）
著(编)者：佘鲁林 温再兴
2018年7月出版 / 估价：198.00元
PSN B-2014-429-1/1

医疗器械蓝皮书
中国医疗器械行业发展报告（2018）
著(编)者：王宝亭 耿鸿武
2018年10月出版 / 估价：99.00元
PSN B-2017-661-1/1

医院蓝皮书
中国医院竞争力报告（2017~2018）
著(编)者：庄一强　2018年3月出版 / 定价：108.00元
PSN B-2016-528-1/1

瑜伽蓝皮书
中国瑜伽业发展报告（2017~2018）
著(编)者：张永建 徐华锋 朱泰余
2018年6月出版 / 估价：198.00元
PSN B-2017-625-1/1

债券市场蓝皮书
中国债券市场发展报告（2017~2018）
著(编)者：杨农　2018年10月出版 / 估价：99.00元
PSN B-2016-572-1/1

志愿服务蓝皮书
中国志愿服务发展报告（2018）
著(编)者：中国志愿服务联合会
2018年11月出版 / 估价：99.00元
PSN B-2017-664-1/1

中国上市公司蓝皮书
中国上市公司发展报告（2018）
著(编)者：张鹏 张平 黄胤英
2018年9月出版 / 估价：99.00元
PSN B-2014-414-1/1

中国新三板蓝皮书
中国新三板创新与发展报告（2018）
著(编)者：刘平安 闻召林
2018年8月出版 / 估价：158.00元
PSN B-2017-638-1/1

中国汽车品牌蓝皮书
中国乘用车品牌发展报告（2017）
著(编)者：《中国汽车报》社有限公司
博世（中国）投资有限公司
中国汽车技术研究中心数据资源中心
2018年1月出版 / 定价：89.00元
PSN B-2017-679-1/1

中医文化蓝皮书
北京中医药文化传播发展报告（2018）
著(编)者：毛嘉陵　2018年6月出版 / 估价：99.00元
PSN B-2015-468-1/2

中医文化蓝皮书
中国中医药文化传播发展报告（2018）
著(编)者：毛嘉陵　2018年7月出版 / 估价：99.00元
PSN B-2016-584-2/2

中医药蓝皮书
北京中医药知识产权发展报告No.2
著(编)者：汪洪 屠志涛　2018年6月出版 / 估价：168.00元
PSN B-2017-602-1/1

资本市场蓝皮书
中国场外交易市场发展报告（2016~2017）
著(编)者：高峦　2018年6月出版 / 估价：99.00元
PSN B-2009-153-1/1

资产管理蓝皮书
中国资产管理行业发展报告（2018）
著(编)者：郑智　2018年7月出版 / 估价：99.00元
PSN B-2014-407-2/2

资产证券化蓝皮书
中国资产证券化发展报告（2018）
著(编)者：沈炳熙 曹彤 李哲平
2018年4月出版 / 定价：98.00元
PSN B-2017-660-1/1

自贸区蓝皮书
中国自贸区发展报告（2018）
著(编)者：王力 黄育华
2018年6月出版 / 估价：99.00元
PSN B-2016-558-1/1

国际问题与全球治理类

"一带一路"跨境通道蓝皮书
"一带一路"跨境通道建设研究报（2017～2018）
著(编)者：余鑫 张秋生　　2018年1月出版 / 定价：89.00元
PSN B-2016-557-1/1

"一带一路"蓝皮书
"一带一路"建设发展报告（2018）
著(编)者：李永全　　2018年3月出版 / 定价：98.00元
PSN B-2016-552-1/1

"一带一路"投资安全蓝皮书
中国"一带一路"投资与安全研究报告（2018）
著(编)者：邹统钎 梁昊光　　2018年4月出版 / 定价：98.00元
PSN B-2017-612-1/1

"一带一路"文化交流蓝皮书
中阿文化交流发展报告（2017）
著(编)者：王辉　　2017年12月出版 / 定价：89.00元
PSN B-2017-655-1/1

G20国家创新竞争力黄皮书
二十国集团（G20）国家创新竞争力发展报告（2017～2018）
著(编)者：李建平 李闽榕 赵新力 周天勇
2018年7月出版 / 估价：168.00元
PSN Y-2011-229-1/1

阿拉伯黄皮书
阿拉伯发展报告（2016～2017）
著(编)者：罗林　　2018年6月出版 / 估价：99.00元
PSN Y-2014-381-1/1

北部湾蓝皮书
泛北部湾合作发展报告（2017～2018）
著(编)者：吕余生　　2018年12月出版 / 估价：99.00元
PSN B-2008-114-1/1

北极蓝皮书
北极地区发展报告（2017）
著(编)者：刘惠荣　　2018年7月出版 / 估价：99.00元
PSN B-2017-634-1/1

大洋洲蓝皮书
大洋洲发展报告（2017～2018）
著(编)者：喻常森　　2018年10月出版 / 估价：99.00元
PSN B-2013-341-1/1

东北亚区域合作蓝皮书
2017年"一带一路"倡议与东北亚区域合作
著(编)者：刘亚政 金美花
2018年5月出版 / 估价：99.00元
PSN B-2017-631-1/1

东盟黄皮书
东盟发展报告（2017）
著(编)者：杨静林 庄国土　2018年6月出版 / 估价：99.00元
PSN Y-2012-303-1/1

东南亚蓝皮书
东南亚地区发展报告（2017～2018）
著(编)者：王勤　　2018年12月出版 / 估价：99.00元
PSN B-2012-240-1/1

非洲黄皮书
非洲发展报告No.20（2017～2018）
著(编)者：张宏明　　2018年7月出版 / 估价：99.00元
PSN Y-2012-239-1/1

非传统安全蓝皮书
中国非传统安全研究报告（2017～2018）
著(编)者：潇枫 罗中枢　　2018年8月出版 / 估价：99.00元
PSN B-2012-273-1/1

国际安全蓝皮书
中国国际安全研究报告（2018）
著(编)者：刘慧　　2018年7月出版 / 估价：99.00元
PSN B-2016-521-1/1

国际城市蓝皮书
国际城市发展报告（2018）
著(编)者：屠启宇　　2018年2月出版 / 定价：89.00元
PSN B-2012-260-1/1

国际形势黄皮书
全球政治与安全报告（2018）
著(编)者：张宇燕　　2018年1月出版 / 定价：99.00元
PSN Y-2001-016-1/1

公共外交蓝皮书
中国公共外交发展报告（2018）
著(编)者：赵启正 雷蔚真　　2018年6月出版 / 估价：99.00元
PSN B-2015-457-1/1

海丝蓝皮书
21世纪海上丝绸之路研究报告（2017）
著(编)者：华侨大学海上丝绸之路研究院
2017年12月出版 / 定价：89.00元
PSN B-2017-684-1/1

金砖国家黄皮书
金砖国家综合创新竞争力发展报告（2018）
著(编)者：赵新力 李闽榕 黄茂兴
2018年8月出版 / 估价：128.00元
PSN Y-2017-643-1/1

拉美黄皮书
拉丁美洲和加勒比发展报告（2017～2018）
著(编)者：袁东振　　2018年6月出版 / 估价：99.00元
PSN Y-1999-007-1/1

澜湄合作蓝皮书
澜沧江-湄公河合作发展报告（2018）
著(编)者：刘稚　　2018年9月出版 / 估价：99.00元
PSN B-2011-196-1/1

欧洲蓝皮书
欧洲发展报告（2017～2018）
著(编)者：黄平 周弘 程卫东
2018年6月出版 / 估价：99.00元
PSN B-1999-009-1/1

葡语国家蓝皮书
葡语国家发展报告（2016～2017）
著(编)者：王成安 张敏 刘金兰
2018年6月出版 / 估价：99.00元
PSN B-2015-503-1/2

葡语国家蓝皮书
中国与葡语国家关系发展报告·巴西（2016）
著(编)者：张曙光
2018年8月出版 / 估价：99.00元
PSN B-2016-563-2/2

气候变化绿皮书
应对气候变化报告（2018）
著(编)者：王伟光 郑国光
2018年11月出版 / 估价：99.00元
PSN G-2009-144-1/1

全球环境竞争力绿皮书
全球环境竞争力报告（2018）
著(编)者：李建平 李闽榕 王金南
2018年12月出版 / 估价：198.00元
PSN G-2013-363-1/1

全球信息社会蓝皮书
全球信息社会发展报告（2018）
著(编)者：丁波涛 唐涛　2018年10月出版 / 估价：99.00元
PSN B-2017-665-1/1

日本经济蓝皮书
日本经济与中日经贸关系研究报告（2018）
著(编)者：张季风　2018年6月出版 / 估价：99.00元
PSN B-2008-102-1/1

上海合作组织黄皮书
上海合作组织发展报告（2018）
著(编)者：李进峰　2018年6月出版 / 估价：99.00元
PSN Y-2009-130-1/1

世界创新竞争力黄皮书
世界创新竞争力发展报告（2017）
著(编)者：李建平 李闽榕 赵新力
2018年6月出版 / 估价：168.00元
PSN Y-2013-318-1/1

世界经济黄皮书
2018年世界经济形势分析与预测
著(编)者：张宇燕　2018年1月出版 / 定价：99.00元
PSN Y-1999-006-1/1

世界能源互联互通蓝皮书
世界能源清洁发展与互联互通评估报告（2017）：欧洲篇
著(编)者：国网能源研究院
2018年1月出版 / 定价：128.00元
PSN B-2018-695-1/1

丝绸之路蓝皮书
丝绸之路经济带发展报告（2018）
著(编)者：任宗哲 白宽犁 谷孟宾
2018年1月出版 / 定价：89.00元
PSN B-2014-410-1/1

新兴经济体蓝皮书
金砖国家发展报告（2018）
著(编)者：林跃勤 周文
2018年8月出版 / 估价：99.00元
PSN B-2011-195-1/1

亚太蓝皮书
亚太地区发展报告（2018）
著(编)者：李向阳　2018年5月出版 / 估价：99.00元
PSN B-2001-015-1/1

印度洋地区蓝皮书
印度洋地区发展报告（2018）
著(编)者：汪戎　2018年6月出版 / 估价：99.00元
PSN B-2013-334-1/1

印度尼西亚经济蓝皮书
印度尼西亚经济发展报告（2017）：增长与机会
著(编)者：左志刚　2017年11月出版 / 定价：89.00元
PSN B-2017-675-1/1

渝新欧蓝皮书
渝新欧沿线国家发展报告（2018）
著(编)者：杨柏 黄森
2018年6月出版 / 估价：99.00元
PSN B-2017-626-1/1

中阿蓝皮书
中国-阿拉伯国家经贸发展报告（2018）
著(编)者：张廉 段庆林 王林聪 杨巧红
2018年12月出版 / 估价：99.00元
PSN B-2016-598-1/1

中东黄皮书
中东发展报告No.20（2017～2018）
著(编)者：杨光　2018年10月出版 / 估价：99.00元
PSN Y-1998-004-1/1

中亚黄皮书
中亚国家发展报告（2018）
著(编)者：孙力
2018年3月出版 / 定价：98.00元
PSN Y-2012-238-1/1

国别类

澳大利亚蓝皮书
澳大利亚发展报告（2017-2018）
著(编)者：孙有中 韩锋 2018年12月出版 / 估价：99.00元
PSN B-2016-587-1/1

巴西黄皮书
巴西发展报告（2017）
著(编)者：刘国枝 2018年5月出版 / 估价：99.00元
PSN Y-2017-614-1/1

德国蓝皮书
德国发展报告（2018）
著(编)者：郑春荣 2018年6月出版 / 估价：99.00元
PSN B-2012-278-1/1

俄罗斯黄皮书
俄罗斯发展报告（2018）
著(编)者：李永全 2018年6月出版 / 估价：99.00元
PSN Y-2006-061-1/1

韩国蓝皮书
韩国发展报告（2017）
著(编)者：牛林杰 刘宝全 2018年6月出版 / 估价：99.00元
PSN B-2010-155-1/1

加拿大蓝皮书
加拿大发展报告（2018）
著(编)者：唐小松 2018年9月出版 / 估价：99.00元
PSN B-2014-389-1/1

美国蓝皮书
美国研究报告（2018）
著(编)者：郑秉文 黄平 2018年5月出版 / 估价：99.00元
PSN B-2011-210-1/1

缅甸蓝皮书
缅甸国情报告（2017）
著(编)者：祝湘辉
2017年11月出版 / 定价：98.00元
PSN B-2013-343-1/1

日本蓝皮书
日本研究报告（2018）
著(编)者：杨伯江 2018年4月出版 / 定价：99.00元
PSN B-2002-020-1/1

土耳其蓝皮书
土耳其发展报告（2018）
著(编)者：郭长刚 刘义 2018年9月出版 / 估价：99.00元
PSN B-2014-412-1/1

伊朗蓝皮书
伊朗发展报告（2017～2018）
著(编)者：冀开运 2018年10月 / 估价：99.00元
PSN B-2016-574-1/1

以色列蓝皮书
以色列发展报告（2018）
著(编)者：张倩红 2018年8月出版 / 估价：99.00元
PSN B-2015-483-1/1

印度蓝皮书
印度国情报告（2017）
著(编)者：吕昭义 2018年6月出版 / 估价：99.00元
PSN B-2012-241-1/1

英国蓝皮书
英国发展报告（2017～2018）
著(编)者：王展鹏 2018年12月出版 / 估价：99.00元
PSN B-2015-486-1/1

越南蓝皮书
越南国情报告（2018）
著(编)者：谢林城 2018年11月出版 / 估价：99.00元
PSN B-2006-056-1/1

泰国蓝皮书
泰国研究报告（2018）
著(编)者：庄国土 张禹东 刘文正
2018年10月出版 / 估价：99.00元
PSN B-2016-556-1/1

文化传媒类

“三农”舆情蓝皮书
中国“三农”网络舆情报告（2017～2018）
著(编)者：农业部信息中心
2018年6月出版 / 估价：99.00元
PSN B-2017-640-1/1

传媒竞争力蓝皮书
中国传媒国际竞争力研究报告（2018）
著(编)者：李本乾 刘强 王大可
2018年8月出版 / 估价：99.00元
PSN B-2013-356-1/1

传媒蓝皮书
中国传媒产业发展报告（2018）
著(编)者：崔保国
2018年5月出版 / 估价：99.00元
PSN B-2005-035-1/1

传媒投资蓝皮书
中国传媒投资发展报告（2018）
著(编)者：张向东 谭云明
2018年6月出版 / 估价：148.00元
PSN B-2015-474-1/1

非物质文化遗产蓝皮书
中国非物质文化遗产发展报告（2018）
著(编)者：陈平 2018年6月出版 / 估价：128.00元
PSN B-2015-469-1/2

非物质文化遗产蓝皮书
中国非物质文化遗产保护发展报告（2018）
著(编)者：宋俊华 2018年10月出版 / 估价：128.00元
PSN B-2016-586-2/2

广电蓝皮书
中国广播电影电视发展报告（2018）
著(编)者：国家新闻出版广电总局发展研究中心
2018年7月出版 / 估价：99.00元
PSN B-2006-072-1/1

广告主蓝皮书
中国广告主营销传播趋势报告No.9
著(编)者：黄升民 杜国清 邵华冬 等
2018年10月出版 / 估价：158.00元
PSN B-2005-041-1/1

国际传播蓝皮书
中国国际传播发展报告（2018）
著(编)者：胡正荣 李继东 姬德强
2018年12月出版 / 估价：99.00元
PSN B-2014-408-1/1

国家形象蓝皮书
中国国家形象传播报告（2017）
著(编)者：张昆 2018年6月出版 / 估价：128.00元
PSN B-2017-605-1/1

互联网治理蓝皮书
中国网络社会治理研究报告（2018）
著(编)者：罗昕 支庭荣
2018年9月出版 / 估价：118.00元
PSN B-2017-653-1/1

纪录片蓝皮书
中国纪录片发展报告（2018）
著(编)者：何苏六 2018年10月出版 / 估价：99.00元
PSN B-2011-222-1/1

科学传播蓝皮书
中国科学传播报告（2016~2017）
著(编)者：詹正茂 2018年6月出版 / 估价：99.00元
PSN B-2008-120-1/1

两岸创意经济蓝皮书
两岸创意经济研究报告（2018）
著(编)者：罗昌智 董泽平
2018年10月出版 / 估价：99.00元
PSN B-2014-437-1/1

媒介与女性蓝皮书
中国媒介与女性发展报告（2017~2018）
著(编)者：刘利群 2018年5月出版 / 估价：99.00元
PSN B-2013-345-1/1

媒体融合蓝皮书
中国媒体融合发展报告（2017~2018）
著(编)者：梅宁华 支庭荣
2017年12月出版 / 定价：98.00元
PSN B-2015-479-1/1

全球传媒蓝皮书
全球传媒发展报告（2017~2018）
著(编)者：胡正荣 李继东 2018年6月出版 / 估价：99.00元
PSN B-2012-237-1/1

少数民族非遗蓝皮书
中国少数民族非物质文化遗产发展报告（2018）
著(编)者：肖远平（彝） 柴立（满）
2018年10月出版 / 估价：118.00元
PSN B-2015-467-1/1

视听新媒体蓝皮书
中国视听新媒体发展报告（2018）
著(编)者：国家新闻出版广电总局发展研究中心
2018年7月出版 / 估价：118.00元
PSN B-2011-184-1/1

数字娱乐产业蓝皮书
中国动画产业发展报告（2018）
著(编)者：孙立军 孙平 牛兴侦
2018年10月出版 / 估价：99.00元
PSN B-2011-198-1/2

数字娱乐产业蓝皮书
中国游戏产业发展报告（2018）
著(编)者：孙立军 刘跃军 2018年10月出版 / 估价：99.00元
PSN B-2017-662-2/2

网络视听蓝皮书
中国互联网视听行业发展报告（2018）
著(编)者：陈鹏 2018年2月出版 / 定价：148.00元
PSN B-2018-688-1/1

文化创新蓝皮书
中国文化创新报告（2017·No.8）
著(编)者：傅才武 2018年6月出版 / 估价：99.00元
PSN B-2009-143-1/1

文化建设蓝皮书
中国文化发展报告（2018）
著(编)者：江畅 孙伟平 戴茂堂
2018年5月出版 / 估价：99.00元
PSN B-2014-392-1/1

文化科技蓝皮书
文化科技创新发展报告（2018）
著(编)者：于平 李凤亮 2018年10月出版 / 估价：99.00元
PSN B-2013-342-1/1

文化蓝皮书
中国公共文化服务发展报告（2017~2018）
著(编)者：刘新成 张永新 张旭
2018年12月出版 / 估价：99.00元
PSN B-2007-093-2/10

文化蓝皮书
中国少数民族文化发展报告（2017~2018）
著(编)者：武翠英 张晓明 任乌晶
2018年9月出版 / 估价：99.00元
PSN B-2013-369-9/10

文化蓝皮书
中国文化产业供需协调检测报告（2018）
著(编)者：王亚南 2018年3月出版 / 定价：99.00元
PSN B-2013-323-8/10

文化蓝皮书
中国文化消费需求景气评价报告（2018）
著(编)者：王亚南　2018年3月出版 / 定价：99.00元
PSN B-2011-236-4/10

文化蓝皮书
中国公共文化投入增长测评报告（2018）
著(编)者：王亚南　2018年3月出版 / 定价：99.00元
PSN B-2014-435-10/10

文化品牌蓝皮书
中国文化品牌发展报告（2018）
著(编)者：欧阳友权　2018年5月出版 / 估价：99.00元
PSN B-2012-277-1/1

文化遗产蓝皮书
中国文化遗产事业发展报告（2017~2018）
著(编)者：苏杨 张颖岚 卓杰 白海峰 陈晨 陈叙图
2018年8月出版 / 估价：99.00元
PSN B-2008-119-1/1

文学蓝皮书
中国文情报告（2017~2018）
著(编)者：白烨　2018年5月出版 / 估价：99.00元
PSN B-2011-221-1/1

新媒体蓝皮书
中国新媒体发展报告No.9（2018）
著(编)者：唐绪军　2018年7月出版 / 估价：99.00元
PSN B-2010-169-1/1

新媒体社会责任蓝皮书
中国新媒体社会责任研究报告（2018）
著(编)者：钟瑛　2018年12月出版 / 估价：99.00元
PSN B-2014-423-1/1

移动互联网蓝皮书
中国移动互联网发展报告（2018）
著(编)者：余清楚　2018年6月出版 / 估价：99.00元
PSN B-2012-282-1/1

影视蓝皮书
中国影视产业发展报告（2018）
著(编)者：司若 陈鹏 陈锐
2018年6月出版 / 估价：99.00元
PSN B-2016-529-1/1

舆情蓝皮书
中国社会舆情与危机管理报告（2018）
著(编)者：谢耘耕
2018年9月出版 / 估价：138.00元
PSN B-2011-235-1/1

中国大运河蓝皮书
中国大运河发展报告（2018）
著(编)者：吴欣　2018年2月出版 / 估价：128.00元
PSN B-2018-691-1/1

地方发展类-经济

澳门蓝皮书
澳门经济社会发展报告（2017~2018）
著(编)者：吴志良 郝雨凡
2018年7月出版 / 估价：99.00元
PSN B-2009-138-1/1

澳门绿皮书
澳门旅游休闲发展报告（2017~2018）
著(编)者：郝雨凡 林广志
2018年5月出版 / 估价：99.00元
PSN G-2017-617-1/1

北京蓝皮书
北京经济发展报告（2017~2018）
著(编)者：杨松　2018年6月出版 / 估价：99.00元
PSN B-2006-054-2/8

北京旅游绿皮书
北京旅游发展报告（2018）
著(编)者：北京旅游学会
2018年7月出版 / 估价：99.00元
PSN G-2012-301-1/1

北京体育蓝皮书
北京体育产业发展报告（2017~2018）
著(编)者：钟秉枢 陈杰 杨铁黎
2018年9月出版 / 估价：99.00元
PSN B-2015-475-1/1

滨海金融蓝皮书
滨海新区金融发展报告（2017）
著(编)者：王爱俭 李向前　2018年4月出版 / 估价：99.00元
PSN B-2014-424-1/1

城乡一体化蓝皮书
北京城乡一体化发展报告（2017~2018）
著(编)者：吴宝新 张宝秀 黄序
2018年5月出版 / 估价：99.00元
PSN B-2012-258-2/2

非公有制企业社会责任蓝皮书
北京非公有制企业社会责任报告（2018）
著(编)者：宋贵伦 冯培
2018年6月出版 / 估价：99.00元
PSN B-2017-613-1/1

福建旅游蓝皮书
福建省旅游产业发展现状研究（2017~2018）
著(编)者：陈敏华 黄远水 2018年12月出版 / 估价：128.00元
PSN B-2016-591-1/1

福建自贸区蓝皮书
中国(福建)自由贸易试验区发展报告(2017~2018)
著(编)者：黄茂兴 2018年6月出版 / 估价：118.00元
PSN B-2016-531-1/1

甘肃蓝皮书
甘肃经济发展分析与预测（2018）
著(编)者：安文华 罗哲 2018年1月出版 / 定价：99.00元
PSN B-2013-312-1/6

甘肃蓝皮书
甘肃商贸流通发展报告（2018）
著(编)者：张应华 王福生 王晓芳
2018年1月出版 / 定价：99.00元
PSN B-2016-522-6/6

甘肃蓝皮书
甘肃县域和农村发展报告（2018）
著(编)者：包东红 朱智文 王建兵
2018年1月出版 / 定价：99.00元
PSN B-2013-316-5/6

甘肃农业科技绿皮书
甘肃农业科技发展研究报告（2018）
著(编)者：魏胜文 乔德华 张东伟
2018年12月出版 / 估价：198.00元
PSN B-2016-592-1/1

甘肃气象保障蓝皮书
甘肃农业对气候变化的适应与风险评估报告（No.1）
著(编)者：鲍文中 周广胜
2017年12月出版 / 定价：108.00元
PSN B-2017-677-1/1

巩义蓝皮书
巩义经济社会发展报告（2018）
著(编)者：丁同民 朱军 2018年6月出版 / 估价：99.00元
PSN B-2016-532-1/1

广东外经贸蓝皮书
广东对外经济贸易发展研究报告（2017~2018）
著(编)者：陈万灵 2018年6月出版 / 估价：99.00元
PSN B-2012-286-1/1

广西北部湾经济区蓝皮书
广西北部湾经济区开放开发报告（2017~2018）
著(编)者：广西壮族自治区北部湾经济区和东盟开放合作办公室
广西社会科学院
广西北部湾发展研究院
2018年5月出版 / 估价：99.00元
PSN B-2010-181-1/1

广州蓝皮书
广州城市国际化发展报告（2018）
著(编)者：张跃国 2018年8月出版 / 估价：99.00元
PSN B-2012-246-11/14

广州蓝皮书
中国广州城市建设与管理发展报告（2018）
著(编)者：张其学 陈小钢 王宏伟 2018年8月出版 / 估价：99.00元
PSN B-2007-087-4/14

广州蓝皮书
广州创新型城市发展报告（2018）
著(编)者：尹涛 2018年6月出版 / 估价：99.00元
PSN B-2012-247-12/14

广州蓝皮书
广州经济发展报告（2018）
著(编)者：张跃国 尹涛 2018年7月出版 / 估价：99.00元
PSN B-2005-040-1/14

广州蓝皮书
2018年中国广州经济形势分析与预测
著(编)者：魏明海 谢博能 李华
2018年6月出版 / 估价：99.00元
PSN B-2011-185-9/14

广州蓝皮书
中国广州科技创新发展报告（2018）
著(编)者：于欣伟 陈爽 邓佑满 2018年8月出版 / 估价：99.00元
PSN B-2006-065-2/14

广州蓝皮书
广州农村发展报告（2018）
著(编)者：朱名宏 2018年7月出版 / 估价：99.00元
PSN B-2010-167-8/14

广州蓝皮书
广州汽车产业发展报告（2018）
著(编)者：杨再高 冯兴亚 2018年7月出版 / 估价：99.00元
PSN B-2006-066-3/14

广州蓝皮书
广州商贸业发展报告（2018）
著(编)者：张跃国 陈杰 荀振英
2018年7月出版 / 估价：99.00元
PSN B-2012-245-10/14

贵阳蓝皮书
贵阳城市创新发展报告No.3（白云篇）
著(编)者：连玉明 2018年5月出版 / 估价：99.00元
PSN B-2015-491-3/10

贵阳蓝皮书
贵阳城市创新发展报告No.3（观山湖篇）
著(编)者：连玉明 2018年5月出版 / 估价：99.00元
PSN B-2015-497-9/10

贵阳蓝皮书
贵阳城市创新发展报告No.3（花溪篇）
著(编)者：连玉明 2018年5月出版 / 估价：99.00元
PSN B-2015-490-2/10

贵阳蓝皮书
贵阳城市创新发展报告No.3（开阳篇）
著(编)者：连玉明 2018年5月出版 / 估价：99.00元
PSN B-2015-492-4/10

贵阳蓝皮书
贵阳城市创新发展报告No.3（南明篇）
著(编)者：连玉明 2018年5月出版 / 估价：99.00元
PSN B-2015-496-8/10

贵阳蓝皮书
贵阳城市创新发展报告No.3（清镇篇）
著(编)者：连玉明 2018年5月出版 / 估价：99.00元
PSN B-2015-489-1/10

贵阳蓝皮书
贵阳城市创新发展报告No.3（乌当篇）
著(编)者：连玉明　2018年5月出版 / 估价：99.00元
PSN B-2015-495-7/10

贵阳蓝皮书
贵阳城市创新发展报告No.3（息烽篇）
著(编)者：连玉明　2018年5月出版 / 估价：99.00元
PSN B-2015-493-5/10

贵阳蓝皮书
贵阳城市创新发展报告No.3（修文篇）
著(编)者：连玉明　2018年5月出版 / 估价：99.00元
PSN B-2015-494-6/10

贵阳蓝皮书
贵阳城市创新发展报告No.3（云岩篇）
著(编)者：连玉明　2018年5月出版 / 估价：99.00元
PSN B-2015-498-10/10

贵州房地产蓝皮书
贵州房地产发展报告No.5（2018）
著(编)者：武廷方　2018年7月出版 / 估价：99.00元
PSN B-2014-426-1/1

贵州蓝皮书
贵州册亨经济社会发展报告（2018）
著(编)者：黄德林　2018年6月出版 / 估价：99.00元
PSN B-2016-525-8/9

贵州蓝皮书
贵州地理标志产业发展报告（2018）
著(编)者：李发耀 黄其松　2018年8月出版 / 估价：99.00元
PSN B-2017-646-10/10

贵州蓝皮书
贵安新区发展报告（2017~2018）
著(编)者：马长青 吴大华　2018年6月出版 / 估价：99.00元
PSN B-2015-459-4/10

贵州蓝皮书
贵州国家级开放创新平台发展报告（2017~2018）
著(编)者：申晓庆 吴大华 季泓
2018年11月出版 / 估价：99.00元
PSN B-2016-518-7/10

贵州蓝皮书
贵州国有企业社会责任发展报告（2017~2018）
著(编)者：郭丽　2018年12月出版 / 估价：99.00元
PSN B-2015-511-6/10

贵州蓝皮书
贵州民航业发展报告（2017）
著(编)者：申振东 吴大华　2018年6月出版 / 估价：99.00元
PSN B-2015-471-5/10

贵州蓝皮书
贵州民营经济发展报告（2017）
著(编)者：杨静 吴大华　2018年6月出版 / 估价：99.00元
PSN B-2016-530-9/9

杭州都市圈蓝皮书
杭州都市圈发展报告（2018）
著(编)者：洪庆华 沈翔　2018年4月出版 / 定价：98.00元
PSN B-2012-302-1/1

河北经济蓝皮书
河北省经济发展报告（2018）
著(编)者：马树强 金浩 张贵　2018年6月出版 / 估价：99.00元
PSN B-2014-380-1/1

河北蓝皮书
河北经济社会发展报告（2018）
著(编)者：康振海　2018年1月出版 / 定价：99.00元
PSN B-2014-372-1/3

河北蓝皮书
京津冀协同发展报告（2018）
著(编)者：陈璐　2017年12月出版 / 定价：79.00元
PSN B-2017-601-2/3

河南经济蓝皮书
2018年河南经济形势分析与预测
著(编)者：王世炎　2018年3月出版 / 定价：89.00元
PSN B-2007-086-1/1

河南蓝皮书
河南城市发展报告（2018）
著(编)者：张占仓 王建国　2018年5月出版 / 估价：99.00元
PSN B-2009-131-3/9

河南蓝皮书
河南工业发展报告（2018）
著(编)者：张占仓　2018年5月出版 / 估价：99.00元
PSN B-2013-317-5/9

河南蓝皮书
河南金融发展报告（2018）
著(编)者：喻新安 谷建全
2018年6月出版 / 估价：99.00元
PSN B-2014-390-7/9

河南蓝皮书
河南经济发展报告（2018）
著(编)者：张占仓 完世伟
2018年6月出版 / 估价：99.00元
PSN B-2010-157-4/9

河南蓝皮书
河南能源发展报告（2018）
著(编)者：国网河南省电力公司经济技术研究院
河南省社会科学院
2018年6月出版 / 估价：99.00元
PSN B-2017-607-9/9

河南商务蓝皮书
河南商务发展报告（2018）
著(编)者：焦锦淼 穆荣国　2018年5月出版 / 估价：99.00元
PSN B-2014-399-1/1

河南双创蓝皮书
河南创新创业发展报告（2018）
著(编)者：喻新安 杨雪梅
2018年8月出版 / 估价：99.00元
PSN B-2017-641-1/1

黑龙江蓝皮书
黑龙江经济发展报告（2018）
著(编)者：朱宇　2018年1月出版 / 定价：89.00元
PSN B-2011-190-2/2

湖南城市蓝皮书
区域城市群整合
著(编)者：童中贤 韩未名 2018年12月出版 / 估价：99.00元
PSN B-2006-064-1/1

湖南蓝皮书
湖南城乡一体化发展报告（2018）
著(编)者：陈文胜 王文强 陆福兴
2018年8月出版 / 估价：99.00元
PSN B-2015-477-8/8

湖南蓝皮书
2018年湖南电子政务发展报告
著(编)者：梁志峰 2018年5月出版 / 估价：128.00元
PSN B-2014-394-6/8

湖南蓝皮书
2018年湖南经济发展报告
著(编)者：卞鹰 2018年5月出版 / 估价：128.00元
PSN B-2011-207-2/8

湖南蓝皮书
2016年湖南经济展望
著(编)者：梁志峰 2018年5月出版 / 估价：128.00元
PSN B-2011-206-1/8

湖南蓝皮书
2018年湖南县域经济社会发展报告
著(编)者：梁志峰 2018年5月出版 / 估价：128.00元
PSN B-2014-395-7/8

湖南县域绿皮书
湖南县域发展报告（No.5）
著(编)者：袁准 周小毛 黎仁寅
2018年6月出版 / 估价：99.00元
PSN G-2012-274-1/1

沪港蓝皮书
沪港发展报告（2018）
著(编)者：尤安山 2018年9月出版 / 估价：99.00元
PSN B-2013-362-1/1

吉林蓝皮书
2018年吉林经济社会形势分析与预测
著(编)者：邵汉明 2017年12月出版 / 定价：89.00元
PSN B-2013-319-1/1

吉林省城市竞争力蓝皮书
吉林省城市竞争力报告（2017~2018）
著(编)者：崔岳春 张磊
2018年3月出版 / 定价：89.00元
PSN B-2016-513-1/1

济源蓝皮书
济源经济社会发展报告（2018）
著(编)者：喻新安 2018年6月出版 / 估价：99.00元
PSN B-2014-387-1/1

江苏蓝皮书
2018年江苏经济发展分析与展望
著(编)者：王庆五 吴先满
2018年7月出版 / 估价：128.00元
PSN B-2017-635-1/3

江西蓝皮书
江西经济社会发展报告（2018）
著(编)者：陈石俊 龚建文 2018年10月出版 / 估价：128.00元
PSN B-2015-484-1/2

江西蓝皮书
江西设区市发展报告（2018）
著(编)者：姜玮 梁勇
2018年10月出版 / 估价：99.00元
PSN B-2016-517-2/2

经济特区蓝皮书
中国经济特区发展报告（2017）
著(编)者：陶一桃 2018年1月出版 / 估价：99.00元
PSN B-2009-139-1/1

辽宁蓝皮书
2018年辽宁经济社会形势分析与预测
著(编)者：梁启东 魏红江 2018年6月出版 / 估价：99.00元
PSN B-2006-053-1/1

民族经济蓝皮书
中国民族地区经济发展报告（2018）
著(编)者：李曦辉 2018年7月出版 / 估价：99.00元
PSN B-2017-630-1/1

南宁蓝皮书
南宁经济发展报告（2018）
著(编)者：胡建华 2018年9月出版 / 估价：99.00元
PSN B-2016-569-2/3

内蒙古蓝皮书
内蒙古精准扶贫研究报告（2018）
著(编)者：张志华 2018年1月出版 / 定价：89.00元
PSN B-2017-681-2/2

浦东新区蓝皮书
上海浦东经济发展报告（2018）
著(编)者：周小平 徐美芳
2018年1月出版 / 定价：89.00元
PSN B-2011-225-1/1

青海蓝皮书
2018年青海经济社会形势分析与预测
著(编)者：陈玮 2018年1月出版 / 定价：98.00元
PSN B-2012-275-1/2

青海科技绿皮书
青海科技发展报告（2017）
著(编)者：青海省科学技术信息研究所
2018年3月出版 / 定价：98.00元
PSN G-2018-701-1/1

山东蓝皮书
山东经济形势分析与预测（2018）
著(编)者：李广杰 2018年7月出版 / 估价：99.00元
PSN B-2014-404-1/5

山东蓝皮书
山东省普惠金融发展报告（2018）
著(编)者：齐鲁财富网
2018年9月出版 / 估价：99.00元
PSN B2017-676-5/5

山西蓝皮书
山西资源型经济转型发展报告（2018）
著(编)者：李志强　2018年7月出版 / 估价：99.00元
PSN B-2011-197-1/1

陕西蓝皮书
陕西经济发展报告（2018）
著(编)者：任宗哲 白宽犁 裴成荣
2018年1月出版 / 定价：89.00元
PSN B-2009-135-1/6

陕西蓝皮书
陕西精准脱贫研究报告（2018）
著(编)者：任宗哲 白宽犁 王建康
2018年4月出版 / 定价：89.00元
PSN B-2017-623-6/6

上海蓝皮书
上海经济发展报告（2018）
著(编)者：沈开艳　2018年2月出版 / 定价：89.00元
PSN B-2006-057-1/7

上海蓝皮书
上海资源环境发展报告（2018）
著(编)者：周冯琦 胡静　2018年2月出版 / 定价：89.00元
PSN B-2006-060-4/7

上海蓝皮书
上海奉贤经济发展分析与研判（2017~2018）
著(编)者：张兆安 朱平芳　2018年3月出版 / 定价：99.00元
PSN B-2018-698-8/8

上饶蓝皮书
上饶发展报告（2016~2017）
著(编)者：廖其志　2018年6月出版 / 估价：128.00元
PSN B-2014-377-1/1

深圳蓝皮书
深圳经济发展报告（2018）
著(编)者：张骁儒　2018年6月出版 / 估价：99.00元
PSN B-2008-112-3/7

四川蓝皮书
四川城镇化发展报告（2018）
著(编)者：侯水平 陈炜　2018年6月出版 / 估价：99.00元
PSN B-2015-456-7/7

四川蓝皮书
2018年四川经济形势分析与预测
著(编)者：杨钢　2018年1月出版 / 定价：158.00元
PSN B-2007-098-2/7

四川蓝皮书
四川企业社会责任研究报告（2017~2018）
著(编)者：侯水平 盛毅　2018年5月出版 / 估价：99.00元
PSN B-2014-386-4/7

四川蓝皮书
四川生态建设报告（2018）
著(编)者：李晟之　2018年5月出版 / 估价：99.00元
PSN B-2015-455-6/7

四川蓝皮书
四川特色小镇发展报告（2017）
著(编)者：吴志强　2017年11月出版 / 定价：89.00元
PSN B-2017-670-8/8

体育蓝皮书
上海体育产业发展报告（2017~2018）
著(编)者：张林 黄海燕
2018年10月出版 / 估价：99.00元
PSN B-2015-454-4/5

体育蓝皮书
长三角地区体育产业发展报（2017~2018）
著(编)者：张林　2018年6月出版 / 估价：99.00元
PSN B-2015-453-3/5

天津金融蓝皮书
天津金融发展报告（2018）
著(编)者：王爱俭 孔德昌
2018年5月出版 / 估价：99.00元
PSN B-2014-418-1/1

图们江区域合作蓝皮书
图们江区域合作发展报告（2018）
著(编)者：李铁　2018年6月出版 / 估价：99.00元
PSN B-2015-464-1/1

温州蓝皮书
2018年温州经济社会形势分析与预测
著(编)者：蒋儒标 王春光 金浩
2018年6月出版 / 估价：99.00元
PSN B-2008-105-1/1

西咸新区蓝皮书
西咸新区发展报告（2018）
著(编)者：李扬 王军
2018年6月出版 / 估价：99.00元
PSN B-2016-534-1/1

修武蓝皮书
修武经济社会发展报告（2018）
著(编)者：张占仓 袁凯声
2018年10月出版 / 估价：99.00元
PSN B-2017-651-1/1

偃师蓝皮书
偃师经济社会发展报告（2018）
著(编)者：张占仓 袁凯声 何武周
2018年7月出版 / 估价：99.00元
PSN B-2017-627-1/1

扬州蓝皮书
扬州经济社会发展报告（2018）
著(编)者：陈扬
2018年12月出版 / 估价：108.00元
PSN B-2011-191-1/1

长垣蓝皮书
长垣经济社会发展报告（2018）
著(编)者：张占仓 袁凯声 秦保建
2018年10月出版 / 估价：99.00元
PSN B-2017-654-1/1

遵义蓝皮书
遵义发展报告（2018）
著(编)者：邓彦 曾征 龚永育
2018年9月出版 / 估价：99.00元
PSN B-2014-433-1/1

地方发展类-社会

安徽蓝皮书
安徽社会发展报告（2018）
著(编)者：程桦　2018年6月出版 / 估价：99.00元
PSN B-2013-325-1/1

安徽社会建设蓝皮书
安徽社会建设分析报告（2017～2018）
著(编)者：黄家海 蔡宪
2018年11月出版 / 估价：99.00元
PSN B-2013-322-1/1

北京蓝皮书
北京公共服务发展报告（2017～2018）
著(编)者：施昌奎　2018年6月出版 / 估价：99.00元
PSN B-2008-103-7/8

北京蓝皮书
北京社会发展报告（2017～2018）
著(编)者：李伟东
2018年7月出版 / 估价：99.00元
PSN B-2006-055-3/8

北京蓝皮书
北京社会治理发展报告（2017～2018）
著(编)者：殷星辰　2018年7月出版 / 估价：99.00元
PSN B-2014-391-8/8

北京律师蓝皮书
北京律师发展报告 No.4（2018）
著(编)者：王隽　2018年12月出版 / 估价：99.00元
PSN B-2011-217-1/1

北京人才蓝皮书
北京人才发展报告（2018）
著(编)者：敏华　2018年12月出版 / 估价：128.00元
PSN B-2011-201-1/1

北京社会心态蓝皮书
北京社会心态分析报告（2017～2018）
北京市社会心理服务促进中心
2018年10月出版 / 估价：99.00元
PSN B-2014-422-1/1

北京社会组织管理蓝皮书
北京社会组织发展与管理（2018）
著(编)者：黄江松
2018年6月出版 / 估价：99.00元
PSN B-2015-446-1/1

北京养老产业蓝皮书
北京居家养老发展报告（2018）
著(编)者：陆杰华 周明明
2018年8月出版 / 估价：99.00元
PSN B-2015-465-1/1

法治蓝皮书
四川依法治省年度报告No.4（2018）
著(编)者：李林 杨天宗 田禾
2018年3月出版 / 定价：118.00元
PSN B-2015-447-2/3

福建妇女发展蓝皮书
福建省妇女发展报告（2018）
著(编)者：刘群英　2018年11月出版 / 估价：99.00元
PSN B-2011-220-1/1

甘肃蓝皮书
甘肃社会发展分析与预测（2018）
著(编)者：安文华 谢增虎 包晓霞
2018年1月出版 / 定价：99.00元
PSN B-2013-313-2/6

广东蓝皮书
广东全面深化改革研究报告（2018）
著(编)者：周林生 涂成林
2018年12月出版 / 估价：99.00元
PSN B-2015-504-3/3

广东蓝皮书
广东社会工作发展报告（2018）
著(编)者：罗观翠　2018年6月出版 / 估价：99.00元
PSN B-2014-402-2/3

广州蓝皮书
广州青年发展报告（2018）
著(编)者：徐柳 张强
2018年8月出版 / 估价：99.00元
PSN B-2013-352-13/14

广州蓝皮书
广州社会保障发展报告（2018）
著(编)者：张跃国　2018年8月出版 / 估价：99.00元
PSN B-2014-425-14/14

广州蓝皮书
2018年中国广州社会形势分析与预测
著(编)者：张强 郭志勇 何镜清
2018年6月出版 / 估价：99.00元
PSN B-2008-110-5/14

贵州蓝皮书
贵州法治发展报告（2018）
著(编)者：吴大华　2018年5月出版 / 估价：99.00元
PSN B-2012-254-2/10

贵州蓝皮书
贵州人才发展报告（2017）
著(编)者：于杰 吴大华
2018年9月出版 / 估价：99.00元
PSN B-2014-382-3/10

贵州蓝皮书
贵州社会发展报告（2018）
著(编)者：王兴骥　2018年6月出版 / 估价：99.00元
PSN B-2010-166-1/10

杭州蓝皮书
杭州妇女发展报告（2018）
著(编)者：魏颖
2018年10月出版 / 估价：99.00元
PSN B-2014-403-1/1

中国皮书网

（网址：www.pishu.cn）

发布皮书研创资讯，传播皮书精彩内容
引领皮书出版潮流，打造皮书服务平台

栏目设置

关于皮书：何谓皮书、皮书分类、皮书大事记、皮书荣誉、
皮书出版第一人、皮书编辑部

最新资讯：通知公告、新闻动态、媒体聚焦、网站专题、视频直播、下载专区

皮书研创：皮书规范、皮书选题、皮书出版、皮书研究、研创团队

皮书评奖评价：指标体系、皮书评价、皮书评奖

互动专区：皮书说、社科数托邦、皮书微博、留言板

所获荣誉

2008 年、2011 年，中国皮书网均在全国新闻出版业网站荣誉评选中获得“最具商业价值网站”称号；

2012 年，获得“出版业网站百强”称号。

网库合一

2014 年，中国皮书网与皮书数据库端口合一，实现资源共享。

河北蓝皮书
河北法治发展报告（2018）
著(编)者：康振海　2018年6月出版 / 估价：99.00元
PSN B-2017-622-3/3

河北食品药品安全蓝皮书
河北食品药品安全研究报告（2018）
著(编)者：丁锦霞
2018年10月出版 / 估价：99.00元
PSN B-2015-473-1/1

河南蓝皮书
河南法治发展报告（2018）
著(编)者：张林海　2018年7月出版 / 估价：99.00元
PSN B-2014-376-6/9

河南蓝皮书
2018年河南社会形势分析与预测
著(编)者：牛苏林　2018年5月出版 / 估价：99.00元
PSN B-2005-043-1/9

河南民办教育蓝皮书
河南民办教育发展报告（2018）
著(编)者：胡大白　2018年9月出版 / 估价：99.00元
PSN B-2017-642-1/1

黑龙江蓝皮书
黑龙江社会发展报告（2018）
著(编)者：王爱丽　2018年1月出版 / 定价：89.00元
PSN B-2011-189-1/2

湖南蓝皮书
2018年湖南两型社会与生态文明建设报告
著(编)者：卞鹰　2018年5月出版 / 估价：128.00元
PSN B-2011-208-3/8

湖南蓝皮书
2018年湖南社会发展报告
著(编)者：卞鹰　2018年5月出版 / 估价：128.00元
PSN B-2014-393-5/8

健康城市蓝皮书
北京健康城市建设研究报告（2018）
著(编)者：王鸿春 盛继洪
2018年9月出版 / 估价：99.00元
PSN B-2015-460-1/2

江苏法治蓝皮书
江苏法治发展报告No.6（2017）
著(编)者：蔡道通 龚廷泰
2018年8月出版 / 估价：99.00元
PSN B-2012-290-1/1

江苏蓝皮书
2018年江苏社会发展分析与展望
著(编)者：王庆五 刘旺洪
2018年8月出版 / 估价：128.00元
PSN B-2017-636-2/3

民族教育蓝皮书
中国民族教育发展报告（2017·内蒙古卷）
著(编)者：陈中永
2017年12月出版 / 定价：198.00元
PSN B-2017-669-1/1

南宁蓝皮书
南宁法治发展报告（2018）
著(编)者：杨维超　2018年12月出版 / 估价：99.00元
PSN B-2015-509-1/3

南宁蓝皮书
南宁社会发展报告（2018）
著(编)者：胡建华　2018年10月出版 / 估价：99.00元
PSN B-2016-570-3/3

内蒙古蓝皮书
内蒙古反腐倡廉建设报告 No.2
著(编)者：张志华　2018年6月出版 / 估价：99.00元
PSN B-2013-365-1/1

青海蓝皮书
2018年青海人才发展报告
著(编)者：王宇燕　2018年9月出版 / 估价：99.00元
PSN B-2017-650-2/2

青海生态文明建设蓝皮书
青海生态文明建设报告（2018）
著(编)者：张西明 高华　2018年12月出版 / 估价：99.00元
PSN B-2016-595-1/1

人口与健康蓝皮书
深圳人口与健康发展报告（2018）
著(编)者：陆杰华 傅崇辉
2018年11月出版 / 估价：99.00元
PSN B-2011-228-1/1

山东蓝皮书
山东社会形势分析与预测（2018）
著(编)者：李善峰　2018年6月出版 / 估价：99.00元
PSN B-2014-405-2/5

陕西蓝皮书
陕西社会发展报告（2018）
著(编)者：任宗哲 白宽犁 牛昉
2018年1月出版 / 定价：89.00元
PSN B-2009-136-2/6

上海蓝皮书
上海法治发展报告（2018）
著(编)者：叶必丰　2018年9月出版 / 估价：99.00元
PSN B-2012-296-6/7

上海蓝皮书
上海社会发展报告（2018）
著(编)者：杨雄 周海旺
2018年2月出版 / 定价：89.00元
PSN B-2006-058-2/7

社会建设蓝皮书
2018年北京社会建设分析报告
著(编)者：宋贵伦 冯虹 2018年9月出版 / 估价：99.00元
PSN B-2010-173-1/1

深圳蓝皮书
深圳法治发展报告（2018）
著(编)者：张骁儒 2018年6月出版 / 估价：99.00元
PSN B-2015-470-6/7

深圳蓝皮书
深圳劳动关系发展报告（2018）
著(编)者：汤庭芬 2018年8月出版 / 估价：99.00元
PSN B-2007-097-2/7

深圳蓝皮书
深圳社会治理与发展报告（2018）
著(编)者：张骁儒 2018年6月出版 / 估价：99.00元
PSN B-2008-113-4/7

生态安全绿皮书
甘肃国家生态安全屏障建设发展报告（2018）
著(编)者：刘举科 喜文华
2018年10月出版 / 估价：99.00元
PSN G-2017-659-1/1

顺义社会建设蓝皮书
北京市顺义区社会建设发展报告（2018）
著(编)者：王学武 2018年9月出版 / 估价：99.00元
PSN B-2017-658-1/1

四川蓝皮书
四川法治发展报告（2018）
著(编)者：郑泰安 2018年6月出版 / 估价：99.00元
PSN B-2015-441-5/7

四川蓝皮书
四川社会发展报告（2018）
著(编)者：李羚 2018年6月出版 / 估价：99.00元
PSN B-2008-127-3/7

四川社会工作与管理蓝皮书
四川省社会工作人力资源发展报告（2017）
著(编)者：边慧敏 2017年12月出版 / 定价：89.00元
PSN B-2017-683-1/1

云南社会治理蓝皮书
云南社会治理年度报告（2017）
著(编)者：晏雄 韩全芳
2018年5月出版 / 估价：99.00元
PSN B-2017-667-1/1

地方发展类-文化

北京传媒蓝皮书
北京新闻出版广电发展报告（2017～2018）
著(编)者：王志 2018年11月出版 / 估价：99.00元
PSN B-2016-588-1/1

北京蓝皮书
北京文化发展报告（2017～2018）
著(编)者：李建盛 2018年5月出版 / 估价：99.00元
PSN B-2007-082-4/8

创意城市蓝皮书
北京文化创意产业发展报告（2018）
著(编)者：郭万超 张京成 2018年12月出版 / 估价：99.00元
PSN B-2012-263-1/7

创意城市蓝皮书
天津文化创意产业发展报告（2017～2018）
著(编)者：谢思全 2018年6月出版 / 估价：99.00元
PSN B-2016-536-7/7

创意城市蓝皮书
武汉文化创意产业发展报告（2018）
著(编)者：黄永林 陈汉桥 2018年12月出版 / 估价：99.00元
PSN B-2013-354-4/7

创意上海蓝皮书
上海文化创意产业发展报告（2017～2018）
著(编)者：王慧敏 王兴全 2018年8月出版 / 估价：99.00元
PSN B-2016-561-1/1

非物质文化遗产蓝皮书
广州市非物质文化遗产保护发展报告（2018）
著(编)者：宋俊华 2018年12月出版 / 估价：99.00元
PSN B-2016-589-1/1

甘肃蓝皮书
甘肃文化发展分析与预测（2018）
著(编)者：马廷旭 戚晓萍 2018年1月出版 / 定价：99.00元
PSN B-2013-314-3/6

甘肃蓝皮书
甘肃舆情分析与预测（2018）
著(编)者：王俊莲 张谦元 2018年1月出版 / 定价：99.00元
PSN B-2013-315-4/6

广州蓝皮书
中国广州文化发展报告（2018）
著(编)者：屈哨兵 陆志强 2018年6月出版 / 估价：99.00元
PSN B-2009-134-7/14

广州蓝皮书
广州文化创意产业发展报告（2018）
著(编)者：徐咏虹 2018年7月出版 / 估价：99.00元
PSN B-2008-111-6/14

海淀蓝皮书
海淀区文化和科技融合发展报告（2018）
著(编)者：陈名杰 孟景伟 2018年5月出版 / 估价：99.00元
PSN B-2013-329-1/1

河南蓝皮书
河南文化发展报告（2018）
著(编)者：卫绍生　2018年7月出版 / 估价：99.00元
PSN B-2008-106-2/9

湖北文化产业蓝皮书
湖北省文化产业发展报告（2018）
著(编)者：黄晓华　2018年9月出版 / 估价：99.00元
PSN B-2017-656-1/1

湖北文化蓝皮书
湖北文化发展报告（2017~2018）
著(编)者：湖北大学高等人文研究院
中华文化发展湖北省协同创新中心
2018年10月出版 / 估价：99.00元
PSN B-2016-566-1/1

江苏蓝皮书
2018年江苏文化发展分析与展望
著(编)者：王庆五 樊和平　2018年9月出版 / 估价：128.00元
PSN B-2017-637-3/3

江西文化蓝皮书
江西非物质文化遗产发展报告（2018）
著(编)者：张圣才 傅安平　2018年12月出版 / 估价：128.00元
PSN B-2015-499-1/1

洛阳蓝皮书
洛阳文化发展报告（2018）
著(编)者：刘福兴 陈启明　2018年7月出版 / 估价：99.00元
PSN B-2015-476-1/1

南京蓝皮书
南京文化发展报告（2018）
著(编)者：中共南京市委宣传部
2018年12月出版 / 估价：99.00元
PSN B-2014-439-1/1

宁波文化蓝皮书
宁波“一人一艺”全民艺术普及发展报告（2017）
著(编)者：张爱琴　2018年11月出版 / 估价：128.00元
PSN B-2017-668-1/1

山东蓝皮书
山东文化发展报告（2018）
著(编)者：涂可国　2018年5月出版 / 估价：99.00元
PSN B-2014-406-3/5

陕西蓝皮书
陕西文化发展报告（2018）
著(编)者：任宗哲 白宽犁 王长寿
2018年1月出版 / 定价：89.00元
PSN B-2009-137-3/6

上海蓝皮书
上海传媒发展报告（2018）
著(编)者：强荧 焦雨虹　2018年2月出版 / 定价：89.00元
PSN B-2012-295-5/7

上海蓝皮书
上海文学发展报告（2018）
著(编)者：陈圣来　2018年6月出版 / 估价：99.00元
PSN B-2012-297-7/7

上海蓝皮书
上海文化发展报告（2018）
著(编)者：荣跃明　2018年6月出版 / 估价：99.00元
PSN B-2006-059-3/7

深圳蓝皮书
深圳文化发展报告（2018）
著(编)者：张骁儒　2018年7月出版 / 估价：99.00元
PSN B-2016-554-7/7

四川蓝皮书
四川文化产业发展报告（2018）
著(编)者：向宝云 张立伟　2018年6月出版 / 估价：99.00元
PSN B-2006-074-1/7

郑州蓝皮书
2018年郑州文化发展报告
著(编)者：王哲　2018年9月出版 / 估价：99.00元
PSN B-2008-107-1/1

皮书起源

“皮书”起源于十七、十八世纪的英国，主要指官方或社会组织正式发表的重要文件或报告，多以“白皮书”命名。在中国，“皮书”这一概念被社会广泛接受，并被成功运作、发展成为一种全新的出版形态，则源于中国社会科学院社会科学文献出版社。

皮书定义

皮书是对中国与世界发展状况和热点问题进行年度监测，以专业的角度、专家的视野和实证研究方法，针对某一领域或区域现状与发展态势展开分析和预测，具备原创性、实证性、专业性、连续性、前沿性、时效性等特点的公开出版物，由一系列权威研究报告组成。

皮书作者

皮书系列的作者以中国社会科学院、著名高校、地方社会科学院的研究人员为主，多为国内一流研究机构的权威专家学者，他们的看法和观点代表了学界对中国与世界的现实和未来最高水平的解读与分析。

皮书荣誉

皮书系列已成为社会科学文献出版社的著名图书品牌和中国社会科学院的知名学术品牌。2016 年，皮书系列正式列入“十三五”国家重点出版规划项目；2013~2018 年，重点皮书列入中国社会科学院承担的国家哲学社会科学创新工程项目；2018 年，59 种院外皮书使用“中国社会科学院创新工程学术出版项目”标识。

省政府印发《关于统筹推进县域内城乡义务教育一体化改革发展的实施意见》，全省有28个县（市、区）及开发区实现义务教育发展基本均衡，全省有92个县（市、区）开展国家义务教育发展基本均衡县评估认定工作，进度为82.14%。在高等教育发展方面，江西省财政投入40亿元，支持南昌大学和其他高校33个一流学科、50个一流专业建设，稳中求进推动高等教育事业发展。

近年来，中部地区在教育领域特别是义务教育领域所实施的各项政策措施的效果开始显现，这既得益于中央从政策层面对促进义务教育提供的制度保障，也得益于各级地方政府从投入保障、均等化等方面进行的回应和努力。东部地区在教育投入和总体保障水平上处于领先地位，主要源于其雄厚的经济基础和财力支撑以及相对较好的人力资本基础；而中部地区在义务教育普及等方面开展的大量基础性工作已逐步显现出成效，未来与东部发达地区的差距将进一步缩小，教育现代化取得重要进展指日可待。[①]

（三）医疗卫生与计划生育事业加速推进

2017年，中部地区在医疗卫生方面取得较大进展，为人民群众提供了较为完善的医疗保障体系。在财政支出上，中部六省医疗卫生与计划生育累计总支出3476.89亿元，较2016年增加352.03亿元，同比增长11.3%。其中，安徽省医疗卫生与计划生育支出较2016年增加119.70亿元，同比增长25.0%。在医疗卫生与计划生育质量方面，中部地区与全国相比虽有一定的差距，但中部地区着力于改善这一局面，并取得明显成效。2017年中部六省人均医疗卫生与计划生育支出为942.24元，其中湖北省和江西省人均支出分别为1073.53元和1067.46元，均高于全国平均水平，其余四省虽低于全国平均水平，但都呈现出稳定增长的趋势。

2014年，安徽省在全国率先提出53种疾病不输液“负面清单”，开展

① 卢洪友、祁毓：《中国教育基本公共服务均等化进程研究报告》，《学习与实践》2013年第2期，第133页。

门诊急诊静脉输液处方点评制度。[①] 2017 年，安徽省统筹推进医保、医药、医疗联动改革，最大限度释放改革红利，群众获得感不断提升，实现了“患者负担不增加、医院收入不减少、医保基金可承受”的目标。2017 年初，河南省政府发布《“健康中原 2030”规划纲要》，描绘健康中原建设的宏伟蓝图，引导社会力量发展健康服务业，共同改善卫生健康事业发展不平衡、医疗卫生产业结构不合理等问题。积极思考如何利用自身技术和资源优势，推进河南省“互联网 + 医疗服务”的进程，让河南省医疗信息化建设向云服务时代迈进。[②] 湖南省则建立起分级诊疗制度，深刻调整现有的医疗卫生服务模式、就医理念、就医秩序，截至 2017 年 12 月，湖南省已建立多种形式医联体 577 个，覆盖 1299 家医疗卫生机构；家庭医生签约率达到 36.01%，慢性病等重点人群签约率达到 67.31%，使“小病不出乡村，大病不出县市”逐渐变为现实。[③]

（四）社会保障与就业方面深入发展

2017 年，中部地区重视健全就业和社会保障体系，注重以增进人民福祉为出发点，推进机关事业单位养老保险制度改革，加大与提高居民医疗保险城乡统筹力度和社会保障标准，扩大社会福利覆盖面。在社会保障与就业方面，该项财政支出与 2016 年相比增长 15.6%，呈现稳步提升的态势。其中，山西省社会保障与就业支出占财政支出比重在整个中部地区提升最快，由 2016 年的 15.8% 提升到 2017 年的 17.2%。湖北省社会保障与就业人均支出更是超过全国均值（1784.93 元）达到 1879.7 元。由此可见，中部地区对与民众切身利益密切相关的社会保障与就业服务建设的重视。

中部六省坚持就业优先战略，实施更加积极的就业政策，创造了更多的

---

① 《安徽综合医改试点工作取得明显成效》，中国发展网，http：//www. chinadevelopment. com. cn/news/zj/2016/08/1070740. shtml，201 年 8 月 12 日。

② 《中共河南省委　河南省人民政府“健康中原 2030”规划纲要》，《河南日报》2017 年 2 月 26 日。

③ 陈小春：《以增强群众获得感为目标深化湖南医改》，新华网，http：//www. xinhuanet. com/health/201803/10/c_ 1122515919. htm，2018 年 3 月 10 日。

就业岗位，山西省、河南省、安徽省和江西省失业率均低于全国平均失业率（3.90%）。其中，山西省人社厅已会同财政厅下发通知，从 2017 年 1 月 1 日起到 2018 年 4 月底，失业保险总费率由 1.5% 再降低 0.5 个百分点，着力稳定就业大局。

与此同时，中部六省实施全民参保计划，基本实现法定人员全覆盖，逐步提高民众生活保障水平。比如，2017 年河南省得到城市最低生活保障救济人数为 67.78 万人，安徽省和湖北省城镇享受最低生活保障人数分别为 47.9 万人和 45.9 万人。湖北省人社厅在 2017 年发布的精准扶贫主要政策中提出对贫困人员成功创业的给予一次性创业补贴 2000 元，并按规定享受有关税收优惠政策；对参加城乡居民养老保险的缴费贫困人员，由县级财政为其代缴全部最低标准的养老保险费，对贫困人口参加新型农村合作医疗个人缴费部分由财政给予补贴。[①] 中部地区率先实现社会保障体系对接，健全和完善社会救助体系，初步搭建起社会救助综合信息系统。

（五）节能环保事业发展步伐不断加快

党的十九大报告指出："我们要建设的现代化是人与自然和谐共生的现代化，既要创造更多物质财富和精神财富，以满足人民日益增长的美好生活需要，也要提供更多优质生态产品，以满足人民日益增长的优美生态环境需要。"在财政方面，2017 年中部六省节能环保总支出为 1029.23 亿元，较 2016 年增长了 19.02%（见表 2），约占同期全国节能与环保支出的 18.15%。由于中部地区各省经济发展方式的差异，节能环保支出也相应地存在显著差异。河南省 GDP 总量较高，其节能环保支出总量也相应较高；山西省 GDP 总量排名靠后，但其经济发展主要依靠能源和原材料工业，重工业是其支柱产业，能源消耗量与废气排放量大，因此其节能环保支出占财政支出比重在中部六省中最高。

---

① 《湖北省人力资源社会保障精准扶贫主要政策》，荆楚网，http：//news.cnhubei.com/xw/2017zt/jltpgj/201705/t3839735.shtml，2017 年 5 月 27 日。

表 2　2016 年和 2017 年中部六省节能环保支出对比

单位：亿元

年份	湖北	河南	湖南	江西	山西	安徽
2016	145.60	195.70	155.50	117.20	115.54	135.20
2017	166.00	214.30	174.60	146.00	128.93	199.40

注：河南省 2017 年为预测数据。
资料来源：2018 年中部各省政府工作报告。

与此相应，中部地区出台一系列措施初步建立起生态环境合作机制，加强地区间的协调合作，加大节能与环保支出，注重可持续发展。2017 年，在武汉召开的长江中游城市群省会城市第五届会商会上，各与会代表审议并共同签署的《长江中游城市群省会城市合作行动计划（2017～2020 年）》提出：到 2020 年，初步建立以省会城市为中心的三省环保联动机制，打造沿江防护林体系，完善长江中游城市群天然生态屏障，构建城市群生态文明建设合作与交流的长效机制。① 安徽省自 2014 年以来在工业领域全面实施“五个一百”节能环保专项行动，近几年的绿色、低碳发展成效显著，智能电网、高效低温余热发电等技术达到国内先进水平，企业创新能力显著增强，安徽盛运环保股份有限公司城市生活垃圾气化熔融处理工艺等核心技术在全国处于领先水平。② 2018 年 2 月，河南省人民政府办公厅印发的《河南省 2018 年大气污染防治攻坚战实施方案》提出：加快推动工业企业绿色发展；完成化工等行业特别排放限值改造，加快治理重点企业无组织排放，深入开展工业挥发性有机物（VOCs）治理，推广绿色示范工厂建设和工业领域“以电代煤”，逐步推动工业企业绿色发展转型。

中部六省在节能环保支出上加大了财政投入力度，充分体现“绿色发

① 杨刚强：《长江中游城市群新型城镇化与产业协同发展评估报告（2017）》，社会科学文献出版社，2017，第 1～28 页。

② 韩喻：《安徽省节能环保“五个一百”专项行动成绩突出超额完成目标》，凤凰网，http：//wemedia. ifeng. com/50393541/wemedia. shtml，2018 年 2 月 28 日。

展打造蓝天碧水新家园”的战略布局，着力解决突出环境问题，加大生态保护力度，改革生态环境监管体制，加快生态文明体制改革，建设美丽中国。

二　中部地区基本公共服务建设存在的问题

（一）公共服务水平整体不高，与全国平均水平差距大

近年来，随着中部地区六省份经济快速发展，其基本公共服务供给水平不断提高，但由于人口、经济状况等原因与全国平均水平相比仍有较大差距。2017 年，中部地区实现经济平稳增长，就人均 GDP 而言，除湖北省的人均 GDP（61882.33 元）超过全国人均 GDP（59501.75 元）水平外，其余五省均未达到全国平均水平。就人均公共财政支出而言，中部六省中只有湖北省和江西省人均公共财政支出较高，分别为 11575.74 元和 11084.98 元，但与全国人均公共财政支出 14627.22 元相比仍有一定差距。河南省人均公共财政支出最低，为 8659.05 元，仅为全国人均值的 59%。2017 年河南全省实现地区生产总值 44988.16 亿元，居全国第 5 位，但其人均 GDP 仅为 72363 元，排全国第 20 位。虽然河南省财政支出在公共服务方面的投入占比已经很高，其投入总量从全国范围来看处于较高的水平，但是由于人口基数较大，人均公共财政支出偏低，难以满足人民对公共服务的需求。由此可看出，中部地区整体受经济状况、人口等因素的制约，基本公共服务水平仍存在较大的提升空间。

（二）居民需求表达机制不完善，供需匹配度有待提升

公共服务的目的在于满足公民生活、生存与发展的某种直接需求，提升公民的幸福感。改革开放不仅要让人民变得富裕，还要让人民过上日益丰富的美好生活。中部地区乃至全国的基本公共服务均由政府提供，这种“自上而下”的决策机制表现为高度的主观性，政府往往会以快速体现其政绩

或利益需要来决定投资的类型，而不能反映人民的呼声，满足公众需求，供需匹配度还有待提升。

就民众广泛关注的住房保障方面而言，《中国城市基本公共服务力评价报告（2017）》显示，东部和西部民众满意度较好，而中部地区城市住房保障状况亟待改善和加强。其中长沙市、武汉市、太原市和郑州市在全国38个主要城市中排名分别居第21位、第22位、第32位和第37位。在2017年38个主要城市住房保障满意度要素发展指数排名中湖南省长沙市以－0.04351的发展指数居末位。[①] 2016年，中部六省人均住房保障支出为373.67元，较全国人均住房保障支出（483.25元）有一定的差距，2017年这一差距继续扩大。一方面公众对住房保障关注度逐年上升，在2017年民众关注度的排名中居第3位；另一方面中部地区各地政府削减了住房保障财政预算支出，与公众期待形成反差。与此类似，在2017年民众关注度中排名第1位的公共交通方面，太原市、南昌市、郑州市和武汉市在全国38个主要城市公共交通要素满意度排名中分别居第25位、第32位、第34位和第35位，而中部地区各省政府均在2017年减少了在交通方面的财政预算支出，这与民众需求也产生一定偏差。

（三）省际公共服务供给失衡，均等化有待进一步提高

中部六省的经济发展水平存在差距，影响了省际公共服务供给能力。就中部六省地区生产总值而言，2017年地区生产总值最高的河南省（44988.16亿元）与最低的山西省（14973.50亿元）相差30014.66亿元。在公共预算支出方面，支出最高的河南省（8224.66亿元）与最低的山西省（3756.73亿元）相差了4467.93亿元。由此可见，财政投入上的较大差异，导致了省际公共服务供给能力存在较大差距，中部地区部分省份有限的财政收入，在提供充足的基本公共服务上“心有余而力不足”。

① 钟君、刘志昌、吴正杲：《中国城市基本公共服务力评价报告（2017）》，社会科学文献出版社，2017，第134页。

除此之外，中部地区享有的基本公共服务资源少于其所占的人口比例，也导致了省际均等化发展失衡。在人均教育支出方面，最高的江西省为2036.91元，最低的河南省为1486.64元，两者相差550.27元；在人均社会保障支出方面最高者和最低者分别是湖北省1879.70元和河南省1298.03元，两者相差581.67元；在人均交通运输支出和人均住房保障支出中，湖北省均为最高，分别是660.79元和415.11元，而河南人均交通运输支出仅为354.95元，山西省人均住房保障支出仅为241.03元，分别与湖北相差305.84元和174.08元。在各项指标中，仅有湖北省在人均社会保障和人均医疗卫生与计划生育支出上高于全国人均水平，其他中部各省各项指标均未达到全国均值水平。

中部地区省际基本公共服务能力参差不齐。比如，2017年，在每万人拥有医生数中，仅湖北省以86人超出全国均值水平64人，其他中部各省均低于全国均值水平，最低的安徽省仅有50人。目前，这个差距还在逐年拉大。中部地区省际公共服务供给不足与基本公共产品短缺并存，与区域经济社会协调发展的要求尚有差距，均等化水平有待提高。

（四）还未形成“共赢”局面，省际合作较为松散

近年来，中部六省由于国家政策支持及战略发展等原因，省际合作不断加强，比如在2017年9月22日，山西、安徽、江西、河南、湖北、湖南六省质监局在安徽合肥签署《“中部地区标准化战略合作联盟”合作协议》，正式成立中部地区标准化战略合作联盟，并提出中部六省要按照“平等互利、优势互补、共同发展”的原则，开展全面合作交流。虽然中部省际合作发展计划一直有提出，但由于部分省份之间发展差异较大，存在发展较快省份不愿意与落后省份合作或在合作过程中协商不平等的问题，导致省际公共服务对接失败。①

① 钟君、刘志昌、吴正杲：《中国城市基本公共服务力评价（2017）》，社会科学文献出版社，2017。

中部各省在“中部崛起”战略确立之初，都表示要做中部发展的主导力量，力求在中部“率先崛起”中争当中部崛起的“支点”，从而展开激烈的战略竞争。各省在行政区划的限制下以自我为中心的局部考虑较多，缺少统一规划、有效联动合作机制和总协调机构，对中部区域合作关注较少。加上部分省份相关公共服务方面政策法规不同，导致公共服务资源无法有效地跨地区流动。[①] 六省之间的经济联系较弱，在如何加强中部区域合作、整合区域资源、更好地发挥国家优惠政策效应、共同推进“中部崛起”的问题上，没有给予特别关注。近几年中部六省逐渐认识到彼此合作才能早日实现中部崛起的目标，但在跨省区域合作方面还没有实质性的突破，有效的经济联系较少，并未形成“合作互赢”的局面。

三　中部地区基本公共服务建设政策建议

（一）完善公共财政体制，着力提高基本公共服务水平

实现基本公共服务的有效供给是公共财政的重要职能，也是政府发挥社会职能的基本目标。而改革完善公共财政体制是提高基本公共服务水平的关键。党的十九大报告指出：“民生领域还有不少短板……群众在就业、教育、医疗、居住、养老等方面面临不少难题。”尽管单从财政投入的数值来看，中部地区公共服务支出增长趋势明显，但由于人口、经济状况等原因与全国水平仍有较大差距。各省基本公共服务支出在地方财政支出中所占比重较小，尚不能满足人民群众日益增长的公共服务需求。在规模报酬递增阶段，适当增加财政投入会获得更多的公共服务产出。[②] 在外部结构上，要增加基本公共服务的财政支出比重，促使财政资源向民生领域倾斜；在内部结构上，要优化供给结构，简化公共服务环节，节省财政资

① 李雪苑：《中部崛起背景下的竞争与合作》，《中国金融》2013 年第 6 期，第 83 页。

② 李俭峰、杨棪：《基于 DEA 的中部地区基本公共服务财政支出效率分析》，《财会月刊》2017 年第 2 期，第 128 页。

源，将财政资源“用在刀刃上”，因地制宜，以民众最迫切的公共需要为导向，提高基本公共服务领域中的重点项目支出比重，循序渐进地推进基本公共服务均等化。

有效的财政转移支付机制可以平衡各地区财力，加快完善公共财政体制可以从以下几方面进行。一是深化财政体制改革，地方财政收入是地方政府对基本公共服务投入的物质基础。财权与事权不匹配使上下级政府之间的财权、财力与事权严重不对称，因此在深化我国财政体制改革进程中，应进一步合理界定各级政府的财政支出责任，从而形成财权事权合理分配的格局，并在此基础上给地方政府留出更多的财政盈余空间灵活施策。二是进一步完善财政转移支付制度，增加均等化转移支付，简化财力性转移支付的内部结构，提高一般性转移支付的比例，充分运用专项转移支付在引导地方政府提供最低标准公共服务上的功能。① 三是加强对转移支付资金使用的监督与管理以及对资金使用绩效的评价，应建立、健全财政支出效率管理制度，将基本公共服务的财政支出效率评价纳入现代财政制度，为实现中部地区基本公共服务均等化提供强有力的财力保障。

（二）健全需求偏好表达机制，提升公共服务供需匹配度

地方政府作为区域公共品的供给主体，促进区域公共品的有效供给，关键是建立健全激励这一微观供给主体支出偏好的体制机制。一方面应健全区域（特别是劳动力转移规模较大的区域）居民对公共品需求偏好表达机制、传导机制，矫正政府公共品供给偏好，优化地方政府对公共品的支出模式。政府可以让公众参与部分决策过程，并根据公众偏好对公共服务的供给结构进行调整；另一方面应完善地方政府的考核机制，完善顶层设计，加快财政支出绩效立法，为绩效评价工作的推进提供制度保障。同时应将区域公共品供给的效率和效用纳入考核体系，不仅包括地方政府对本行政辖区的公共品供给效率，也包括对相邻地区带来的效用，不断提高政

① 艾丽：《中国公共服务均等化研究》，武汉大学博士学位论文，2012。

府自发性公共品支出的意愿和资金使用效率①，以此实现政府能力与公共品供给任务的平衡。

（三）培育供给多元化机制，激发市场活力

强调市场对社会公共服务资源的配置，是解决当前基本公共服务发展不平衡不充分的重要途径，按照“谁投资谁受益”的原则，提高公共产品供给的积极性和竞争性，譬如在义务教育领域，鼓励民间资金投入，扩大教育经费的来源。在公共医疗与卫生领域也需要引入市场机制，促进医疗卫生领域展开竞争，鼓励社会开办医疗服务机构，相关政策向民营医疗机构倾斜。形成相关领域的良性竞争，有利于提高公共服务运作效率和专业化水平。在公共服务领域准入民营企业和外资企业，形成公共产品供给主体多元化的格局，补齐相关公共服务供给不足的短板。

要创新思路、拓宽渠道，充分利用社会组织形式灵活多样、活动具有自发性等优势，在其他主体无法充分发挥作用的某些环节起到更重要的作用。破除各类地方保护，促进劳动力等生产要素在地区间合理流动。大力发展非营利组织，构建起基本公共服务提供的社会分担机制，从而为全社会提供更优质、更多元的基本公共服务。在政府投入和供给方式上，可以通过优惠补贴、特许经营、合同外包等制度鼓励市场组织提供公共服务，使政府集中精力于业务监督以及绩效提高等问题上，建立一种良性的基本公共服务供给方的竞争环境和机制。

（四）强化公共品联动供给，打造共享发展新格局

在区域经济发展过程中，各个地区之间的互相依赖与互补越来越强，应采取区域合作政策以鼓励区域间不同利益主体协调行动，建立促进中部地区共享发展的合作机制，健全综合协调机制。避免经济发展中的重复建设、过

---

① 杨刚强、孟霞：《公共服务、家庭结构对劳动力转移的影响及公共政策选择》，人民出版社，2017，第178～180页。

度竞争等现象，加强地方利益协调，破解区域竞争博弈的“囚徒困境”。各省内部可以通过省级和市县政府之间的隶属关系进行合作协调，而省际合作则显得更为困难，因此打破行政区划限制，加强规划统筹和产业协作，是促进中部地区基础设施联网、公共服务对接的方法之一。要强化公共品联动供给，打造中部地区基本公共服务共建共享新格局。

根据《促进中部地区崛起“十三五”规划》，一是全面彻底清理阻碍跨区域合作、违反各地公平竞争的地方性法规政策，加速推进市场一体化，破除地方保护主义的藩篱。二是打通相关软硬件设施、服务共享合作的渠道，例如实施基础设施、信息平台共享共建，生态保护共同谋划，人力资源、科技要素互联互助，市场准入、质量认证、政府服务兼容并包，医疗卫生类公共服务证明互通互认。另外，积极推动交通一体化建设，打通省际“断头路”，贯通发展血脉。三是保障区域间合作机制法制化、规范化、常态化，打造新时代区域间共建共享大格局。

参考文献

安徽省统计局：《安徽省 2017 年国民经济和社会发展统计公报》，2018 年 3 月。

河南省统计局：《河南省 2017 年国民经济和社会发展统计公报》，2018 年 3 月。

湖南省统计局：《湖南省 2017 年国民经济和社会发展统计公报》，2018 年 3 月。

湖北省统计局：《湖北省 2017 年国民经济和社会发展统计公报》，2018 年 3 月。

山西省统计局：《山西省 2017 年国民经济和社会发展统计公报》，2018 年 3 月。

国家统计局：《2017 年国民经济和社会发展统计公报》，2018 年 2 月。

国家统计局城市社会经济调查司：《中国城市统计年鉴（2017）》，中国统计出版社，2017。

范恒山：《十八大以来我国区域战略的创新发展》，人民网，http：//opinion. people. com. cn/n1/2017/0614/c1003 – 29337456. html，2017 年 6 月 14 日。

范恒山：《中部地区实现全面崛起的挑战与重点路径》，《区域经济评论》2018 年第 1 期。

唐晓阳、代凯：《共享发展视域下推进基本公共服务均等化研究》，《岭南学刊》2017 年第 3 期。

华彦玲、王江飞：《基于熵值法的江苏省基本公共服务非均等化研究》，《常州大学学报》（社会科学版）2015 年第 3 期。

田时中、金海音、涂欣培：《基于熵值法的政府公共服务水平动态综合评价——来自全国 2004 ~ 2014 年的面板证据》，《石家庄学院学报》2017 年第 2 期。

宋潇君、马晓冬、朱传耿、李浩：《江苏省农村公共服务水平的区域差异分析》，《经济地理》2012 年第 12 期。

王圣云、张新芝：《民生福祉导向的中部地区社会发展进程评估》，《南昌大学学报》（人文社会科学版）2016 年第 2 期。

熊兴、余兴厚、王宇昕：《我国区域基本公共服务均等化水平测度与影响因素》，《西南民族大学学报》（人文社科版）2018 年第 3 期。

李振海、任宗哲：《西部地区基本公共服务均等化：现状、制度设计和路径选择》，《西北大学学报》（哲学社会科学版）2011 年第 1 期。

任维德：《现状、原因、对策：中国政府公共服务的地区差距研究》，《内蒙古大学学报》（哲学社会科学版）2008 年第 3 期。

王圣云、单梦静、谭嘉玲：《中部地区经济发展跟踪评价与“十三五”加速崛起对策》，《地域研究与开发》2018 年第 1 期。

杨梾：《中部地区基本公共服务财政支出绩效评价研究——基于 DEA 模型》，南昌大学硕士学位论文，2017。

B.8
中部地区文化创新创造发展研究

河南省社会科学院课题组*

摘　要： 创新是社会进步的灵魂，是推动经济行稳致远的活力之源。文化创新是文化产业发展的内在驱动力，只有持续推进文化创新才能从根本上提高文化产业的核心竞争力。当前，中部六省正处在经济社会发展的转型时期，文化产业成为提升经济发展质量的创造性产业。本文在全面梳理中部地区文化创新创造发展基本情况的基础上，对中部六省现存文化资源情况、公共文化服务能力、文化产业发展规模、文化政策支撑力度等方面进行对比分析，总结制约中部地区文化创新发展的主客观因素，提出助推中部地区文化创新创造发展的对策建议，为未来一段时间中部地区文化建设的高质量发展提供一些借鉴。

关键词： 中部地区　文化创新　文化资源　文化产业　文化政策

近年来，随着国家对文化事业和文化产业发展的鼓励性政策不断完善，随着《促进中部地区崛起规划（2016～2025年）》和区域协调发展战略的深入推进，中部地区立足于自身发展实际，纷纷依托当地丰富的自然景观资源和历史文化资源，努力将当地的文化资源优势逐渐转化为产业优势，在文

* 课题组组长：袁凯声；副组长：杨波；课题组成员：郭海荣、田丹。执笔：杨波、田丹、郭海荣。

化创新创造方面取得了显著的成绩，经济发展活力明显提升，文化产业体系逐渐形成，文化产业集聚区的综合效应不断释放，各省文化产业增加值占GDP比重不断提高。“十三五”时期是我国全面建成小康社会的决胜阶段，也是推动文化产业成为国民经济支柱性产业的决定性阶段，为中部地区的文化发展提供了大有可为的战略机遇。中部六省必须站在新的历史起点上，进一步坚定文化自信，增强文化自觉，坚持文化创新，不断推动中部地区优秀传统文化创造性转化和创新性发展，为培育经济发展新动能、推动经济社会转型升级、促进创新创业提供更加强大的动力。

一　中部地区文化创新创造发展的基本情况

整体来看，在推动社会主义文化繁荣兴盛的进程中，中部地区各省以文化体制改革为契机，培育现代化市场主体，建立了一批文化企业；不断优化文化产业结构，积极培育文化新型业态，引领传统文化产业转型升级；公共文化服务信息化水平不断提升，服务方式朝多元化方向发展；文化创作精品频出，对外文化交流步入新阶段；文化与科技融合模式日渐清晰，“文化+”战略朝着多维度融合方向迈进。从文化产业的数据来看，2017年中部地区规模以上文化及相关产业企业实现营业收入14853亿元，比上一年增长11.1%，占全国比重达到16.2%。[①] 由此可见，中部地区文化产业在全国文化产业繁荣发展中有着不可替代的积极作用。

（一）文化体制改革成效显著

“十三五”时期我国文化事业发展改革的主要目标是完善现代文化市场体系和现代文化产业体系，这一宏伟目标的实现离不开文化市场主体和现代化文化市场的建设。“十二五”时期，经营性文化单位转企改制已经基本完

① 国家统计局：《2017年全国规模以上文化及相关产业企业营业收入增长10.8%》，国家统计局网站，http：//www.stats.gov.cn/tjsj/zxfb/201801/t20180131_1579206.html，2018年1月31日。

成，当前文化体制改革的重点向发展壮大多元文化市场主体转移。以湖南省为例，2016 年湖南省重点推动湖南日报报业集团、湖南广播电视台、湖南出版投资控股集团向国内一流传媒集团发展，“广电湘军”已经成为传媒领域当仁不让的领军队伍。由湖南广电集团打造的“芒果 TV”移动端用户流量达到 5 亿人次，负责运营“芒果 TV”的湖南快乐阳光互动娱乐传媒有限公司 2017 年上半年完成 13.8 亿元的营业收入，“芒果 TV”2017 年预计盈利额在 4 亿 ~5 亿元。[①] 手握骄人的数据，“芒果 TV”上市指日可待。湖北省重点培育“专、精、特、新”的中小微文化企业。在武汉东湖高新技术开发区，集聚文化创意企业 350 余家，企业类型涵盖动漫、新媒体、软件开发、游戏等多个领域，从业者超过 8000 人。

河南省以“打造全国重要文化高地”为主要目标，近年来全省文化及相关产业增加值不断增长，2016 年增加值达 1212.8 亿元，比 2015 年增长 9.1%。[②] 河南省规模以上文化产业是促进文化产业发展的主力军，和中部地区其他省份相比，河南省规模以上文化产业具有“基数大、增速快”等显著特点。2013 年底，河南省规模以上文化产业法人单位为 1638 家，居全国第 9 位。截至 2016 年底，河南省共有规模以上文化产业法人单位 3208 家，居中部地区首位、全国第 6 位。

（二）产业结构布局持续优化

文化创新之所以对文化产业的发展至关重要，是因为文化创新既能培育出新兴业态也能够带领传统产业完成转型升级。2017 年，山西省坚持创新驱动战略，力图将文化旅游业发展成为山西省经济转型的新引擎。山西省将五台山、云冈石窟等国际知名景区选定为管理权、经营权分离的改革试点单位，以此推动全省 149 家重点景区（景点）的体制机制改革。挂牌成立山西文旅集团，将省、市旅游局改为省、市旅游发展委员会，并入政府组成部

① 卢扬、郑蕊：《第一梯队普亏　芒果 TV 为何宣布盈利》，《北京商报》2017 年 12 月 1 日。

② 河南省统计局：《统计专报》2017 年第 66 期。

门实行综合管理，提出构建康养旅游的新业态体系。通过优化文化旅游产业的战略布局，2017 年山西省实现旅游总收入 5360.21 亿元。[①] 对比山西省近 5 年的旅游收入数据，不难发现山西省正在朝向“把文化旅游业培育成战略性支柱产业”的目标稳步迈进。

江西省文化产业的发展表现也可圈可点。进入“十三五”时期，江西省出现了一批过亿元的文化企业，其中江西省出版集团成为全国屈指可数的超百亿元的文化企业，并连续 9 年入选“中国文化企业 30 强”。江西出版集团借助互联网的东风，致力培育基于大数据、物联网等新型文化业态，以出版大融合搭建文化产业大业态。2016 年江西出版集团旗下的中文传媒推出“物联网出版融合实验室”，2017 年“出版融合（中文传媒）重点实验室”正式揭牌，目前出版领域融合重点实验室全国仅有 20 家。江西出版集团依托数字技术开辟了传统出版行业利用新兴技术在渠道、平台以及管理方面探索转型升级的新路径。除此之外，出版集团所有的 RFID 分拣技术更是被阿里巴巴集团“无人超市”采用。由此可见，文化创新技术不仅为传统文化企业注入发展活力，同时也为文化企业开展技术合作扩展了空间。

作为长江文化产业带的重要组成部分，安徽省把建设皖江文化产业带作为优化文化产业布局的重点工程。安徽省矿产种类齐全、储量丰富，煤炭、铁矿、铜矿等矿产资源曾为安徽省工业经济发展做出重要贡献，目前安徽省内仍有大量相关遗迹存在。安徽省以这些工业遗存为基础，对芜湖造船厂、铜陵铜矿遗址公园、两淮煤矿废址等进行改造，建设创意街区，鼓励开办创意工坊。皖江文化产业带促进了安徽特色文化产业发展，在客观上也推动了文化产业与装备制造业的融合发展，促进文化产业结构的优化升级。

（三）公共文化服务效能不断提升

公共文化服务被认为是推动社会主义文化全民共建共享的一项重要举

① 栗美霞：《2017 年，山西旅游业交出靓丽“成绩单”》，《山西经济日报》2018 年 1 月 19 日。

措，在《关于加快构建现代公共文化服务体系的意见》《中华人民共和国公共文化服务保障法》等重要政策法规的指引下，中部地区目前已经初步形成了现代化的公共文化服务体系，国家、省、市、县、乡、村六级数字文化服务网络逐步成形。从整体发展来看，中部地区各省份在国家公布的公共文化服务示范区和示范项目中基本每批有 1 个国家级示范区、2 个国家级示范项目（见表 1），这对带动区域内开展公共文化服务工作起到了很好的促进和示范作用。

表 1　中部地区国家级公共文化服务示范区（项目）基本情况（共四批）

单位：个

地区	第一批		第二批		第三批		第四批	
	示范区	示范项目	示范区	示范项目	示范区	示范项目	示范区	示范项目
河南	0	2	1	2	1	2	1	2
山西	0	1	1	2	1	0	1	1
安徽	1	2	1	2	1	2	1	2
江西	1	2	1	2	1	2	1	2
湖北	1	2	1	2	1	2	1	2
湖南	1	2	1	2	1	2	1	2

政府投入巨资打造基层文化服务阵地，如何使之服务效能最大化，真正成为基层群众文化生活的阵地，中部六省各显其能，最终打通了公共文化服务的“最后一公里”。河南焦作市运用“互联网 +”思维搭建“百姓文化超市”，创新需求反馈机制、建设交流平台、分众实施订单配送，缓解了基层公共文化服务的结构性矛盾。“百姓文化超市”的基本思路是以“超市式”文化供应、“菜单式”文化服务、“订单式”配送的方法实现精准文化惠民。2016 年和 2017 年，“百姓文化超市”共送戏下乡演出 3600 场次，送电影下乡 2.8 万场次，举办公益讲座培训 3200 场次，解答个人文化咨询 3.6 万余人次，基层文化队伍发展到 5000 多个，群众线上订单 2600 人次，受益群众超过 568 万人次。

湖北省狠抓基本公共文化服务均等化、标准化工作，在着力建设公共文化品牌的同时以文化建设推进精准扶贫工作，加快推动贫困地区公共文化建设。湖北省选派2505名文化人才到边远贫困地区、民族地区、革命老区开展文化服务，为“三区”培养文化业务骨干286名，在这批文化人才的指导下，贫困地区创作出了《黄四姐》《我的汉水家园》《余三胜轶事》《土家魂》等文艺精品。安徽省不断创新财政投入机制，最终建立起以政府投入为主、社会力量共同参与的公共文化事业投入模式。安徽省延伸拓展了政府向社会力量购买公共文化服务目录，并在全省范围内打造“送戏进万村”的活动品牌，不仅推出了《大清名相》《六尺巷》等黄梅大戏，同时也成功将“送戏进万村”打造成为社会高度认可的文化民生工程。

（四）“文化+”全方位深度融合

文化产业成为国民经济的支柱性产业，意味着文化产业将会和国家经济发展的各行业产生千丝万缕的联系，甚至只有当文化产业和各行业产生全方位的深度融合时，文化产业才有可能发挥可持续性的带动作用。当前，互联网技术重塑了社会生活形态，文化要素与金融、科技、生态等各领域更深程度的融合创新，推动产业业态发生裂变而催生新兴业态，提升产业可持续发展能力，这才是“文化+”模式的魅力所在。

山西省作为中国近代金融的重要发源地之一，牢牢抓住“文化+”的机遇，大力发展“文化+金融”的商业模式。“文化+金融”重点在于打造文化投融资平台，引导社会资本对文化领域进行投资。2016年北京文化产权交易中心联合山西省产权交易中心共同建设了北文+山西文化产权交易平台，这个全国首个跨区域文化产权交易平台将会把全国的文化金融资源导入山西，推动山西文化产业集聚发展。

如果说“文化+金融”是通过集聚创新形成的融合发展模式，那么“文化+园区”则属于跨界商业模式。文化产业不再受到狭窄空间的限制，而是开展多领域、跨平台的融合创新。江西省景德镇陶溪川文创街区于2016年10月正式对外开放，这是景德镇陶瓷行业转型升级的成功试水。陶溪川文创街区免费提供创意产品区和传统陶瓷产品区两种摊位，该项目不仅拯救了陶瓷行业的大量旧厂房使之免于被拆除的厄运，而且还成为艺术青年走向文化市场的孵化器。位于湖南省的湘潭昭山文化产业园倾力打造产业平台体系，除了目前已经形成的投融资平台、电子商务平台，昭山文化产业园还与湖南出版集团、中南大学合作，积极打造文化产权交易平台和教育培训平台。2017 年 10 月，景德镇陶溪川文创街区、湘潭昭山文化产业园成功入选第一批国家级文化产业示范园区。“文化 +”打破了文化与各行业之间的壁垒，融合与创新带来的社会效益、经济效益有目共睹，因此“文化 +”必然会朝向更加深度融合的方向发展下去。

二　中部六省文化创新创造发展的对比分析

（一）中部六省文化资源对比

中部六省位处华夏历史文明发源的中心区域，传统文化底蕴深厚，保存文化资源众多。河南的中原文化、山西的晋文化、湖北的荆楚文化、湖南的湖湘文化、安徽的徽州文化、江西的红色文化等可谓源远流长，地方文化特色鲜明，为人们普遍熟知。中华五千年文明进程中保存下来的文物古迹在中部六省比比皆是，国务院公布的历史文化名城中部地区就有 32 座。漫长的历史文化为中部六省保存了众多文物遗迹。河南被史学家称为“中国历史自然博物馆”，中国八大古都河南独占一半，地下文物数量全国第一，地上文物数量全国第二，国家级重点文物保护单位 357 个，国家历史文化名城 8 座，世界文化遗产 5 处。山西有国家重点文物保护单位 452 个，是全国最多的省份，其中宋朝以前木结构建筑独占全国 70% 以上；山西有国家历史文化名城 6 座，世界文化遗产 3 处。湖北有馆藏文物 121.3 万件，国家历史文化名城 5 座，世界文化遗产 3 处。湖南有国家级重点文物保护单位 182 个，其中马王堆汉墓曾震惊世界，国家历史文化名城 4 座，世界文化遗产 1 处，此外湖南的红色文化也久负盛名。安徽有国家级文物保护单位 128 个，历史文化名城 5 座，世界文化遗产 3 处，古徽州文化内涵丰富且独具特色。江西有国家历史文化名城4座，国家级文物保护单位24个，世界文化遗产4处，众多的革命遗址、遗物构成江西红色文化独特的风景线（见表2）。

表2　中部六省文化资源分布情况

地区	国家级文物保护单位(个)	历史文化名城(座)	世界文化遗产(处)	特色文化
河南	357	8	5	中原文化
山西	452	6	3	晋 文 化
湖北	149	5	3	荆楚文化
湖南	182	4	1	湖湘文化
江西	24	4	4	红色文化
安徽	128	5	3	徽州文化

除文物资源外，中部六省的自然资源也十分丰富。山西既有北岳恒山、五台山等历史文化名山，也有壶口瀑布等黄河奇观；河南有中岳嵩山、伏牛山、云台山等国内知名景点及沿黄河风景线；安徽的黄山、九华山都是全国著名的风景名胜；湖北的三峡、神农架全国闻名；湖南的张家界武陵源可谓世界奇观；江西庐山、三清山、鄱阳湖等青山绿水，体现出文化与自然的完美结合。

（二）中部六省文化事业发展比较

近年来，中部六省公共文化服务体系建设步伐加快，公共文化服务设施网络不断完善，城乡公共文化服务水平进一步提升，公共文化服务体系管理水平不断提高，文化遗产保护范围进一步扩大，保护能力不断增强，文艺创作精品频出，中部地区文化影响力和文化产品市场占有率明显提升。但由于不同省份间经济文化发展不平衡，因而各地文化事业发展水平也各有不同。中部六省的文化事业发展情况可以通过2015年和2016年每万人公共图书馆建筑面积、群众文化设施建筑面积以及文化事业费三个方面的情况反映出来（见表3～表5）。

表 3　2015 年和 2016 年中部六省每万人公共图书馆建筑面积

单位：平方米，%

地区	2015 年	2016 年	较上年增长
河南	57.9	64.1	10.7
山西	114.3	129.9	13.6
安徽	65.0	71.7	10.3
湖北	91.9	118.9	29.4
湖南	61.1	63.1	3.3
江西	80.1	80.5	0.5
全国	94.7	103.0	8.8

表 4　2015 年和 2016 年中部六省每万人群众文化设施建筑面积

单位：平方米，%

地区	2015 年	2016 年	较上年增长
河南	142.4	142.9	0.4
山西	267.2	271.7	1.7
安徽	166.0	171.3	3.2
湖北	206.2	251.1	21.8
湖南	223.4	226.1	1.2
江西	235.3	243.1	3.3
全国	280.0	288.6	3.1

表 5　2015 年和 2016 年中部六省文化事业费情况

单位：亿元，元

地区	文化事业费总量		人均文化事业费	
	2015 年	2016 年	2015 年	2016 年
河南	20.6	22.28	21.73	23.37
山西	18.2	19.78	49.67	53.73
湖北	23.56	29.04	40.27	49.35
湖南	19.38	24.19	28.57	35.46
安徽	14.63	17.56	23.81	28.34
江西	12.71	12.89	27.84	28.08
全国	682.97	770.69	49.68	55.74

从表 3 ~ 表 5 可以看出，中部六省每万人图书馆建筑面积中仅有山西、湖北高于全国平均水平，其余四省均没有达到全国平均水平，更无法与经济

发达的东部地区相比较。每万人群众文化设施建筑面积、人均文化事业费没有一个省份达到全国平均水平。这些数据表明，中部地区多年来由于经济发展普遍不如东部沿海地区，因而无更多的财力来保障公共文化支出。此外，中部地区人口众多，更容易将有限的经费摊薄，这一点在河南省表现得最为突出。

（三）中部六省文化产业规模比较

近年来，中部六省文化产业得到迅速发展，文化产业增加值呈现出快速上涨的趋势。2015 年，中部六省文化产业增加值为 7206.19 亿元，同比增长 8.51%，明显高于中部六省 GDP 的增长速度。从中部六省文化产业增加值的变化趋势来看，2012～2016 年呈现阶梯状的增长趋势，年均增长率达到 11.24%，而同时中部六省 GDP 的年均增长率为 7.72%，由此可见中部六省的文化产业正逐步成为经济发展的新增长极，对经济增长的贡献率不断提高，对此课题组试以 2015 年中部六省文化及相关产业的主要经济指标为例加以说明（见表 6）。

表 6　2015 年中部六省文化及相关产业主要经济指标

单位：个，万元

地区	规模以上文化及相关产业法人单位				限额以上文化批发和零售企业		文化服务业事业和其他单位	
	总数	文化制造业	文化批发和零售业	文化服务业	单位数	利润总额	单位数	年末资产
河南	2718	1006	640	1072	640	203146.2	13529	5015454.4
安徽	1907	996	343	568	343	91555	4582	2394384.1
湖北	1652	540	445	667	445	150195.2	8424	2982201.5
湖南	2502	1417	349	736	349	160075.6	8819	2586173.3
江西	1033	621	64	348	64	95768.4	5458	1202609.3
山西	339	60	128	151	128	24856.3	4248	1013274.4

近年来，中部各省都在加大文化产业发展力度，努力提高文化产业发展水平，但受制于各省文化发展基础及经济发展水平，六省的文化产业发展水

平并不平衡。例如，山西省2016年文化产业增加值达到268.65亿元，增长12.1%，高于全国同期增速1.1个百分点，占全省GDP比重为2.1%，比2014年提高0.23个百分点；同期全省文化服务业增加值为199.90亿元，比2014年增长15.0%，占全省文化产业增加值的比重为74.41%，占据了主体地位。安徽省着力推进文化产业改革发展，并取得积极成效，2016年文化产业增加值占GDP比重再次突破4%；全省文化产业法人单位达到60172家，比2012年增加2倍，文化产业增加值保持两位数增长。湖南省2016年的文化和创意产业实现增加值1911.26亿元，比上年增长12.0%，是2012年的1.62倍，年均增长12.8%，高出同期经济增长速度3.8个百分点；文化和创意产业增加值占GDP比重达6.1%，比2012年提高了0.8个百分点。2016年，湖北省文化产业增加值近千亿元，比上年增长16.6%。河南省文化产业总体规模不断扩大，产业结构逐步优化，2015年文化及相关产业实现增加值1111.87亿元，首次突破千亿元大关，比上年增长12.9%，高出全国1.9个百分点，增速明显高于全省GDP增速，占GDP的比重首次突破3%（见表7）。

表7　2012～2016年中部六省文化产业增加值及占GDP比重情况

单位：亿元，%

所属地区		2012年	2013年	2014年	2015年	2016年
河南文化产业	增加值	670.00	815.69	984.66	1111.87	1200.00
	占GDP比重	2.26	2.53	2.82	>3	2.99
江西文化产业	增加值	—	1578.00	2061.30	2460.00	—
	占GDP比重	3.15	3.5	3.69	3.75	—
湖南文化产业	增加值	1175.79	1354.23	1513.86	1707.18	1911.26
	占GDP比重	5.3	5.5	5.6	5.9	6.1
湖北文化产业	增加值	—	686.10	850.00	853.78	995.51
	占GDP比重	—	2.78	3.1	2.88	—
山西文化产业	增加值	—	411.30	416.00	239.65	268.65
	占GDP比重	—	3.4	3.3	1.87	2.10
安徽文化产业	增加值	—	844.95	970.00	833.71	976.31
	占GDP比重	—	4.44	4.65	3.79	4.04

从表7可以看出，2012～2016年中部各省的文化产业发展总体上保持匀速增长态势，其中湖南、江西文化产业优势突出，文化产业增加值占GDP比重不断提升，对国民经济的提振作用明显；江西发展势头最猛，已经超过湖南，增幅与体量都成为区域范围内排名第一的文化大省。而湖南文化产业依旧保持快速平稳的发展，2017年湖南文化产业增加值2196亿元，同比增长14.9%，占GDP比重为6.35%，远超全国同期水平。

中部文化产业近年来虽然发展较好，但具体到文化企业来看，各省文化企业家数量、主营业务收入、平均主营业务收入情况不容乐观，各地企业发展能力不尽相同（见表8）。

表8　中部六省文化企业发展情况

地区	企业数（家）		主营业务收入（亿元）		平均每家企业完成主营业务收入（万元/家）	
	实际值	比值	实际值	比值	实际值	比值
江西	12032	1	2039.31	1	1694.9	1
河南	26537	0.45	3396.62	0.60	1280.0	1.32
山西	10313	1.17	325.88	6.26	316.0	5.36
湖北	29217	0.41	2154.75	0.95	737.5	2.30
湖南	31512	0.38	4045.06	0.50	1283.7	1.32
安徽	39168	0.31	2854.97	0.79	660.0	2.57
全国	860583	0.014	96379.69	0.021	1119.9	1.51

（四）中部六省文化产业增长势头强劲

近年来，中部六省文化产业发展均呈现快速增长的态势。从文化产业的产出情况来看，2015年湖南文化产业总产出高达4800亿元，同比增长超过20%，并实现连续三年增幅超过20%的快速水平；河南文化产业总产出2015年同比增长12.9%，2016年同比增长12%。从文化产业的增加值变化情况看，2016年湖南文化产业增加值比上年增长11.9%，河南2015年文化产业增加值比上年增长12.8%，安徽、江西、山西等文化产业的增加值也有不同程度的增长，并且基本上快于本省同期GDP的增长速度。中部六省自 2014 年以来，文化产业增加值增长速度总体高于各省 GDP 增长速度，显示出强劲的发展势头。近年来，江西省政府极为重视文化产业发展，在文化投资、政策扶持等方面均有较大作为，文化产业发展优势最为明显。相比之下，山西省受经济转型、全省经济增长放缓的影响，其绝对值远远低于中部其他五省。

（五）中部六省文化政策对比

文化政策是文化发展的重要基础和保障。中部六省充分运用政策推动作用，下大力气，下苦功夫，努力在文化指引和制度保障上为文化发展提供支撑，全面助推文化发展。

湖南省向来是文化产业发展的优势地区，在《湖南省“十二五”文化发展规划》中提出，要“积极推动湖南从文化大省向文化强省迈进，大力提高文化事业整体水平和文化产业发展综合实力，文化发展主要指标位居全国先进行列”，先后出台《湖南省人民政府关于加快文化创意产业发展的意见》《湖南省人民政府关于支持文化事业发展若干政策的通知》《湖南省文化产业发展专项资金管理办法》等多项扶持政策。经过多年发展，湖南文化产业总量提高，占 GDP 比重加大，“文化湘军”闻名全国，文化产业连续 3 年居全国十强行列。“十三五”时期，湖南提出要“打造湖南文化发展升级版”，“加强现代文化产业体系建设，到 2020 年，力争实现文化和创意产业总产值 7500 亿元左右，增加值突破 3000 亿元，年均增速 12% 左右，占 GDP 比重达到 7%。综合实力和主要指标名列全国前茅”。

近年来，江西省文化产业发展势头在中部六省中最为强劲。在《江西“十二五”发展规划》中提出要建设文化大省，提升文化软实力，保证文化产业年均增幅超过 15%。江西省除在文化事业方面增加投入外，还在文化遗产的传承、保护、利用等方面开展专项活动，在文化遗产、古村落、创意设计、乡村振兴等领域先后下发了数十个政策文件，有效地激发了地方文化发展活力。《江西省文化事业发展“十三五”规划》提出，到 2020 年，实现文化发展主要指标位居中部地区前列、在全国排名位次前移。

河南省从“文化强省”到打造“文化高地”，围绕“华夏历史文明传承创新区”建设，先后出台了《关于大力发展文化产业的意见》《河南省建设文化强省规划纲要》《关于加快文化资源大省向文化强省跨越的若干意见》《华夏历史文明传承创新区建设方案》等一系列政策法规，将文化产业纳入各级政策重点扶持范围，提供新型业态发展专项资金，在加快华夏历史文明传承创新区建设的同时，重点扶持文化创意产业，为河南文化产业发展提供了有力的政策支持。多年来河南文化产业年增幅始终保持在12%左右，文化产业总量在中部六省中居第3位。此外，湖北、安徽、山西在文化产业发展过程中也都根据自己的文化基础，充分发挥文化资源优势，为当地文化产业发展提供了有力的政策支持。

三　中部地区文化创新创造发展的制约因素

通过分析对比中部六省文化建设的总体状况可以看出，“十二五”以来中部地区在文化创新创造方面八仙过海，各显其能，在复杂多变的新形势下，各省文化产业呈现日新月异的新气象、稳中向好的新趋势，但同时在发展过程中也产生了一些问题。大致说来，与北京、上海、广州等国内发达地区相比，中部地区的文化软实力仍然存在较大差距，文化建设领域也面临一些新的问题。

（一）文化体制改革过程中出现很多难啃的“硬骨头”

文化体制改革进入深水区后，工作难度不断加大，工作任务不断加重，新老问题相互叠加，出现许多难啃的“硬骨头”。一是国有文化企业在投资决策、选人用人、市场开拓、薪酬分配等重要决策事项方面尚不具备完全的自主决策权，经营管理受到诸多掣肘，不能采用市场化方式来激励人才、调配资源。二是当前普遍缺乏的容错机制使国有企业存在“求稳怕错”的心理，在资产重组并购和新业务拓展等方面都不敢放手去做，与大胆试错、敢于开拓的改革创新精神相矛盾。三是选拔任用企业领导人还存在参照党政机关于部选拔任用的标准和程序的现象，不符合现代文化企业的发展现状和实际需求。

（二）文化建设资金投入严重不足

政府有关部门对当地文化建设的重视度还不够，文化建设投入资金杯水车薪，没有充足的资金作为发展基础和后盾，与推出众多文化精品的目标任务还有一段距离。固定资产投资额是衡量一个地区或一个省份对文化建设是否重视的重要指标之一。在最新公布的国家统计公报和各省（区、市）统计公报中，从文化、体育和娱乐业固定资产投资额的相关统计数据可以看出中部地区文化建设的一个方面。2017 年全国文体娱业固定资产投资额（不含农户）为 8732 亿元，比上年增长 12.9%，其中河南文体娱业固定资产投资额是 657.37 亿元，比上年增长 20%；湖南文体娱业固定资产投资额是 650.2 亿元，比上年增长 26.8%；安徽文体娱业固定资产投资额是 254.3 亿元，比上年增长 11.6%；山西文体娱业固定资产投资额是 61.4 亿元，比上年增长 -8.9%；河南与湖南的投资额和增速都超过全国平均值，安徽、山西低于全国平均值，山西更是出现了负增长，湖北和江西两省则暂时没有相关数据。

（三）文化企业的科技创新能力不足

创新是科技的灵魂，是企业的核心竞争力。从 2015 年中部六省规模以上文化制造业企业的科技活动情况来看，中部地区文化企业在科技创新方面发展得很不均衡。

安徽省在专利申请数量和新产品开发项目的数量方面居六省首位，分别是 1668 件和 853 个；湖南省以 507.74 亿元的新产品销售收入居中部地区首位；而努力从文化大省向文化强省转变的河南，专利申请数不到安徽的1/5，新产品销售收入也不到湖南的 1/5；山西的专利申请数量和新产品开发项目数量更是只有几十件，新产品销售收入只达到湖南的 0.51%，科技创新能力及新产品开发项目所创造的经济效益仍有很大的差距。

（四）新兴文化产业暂时还难担大任

众所周知，中部地区的文化资源非常丰富，但是在从文化资源优势向文化产业优势转化过程中遭遇不少“瓶颈”。一方面中部地区文化资源丰富，但如何把优秀文化资源转化为文化资本仍缺少有效的手段；另一方面传统产业和特色产业仍然是文化产业发展过程中的“主角”，新兴文化产业虽然发展迅速，但暂时还难以担当大任。从 2018 年 3 月在北京国际会议中心发布的《2017 中国独角兽企业发展报告》可见一斑。这份报告是由北京市长城企业战略研究所联合科技部火炬中心、中关村管委会、中关村银行发布的。报告显示，2017 年私募和公开估值超过 10 亿美元的中国独角兽企业共有 164 家，总估值 6284 亿美元。从企业市场估值情况来看，市场估值排名前三位的企业依次是蚂蚁金服（750 亿美元）、滴滴出行（560 亿美元）、小米（460 亿美元）；中部六省中只有武汉上榜了 5 家企业，分别是斗鱼并列第 65 名（15 亿美元），安翰、卷皮、斑马快跑、直播优选并列第 107 名（10 亿美元）。从行业类型来看，共有 22 家文娱类企业入选 2017 中国独角兽企业榜单，其中文化娱乐类 13 家、新媒体类 5 家、旅游类 3 家、社交类 1 家。从企业的地域分布来看，在 13 家入选的文化娱乐类企业中，北京以 9 家企业居首位，武汉的斗鱼成为中部地区唯一一家入选的文化娱乐类企业。

（五）公共文化服务的结构性矛盾愈发突出

一方面随着科学技术的迅猛发展，文化产品的结构性过剩和有效供给与人民群众日益增长的多样化需求之间存在的矛盾，亟须调整发展结构、扩大产品供给、提高服务水平、满足多样化需求；另一方面与全国大部分地区的情况相类似，中部地区非常重视“顶天立地”的骨干文化企业，但对“铺天盖地”的小微文化企业关注不够，融资难、融资贵、缺创意、轻资产成为中部地区小微文化企业普遍面临的生存问题，使得小微文化企业在中国文化产业发展过程中发挥的重要作用无法凸显。

四　推进中部地区文化创新创造发展的对策建议

习近平同志在党的十九大报告中明确指出："要坚持中国特色社会主义文化发展道路，激发全民族文化创新创造活力，建设社会主义文化强国。"在全面建成小康社会的关键阶段，紧紧围绕中央制定的"十三五"时期要实现"公共文化服务体系基本建成，文化产业成为国民经济支柱性产业"的发展目标，科学地把握当前出现的一些新形势、新气象、新趋势、新问题，根据中央要求和实际情况制定卓有成效的发展方案，对于从制度和实践两个层面积极推进中部地区文化创新创造再上新台阶相当重要。具体来说，要在五个方面凝心聚力、有所作为。

（一）加大政策扶持力度，不断培育多元化市场主体

随着市场经济的日益发展，市场主体多元化的趋势已很明显。除了规模较大的国有企业、集体企业外，数量巨大的私营企业以其灵活的经营方式和超强的拾遗补阙能力，已经成为市场发展的主体和消费市场持续发展的重要力量。2016年，山西省限额以上法人企业共3786个，其中"国有控股企业占比16.3%，集体控股企业占比5.0%，私人控股企业占比73.8%"[①]，这充分说明在市场经济条件下，山西省的市场主体多元化趋势日渐明朗，新商业模式层出不穷。

（二）加大文化改革力度，尽快健全企业家创新创优的保障机制

企业家是经济活动的重要主体，改革是经济发展的强大动力。自改革开放以来，一大批优秀企业家在管理具有核心竞争力的企业过程中，"为积累社会财富、创造就业岗位、促进经济社会发展、增强综合国力做出了重要贡献"[②]。但由于市场具有很大的不确定性，现有的企业规章制度往往对企业和企业家限

① 王佳丽：《市场主体多元化　零售业态多样化》，《山西经济日报》2017年10月16日。

② 《中共中央国务院关于营造企业家健康成长环境　弘扬优秀企业家精神更好发挥企业家作用的意见》，2017年9月。

制得太死，有时甚至在某些非原则性问题上也能把企业“一棍子打死”，致使很多企业家做事情时缩手缩脚、战战兢兢、如履薄冰，给企业正常健康的发展带来诸多人为的障碍。为最大限度地调动企业管理者的积极性、主动性和创造性，政府必须大刀阔斧地推进“放管服”改革，大力营造公平、公正、公开的市场竞争环境，尽快构建包容创新的审慎监管机制，从制度层面建立健全企业家创新创优的保障机制，全方位、多维度、有重点地为企业家提供强有力的保障支持。

（三）加大资金投入力度，推动骨干企业和小微企业联动发展

资金投入力度直接影响着文化企业的发展速度和发展质量。培育多元化市场主体，既要为国有企业搭建发展平台，又要“鼓励非公有制企业参与国有企业改革，鼓励发展非公有资本控股的混合所有制企业，鼓励有条件的私营企业建立现代企业制度”①，从政策层面和资金投入方面给予相应的支持。对于那些数量多、体量小的小微文化企业，特别是那些以文化创意、数字服务、动漫游戏及软件设计、新型文化休闲娱乐、新型演艺等为代表的新型文化业态，尽量从四个方面为它们提供发展助力，即减轻税收负担、加大金融支持、培育创新能力、加大政策扶持等。② 其中，金融支持又以资金奖励、项目资助、贷款贴息为主要形式，推动国有企业和私营企业、骨干企业和小微企业健康持续地联动发展，以形成新的产业发展格局。

（四）加大科技创新力度，推动文化与科技的融合发展

信息通信、人工智能、大数据等新技术的迅猛发展，为传统媒体带来了深刻的变革。在这样的时代大背景下，不断加大科技创新力度，推动文化与科技的融合发展，成为推动传统文化企业转型升级的有力举措。今后一个时

① 《〈决定〉：支持非公经济健康发展　鼓励非公企业参与国企改革》，中国共产党新闻网，http://cpc.people.com.cn/n/2013/1115/c368480-23560026.html，2013年11月15日。

② 应妮：《文化体制改革步入深水区　文化产业与事业发展并进》，中国新闻网，http://www.chinanews.com/gn/2014/11-13/6771090.shtml，2014年11月13日。

期，应坚持科技创新支撑与内容价值引领相结合，着力发展产业链中的高端环节，重点关注产业内容研发、新技术应用、文化资源数字化转化等核心问题，以内容价值提升产业发展内涵，以科技创新提升传统产业含金量，促进中部地区传统文化资源创造性转化、创新型发展，倾力推动文化创意产业朝着内容优化、层级优化、结构优化、链条优化的方向努力。[①] 着力推进创新创业与实体经济发展的深度融合，有效促进新技术、新业态、新模式，加快产业结构优化升级。

（五）加大人才培养力度，为中部地区文化建设注入发展活力

人才是企业发展的命脉和根本。进一步制定并完善吸引人才、留住人才的具体优惠政策，不断完善企业家及经营管理人才在择业、取酬、知识产权保护等方面的保障制度。一是靠环境吸引人才。由政府相关部门出面，用自由宽松的市场环境、相对完善的法治环境、必不可少的诚信环境来吸引人才。二是靠事业吸引人才。由企业自己谋划出资，建立健全企业家培训制度，为中部地区的文化产业多储备一些企业家人才，特别是那些素质高、执行力强的复合型经营人才，以免因青黄不接而导致大量的人才断层。三是靠待遇吸引人才。鼓励支持地方高校和科研院所的工作人员依法依规到企业兼职，支持企业采取股权、期权、分红等形式奖励那些有功劳的科技人才，强化企业的人才支撑，为促进文化产业大发展寻找突破口，为经济社会发展注入新活力，进而实现文化发展的历史性跨越。

参考文献

卢扬、郑蕊：《第一梯队普亏，芒果 TV 为何宣布盈利》，《北京商报》2017 年 12 月 1 日。

---

① 参见北京市国有文化资产监督管理办公室、中国传媒大学文化发展研究院《北京文化创意产业发展白皮书（2017）》，http：//www. ce. cn/culture/whwx/tu/201801/31/P020180131467669507555. pdf。

栗美霞：《2017 年山西旅游业交出靓丽“成绩单”》，《山西经济日报》2018 年 1 月 19 日。

华小鹏等：《河南创新发展：现实与未来》，社会科学文献出版社，2017。

金乐、邓和秋：《湖湘文化创新与湖南文化产业发展研究》，《湖南社会科学》2010 年第 2 期。

胡海燕、向专：《区域文化产业创造力比较体系的构建研究——以中部六省为研究样本》，《山西高等学校社会科学学报》2014 年第 8 期。

李坚：《中部六省文化产业发展优势比较及湖北对策建议》，《湖北行政学院学报》2010 年第 2 期。

陆耿：《安徽省文化产业竞争力分析与提升——兼与中部省域比较》，《文化产业研究》2015 年第 2 期。

《河南为小微文化企业保驾护航》，《中国文化报》2015 年 12 月 30 日。

傅才武主编《中国文化创新报告（2016）》，社会科学文献出版社，2017。

地 区 篇

Regional Reports

B.9 河南经济强省建设研究

林风霞*

摘 要： 河南是经济大省，近年来综合经济实力大幅提升、经济结构加速优化、基础能力不断增强、经济发展的质量效益明显改善，这些成绩来自全省坚定不移地贯彻中央的决策部署、统筹推进“三区一群”国家战略、深入推动经济转型攻坚、大力提升要素保障能力、持续推进改革开放。站在新的历史起点，河南应强化习近平新时代中国特色社会主义思想对全省经济发展的指导，深入推进高质量发展，着力提升“三区一群”建设水平，积极强化高端要素支撑能力，深化改革开放，加快经济强省建设步伐。

* 林风霞，河南省社会科学院工业经济研究所副研究员，主要研究方向为产业经济和区域经济。

关键词： 经济强省　河南省“三区一群”

经济强省是一个动态的、综合的、系统的概念。河南自从2000年第一次正式提出“建设经济强省”以来，随着对经济发展内涵的不断拓展深化提升，也对经济强省提出了更加具体、更加综合、更加系统、更高标准的奋斗目标。例如，在中国共产党河南省第十次代表大会的报告中，省委书记谢伏瞻提出，建设经济强省要实现经济总量大、结构优、质量效益好的有机统一；加快产业升级，构建产业新体系，建设先进制造业强省、现代服务业强省、现代农业强省和网络经济强省。经过全省人民多年的努力，河南经济发展已经取得令人瞩目的成绩。但是，与总量大、结构优、质量效益好的经济强省目标相比，与发达地区的经济发展水平相比，河南经济发展水平尚有较大差距，同时我国经济转向高质量发展阶段也对河南的经济强省建设提出了更高要求。站在新的历史起点，我们需要理性审视我们取得的成绩、与发达地区的差距、面临的困难和挑战，因地制宜提出系统性对策建议，这将对河南加快经济强省建设步伐具有重要的现实意义。

一　近年来河南经济发展取得的成绩

近年来，河南主动适应经济发展新常态，坚持稳中求进的工作总基调，在经济下行压力较大的背景下经济发展取得了不错的成绩，如综合经济实力大幅提升、经济结构加速优化、基础能力不断增强、经济发展的质量效益明显改善、改革开放创新开创新局面等，这些成绩也是河南未来加快经济强省建设的基础条件。

1. 综合经济实力大幅提升

2000年，在提出建设经济强省奋斗目标时，河南GDP总量仅仅5052.99亿元，此后河南经济快速增长，经济总量连上新台阶：2005年GDP超过1万亿元（10621.56亿元），2010年超过2万亿元（23222.91亿元），

2013 年超过 3 万亿元（32423.55 亿元），2016 年超过 4 万亿元（40471.79 亿元），2017 年，GDP 接近 4.5 万亿元（44988.16 亿元）。河南经济总量多年来在全国稳居第五位，是全国名副其实的经济大省。伴随着 GDP 增长，河南人均 GDP、财政总收入也实现了大幅增长。河南人均 GDP 从 2000 年的 5450 元增长到 2017 年的 47130 元，增长了 7.65 倍；财政总收入由 2004 年的 789.05 亿元增长到 2017 年的 5238.35 亿元，增长了 5.64 倍。

2. 经济结构加速优化

2000 年以来，河南三次产业结构经历了由第二产业增加值占生产总值的比重快速提高向第三产业增加值占生产总值的比重快速提高的转变，实现了发展动能的转换。2000 年，河南三次产业结构为 23.0∶45.4∶31.6，2010 年河南三次产业结构调整为 13.7∶55.7∶30.6，其间第二产业增长相对较快，第三产业比重变化较小。此后，第三产业增长相对加速，在国民经济中的比重快速上升，逐渐成为河南经济增长的第一动能。2017 年，河南三次产业结构调整为 9.6∶47.7∶42.7，第三产业占比比 2010 年提高了 12.1 个百分点，比 2016 年提高了 0.9 个百分点，第三产业对经济增长的贡献率达到 48.4%。同时，河南产业内部结构也加速调整优化，例如 2017 年五大主导产业增加值同比增长 12.1%，高技术产业同比增长 16.8%，均高于规模以上工业的增速，五大主导产业和高技术产业占规模以上工业的比重进一步上升，装备制造、食品制造已经成为万亿元级产业，河南工业的特色优势更加明显。

3. 基础能力不断加强

基础能力是评价区域发展潜力的一个重要指标。近年来，河南基础设施投资增长较快，交通、水利、电力、信息等对河南经济社会进一步发展的基础支撑能力明显提高。在交通基础设施方面，随着郑徐高铁以及郑开、郑焦、郑机城际铁路的开通运营，郑万、郑阜、郑济、商合杭高铁等在河南段的建设进展顺利，河南米字形高速铁路网已经成形；空中丝绸之路建设成效显著，郑州机场二期工程完工投入运营，信阳明港机场即将投入运营；高速公路网连通了所有县城，河南初步形成了多式联运、高效衔接的现代化综合

交通体系。在水利设施方面，南水北调中线工程建成通水，出山店水库、前坪水库建设加快推进。在电力基础设施方面，“疆电入豫”、西气东输二线等重大工程已经建成投入使用，河南率先在全国建成了省级特高压交直流混联电网，主网供电能力实现了大幅增长，新一轮农网改造升级已经完成。在信息基础设施方面，目前全省4G基站总量达到9.7万个，网络覆盖率达到99%；有线宽带端口总量超过2000万个，全省家庭宽带覆盖率达到85%，固定宽带网络平均下载速率居全国第一位，河南已经确立全国的十大通信网络交换枢纽之一的地位。

4. 经济发展的质量效益明显改善

河南劳动生产率呈现稳定增长趋势，由2011年的44279元/人增长到2016年的60575元/人，增长了36.8%，其中2016年比2015年增长6.9%。2017年，全省规模以上工业企业实现利润5272.37亿元，比上年增长8.5%。2016年，全省制造业产品质量合格率达到95.72%，高于全国平均水平（93.42%）2.3个百分点。节能降耗成效明显，万元GDP能耗呈现逐年下降趋势，五年来，河南万元GDP能耗累计下降了25%左右，其中2015年全省万元GDP能耗下降了6.57%，降幅高于全国平均水平（5.60%）0.97个百分点；2016年全省万元GDP能耗下降7.64%，降幅高于全国平均水平（5%）2.64个百分点。2017年，全省万元工业增加值能耗比上年下降9.1%。

5. 改革开放创新开创新局面

近年来，河南在改革开放创新方面也闯出了新路子，取得了新成就，这也是河南经济进一步发展的优势所在。例如，在开放方面，河南围绕郑州航空港经济综合实验区建设、中国（河南）自由贸易试验区建设、中国（郑州）跨境贸易综合试验区建设、“一带一路”建设等打造内陆开放高地，探索出一条“不沿海不沿边，对外开放靠蓝天”的特色对外开放模式，推动了进出口总额的快速增长，“十二五”期间，河南进出口总额年均增长32.9%，比全国平均水平（5.9%）高出27个百分点；2016年，在全国进出口总额同比下降0.9%的情况下，河南进出口总额同比增长2.6%；2017

年，全省进出口总额达到5232.79亿元，同比增长10.9%，其中出口总额增长11.8%，高出全国平均水平（10.8%）1个百分点。郑州—卢森堡“空中丝绸之路”实现货机满负荷运营，郑欧班列实现每周“去八回八”高频次运营。在创新方面，到2017年末，全省已经有省级以上企业技术中心1136个，其中国家级企业技术中心84个；省级以上工程实验室616个，其中国家级46个；国家级研发中心数量比2012年增加了61.4%；拥有有效发明专利28615件，比2012年增加了149.8%。目前这些累计的创新投入与创新成果将进入加速释放阶段。另外，郑洛新国家自主创新示范区的发展，也将对全省创新驱动发展起到辐射带动作用。

二　河南推动经济发展的主要做法

综观河南近年来推动经济发展的实践探索，有几点经验值得总结学习，如坚定不移地贯彻中央的决策部署、统筹推进“三区一群”国家战略、深入推动经济转型攻坚、大力提升要素保障能力、持续推进改革开放等。

1. 坚定不移地贯彻中央的决策部署

河南省委、省政府一贯坚持不打折扣地贯彻党中央和国务院的重大方针政策以及各项决策部署，以凝聚发展共识，确保各项决策部署落地生根。近年来，以习近平新时代中国特色社会主义思想作指导，河南全面贯彻党的十八大、十九大精神，深入落实习近平调研指导河南工作时的重要讲话精神，把抓好发展这个第一要务当作解决河南所有问题的关键，以推进供给侧结构性改革为主线，自觉践行新发展理念，主动适应引领经济发展新常态，牢牢把握稳中求进的工作总基调，积极推进“五位一体”总体布局和“四个全面”战略布局在河南的特色化、具体化、实践化，加快“三区一群”建设，着力打好产业结构优化升级、创新驱动发展、基础能力建设、新型城镇化这“四张牌”，坚决打响“四大攻坚战”，通过抓关键稳增长、调结构促转型、抓改革扩开放、强功能提品质、惠民生增福祉等，推动经济社会全面发展。

2. 统筹推进“三区一群”国家战略

自2011年以来，河南先后获批了中原经济区、郑州航空港经济综合实验区、中国（郑州）跨境电子商务综合试验区、郑洛新国家自主创新示范区、中国（河南）自由贸易试验区、国家大数据综合试验区、中原城市群规划等一系列国家战略规划和平台，河南在全国发展中的战略地位更加突出。这些国家战略与平台承担着不同的使命，也赋予河南不同领域的先行先试政策，郑州航空港经济综合实验区突出开放发展主题，郑洛新国家自主创新示范区突出创新发展主题，中国（河南）自由贸易试验区突出制度创新主题，中原城市群突出新型城镇化主题。如何把国家多重战略意图与河南经济发展的目标结合起来，让国家赋予河南的不同领域先行先试的政策凝聚成建设经济强省的合力，从而放大政策的集成效应，发挥国家战略平台的组合叠加效应，2017年4月，省委、省政府出台了《关于统筹推进国家战略规划实施和战略平台建设的工作方案》，把一系列国家战略规划和平台聚焦于“三区一群”战略，即郑州航空港经济综合实验区、郑洛新国家自主创新示范区、中国（河南）自由贸易试验区这三个引领性发展战略和中原城市群这一个整体性发展战略，通过统筹部署推进、统筹资源部署、统筹复制推广等，集中力量着力解决跨部门、跨领域、跨区域发展的重大问题，增强“区”“群”耦合协同能力，促进“点”“面”互动，努力使“三区一群”成为未来全省改革开放创新的新支柱。

3. 深入推动经济转型攻坚

调结构促转型一直是近几年的河南经济工作的重中之重。以新发展理念为引领，以“三去一降一补”为工作重点，河南主动优化经济结构，抓住转型的难点、痛点主动发力，使供给侧结构性改革走向深入。一是围绕供需平衡坚决化解过剩产能。2016年以来，河南积极按照国家的要求推进煤炭、钢铁、水泥、玻璃、电解铝、火电等行业过剩产能退出，目前煤炭、生铁、水泥、电解铝等产量全部下降。因城因业施策去库存，工业企业产成品库存实现了连续下降，商品住宅去化周期减至7个月。二是打响转型发展攻坚战。2017年初，河南提出要打响农村脱贫、国企改革、环境治理、转型发展“四大攻坚战”。在转型发展攻坚方面，河南实施了推进种养业、制造业、服务业供给侧结构性改革专项行动方案，出台了化解过剩产能、工业绿色化改造、工业智能化改造、企业技术改造、技术创新等专项攻坚方案，制定了装备制造、电子信息、健康养老、旅游等重点产业转型升级的行动计划，并推出20项财政政策措施助力产业发展并向高端化、绿色化、智能化、融合化方向转型。

4. 大力提升要素保障能力

提升要素保障能力，加快建立实体经济与科技创新、现代金融、人力资源协同发展的产业体系，是经济高质量发展的前提。近年来，河南在提升要素保障能力方面多方发力，并取得了一定成效。一是深入推进人才强省战略，为经济转型升级提供人力资源支撑。加快人才发展体制改革和政策创新，着力完善人才评价激励机制，健全人才服务保障体系，开工建设青年人才公寓。“智汇郑州”人才工程建立了青年人才生活补贴、购房补贴制度；深入实施职教攻坚工程、全民技能振兴工程等，着力培育高技能人才；以“高精尖缺”为导向深入实施重大人才工程，培养引进高层次专业技术人才和高层次经营管理人才。二是强化土地保障能力，推动土地利用综合改革，出台“人地挂钩”用地政策，创新土地开发利用方式，保障了重点项目的用地需求。三是增强资金保障能力。主动发挥财政资金的引导支持作用，设立战略性新兴产业投资基金、现代服务业产业投资基金、小微企业贷款风险补偿基金、新型城镇化发展基金、政府产业引导基金、产业集聚区发展投资基金等。引导金融机构开展金融创新，在农村推动“两权”抵押贷款试点，加大对制造业、小微企业以及创业的贷款支持力度，推动“双创”、绿色、“三农”等债券发行。四是强化创新支撑能力。加快郑洛新国家自主创新示范区、国家知识产权强省试点省、科技企业孵化器等创新载体和服务平台建设，支持企业建立研发中心、院士工作站等。

5. 持续推进改革开放

近年来，河南抓改革促开放，积极减少实体企业的税收、融资等交易成本，提高企业转型提质的动力和活力，经济发展的新动能进一步增强。一是

全面深化改革。打响国企改革攻坚战，集中力量剥离省属企业办社会职能，该项工作比国家要求提前一年半完成；不仅着力对国企“减负”，还推动国企“转制”，目前省管企业中有六成子公司已经实施混合所有制改革。深化“放管服”改革，大力精简行政审批项目和省级行政审批中介服务，全面取消非行政许可审批，全面取消省级涉企行政事业性收费，深入开展“减证便民”专项行动，在全国率先实行“三十五证合一”，全省基本建成省、市、县、乡四级网上政务服务平台。营改增试点全面推开，结构性减税取得明显成效。推动投融资体制改革向纵深推进，积极推行首问负责制、企业投资项目承诺制、多证合一中介服务模式、金融依法持有企业股权等创新举措，在全省范围内开展县（市）农信社改制组建农商行工作；大力发展绿色金融、科技金融，普惠金融改革在试点地区取得明显成效，“两权”抵押贷款国家试点顺利推进，相关改革有助于扩大有效投资，破解实体经济融资难、融资贵等问题。加快医药卫生、价格、电力、供销社、出租车等领域改革，相关改革均取得积极进展。二是大力拓展开放的范围和层次。经过近年来的建设，郑州航空港经济综合实验区已经基本成为全省对外开放的龙头和引擎；全面启动河南自贸试验区建设，初步构建了政务、监管、金融、法律、多式联运五大服务体系，完善的服务吸引了大批企业入驻；加快郑州经开综合保税区、郑州新郑综合保税区、南阳卧龙综合保税区建设步伐，目前已经建成了水果、冰鲜水产品等8个功能性口岸，河南因此成为全国功能性口岸最多的内陆省份；深度融入“一带一路”建设，在农业、文化、教育、科研人才等领域的合作已经取得积极进展，河南企业走出去的步伐加快。

三　河南建设经济强省面临的困难与挑战

在为河南经济发展取得的成绩感到欣喜的同时，也应该清醒地认识到，与我国经济转向高质量发展阶段的要求相比，与经济强省的高标准相比，与发达地区经济发展水平相比，乃至与全国平均水平相比，河南的经济发展仍然有很多的不足之处，建设经济强省面临的问题与挑战也很多。

1. 结构性矛盾仍很突出

产业结构调整的压力依然较大。2017 年，河南第三产业比重低于全国平均水平 8.9 个百分点；在工业内部，传统产业占比偏高和高新技术产业占比偏低的问题依然严重，新兴产业的快速增长难以弥补传统产业对经济的下拉影响。同时，城乡之间、区域之间的发展水平与发展质量差异依然较大，乡村振兴和区域经济协同发展的任务艰巨。

2. 经济发展的质量效益仍待提高

全员劳动生产率仍然偏低。2016 年，河南全员劳动生产率是 60575 元/人，仅为全国平均水平（98725 元/人）的 61.4%。虽然近年来河南能源利用效率提升较快，但是与发达地区相比，河南的能耗强度仍然较高。2016 年，河南万元 GDP 能耗为 0.6 吨标准煤，是北京（0.2835 吨标准煤）的 2.12 倍，未来河南节能降耗任务还很艰巨。

3. 高层次人才储备不足

高层次人才是引领推动区域经济高质量发展的中坚力量。河南是人口大省，但从人才的数量、质量、结构以及人才对创新驱动和经济发展的引领效果等角度看，河南的人才状况特别是高层次人才状况不容乐观，人才短板成为制约经济强省建设的一个重要瓶颈。2016 年底，河南共有专业技术人员 361 万人，其中高级专业技术人才 28.3 万人，仅占专业技术人员总数的 7.8%。在现有高层次人才中，具有创新引领作用的顶尖人才、领军人才和拔尖人才仅 3600 余人。同时，河南还缺少高素质、高能力的优秀企业家和职业经营管理人才。

4. 区域科技创新能力仍待提升

与发达地区以及全国平均水平对比，河南的创新能力还处在较低的层次。例如，研发经费投入强度相对较低，2016 年河南研究与发展经费内部支出仅占地区 GDP 的 1.22%，与全国平均水平（2.11%）尚有较大差距，与经济合作与发展组织（OECD）国家的平均水平（2.40%）差距更大。河南发明专利拥有量与其作为经济大省的地位很不相称，2017 年河南拥有有效发明专利 28615 件，仅占全国（135.6 万件）的 2.11%；从人均发明专利情况来看，河南每万人口发明专利拥有量3.0件，与全国平均水平（9.8件）存在较大差距。

5. 金融对实体经济的服务能力亟待增强

近年来，金融业在制造强省建设、自贸区建设、“一带一路”、中小企业发展、“双创”、绿色金融、“精准扶贫”等方面加强了支持力度，金融行业呈现人民币贷款余额增速高于存款余额增速的趋势，对河南经济强省建设形成了较强支撑。但是，目前河南存贷差依然较大。《2017年河南省国民经济和社会发展统计公报》的数据显示，2017年末，全省金融机构境内住户的人民币存款余额32279.05亿元，增长9.7%；境内住户人民币贷款余额15251.08亿元，增长21.5%，存贷比仅为47.2%，远远低于年末我国商业银行70.55%的存贷比，存贷差高达17027.97亿元。河南企业在资本市场上的融资能力也不高，截至2017年末，全省共有116家上市公司发行了股票，其中发行A股78只，河南的A股发行数量只占全国A股总量（3483只）的2.2%，A股上市数量排名第一的广东（568只）是河南的7.3倍；2017年，河南全年IPO共4家，发行新股数量在全国居第12位，河南新股发行数量占全国新股总量（438家）的比重不到1%；2017年，河南所有上市公司全年共募集资金521.78亿元，仅占全国境内筹资总量（40836亿元）的1.28%。河南互联网金融发展缓慢，网贷之家研究中心统计数据显示，截至2018年2月底，河南正常运营的P2P平台仅为27家，占全国行业正常运营平台总数（1890家）的1.4%，平台贷款余额约13.68亿元，仅占全国行业贷款余额总量（12737.17亿元）的0.1%。

四 对河南建设经济强省的建议

河南在2018年政府工作报告中提出，今后五年全省经济社会发展的主要目标是加快建设经济强省，打造“三个高地”，实现“三大提升”，建设“四个”强省。站在新的历史起点，河南应深入贯彻党的十九大精神，强化习近平新时代中国特色社会主义思想对全省经济发展的指导作用，全面贯彻新发展理念，深入推进高质量发展，着力提升“三区一群”建设水平，积极强化高端要素支撑能力，着力深化改革开放，奋力谱写出中原更加出彩的新篇章。

1. 深入推进高质量发展

全面贯彻发展新理念，通过体制机制改革和政策创新等推动发展路径由高增长导向向高质量发展导向转变，推动全省经济的质量变革、效率变革和动力变革，持续提升河南综合经济实力。高质量发展的体制机制是一个系统的、长期的工程，既需要国家顶层谋划，又需要地方大胆探索；既需要统筹兼顾，又需要突出重点。一是探索以新的政绩考核评价制度重塑地方竞争机制。新的政绩考核评价指标应全部包含新发展理念的五个方面，这又要求探索建立反映新发展理念的指标体系、统计指标体系以及能够推动高质量发展的政策体系等。只有建立能够全面反映新发展理念的政绩考评制度，才能彻底扭转以 GDP 增速论英雄的评价导向，杜绝地方政府经济发展中的面子工程、短期行为、恶性竞争行为，使地方政府更多地重视发展环境、质量效益、协调发展、绿色发展、改善民生等问题，构建地方竞争优势，在高质量、高效率、可持续性的前提下尽可能实现区域经济稳定增长。二是建立有利于高质量发展的监管体制。加强环境督察、市场质量监管、安全监管等，使之科学化、常态化、法制化，是倒逼企业提质增效、绿色发展的有效途径。三是深化创新体制、金融体制、土地制度、人才体制等方面的改革，建立有利于高质量发展的政策组合，使有限的资源要素向高质量发展的市场主体集聚，厚植高质量发展的制度根基。四是建立有利于高质量发展的文化制度。在我国过去经济发展过程中，由于文化缺失、社会舆论监督缺位等，导致不少政府干部、企业经营者缺乏合作意识、创新意识、质量品牌意识、生态意识、开放意识等，因此推动经济高质量发展，文化建设要跟上。

2. 着力提升“三区一群”建设水平

把高质量发展的要求融入“三区一群”建设中，推动“三区一群”高水平建设，使之成为河南改革开放创新的高地。一是按照建设综合交通枢

纽、国际航空物流中心、现代产业基地、国际化现代化航空新城的定位，高标准推进郑州航空港综合实验区建设，着力完善基础配套设施，着力优化空间结构，着力提升完善航空产业体系，着力打造以智能终端产业为代表的具有国际影响力的先进制造业集群，使之成为内陆高端开放载体。二是按照“具有国际竞争力的中原创新创业中心，开放创新先导区、技术转移集聚区、转型升级引领区、创新创业生态区”的定位，高质量建设郑洛新国家自主创新示范区，统筹区域布局，优化功能布局，深化科技体制机制创新，积极构建创新创业生态体系，扩大示范区对其他地区的创新带动能力，把其建设成为在全国有影响力的创新高地。三是按照“坚持对标国际惯例和标准、坚持突出河南特色优势、坚持改革的系统集成”等基本原则，高质量建设中国（河南）自由贸易试验区，大力推进政府服务模式创新，深化金融领域开放创新，加快建设现代立体交通体系和现代物流体系等，当好全面深化改革的“试验田”，打造成为内陆开放型经济示范区。四是按照国家赋予的新增长极、先进制造业集群等战略定位，高质量推进中原城市群建设，着力提升郑州国家中心城市的带动能力，着力推进基础设施一体化、产业发展协同化、生态建设协同化。五是在联动发展、耦合发展中提高“三区一群”的建设效率。加强“三区一群”战略联动发展的顶层设计，推动多元化融合、多要素整合、多政策组合、多部门协同、多区域互动。

3. 积极强化高端要素支撑能力

加快建立实体经济与科技创新、现代金融、人力资源协同发展的产业体系，强化高端要素对经济高质量发展的支撑能力，加快推动实体经济新旧动能的转换，加快经济强省建设步伐。一是提高科技对经济高质量发展的支撑能力。进一步健全科技体制机制创新，加大研发投入力度，推动开放创新、协同创新，提高科技成果转化能力；加快新一代信息技术、高端装备、新材料等新兴产业发展，培育更多具有创新引领型的平台、企业。二是强化现代金融对经济高质量发展的支撑能力。深化科技与金融的融合发展，让大数据、物联网、人工智能等新技术成为现代金融发展的助推器；鼓励金融机构创新，促进金融产品的个性化、特色化，提升金融服务效率；在总结推广试点地区经验的基础上，扎实推进普惠金融发展，打好精准脱贫攻坚战；引导金融资源配置到河南经济发展的先导产业、重点产业和薄弱环节；积极防范化解地方金融风险，持续打击非法集资、金融诈骗，为经济发展营造稳定的金融环境。三是夯实人才对经济高质量发展的支撑能力。高质量发展，人才是关键。而人才竞争，说到底是人才环境的竞争。因此，河南要推动人才体制改革，进一步完善人才的培训、培育、引进、使用机制，进一步优化创新创业环境，培育集聚更多高质量人才特别是创新引领型人才。

4. 深化改革开放

在深化改革上取得新突破。深入贯彻党的十九大精神和习近平关于全面深化改革的重要思想，以供给侧结构性改革为主线，统筹改革举措，突出抓好行政管理、科研管理、财税、投融资、国有企业等重点领域和关键环节改革，树立在改革中勇于攻坚克难、勇于先行先试的思想，通过深化改革持续释放全省经济发展的活力。一是统筹推进政府机构改革和行政管理体制改革，把“多证合一”改革向纵深推进。二是全面深化科研管理体制改革，探索建立灵活的用人机制和灵活的经费使用机制。三是统筹推进财税、投融资、金融、国资管理等改革，严格控制政府的投资范围，发挥政府投资对社会资本的引导带动作用。四是打好国企改革攻坚战，全面完成“僵尸企业”处置工作，全面深化省属功能类、公益类国有企业的产权改革。

在扩大开放上取得新进展。加快开放平台建设，进一步扩大与提升开放的空间、范围和层次，并以配套改革促进开放水平提升。一是加快河南自贸试验区建设，推动各片区在更多领域开展先行先试探索。二是围绕郑州航空港经济综合实验区、中国（郑州）跨境电子商务综合试验区、综合保税区等的建设，加快拓展各类功能性口岸，进一步提高河南对外贸易在全国的比重。三是深度融入“一带一路”建设，统筹推进“空中丝绸之路”“陆上丝绸之路”“网上丝绸之路”建设，构建立体化对外开放新格局。四是进一步提高制造业对外开放水平，有序扩大服务业对外开放合作的领域，推动更多的河南企业走出去。

参考文献

张占仓:《河南建设经济强省的科学内涵与战略举措》,《河南社会科学》2017 年第 7 期。

王承哲:《基于产业优化升级视角的河南网络经济强省建设研究》,《区域经济评论》2017 年第 6 期。

河南省社会科学院课题组:《河南打好“四张牌”在决胜全面小康中让中原更加出彩》,《河南日报》2016 年 12 月 22 日。

喻新安:《建设经济强省关键在哪如何推进》,《河南日报》2016 年 11 月 18 日。

完世伟:《优化产业结构　推进“四个大省”建设》,《河南日报》2017 年 7 月 27 日。

赵早:《打造网络经济强省的着力点探析——以河南省为例》,《学习论坛》2017 年第 5 期。

齐爽:《网络经济引领“三大”强省建设融合发展》,《区域经济评论》2017 年第 5 期。

B.10 山西资源型经济转型发展的实践与探索

韩芸　王云*

摘　要：　山西是典型的资源型地区，要实现经济社会的可持续发展，必须跳出资源优势陷阱，突破现有的发展路径，进行资源型经济转型。从实践来看，山西一直在探索转型发展道路，转型发展伴随着改革历程一步步推进和深化。当前，我国经济社会发展进入新时代，山西应通过产业转型、企业改革、科技创新、资源利用方式转变、对外合作与开放等，加快推动经济社会总体转型。

关键词：　山西　资源型　经济转型

早在20世纪初期，资源型经济问题在全世界范围内开始凸显。从20世纪60年代的欧美老工业基地的“问题区域”到70～80年代的“荷兰病”现象再到90年代的“资源诅咒”问题，资源型经济发展问题成为困扰世界经济的难题。山西煤炭资源丰富，经过多年发展，已经形成以煤炭资源开发及其初级加工为主的典型资源型经济体系，在经济增长、产业结构、生态环境、社会发展等方面表现出不同于非资源型地区的特殊性，出现了经济增长波动、产业结构单一、生态环境破坏、收入分配差距扩大、区域可持续发展能力下降等诸多难题。自2010年12月山西省获批国家资源型经济转型综合

* 韩芸，硕士，山西省社会科学院助理研究员，研究方向为能源经济、产业经济；王云，山西省社会科学院研究员，研究方向为能源经济、产业经济。

配套改革试验区以来，积极探索和实践，做了大量的工作，取得了明显进展。特别是2017年9月1日国务院印发《关于支持山西省进一步深化改革促进资源型经济转型发展的意见》，进一步明确了山西资源型经济转型的意义和方向。但也要看到，山西省转型发展的实际成效与中央要求和全省人民的期盼还有一定的差距。面对新形势新任务，作为我国最典型的资源型地区，山西破解资源型地区转型这一世界性难题，如何走出创新驱动、转型升级新路，是当前面临的最现实、最迫切的难题。

一　山西资源型经济转型发展历程

山西省煤炭资源丰富，119个县（市、区）中有94个产煤县（市、区），是典型的资源型地区。如何摆脱“资源依赖”、实现科学发展，不仅是山西经济社会发展的重要工作，也是破解资源型经济转型的重要课题。从实践来看，山西省从20世纪90年代开始就一直在不断探索经济结构调整和转型发展道路，转型一步步深化（见表1）。

表1　山西转型发展主要时间节点

转型阶段	转型方案	重点内容
转型起步阶段（1999~2005年）	1996年,《中共山西省委、山西省人民政府关于调整产业结构的实施意见》	全面调整产业结构是振兴山西经济的关键
	1999年10月,全省经济结构调整工作会议	部署以“一增三优”为主攻方向的经济结构调整战略
	1999年12月,《关于培育“一增三优”发展潜力产品推进产业优化升级的实施意见》	培育新经济增长点;培育优势产业、优势产品、优势企业
	2001年,《山西省国民经济和社会发展第十个五年计划纲要》	“八大战略工程”和“六大支撑体系”为主的经济结构调整思路
	2001年,《关于进一步推进经济结构调整实施“1311”规划的意见》	第一产业扶持100个龙头企业,第二产业扶持30个产品项目,第三产业扶持10个旅游景区

续表

转型阶段	转型方案	重点内容
转型起步阶段（1999～2005年）	2003年，《山西省行业结构调整方案》《山西省行业结构调整实施办法》	2003年确定了行业结构调整的范围，包括特色农业、煤炭、焦炭等13个行业和信息化、环境保护2个领域
	2004年，召开山西省经济结构调整会议	提出建设"国家的新型能源和工业基地"的战略决策，重点发展的七大优势产业
转型深化阶段（2006～2009年）	2006年，《山西省国民经济和社会发展第十一个五年规划纲要》	建立新型能源和工业基地
	2006年，《关于优化产业结构、培育优势产业的实施意见》	改造、提升、巩固、拓展传统产业，培育发展壮大"四新"支柱产业，大力发展高新技术产业、农业和服务业
	2006年8月，山西省经济结构调整工作会议	明确"三个战略取向"、抓好"三个发展重点"、强化"三根软肋"、实现"三个跨越"
	2009年，山西政府工作报告	加快经济结构调整，努力构建传统产业新型化、新兴产业规模化、支柱产业多元化的现代产业体系
转型综改阶段（2010～2015年）	2010年，国务院正式批复设立"山西省国家资源型经济转型综合配套改革试验区"	先行先试，建立资源型经济转型综改区
新时代转型攻坚阶段（2016～）	2017年9月，国务院印发《关于支持山西省进一步深化改革促进资源型经济转型发展的意见》	"三基地"、一个"示范区"、一个"排头兵"
	2018年1月，山西省委经济工作会议	"三大目标""十个关键"

（一）转型起步阶段（1999～2005年）

20世纪90年代，山西加快建设能源基地，经济增长速度较快，但同时也带来了一系列问题，第二产业比重高，产业结构畸形，极大阻碍了经济社会的可持续发展。山西省委、省政府注意到这一问题的严重性，并于1996年山西省委七届二次全委会上通过了《关于调整产业结构的实施意见》，指出振兴山西经济发展的关键是全面调整产业结构。从此，山西开始了经济结构调整的发展道路。

1999年省委、省政府在对全省经济结构进行广泛深入的调查研究和听取各个方面的意见建议后，下决心对全省经济结构进行战略性调整。10月26日，山西省委在运城市召开了全省经济结构调整工作会议，集中研究了经济结构调整的问题，提出了以“一增三优”为主攻方向的经济结构调整战略。运城会议的召开，标志着山西新一轮经济结构战略性调整的序幕正式拉开。随后，山西省政府下发了《关于培育“一增三优”发展潜力产品推进产业优化升级的实施意见》，进一步明确了产业结构调整的战略方针和具体措施。经济结构调整成为全省经济工作的重中之重。

工业是经济结构调整的主战场。2001年9月，山西省委、省政府出台了《关于进一步推进经济结构调整实施1311规划的意见》，12月下发了实施“1311”规划的五个配套措施。到2002年底，山西工业结构调整取得初步成效，产业构成发生明显变化，冶金行业和煤炭行业产值占工业总产值的比重上升，居前两位，电力、机电、建材、医药等行业获得新的发展。全省工业结构初步形成了以传统产业和新型产业相互促进、共同发展的新格局，实现了工业结构调整“三年初见成效”的目标。[①]

2003年底，山西省委、省政府先后出台了《山西行业结构调整方案》和《山西行业结构调整实施办法》等文件，将经济结构调整的方向转向以行业结构调整为主。在2004年8月的山西省经济结构调整会议上，明确提出了建设“国家新型能源和工业基地”的战略决策，并提出了重点发展的七大优势产业。国家的新型能源和工业基地的提出是山西经济社会发展历史上的重要里程碑。

“十五”时期经济结构调整成为贯穿山西省经济发展的一条主线。《山西省国民经济和社会发展第十个五年计划纲要》进一步明确了以“八大战略工程”和“六大支撑体系”为主的经济结构调整思路。总体看，“十五”期间，山西的经济结构调整取得了阶段性成效。山西经济和社会发展达到了改革开放以来的最好水平，为资源型经济转型发展夯实了基础。

---

① 苗长青：《山西改革开放38年光辉历程》，《太原日报》2016年7月25日。

（二）转型深化阶段（2006～2009年）

“十一五”时期，山西省资源型经济转型发展进入深化阶段。2006 年 8 月，山西省召开了经济结构调整工作会议，会议提出了“十一五”时期乃至更长时期的经济结构调整的思路。加快新型工业化和特色城镇化进程，改造提升传统产业、培育壮大新兴产业、发展加强薄弱产业，积极转变经济增长方式，协调推进城乡结构、区域结构、所有制结构和就业结构调整，促进经济社会全面协调可持续发展，努力建设国家新型能源和工业基地，构建充满活力、富裕文明、和谐稳定、山川秀美的新山西。① 重点任务是明确“三个战略取向”、抓好“三个发展重点”、强化“三根软肋”、实现“三个跨越”。

2006 年 10 月，山西省第九次党代会进一步明确了经济工作的重点是深入推进经济结构调整，提出山西经济要走出“四条路子”，实现“三个跨越”的总体战略部署，以发展新的支柱产业为战略重点，着力培育优势产业，改造提升传统产业，产业结构调整不断深化。

2007 年 12 月，党的十七大召开之后，山西省委九届三次全会对加快建设新基地、新山西进行了研究部署，“新基地”即新型能源和工业基地。2010 年 7 月，山西省委在对全省重大问题进行调研的基础上，召开了全省领导干部大会，做出了以转型发展为主线，以跨越发展为目标，再造一个新山西的战略部署。会议确定山西转型跨越发展的定位是，以建设国家新型能源和工业基地为基础，努力建设全国重要的现代制造业基地、中西部现代物流中心和生产性服务业大省，早日建成中部地区经济强省和文化强省。② 全省领导干部大会以后，山西省确定了转型跨越发展的根本举措是推进“四化”建设，即工业新型化、农业现代化、市域城镇化和城乡生态化，引领全省经济又好又快发展。

① 苗长青：《山西改革开放 38 年光辉历程》，《太原日报》2016 年 7 月 25 日。
② 袁纯清：《在全省民营经济转型跨越发展大会上的讲话》，《前进》2010 年第 12 期。

（三）转型综改阶段（2010～2015年）

根据我国经济社会发展进入新阶段的特点，自2005年起，国家开始实施综合配套改革试验区的新举措。山西积极实施煤炭行业整合、循环经济、可持续发展等试点工作，为资源型经济转型发展奠定了坚实的基础。2009年5月国家主席习近平对山西进行考察调研，充分肯定了山西在资源型经济转型方面的实践和探索。2009年下半年开始，中央财经领导小组办公室，国家发改委，山西省委、省政府组织力量对山西资源型经济转型发展问题开展了深入调研，向中央提出了建设国家资源型经济转型发展综合改革试验区的建议和方案。2010年12月1日，经国务院批准，《国家发展改革委关于设立山西省国家资源型经济转型综合配套改革试验区的通知》下发。山西省国家资源型经济转型综合配套改革试验区（以下简称综改区）成为我国第九个综合配套改革试验区，也是我国第一个全省域、全方位、系统性的国家级综合配套改革试验区。

综改区获批以来，山西省高度重视，紧紧围绕产业转型、生态修复、城乡统筹、民生改善四大转型任务，制订出台了近3年的实施方案，部署了50项重大改革、100项重大事项、100项重大项目、10个重大课题的“5111”重点任务，逐年分解了年度“1235”“3675”“2285”行动计划，做了大量卓有成效的工作。一大批转型标杆项目启动建设，一系列扶持政策陆续出台，与国家有关部委、大型央企、科研院校等的合作会商机制逐步建立，建立起以股权为纽带的产权一体式煤电联营体制和以“长协”合同为纽带的契约式煤电联营体制，在煤层气审批制度改革、低热值煤发电项目审批、用地管理改革等重点领域取得新突破。

这一时期山西经济结构调整不断深化，并取得重大突破和进展，为山西转型发展提供了具体的、针对性强的、可操作性的经验做法。

（四）新时代转型攻坚阶段（2016年迄今）

党的十九大报告明确提出，要大力支持资源型地区经济转型发展，这对于处于转型关键期的山西具有重要的意义。2017 年 6 月，习近平总书记在视察山西时明确指出，山西经济发展需要深入思考和突破的重大课题就是实现资源型地区经济转型发展，形成产业多元支撑的结构格局。9 月 1 日国务院印发了《关于支持山西省进一步深化改革促进资源型经济转型发展的意见》，贯穿了以改革促转型的鲜明导向，并明确提出山西要“建成资源型经济转型发展示范区”“打造能源革命排头兵”，确立了山西在全国经济发展格局中的战略地位和作用以及对资源型经济转型的示范意义。

2018 年 1 月，山西省召开省委经济工作会议，会议充分肯定山西要坚定不移走出一条具有山西特色的资源型经济转型发展新路，不断开创转型发展新局面，围绕建设“示范区”“排头兵”“新高地”，“三大目标”集中发力，把新时代中国特色社会主义在山西向前推进，到 2022 年转型发展取得突破性进展。

1. 建设资源型经济转型发展示范区

将山西省建设成为创新创业活力充分释放、经济发展内生动力不断增强、新旧动能转换成效显著的资源型经济转型发展示范区，加快破解制约资源型经济转型的深层次体制机制障碍和结构性矛盾，走出一条转型升级、创新驱动发展的新路，为其他资源型地区经济转型提供可复制、可推广的制度性经验。[①]

2. 打造能源革命排头兵

在全省能源领域进行一场全方位、深层次、历史性的革命，进而重塑山西能源结构，提高能源产业核心竞争力。“不当煤老大，争当排头兵”，是山西推动转型发展的重大思路，统筹推进“四个革命”和“一个合作”，在全国率先破题，发挥引领作用。

3. 构建内陆地区对外开放新高地

山西深度融入国家重大战略，不断拓展转型升级新空间，构建连接“一带一路”大通道，在沿线 13 个国家举办“山西品牌丝路行”活动。加

---

① 尚慧辉：《省委经济工作会议在太原召开》，《山西日报》2018 年 1 月 4 日。

强与京津冀协同发展战略衔接，深度融入环渤海经济圈，落实对接雄安新区实施方案。高起点承接长三角、珠三角、粤港澳地区产业转移，落实中部崛起战略。2017 年，山西省进出口总额首次突破千亿元。对外文化、教育、中医药等人文交流合作不断扩大。

同时，山西要积极发挥主观能动性，用好先行先试这个法宝，突出基础性改革、创新驱动、金融助推、区域协调，着力弥补部分改革滞后、创新活力不足、市场主体不强、地区差距较大等短板，推动转型发展不断达到新水平。

二　山西资源型经济转型发展难题

山西转型综改试验区建设以来，许多重点领域和关键环节的改革都取得了重要进展和突破。但随着经济形势变化，许多亟待破解和修补完善之处又凸显出来。进一步推进资源型经济转型，还需要聚焦转型过程中出现的突出矛盾和问题，抓住重点，靶向施策，精准改革。

（一）依赖传统资源的经济发展方式没有从根本上破解

资源型经济最典型的特征是要素向资源部门集聚，并且呈现自我强化的趋势，导致资源型经济过度依赖资源开发，产业结构单一。山西多年来形成“一煤独大”高度依赖资源的经济发展模式。据统计，2000～2011 年山西省采矿业增加值占工业增加值的比重从 27.9% 提高到 63.4%，年均提升 3.2 个百分点，一些产煤大县比重甚至达到 80% 以上。与此同时，制造业增加值占工业增加值的比重则持续下降，从 2000 年的 55.4% 下降到 2011 年的 31.7%，年均回落 2.2 个百分点。山西煤、焦、冶、电四大传统产业占工业增加值比重从 1992 年的 61.8% 上升到 2011 年的 86.1%，而除炼焦、冶金之外的制造业占工业增加值比重，从 1992 年的 37.7% 下降到 2011 年的 13.6%。[①]

---

① 孙毅：《资源型区域绿色转型的理论与实践研究》，东北师范大学博士学位论文，2012。

（二）经济增长波动与资源价格密切相关

资源型经济的又一大特征是区域经济增长受资源价格影响较大，容易产生波动，导致区域经济抗风险能力弱。从近年来山西经济增速与全国经济增速的比较来看，山西省经济增速波动趋势与全国大体一致，但是山西经济增速的波动幅度明显大于全国。例如，在煤炭等能源产业的支撑下，山西GDP在2001～2007年连续7年保持两位数的增长速度。2008年山西人均GDP首次突破2万元大关。然而，煤炭发展的黄金期结束后，山西省经济增速从2013年的8.9%一路下滑至2016年的4.5%。

（三）要素资源向非资源型产业配置机制尚未形成

长期以来，由于“一煤独大”，山西大量的资金、人才、技术等要素资源源源不断地流向煤炭产业以及与煤炭有关的传统产业。资源型经济对非资源型经济产生严重的挤出效应，导致非资源型产业所必需的人力、技术、资本等严重不足，严重制约了经济发展。山西科技创新与全国平均水平有较大差距，且随着对资源部门的依赖程度加深，这种差距还在继续扩大。山西研究与试验发展（R&D）经费投入强度虽然逐年上升，但上升速度远低于全国平均水平。1995年山西R&D经费投入强度为0.54%，接近全国0.57%的平均水平；2010年这一差距仅为0.78个百分点；2016年这一差距扩大到了1.08个百分点。从政府资金看，2016年山西研发经费中政府资金占11.7%，而全国为14.4%，与全国相差2.7个百分点。资源型经济对科技创新的挤出，导致要素结构初级化。区域经济增长对资源、资本等传统要素的依赖性增强，科技进步、人力资本等创新性要素的供给严重不足。

（四）矿产资源开发形成负外部效应

山西经济发展过多地依赖煤炭，不仅造成对煤炭资源的浪费，还造成煤炭伴生共生资源的损耗、土地塌陷、水环境破坏、自然环境污染等。山西煤炭的高强度开采，给全省生态环境造成了巨大压力，煤炭开发的外部性成本较高。有关专家估算，每开采1吨煤大约要损耗与煤炭资源共生、伴生的铝矾土、硫铁矿、高岭土、耐火黏土、铁钒土等矿产资源8吨；每年因开采煤炭排放的煤层气大约116亿立方米，接近于西气东输的输气量；山西省中煤利用率不到40%，矸石利用率不足20%，粉煤灰利用率为54%。[①] 山西污染物排放量相对较高，二氧化硫排放量在全国居于前列。水土流失、煤矿区土地盐渍化、荒漠化问题严重。生态环境污染对人民群众的生命健康极为不利，山西各类呼吸道疾病发病率明显高于全国其他地区。

总之，资源型经济因矿产资源开发的特殊性，导致产业单一、科技创新与人力资本流失、区域空间结构分散与城镇化滞后、资源损耗与生态环境破坏等诸多问题，要实现资源型经济可持续发展，必须推动资源型经济转型。

三 山西资源型经济转型发展的路径

资源型经济转型是从资源依赖的经济形态向创新驱动的经济形态转变，围绕经济增长与结构演变、生态环境、社会发展等方面的难题，推进经济发展方式转变、产业结构调整、要素结构升级、对外开放和合作等，提升资源型地区的可持续发展能力，让自然赋予人类的财富惠及区域所有的居民。

（一）转型发展的核心：产业转型

产业转型是资源型经济转型发展的核心和难点。20世纪90年代以来，山西就开始探索产业转型，但是都没有从根本上转变以煤炭资源为主的产业体系，也没有从根本上扭转山西资源依赖的经济特性。围绕传统产业转型，山西省一是着力推动传统产业的升级改造，二是通过产业延伸、产业融合、产业聚集等促进非资源型产业发展，三是深化产业发展的体制机制改革。

围绕传统煤炭产业升级改造，山西要大力实施科技创新战略，关注产业

① 景普秋、孙毅、张丽华：《资源型经济的区域效应与转型政策研究——以山西为例》，《兰州商学院学报》2011年第12期。

发展的科技需求，以科技创新城为依托，在煤基产业实施一批重点科技项目，开展重大共性关键技术的研发和运用，充分发挥重大工程和重大项目对科技创新的引领和促进作用。

围绕非资源型产业发展，山西一是要加大产业的延伸，依托丰富的煤炭与其他资源优势，大力发展下游产业，打通产业上下游环节，促进上下游良性互动。二是通过资源产业与其他产业之间的融合，促进新产业的发展。加大煤炭产业与旅游产业、金融产业、餐饮产业、信息产业以及农业的融合。例如，德国鲁尔区将废弃煤矿设施改为餐馆，实现煤炭产业与餐饮业的融合。我国的安徽省淮北市利用煤炭塌陷区发展养鱼业，河南省焦作市利用煤炭塌陷区发展花卉业。三是积极发展新兴替代产业，摆脱资源依赖，重塑产业结构，再造新优势，建立全新的产业体系。诚然，新兴替代产业的发展不是一蹴而就的。山西必须从现有的产业基础、区位条件、技术、资金、人力资源、自然资源等方面考虑，重新发掘和确立新的优势。例如，山西旅游资源丰富，可以大力发展旅游产业以及促进相关产业延伸与发展。

围绕产业发展的体制机制，山西要把重点放在行政管理体制改革、国企改革，以及土地、人才、金融等要素市场改革上。通过生产要素的供给和优化配置，深层次破解要素过度向煤炭产业集中的问题，按照供给侧结构性改革要求，通过创新制度供给，结构调整，引导要素供给，扩大有效供给，提高区域经济的全要素生产率，推动山西省走出资源型地区转型升级之路。

（二）转型发展的基础：资源利用方式转变

党的十九大报告提到，要推进资源全面节约和循环利用，加快生态文明体制改革，建设美丽中国。传统的资源管理和资源利用方式已经不能适应现实的需要。面对巨大而紧迫的资源与生态环境压力，山西必须制定新的资源利用战略。一是完善矿产资源生态补偿制度，积极探索市场化的生态补偿模式，将资源生态环境的破坏计入资源开发成本。二是建立资源开发生态环境破坏的预防性机制，加强资源部门开采前的生态环境评估和技术论证，采取多种方式方法激励开采者更多地采取防范性措施，实现资源型企业的绿色开

采。三是创新资源管理模式，通过建立独立于政府的第三方监督与治理机构加强对生态环境破坏的治理与监督。四是开展用能权交易，督促用能单位节约能源，减少能源资源的消耗总量，降低经济社会发展的碳依赖，减少温室气体排放量，最终达到全社会节约能源和提高能源使用效率。

（三）转型发展的关键：企业改革

资源型经济转型最终要落实到企业上。一是深化国有企业改革，推动国有企业同市场经济深入融合，通过企业之间的兼并重组，增强企业集团的活力和创新能力。二是持续优化民营经济发展环境。2017 年山西开展了“试行企业投资项目承诺制、实行无审批管理”的重大改革举措，部署了优化营商环境九大专项行动，努力打造审批最少、流程最优、体制最顺、机制最活、效率最高、服务最好的“六最”营商环境，打响了一场全面优化营商环境的攻坚战。优化营商环境要打破民营企业在项目招投标、政府采购、市场准入等多方面的隐性限制条件，激发民间投资活力，在基础设施和公共服务领域积极推广 PPP、特许经营等模式。三是构建完善的现代市场体系。推进企业转型的基础是完善的、开放的、有序的现代化的市场体系。借鉴国内外先进国家和地区的经验做法，山西要建立开放透明的市场准入负面清单制度。继续深化商事制度改革，加大行业的监管力度，鼓励和支持新业态、新商业模式发展。

（四）转型发展的动力：科技创新

我国第十三个五年规划明确提出要把发展的基点放在创新上。资源型经济发展过分依赖于资源的开发，对科技、人才等生产要素产生了挤出效应。因此，一方面要着力增加创新的供给。山西省政府要在研发投入上加大支持力度，将煤炭资源收益通过财政支出的方式用于科技创新投入的供给，以此激励企业、全社会增加研发投入，通过提升区域研发投入强度改善山西的科技创新供给能力；另一方面要着力通过产业转型增加对科技创新的需求，提升非资源型产业在山西经济发展中的地位。首先要尽快完善资源收益支持科技创新供给的体制机制，提升区域研发投入强度，通过产业转型进入供求相结合的科技创新路径。以综改试验区建设为契机，在提升科技创新能力的体制机制方面进行探索，通过实施科技创新跨越工程，完善制度、政策体系，提高制度实施效率。同时，积极引导、激励企业进行自主创新，通过多种形式的合作方式，建立企业与科研机构、高等院校的创新合作关系。推进产学研用深度融合，形成以政府为引导，企业为主导，政产学研用深度融合的机制，推动政府、企业、高校、科研院所等机构在科技创新中建立全省科技项目统一运作平台。要增强全社会的创新意识，鼓励更多的人创新、创业，培养一批具有创业精神的企业家，推动山西企业的创新发展。

（五）转型发展的重点：合作与开放

转型发展要放眼外部世界，积极主动地融入现有产业集群和产业链条之中，依托相对比较优势，与产业集群和产业链条上的其他环节错位发展。一是园区化承接产业转移。产业园区是推动产业多元化和结构调整的支撑点和发展平台。以大园区建设为载体，积极发展各类循环经济园区、高新技术园区、现代农业园区和服务业园区。发挥产业的聚集效应，构建产业聚集平台，引导同类企业及相关企业向园区聚集。以优势产业为依托积极发展相关配套产业，形成产业集群，提升产业的核心竞争力。重点建设太原、长治两大高新科技开发区、潞宝生态工业园、兆丰铝材工业园等一批涵盖煤炭深加工、高新科技的转型产业园区，大力支持转型产业园区和重大转型项目，使产业园区成为产业转移的基地，成为带动经济快速发展的龙头。二是积极加强区域间联系和合作。加强与周边省份对接以及环渤海、中西部等地区的交流和合作。以产业合作为突破口，与周边省份加强煤炭、装备制造业、煤化工、高新技术产业、文化旅游产业等多方面的合作，坚持政府引导、多方参与，以市场为基础、以企业为主体，建立长效合作机制。探索跨省域发展的飞地经济合作模式，进一步促进各省份优势互补和资源共享。

参考文献

张复明:《资源型经济与转型发展研究》，经济科学出版社，2011。

于立等:《资源枯竭型城市产业转型问题研究》，中国社会科学出版社，2008。

韩东娥主编《山西煤炭产业政策研究》，山西人民出版社，2018。

李劲民:《以深化改革促进我省资源型经济转型发展》，《前进》2018 年第 1 期。

张复明、景普秋:《资源型经济及其转型研究述评》，《中国社会科学》2006 年第 11 期。

景普秋、孙毅、张丽华:《资源型经济的区域效应与转型政策研究——以山西为例》，《兰州商学院学报》2011 年第 12 期。

钱勇:《国外资源型城市产业转型的实践、理论与启示》，《财经问题研究》2005 年第 12 期。

王云珠、李秀萍:《深化“供改”与“综改”走出山西创新驱动转型升级新路》，《前进》2017 年第 6 期。

肖林、钱智:《新供给经济学实践: 上海供给侧结构性改革思路和举措》，《科学发展》2016 年第 4 期。

韩芸、王云:《资源型经济转型发展理论与实践探索——以山西省为例》，《经济师》2016 年第 11 期。

B.11

安徽省战略性新兴产业集聚发展基地现状、问题和对策研究*

安徽省社会科学院课题组**

摘　要： 战略性新兴产业有广阔的发展前景，能够强力带动区域经济发展，实现弯道超车，本文对安徽省战略性新兴产业集聚发展基地的规模、支持政策、产业链、创新能力等进行了梳理，分析了存在的问题，并给出了优化发展的建议。

关键词： 安徽　战略性新兴产业　财政金融支持政策　集聚发展基地

《"十三五"国家战略性新兴产业发展规划》指出："战略性新兴产业代表新一轮科技革命和产业变革的方向，是培育发展新动能、获取未来竞争新优势的关键领域"，具体行业通常包括节能环保、新一代信息技术、生物、高端装备制造、新能源、新材料和新能源汽车等。据有关部门统计，2015年战略性新兴产业增加值占国内生产总值比重为8%左右。战略性新兴产业有广阔的发展前景，对国民经济发展具有强力带动作用。对安徽这样的中部地区发展中省份，促进战略性新兴产业发展能够实现区域经济快速增长并弯道超车。

为加快战略性新兴产业发展，2015年安徽省公布了《关于加快建设战略性新兴产业集聚发展基地的意见》，确定了第一批14个省战略性新兴产

---

* 本文系安徽省课题"安徽省战略性新兴产业集聚发展基地建设研究"的阶段性研究成果。

** 课题组主要成员：杨俊龙、郑基超；资料搜集、整理：倪泽强、刘晴。

业集聚发展基地，并推出了一系列扶持举措。《安徽省国民经济和社会发展统计公报》显示，2015 年，安徽省战略性新兴产业产值增长 17.6%；2016 年，战略性新兴产业产值增长 16.4%，首批 14 个战略性新兴产业集聚发展基地工业总产值增长 18%；2017 年，战略性新兴产业产值增长 21.4%，24 个战略性新兴产业集聚发展基地工业总产值增长 23.1%。数据显示，2016 年和 2017 年战略性新兴产业产值保持高速增长态势，而战略性新兴产业集聚发展基地工业总产值增长速度明显快于行业整体增长速度，数据显示安徽省出台的产业扶持政策推动了产业发展。

一　安徽战略性新兴产业集聚发展基地的相关政策

根据《安徽省人民政府关于加快建设战略性新兴产业集聚发展基地的意见》，为发挥战略性新兴产业的引领带动作用，省政府决定加快建设一批战略性新兴产业集聚发展基地，这些发展基地产业配套完备、创新优势突出、区域特色明显、规模效益显著。建设战略性新兴产业基地的主导思想是：“战略思维、遵循规律、立足现有、放眼前沿、市场引领、政策支持”。

（一）战略性新兴产业集聚发展基地的特征

一是符合国家提升制造业竞争力战略方向，具有广阔成长空间，现有和未来预期增速明显高于全省规模以上工业增速。二是区内已经形成较为完整的产业链和初具规模的产业集群，技术研发、检验检测、金融服务、市场开拓、现代物流、人才培养、社会保障等公共服务体系相对完善，水电路网和污染物处理等基础设施较为完备。三是区内拥有 1 家或几家产业规模、技术水平、产品质量和性能处在国际先进、国内一流水平，在行业内有重要影响力，对上下游企业有较强辐射带动作用的优势骨干企业。四是拥有一定数量的国家级或省级创新平台，拥有高水平的创新创业团队、行业领军人才和持续丰富的创新资源。五是围绕产业链发展的关键环节，有一批重大项目开工建设，一批前期项目顺利推进。

（二）基地发展采取的举措

一是设立省战略性新兴产业集聚发展基地建设专项引导资金。自2015年起每年安排20亿~30亿元，省级其他相关专项资金优先向基地倾斜。二是做大产业投资基金规模，通过财政注资、引进社会资本等方式，将省高新技术产业基金规模逐步扩大到200亿元以上。三是在地方政府债券规模中安排一定额度，支持基地所在市政府筹集资金专项用于基地公共服务项目建设，鼓励金融机构参与基地建设。四是优先申报国家战略性新兴产业集聚发展试点等国家级示范基地，优先争取基地内符合条件的企业或建设项目申报国家重点产业技术与开发、重大科技专项、发行战略性新兴产业债券等各类支持。五是省里扶持高层次科技人才团队在皖创新创业等各类人才激励政策优先向基地倾斜，支持基地以龙头企业为主体，联合科研院所、上下游企业、重要用户建设各类创新平台。六是充分发挥企业在基地建设中的主体作用，完善以企业为主体的产业技术创新机制，完善和落实优先使用创新产品的采购政策，提高科研人员成果转化收益比例。

（三）基地的发展目标

到2017年，单个基地的产业链上下游企业总产值达到500亿元或3年（2014~2017年）翻一番，税收累计增长不低于50%。到2020年，单个基地的产业链上下游企业总产值超过1000亿元或3年（2017~2020年）再翻一番，税收累计增长不低于30%。通过加大建设力度，力争在若干重点领域掌握一批关键核心技术并实现产业化，建立一批具有持续创新能力的产业联盟，培育一批具有国际影响力的领军企业，打造一批安徽制造的知名品牌，形成支撑安徽经济发展新的增长极。

《安徽省人民政府关于加快建设战略性新兴产业集聚发展基地的意见》明确了战略性新兴产业基地建设应该具备的基础条件，同时指出了推动相关产业发展的具体举措以及扶持这些基地应该达到的目标。

二　安徽战略性新兴产业集聚发展基地情况及存在的问题

目前，安徽省共筛选了两批战略性新兴产业集聚发展基地，第一批有14个；第二批有10个，其中有两个是试验基地。本文主要对第一批14个和第二批8个共22个战略性新兴产业集聚发展基地情况进行梳理，并简要分析存在的问题。

（一）基地产业发展情况

目前，关于安徽省战略性新兴产业集聚发展基地并无专项统计数据对外公布，因而无法获取近期的产值数据。但通过媒体对新兴产业集聚发展基地的公开报道情况，读者也可以了解安徽省新兴产业集聚发展基地的大概情况。

表1　安徽省战略性新兴产业集聚发展基地概况

基地	发展概况
合肥新站区新型显示产业集聚发展基地	2015年，合肥市新站区新型显示产业集聚发展基地实现产值361.4亿元，同比增长57.8%
合肥高新区集成电路产业集聚发展基地	2015年，合肥高新区集成电路产业集聚发展基地实现总产值129.6亿元，完成固定资产投资近22亿元，税收近13.5亿元
合肥高新区智能语音产业集聚发展基地	2015年，产值235.58亿元
合肥、芜湖新能源汽车产业集聚发展基地	2015年，生产推广新能源汽车2.43万辆，是2014年的8倍，居全国前列
亳州谯城经济开发区现代中药产业集聚发展基地	2015年，区内医药制造业规模以上企业实现产值232亿元，占规模以上工业总产值的24.7%；纳入省统计监测的124家企业完成工业总产值228.3亿元，同比增长29.8%
蚌埠硅基新材料集聚发展基地	2015年，基地共实现产值332.6亿元，同比增长27.8%
阜阳太和经济开发区现代医药产业集聚发展基地	2015年，基地实现医药工业产值162.3亿元、税收4.83亿元、固定资产投资39.14亿元
滁州市经济开发区智能家电产业集聚发展基地	2015年，基地规模以上企业实现产值356.4亿元

续表

基地	发展概况
马鞍山经济开发区先进轨道交通装备产业集聚发展基地	2017 年,基地实现产值 82.7 亿元,同比增幅达 38.6%
芜湖鸠江经济开发区机器人产业集聚发展基地	2015 年,基地规模以上企业实现产值 59.36 亿元,同比增长 22.2%
芜湖三山经济开发区现代农业机械产业集聚发展基地	2015 年,基地 53 家企业实现产值近百亿元
宣城宁国经济开发区核心基础零部件产业集聚发展基地	2015 年,基地规模以上企业实现产值 309.2 亿元,同比增长 16%;创造税收 12.2 亿元,同比增长 17.3%
铜陵经济开发区铜基新材料产业集聚发展基地	2016 年上半年,基地实现产值 315 亿元,同比增长 6%
安庆高新技术开发区化工新材料产业集聚发展基地	2015 年,基地规模以上企业实现产值 97 亿元,营业收入 89 亿元,增加值 29.2 亿元
合肥高新技术产业开发区生物医药和高端医疗器械产业集聚发展基地	2017 年一季度,基地完成产值 32.4 亿元
合肥包河经济开发区创意文化产业集聚发展基地	2016 年,基地规模以上文化企业实现产值 433 亿元,税收达 12.2 亿元
淮北濉溪经济开发区铝基高端金属材料产业集聚发展基地	2017 年,基地实现产值 113.6 亿元,同比增长 25.5%
宿州高新技术产业开发区云计算产业集聚发展基地	2016 年,基地实现产值 104 亿元
淮南高新技术产业开发区大数据产业集聚发展基地	2016 年,基地产值达到 26 亿元
六安霍山高桥湾现代产业园高端装备基础零部件产业集聚发展基地	2017 年 1~11 月,实现经营收入 170 亿元,同比增长 8%;实现工业总产值 165 亿元,同比增长 8%
池州经济技术开发区半导体产业集聚发展基地	2016 年上半年,基地实现产值 19.6 亿元,同比增长 15%
黄山现代服务业产业园文化旅游产业集聚发展基地	2017 年,基地实现营业收入 83 亿元,同比增长 33%

注:资料均来自网络公开报道,鉴于来源复杂,出处不一一列明。囿于资料来源,部分基地情况可能表述不清晰、不完整。

从表 1 的数据不难看出,22 个集聚发展基地规模大小不一;总体上看,这些基地都要在 2020 年达到 1000 亿元产值规模,难度较大;客观地说,在全国范围进行比较的话，现有基地产值规模还是偏小的，特别是有的基地规模很小，产值还在100亿元以下。除了规模以外，有的基地囿于其产品需求小，基地产值规模增长率也不高，难以实现三年翻番的要求。

（二）配套政策研究

除了省级层面的财政金融政策，各地市也分别推出了一些措施，这22个战略性新兴产业集聚发展基地大部分能够获得1亿元左右的省级资金支持，其所在市、县（区）也提供了配套资金和其他资源支持，由于各地发展情况存在差异，各基地所在市或县（区）提供的配套资源支持力度也存在明显差异。

各地市主要是以财政资源投入的方式进行扶持。在具体投入方式上各地有所差异。有的地方为战略性新兴产业集聚发展安排了专项资金，如合肥市新站区2015年安排产业结构调整专项资金5亿元，用于支持新站区新型显示产业集聚发展基地园区重大项目建设和运行；滁州市经济开发区智能家电产业集聚发展基地每年安排8000万元创新专项资金。有的地方设立了产业投资基金，如滁州市财政安排了1.6亿元设立智能家电产业投资基金，总规模30亿元，支持家电产业转型升级；宣城宁国成立了产业引导基金；而部分经济欠发达地区所提供的配套资源支持力度比较有限，往往没有财力提供更多的支持。各地对战略性新兴产业的支持主要体现在财政支持上，单独提出金融支持政策体系的并不多见。虽然安徽省战略性新兴产业“十三五”规划提出“改革金融创新体制，争取纳入投贷联动试点区域，支持银行业金融机构设立科技金融专营机构，建立‘新三板’与省区域性股权交易市场的合作对接机制”。《安徽省战略性新兴产业集聚发展促进条例（草案）》也为金融服务单列一章，但真正推出金融支持政策的地方并不多，这可能与现行的金融市场主要管理权限不在地方有关。

有的地方还采取其他措施推动基地发展，如淮北市组织铝加工企业与比亚迪采购部门进行深度对接，同时在濉溪经济开发区召开了300余名专家、学者及企业家参加的2017年中国铝加工与润滑技术交流研讨会，提升了基地知名度。[①]

（三）基地龙头企业和产业链发展情况

安徽22个战略性新兴产业集聚发展基地的龙头企业和产业链发展情况参差不齐，有些战略性新兴产业基地有龙头企业带动，产业链完整，在全国范围内竞争实力突出，如合肥新站区新型显示产业集聚发展基地形成了全产业链的竞争优势，同时集聚了京东方、康宁、鑫昊、彩虹液晶、乐凯、长虹、三里谱、江丰等一批国内外知名显示企业，在国内亦是竞争优势突出的产业发展基地；蚌埠市硅基新材料产业集聚发展基地龙头企业为蚌埠玻璃设计院，是全国知名的大型企业。另外一些战略性新兴产业集聚基地则缺乏龙头企业带动，还有一些基地产业链不完整，缺乏产业竞争优势。

（四）创新情况

安徽22个战略性新兴产业集聚发展基地，由于所在地人才资源禀赋、政策支持力度、产业基础各不相同，创新情况也有很大不同。

总体来看，拥有国家级研发平台的基地不多。部分位于较发达地区的基地创新平台建设水平在全国居前列，自主创新能力突出，如合肥新站区新型显示产业集聚发展基地、合肥高新区集成电路产业集聚发展基地、合肥高新区智能语音产业集聚发展基地等拥有省级以上研发平台数量较多，在全国范围内都有一定的影响力。多数基地拥有省级以上研发平台，而另有部分战略性新兴产业集聚发展基地技术创新能力较为薄弱，创新平台建设能力不强。综合来看，基地创新平台建设差异很大，这从侧面反映出各个基地的创新潜力也存在较大差异。

对战略性新兴产业集聚发展基地来说，创新不够很大的原因在于人才匮

---

① 黄顺：《淮北市全力推动铝基高端金属材料基地集聚发展》，网易，news. 163. com/18/0224/10/DBDDGK6900018AOP. html，2018年2月24日。

乏，特别是对于合肥、芜湖等大中城市以外的地方来说，吸引高层次人才难度较大。比如，蚌埠市硅基新材料产业集聚发展基地所需要的人力资源难以得到保障，既缺乏高端研发人才，也缺乏技术工人等人才；区内有企业反映，很多外国专家白天在蚌埠工作，晚上回南京居住；蚌埠市的职业学校毕业生也大规模流失，只有小部分会选择在蚌埠工作。

三　培育省级战略性新兴产业集聚发展基地相关政策建议

（一）建立战略性新兴产业基地动态调整机制

目前，安徽省战略性新兴产业集聚发展基地共有 24 个，即数量已经达到了之前的设想，“到 2020 年，打造 20 个左右在国内外具有重要影响力的战略性新兴产业集聚发展基地”，基地工业总产值有望突破 1.5 万亿元。根据设立战略性新兴产业集聚发展基地的初衷，设立基地目的是培育新的经济增长点，通过提供额外资源支持，降低企业运营成本，提升区域创新水平，增强产业核心竞争力。2015 年，统计的 14 个战略性新兴产业基地产值为 3082.7 亿元，平均一个基地产值为 200 多亿元。其实有很多基地的产值显著低于平均值，基于设立战略性新兴产业集聚发展基地的初衷，应该选择产业基础条件较为成熟的地区支持其跨越式发展，是选拔性的扶持，而非普惠式的扶持，基地建设本身是通过以点带面，最终实现面上的平衡式发展，因此应当限制战略性新兴产业集聚发展基地数量，对入围的基地应当根据设立基地的条件进行考核，实现动态调整。

（二）建立省级战略性新兴产业集聚发展基地资金动态投入机制

省级层面已设立省级战略性新兴产业集聚发展基地建设专项引导资金，自 2015 年起每年安排 20 亿～30 亿元，支持重大项目建设、新产品研发和关键技术产业化等；基地所在地亦根据实际情况提供了相应配套资金支持，但各地经济发展水平不一致，支持力度也不一，导致一些企业有可能因为属地不同而得不到应有的支持。建议省级基地建设专项引导资金不应采取切块分割的方式进行分配，而应该根据各基地的实际发展绩效、基地企业的实际需要、资金的投入效益等进行综合评判，在此过程中可以考虑引入独立第三方对资金的使用进行公开、公平、公正的分配。

由于财政支持资金量有限，在资金分配上建议基地建设专项引导资金应当大中小均衡分配，不应过于集中在某些大企业，有限的资金对大企业大项目而言是杯水车薪，但是对中小企业的发展可能是雪中送炭。对战略性新兴产业的财政支持缘于其发展的外部性，这意味着从长远来看，单位投入应该能带来更多的收益，财政资金不是无偿取得的，而且数量有限。因此，在资金的使用方式上，建议大幅度减少财政直接投入，尽量以基金入股的方式对重点企业进行支持，丰富“借转补”的形式（包括信用担保、贷款贴息等方式），严格控制事后奖补所占的比重，使扶持资金可以滚动发展，不断壮大。

（三）推动战略性新兴产业集聚发展基地发展壮大

战略性新兴产业集聚发展基地分为两类，一类是集聚规模较大的基地，还有一类是增长速度较快的基地。战略性新兴产业集聚发展基地必须有一定规模，才能发挥出集聚效应。如果说该基地在全国范围内横向比较并不突出，那么对这样的基地进行扶持可能作用并不显著。对规模较小的战略性新兴产业集聚发展基地，如果其产业在全国范围内并不具备竞争优势，可以考虑用其他方式对相关产业进行扶持，等该产业发展壮大后再以集聚发展基地的方式进行扶持。

（四）搭建平台，瞄准世界500强等行业骨干企业引进优质项目

现有基地中有很多缺乏龙头企业引领，有的基地虽然有龙头企业，但这些龙头企业本地化不够，难以扎根当地深耕发展。在招商引资方面，由各基地分散对外推介招商，层级较低，对接大企业难度较大。建议省相关部门搭

建招商引资平台，帮助战略性新兴产业集聚发展基地对接世界500强和行业内领军企业，引进优质项目；可以建设网站宣传安徽省战略性新兴产业集聚发展基地招商引资项目，由省有关部门统一组织24个战略性新兴产业集聚发展基地赴发达地区开展推介活动。同时，各基地加强品牌宣传，在媒体与刊物发表文章报道，定期举办行业高峰论坛、产业发展论坛等，邀请厂商代表、业内专家、媒体人士等参加，提升产业集聚发展基地的知名度。

（五）帮助基地引进高端人才和团队，支持转型升级

安徽22个集聚发展基地创新平台建设差异较大。合肥高新区有硕士及以上学历人员2万余人，专业技术支撑人才有5万余人，是全省高层次人才最为密集的区域，因此合肥高新区在全国范围内都是创新高地。合肥市高新区智能语音产业集聚发展基地集聚了两院院士、“973”计划首席科学家、千人计划专家等国内外语音及人工智能技术领军及高层次人才近百人，技术创新创业及研发人员达到6000人以上，占集聚发展基地总人数的35%，形成了国内语音及人工智能产业界规模最大的高水平人才队伍。与此对照的是，一些位于交通不便的地市创新基地，吸引人才的力度就相对有限，建议相关部门能够创新扶持资金使用形式，对创新扶持资金切块专门用于人才的引进、培养和激励，帮助基地引进行业高端人才和团队，支持基地产业升级。

（六）探索优化战略性新兴产业金融扶持政策

在各个集聚发展基地支持政策体系中，金融支持政策不多。其原因可能是基地管理以地方经济管理机构为主，而金融管理部门多为垂直管理，在出台金融政策时地方经济管理机构存在协调难度。建议由省有关部门会同省级金融管理机构共同出台有关金融扶持政策。同时，地方也可以成立产业基金，吸收社会资本参加，支持战略性新兴产业发展；鼓励和支持战略性新兴产业企业在主板市场和新三板挂牌直接融资；对金融机构向战略性新兴产业集聚基地企业发放贷款提供担保支持等。

参考文献

储德银、纪凡、杨珊：《财政补贴、税收优惠与战略性新兴产业专利产出》，《税务研究》2017年第4期。

谭中明、李战奇：《论战略性新兴产业发展的金融支持对策》，《企业经济》2012年第2期。

黄建康、赵宗瑜、施佳敏、姜美慧：《江苏省战略性新兴产业发展的金融支持研究——基于上市公司的实证分析》，《科技管理研究》2016年第2期。

王斌斌：《战略性新兴产业发展的财政政策：效果测度与实证分析》，《东北财经大学学报》2014年第6期。

王倩：《合肥集成电路产业历时三年异军突起》，《合肥日报》2016年5月4日。

陈显锋：《亳州：现代中药在集聚中走向“聚变”》，《亳州晚报》2016年5月11日。

李跃波、鲍亮亮、安耀武：《阜阳太和现代医药产业集聚发展基地——抢滩医药“蓝海”打造“华东药都”》，《安徽日报》2016年6月8日。

李文胜：《延伸四大产业链　推进化工新材料集聚基地发展》，安庆政协网，http：//www.aqzx.gov.cn/dhfy/Article_ 10684.html，2016年6月27日。

刘晨：《蚌埠硅基新材料产业发展强劲》，《蚌埠日报》2016年8月23日。

胡旭、田婷：《传承创新“基因”驶入领先“轨道”——马鞍山经开区轨道交通装备产业集聚发展基地纪实》，《安徽日报》2016年7月27日。

吴量亮、沈宫石、桂运安：《合肥芜湖新能源汽车产业集聚发展基地纪实：创新驱动跑得远》，《安徽日报》2016年5月15日。

金昌龙、赵丹丹、张逸潇：《芜湖“智造”强势助力机器人国产化进程》，《芜湖日报》2016年4月1日。

汪乔：《安徽扶持新兴产业集聚发展基地　每年安排最多30亿资金》，中安在线，ah.anhuinews.com/system/2015/05/22/006805664.shtml，2015年5月22日。

徐斌：《安徽对战略性新兴产业基地实行动态管理》，《中国工业报》2016年10月10日。

B.12
江西特色区域创新体系研究

麻智辉　高 玫*

摘　要：　近年来，江西从培育创新主体、构建创新平台、创建多元投入体系、完善创新创业制度等方面入手，积极制定和完善各类发展科技政策，不断优化区域创新资源配置，统筹解决区域内科技创新面临的重大问题，取得了较好成效，为构建具有地方特色的区域创新体系，促进区域经济发展提供了有力支撑。但区域创新也存在科技投入强度低、多元化投资体系尚不完善、创新平台发育不足、科技成果转化低、科技创新人才缺乏等诸多问题。必须通过深化科技体制改革，培育以企业为主体的技术创新体系，构建科技创新服务平台，建立多元化投融资体系和科技人才支撑体系，促进江西特色区域创新体系的进一步完善。

关键词：　江西　科技创新　区域创新体系

区域创新体系是指某一区域内有特色的、与地区资源相关联的、推进创新的制度组织网络，主要包括科技创新主体系统、科技创新投入支撑系统、科技创新服务系统、科技创新产出系统和科技创新环境系统。区域创新体系是国家创新体系的重要组成部分，是国家创新体系在区域层面的延伸。构建

* 麻智辉，江西省社会科学院经济研究所所长，研究员；高玫，江西省社会科学院经济研究所副所长，研究员。

江西区域创新体系，关键是深化科技体制改革，激发社会发展活力，核心是整合各类创新要素，促进科技与经济紧密结合，目的是不断提升全省创新驱动能力，为决胜全面建成小康社会、建设富裕美丽幸福现代化江西提供强大支撑。本研究以党的十九大精神为指导，在深入分析江西区域创新体系现状的基础上，针对江西的区域特征，立足江西的实际情况，设计江西区域创新体系建设的重点领域，提出加快建设江西区域特色创新体系的对策建议。

一　江西区域创新体系的现状

近年来，江西以建设创新型省份为目标，从培育创新主体、构建创新平台、创建多元投入体系、完善创新创业制度等方面入手，积极制定和完善各类科技政策，不断优化区域创新资源配置，统筹解决区域内科技创新面临的重大问题，促进科技与经济融合，为区域经济创新发展提供了强大的支撑。

（一）科技创新主体系统正在形成

1. 企业创新主体地位日益凸显

以企业为主体的技术创新体系正在形成，创新型企业体系更加健全。2017 年，江西省高新技术企业达到 2138 家，当年净增 683 家；创新型企业达到 296 家，当年净增 48 家；省级节能减排科技创新企业达到 270 家，当年净增 48 家。

从研发经费支出情况来看，企业研发经费支出占全省研发经费支出的 85% 左右，科研机构占 8% 左右，高等院校占 7% 左右。可见，企业创新主体的地位逐步强化，科研院所和高等院校的创新主体地位也较为稳固。

2. 创新机构和人才队伍不断壮大

有研发活动的单位从 2010 年的 649 个增加到 2016 年的 2531 个；研发人员从 2010 年的 53470 人增加到 2016 年的 95141 人；研发人员折合全时当量从 2010 年的 34823 人年增加到 2016 年的 50620 人年。培养了 3 个国家级创新团队，院士 3 人，长江学者 3 人，国家千人计划人才 23 人，国家万人计划人才 25 人，国家科技创新创业人才 25 人，国家中青年科技创新领军人才 10 人；培养省级创新团队 136 支，杰出人才 438 人，“赣鄱英才 555 工程”，人才 688 人。

（二）科技投入支撑体系逐步构建

财政科技投入稳步增长。地方财政科技支出从 2010 年的 18.3 亿元增加到 2017 年的 121.1 亿元，增长了 5.62 倍；地方财政科技拨款占地方财政支出的比重从 0.9% 提高到 2.36%。

科技金融也有一定的发展。组建了江西省科技金融管理服务中心，“科贷通”业务完成流动性贷款 4298 万元，科技担保贷款超过 3 亿元。

科技投入体系的完善，带动了企业和全社会科技投入的持续增长。2017 年，江西全社会研发经费（R&D）达到 207.3 亿元，比 2010 年增长 1.2 倍，占地区生产总值比重的 1.12%。

（三）科技中介服务体系初步建立

1. 研发平台数量不断增加

2010 年以来，江西研发平台数量呈现稳步上升的态势，截至 2017 年底，江西建设了 50 个国家级研发平台，其中国家重点实验室 4 个，国家工程技术研究中心 8 个，国家工程研究中心 1 个，国家工程实验室 1 个，国家认定企业技术中心 14 个，国家级国际联合研究中心 1 个，省部共建国家重点实验室培育基地 1 个，国家地方联合工程研究中心（实验室）20 个。省级研发平台 904 个，其中省级重点实验室 157 家，省级工程技术研究中心 300 个，省级企业技术中心 300 个，省级工程研究中心（实验室）130 个，省级国际联合研究中心 8 个，省级临床医药研究中心 9 个。

2. 创新创业平台体系日益完善

目前，江西省国家级创新载体达到 159 个，其中高新区 7 个，农业科技园 8 个，科技产业示范基地 2 个，高新技术产业化基地 29 个，科技企业孵化器 19 个，产业技术创新战略联盟 3 个，众创空间 43 个，创新型产业集群试点4个。省级创新载体575个，其中有高新产业基地12个，高新区12个，农业科技园80个，科技企业孵化器40个，省级产业技术创新战略联盟61个，省级战略性新兴产业科技协同创新体64个，省级众创空间82个，省级生态文明科技示范基地95个，形成了点多面广、便利开放的创新创业平台体系，科技中介服务体系已初步形成。

（四）创新产出体系成效初显

1. 专利申请和授权数快速增长

2017年，江西专利申请数达到70591项，专利授权数33029项，有效发明专利拥有量8936项，万人发明专利拥有量1.96项。与2010年相比，专利申请数增长了10.19倍，专利授权数增长了6.59倍。

2. 技术交易市场日益健全

以线上线下相结合的技术交易市场基本建成，技术交易体系更加健全，年技术合同成交金额从2010年的23.05亿元增加到2017年的96.16亿元，创新成果产业化水平明显提升，形成11个主营业务收入过千亿元的重点产业。

3. 科技成果质量提升

近年来，江西国家级科技成果获奖数量虽然没有增长，但科技成果的质量却有了显著提高。2015年，江风益团队所研发的“硅衬底高光效GaN基蓝色发光二极管”项目获得国家技术发明奖一等奖（也是当年唯一的技术发明奖一等奖），实现了江西历史上技术发明奖一等奖零的突破，推动了中国乃至世界半导体学科的发展。从省级科技成果获奖情况来看，虽然数量上增加不多，但技术发明奖的数量在稳步增长，从2010年的5项增加到2016年的16项。

4. 创新型经济格局初步形成

南昌高新区生物医药产业集群、景德镇直升机制造创新型产业集群、新余动力电池创新型产业集群、抚州生物医药创新型产业集群获得国家级创新型产业集群试点。2017年，江西高新技术产业增加值占规模以上工业增加值的比重达到30.9%。2016年中国区域创新能力江西列全国第21位，综合科技进步水平指数列全国第20位。

表 1　2010 ~ 2016 年江西科技成果获奖情况

年份	国家科技奖	省级科技奖	其中：		
			自然科学奖	技术发明奖	技术进步奖
2010	8	102	11	5	86
2011	6	104	17	7	78
2012	4	101	13	8	80
2013	8	103	18	9	76
2014	7	108	19	10	77
2015	12	108	14	14	79
2016	2	106	17	16	73

资料来源：2011 ~ 2017 年《江西统计年鉴》。

（五）创新创业环境不断改善

近年来，江西以建设创新型省份为目标，深入实施创新驱动发展战略，先后出台了《江西省人民政府关于创新驱动“5511”工程的实施意见》《江西省人民政府关于深入实施创新驱动发展战略推进创新型省份建设的意见》《江西省创新驱动发展纲要》《江西省科技创新促进条例》《江西省加大全社会研发投入攻坚行动方案》《江西省促进科技成果转移转化行动方案（2017 ~ 2020 年）》《关于加快众创空间发展服务实体经济转型升级的实施意见》《关于加快高新技术产业发展培育壮大新经济的若干意见》《关于深化职称评价改革鼓励专业技术人员创新创业的若干意见》等一系列政策措施，不断深化科技体制改革，努力破解制约科技发展的体制机制束缚，为区域创新体系建设提供了有力的制度保障，省内创新环境不断优化，创业气氛逐渐浓厚。

二　江西区域创新体系存在的问题

（一）科技投入强度低，多元化投资体系尚待健全

政府及社会对科技的投入规模虽然逐年提高，但 R&D 经费占 GDP 的比

重（投入强度）增长较为缓慢。2017 年，江西 R&D 投入强度为 1.12%，远低于全国 2.12% 的平均水平，与相邻的湖南、安徽相比，也差距很大。

财政科技投入不足，是造成全社会科技投入强度偏低的一个重要原因。从地方财政科技支出占地方财政支出比重来看，2016 年江西只有 1.81%，还不到安徽的一半，政府财政科技投入的力度还有待加强。

企业科技投入不足，是造成江西科技投入强度低的又一个重要原因。江西部分企业资金短缺，难以开展技术研发活动；部分企业目光短浅，片面地认为技术创新投入大、见效慢、风险多，主观能动性不足；部分高新技术企业虽有技术创新意识和活动，但囿于江西是欠发达地区，引不进高层次人才，无奈之中只能将研发机构设在沿海发达地区甚至国外，只将生产基地建在江西，严重影响江西企业创新活动的开展。从中部六省规模以上工业企业的研发活动与新产品开发情况来看，江西规模以上工业企业的研发投入以及新产品开发投入仅高于山西省，江西企业的研发投入强度仅列全国第 27 位。

金融对创新支持不到位，也是造成江西科技投入强度低的一个重要因素。江西虽然出台了《关于加强科技金融结合促进科技创新和高新技术产业发展若干意见》，就加强科技金融结合，促进科技创新和高新技术产业发展提出了 14 项具体措施，但政策落地还存在不少问题，科技企业融资难、融资贵的问题没有从根本上得到解决，由此也制约了江西科技投入水平的提高。

（二）创新平台发育不足，科技服务水平和功能有待提升

与中部其他省份相比，江西国家级研发、创新平台数量较少。比如国家重点实验室仅有 4 家，在中部六省排在最后；国家工程技术研究中心只有 8 家，仅多于山西省；国家级科技企业孵化器 19 家，仅多于山西省。科技创新载体不仅数量少，形式单一，而且现有创新平台的服务功能和服务能力与创新型经济发展的需求相比存在较大差距，表现在各类创新平台对国内外先进实用技术的收集、整理、提供不足，承载技术开发、孵化科技企业的能力不强，公共服务平台在地域和行业上尚未做到“全覆盖”，科技中介服务机

构的内部运作机制有待进一步完善，服务水平、服务功能有待进一步提高和拓展。

（三）科技成果推广欠佳，转化体系有待完善

科技成果能否尽快转化为生产力，关系经济发展方式转型、产业结构升级的成败。从江西当前的科研成果应用转化情况来看，2013 年以来江西在全国首创的“科技协同创新体”模式虽然取得明显成效，提高了研发效率和成果转化效率，但长期以来江西科技创新成果转化存在的前端资金太小太散、中端监管太弱、研发成果后端不实、融资难等瓶颈没有完全消除，科技成果流向生产第一线的多元化渠道尚未畅通，激励科技成果转化的优惠政策没有完全落地，科研成果推广效果欠佳，转化应用困难，对产业转型升级推动作用未充分发挥。以获得国家科技发明一等奖的硅衬底蓝光 LED 技术为例，该技术虽然有孵化器，但至今还没有孵化出过百亿元的企业，过五百亿元甚至千亿元的产业集群。

从 2016 年技术市场的成交额来看，江西不到湖北、安徽的一半，与湖南相比低 26.62 亿元。可见，江西利用市场机制配置创新资源的机制不健全。从中部六省专利受理与授权数的比较来看，江西受理数和授权数仅好于山西，在发明专利数量上低于山西，只是在科技含量较低的外观设计这项专利上有比较优势。可见，江西科技成果的产出效益不高。从高新技术产业发展水平来看，江西在中部六省也处于落后地位。高新技术产业无论是增加值还是占 GDP 的比重，均远落后于湖北、湖南、安徽。可见，江西科技对创新型经济的支撑力度还有待加强。

（四）创新队伍建设待加强，创新文化需培育

人力资源是区域创新体系中最重要的资源之一，其供给规模与供给质量直接影响区域创新能力的提高。江西科技人才不足，高端人才缺乏的结构性矛盾非常突出，引进难、留不住，已成为科技与经济发展的明显掣肘。两院院士，江西仅有 3 人，而湖南 71 人，湖北 69 人，安徽 33 人，河南 27 人，山

西6人。江西在9.51万研发人员中，拥有博士和硕士学位的仅为1.56万人，且这些高学历人才大多集中在高校和科研院所，企业高技术人才严重不足。

另外，创新文化氛围营造不足，导致江西区域创新体系建设滞后，特色不够鲜明。与沿海发达省份相比，江西人思想观念相对保守，鼓励创新、宽容失败的社会文化氛围尚未形成，崇尚竞争、勇于变革、敢冒风险、追求卓越的企业家精神没有彰显。因此，加强科学精神与人文精神的深度融合，在全社会培育创新意识、倡导创新精神、完善创新机制，形成宽松、自由、和谐、对创新友好的创新文化氛围，是江西建设区域创新体系面临的十分紧迫的任务。

三　加快江西区域创新体系建设的对策

（一）深化科技体制改革

进一步简政放权，坚决扫除阻碍科技创新发展的体制机制障碍，打通科技和经济转移转化的通道，不断释放和增强科研人员的创新活力，为科研人员松绑助力，让科研院所和高校在选人用人、科研立项、薪酬分配等方面有更多的自主权。建立适度宽容的容错机制，对于法律法规和党纪政纪没有明令禁止，在科研工作中大胆探索创新，先行先试出现无意过失的，一律不追究责任，确保科研人员放开手脚搞科研。

分类推进人才评价机制改革，建立以科技创新贡献和效率为导向、理论研究和应用研究分类考核评价体系。对从事基础理论研究的科技人员，以著作论文、研究报告作为职称评定、岗位聘用的主要参考指标，对从事应用研究的科技人员，则以其成果转化的经济效益、社会效益作为主要参考指标。探索对科研人员实施股权、期权、分红等激励措施。创新科研课题项目和资金管理办法，建立科研项目库和专家库，全面实现省级科研项目透明化、动态化管理，并建立由第三方专业机构管理、评估科研项目的机制。完善科研资金管理制度，下放科研经费部分预算调整审批权，赋予项目承担单位和负责人充分的自主权，科研资金实行分类管理，横向经费按照合同约定管理使用，提高科研人员间接费用比例，科研人员成果转化后所获报酬比例可以达到50% ~80%，对临聘人员劳务费不设比例限制，切实保障科研人员凭自己的聪明才智和创新成果合理合法富起来。

（二）培育以企业为主体的技术创新体系

充分发挥企业在科技创新中的主体作用，强化自主创新，大力发展高新技术产业，有效促进原始创新、集成创新、消化吸收再创新能力的提高。

1. 突出企业主体地位

突出抓好以企业为主体、市场为导向、品牌为目标、产学研相结合的技术创新体系建设，激励引导企业建立科研仪器设备先进、创新能力强、工作机制灵活的研究开发机构。紧紧围绕江西省科技创新战略的实施，重点支持企业争创名牌产品、驰名商标和专利发明，集中培植一批拥有自主知识产权、核心竞争力强的高新技术产品，壮大一批拥有自主品牌的产业集群。全面落实高新技术企业税收优惠政策，培育一批成长性好、市场潜力巨大的“独角兽”企业，使其成为新旧动能转换的中坚力量。加大扶持科技型小微企业的力度，建设专业化众创空间，推进科技企业专业化发展。发挥市场对科技创新资源配置的导向作用，引导各类创新要素向企业集聚，促进企业真正成为技术创新决策、研发投入、科研组织和成果转化的主体。

2. 发挥科研院所和高校的科研骨干作用

要加强与中国科学院、中国工程院、北京大学、清华大学等院校合作。加快推进产学研协同创新，鼓励科研院所、高校与企业以产业技术创新联盟等产学研联合的方式，按照科技创新“十三五”规划，攻克一批关键共性技术。同时预见、储备一批关键技术攻关项目，解决全省战略性新兴产业、先进装备制造业、传统优势产业发展的紧迫技术瓶颈。引导和支持规模以上工业企业和高新技术企业，采取企业自建、合作共建、企业集团组建以及并购等多种方式，建立企业研究院、研发中心、实验室等各类研发机构，提升企业自主创新能力。

（三）构建科技创新服务平台

1. 努力构建高水平研发平台

大力吸引国内外科研机构、高等学校、企业集团到江西设立研发中心。在战略性新兴产业、先进装备制造业、传统优势产业、现代农业等领域建设一批国家级研发平台。增设一批国家重点实验室、国家企业技术中心、国家工业设计中心、院士工作站和博士后科研站。

2. 加强科技公共服务平台建设

在现有全省科技网络平台的基础上，整合全省科技创新公共服务资源，建立科技创新公共服务中心，加快建立各县（市、区）科技服务网站，为科技服务供需双方汇集、整理、提供高质量信息，开展科技文献、科技数据、公共检测等科技资源共享服务。各级政府可创造条件，定期召开银政企座谈会、行业投融资会议、投融资项目推荐会等会议和活动，畅通信息渠道。

3. 着力搭建创新创业平台

大力发展众创、众包、众扶、众筹，推进便捷开放的众创平台建设，支持产业园区、行业龙头企业、行业组织和高校建设科技企业孵化器、大学科技园、小微企业创业基地、商贸集聚区等创业孵化平台，鼓励创建“创业咖啡”“创新工场”等多种形式的众创空间，打造一批具有特色的“双创”综合平台和示范基地。

（四）建立多元化投融资体系

1. 建立多元化科技创新投入体系

建立健全以政府投入为引导，企业投资为主体，社会投资为支持的多元化科技创新投入体系。积极探索政府以创业投资引导基金、跟进投资、风险补偿、贷款贴息、企业技术创新后补助等多种投入方式，加强财政科技投入与银行信贷、创业投资资金、企业研发资金及其他社会资金的结合，引导全社会增加科技投入，增强财政科技投入的引导作用和放大效应。

2. 创新金融支持方式

鼓励金融机构扩大知识产权、股权、仓单、订单、应收账款和票据等质押贷款规模。鼓励金融机构、投资机构在有条件的县（市、区）设立科技支行、科技担保、科技保险等新型专营机构，支持商业银行探索为企业创新活动提供股权和债权相结合的融资服务方式。优先安排符合条件的高新技术企业、科技型中小企业在中小板、创业板、新三板、区域股权交易市场等多层次资本市场上市、挂牌融资。支持符合条件的科技企业发行公司债券、企业债券、短期融资券和中期票据，组织中小型科技企业发行集合债券，扩大科技企业直接融资规模。

3. 拓宽创业投资融资渠道

鼓励保险业投资机构与商业银行、保险公司等开展市场化合作，推动发展投贷联动、投保联动、投债联动等新模式。积极推进省天使投资引导基金在各地落实，重点支持种子期、初创期中小微企业项目。发挥产业基金引导作用，吸引社会资本参与，构建一定规模的产业投资基金、科技创新基金、创投引导基金等各类扶持基金。

（五）建立科技人才支撑体系

坚持人才优先发展，加快培养造就高层次的科技人才和创新团队，加大战略性新兴产业、高科技创业紧缺人才的培养和引进力度，设立高层次人才培育基金，每年送出一批青年科技英才到国内外知名大学、科研院所深造。运用非常规手段引进国内外顶尖人才和团队，在物质待遇、事业平台、发展环境上给予无条件支持。在欧美发达国家、沿海发达地区大中城市建立紧缺人才引进联络点，采取更加灵活的方式引进紧缺人才和领军人才。设立“赣鄱人才伯乐奖”，凡向江西省科研院所、重点企业推荐紧缺专业高层次人才并最终全职引进的组织或个人，视引进人才级别高低和项目重要程度，给予2万~10万元不等的引才奖励。优化科技人才服务保障体系，面向国内外高科技领军人才、紧缺人才适时推出“赣鄱人才金卡”，持卡人在医疗、子女就学、落户、购房等方面实现“一卡在手、处处绿灯”，持卡人子女就读义务教育重点学校、幼儿园的，按相关法规政策予以优先照顾，自主选校1次；出入机场、车站、码头可以走“绿色通道”，可以免费出入本省旅游景区及休闲健身场所。在全省各级医院，持卡人享受医疗保健优诊、优疗、优先服务，每年免费1次医疗保健检查和1次专家疗养。放宽科技人才落户条件，对普通高校毕业生实施“零门槛”落户，降低专业技能人才落户条件，放宽设立单位集体户口条件，建立“科技人才住房券”制度，以奖励形式支持科技人才购、租住房。建立科技人才诉求受理服务体系，开设直通主管部门领导渠道，为科技人才提供全方位的“保姆式服务”，及时解决科技人才创业创新中遇到的难点问题。建立和完善科技人才荣誉体系，设立“科技创新杰出成就奖”“赣鄱领军科技人才奖”“功勋发明家奖”“青年科技英才奖” “创新创业贡献奖”等奖项，颁发荣誉奖章并给予物质奖励。

参考文献

中共江西省委、江西省人民政府：《关于深入实施创新驱动发展战略推进创新型省份建设的意见》，2016年3月。

中共江西省委、江西省人民政府：《江西省创新驱动发展纲要》，2017年9月。

鹿心社：《在江西省科技创新大会上的讲话》，2016年7月25日。

柴永强、姜新良等：《嘉兴市区域科技创新体系建设与发展对策研究》，浙江省科技厅网站，http：//www. zjkjt. gov. cn/news/node11/detail110405/2008/110405_ 13690. htm。

宁夏科学技术厅：《宁夏区域创新体系建设研究报告》，道客巴巴网站，http：//www. doc88. com/p－0661666698923. html。

B.13
湖南绿色发展评价与对策研究

谢瑾岚*

摘　要： 本文基于层次分析和灰色关联联合评价法，以绿色发展总指数为目标层，以绿色增长度、绿色承载力和绿色保障力为一级指标，以结构优化、创新驱动、开放协调、水资源利用、水生态治理、绿色投入和绿色生活为二级指标，建立一个包括1个目标层、3个一级指标、7个二级指标和34个具体指标的省域绿色发展评价指标体系，测度评价了湖南绿色发展总体及各方面的状态与特点，并与长江经济带其他省份进行比较分析，针对湖南绿色发展面临的问题与挑战，提出具体的对策建议。

关键词： 湖南　绿色发展

作为全国“两型”改革试验区与长江经济带的重要省份，湖南绿色发展现状如何，有何特色与优势，面临哪些困难与挑战，本文在借鉴前人关于区域绿色发展评价理论与方法的基础上，构建绿色发展评价指标体系，测度分析湖南绿色发展水平与特点，进而依据评价结果，聚焦重点领域和关键环节，提出有针对性和可操作的政策建议，以期为湖南加快发展方式转变，积极、全面、深入融入长江经济带绿色发展，提供目标导向、科学依据和决策指导。

* 谢瑾岚，湖南省社会科学院区域经济与绿色发展研究所所长，研究员。

一　湖南绿色发展评价与比较分析

（一）评价指标体系

基于层次分析—灰色关联联合评价法，以绿色发展总指数为目标层，以绿色增长度、绿色承载力和绿色保障力为一级指标，以结构优化、创新驱动、开放协调、水资源利用、水生态治理、绿色投入和绿色生活为二级指标，建立一个包括1个目标层、3个一级指标、7个二级指标和34个具体指标的省域绿色发展评价指标体系（见表1）。

表1　省域绿色发展评价指标体系

总目标	一级指标	二级指标	三级指标	备注
绿色发展总指数	绿色增长度	结构优化	1. 人均GDP	元/人
			2. 第三产业增加值占GDP比重	%
			3. 万元GDP能耗	吨标准煤/万元
			4. 工业劳动生产率	万元/人
		创新驱动	5. R&D经费投入强度	%
			6. 万人拥有科技人员数	名科技人员/万人
			7. 万人发明专利授权量	件/万人
			8. 技术市场成交额	亿元
			9. 信息产业占GDP比重	%
			10. 新产品销售收入增速	%
		开放协调	11. 城镇化率	%
			12. 城乡居民收入比	无量纲
			13. 出口交货值相对规模	无量纲
			14. 外资利用水平	万美元
			15. 地方财政住房保障支出比重	%
	绿色承载力	水资源利用	16. 万元GDP水耗	立方米/万元
			17. 农业用水效率	立方米/万元
			18. 工业用水效率	立方米/万元
			19. 人均生活用水量	立方米/人·年

续表

总目标	一级指标	二级指标	三级指标	备注
绿色发展总指数	绿色承载力	水生态治理	20. 湿地面积占比	%
			21. 人均城市污水处理能力	立方米/万人·日
			22. 化学需氧量排放强度	公斤/万元
			23. 氨氮排放强度	公斤/万元
			24. 化肥施用强度	吨/公顷
			25. 农药施用强度	吨/公顷
	绿色保障力	绿色投入	26. 财政节能环保支出占比	%
			27. 水利环境固定资产投资占比	%
			28. 万人拥有环保人员数	名环保人员/万人
		绿色生活	29. 森林覆盖率	%
			30. 建成区绿化覆盖率	%
			31. 城市空气质量优良率	%
			32. 公共交通覆盖率	标台/万人
			33. 生活垃圾无害化处理率	%
			34. 突发环境事件次数(加权)	加权次数

（二）2011～2015年湖南绿色发展水平变动趋势

1. 总指数的变动轨迹与特点

2011～2015年，湖南省的绿色发展总体取得一定成效，其变化呈现逐年快慢交替的上升，绿色发展总指数从2011年的42.43提高到2015年的49.51，年增速为3.93%；其总指数值未超过公认50为界限的中等发展水平，处于中级发展阶段。

2. 一级指标变动轨迹与特点

一级指标“绿色增长度”“绿色承载力”“绿色保障力”的变化与绿色发展总指数变化节律惊人一致，整个考察期间呈现逐年快慢交替上升态势，总体来看都处于中等发展水平，有待今后进一步提升。进一步分析发现，绿色增长度指标值增速最快，由42.18升至49.22，年均增速为3.93%，虽然其3个二级指标值都呈上升趋势，但增速主要由结构优化所提供，创新驱动和开放协调的增幅不大。绿色承载力年均增幅为3.5%，其贡献主要来源于水资源利用，而水生态治理成效甚微。绿色保障力指标保持微幅增长，年均增长 2.2%。

3. 二级指标变动轨迹与特点

2011 ~2015 年，湖南绿色发展水平 7 个二级指标的测算结果是结构优化升幅最大，年均增幅为 8%，从 2011 年的 43.68 升至 2015 年的 59.44；其中 2014 年的增幅最大，达 15.4%，与其间湖南省万元 GDP 能耗较大下降和工业劳动生产率指标明显趋优关系密切。在 7 个二级指标中的开放协调和水生态治理，2015 年比 2011 年的指标值仅略有升高，二者变化形态也差异甚微，其曲线图表现平缓且稳定持续的增加，年均增幅分别为 3.05% 和 2.3%；创新驱动和绿色生活指标值虽然变动幅度不大，年均增幅分别为 2.66% 和 1.46%，但曲线走向波动性明显，不似开放协调和水生态治理那么平缓，创新驱动的总体数值从 2011 年的 36.31 快速上升到 2012 年的 40.24 后，就始终以方差约 0.5 围绕数值 40 徘徊，而绿色生活指标最低值是出现在 2013 年。水资源利用和绿色投入指标值也均有不同程度的提升，年均增幅分别为 5% 和 3%，且增幅平稳。

湖南省绿色发展 7 个二级指标有不同程度的发展，但美中不足的是均衡度欠佳，今后尚有较大改进空间。总体而言，其中的亮点为绿色生活指标发展的起点较高且稳步提升，目前已达到较高阶段，2015 年绿色生活指标值到达 74.76。从它的三级指标来看，森林覆盖率、生活垃圾无害化处理率和突发环境事件次数等指标值均较高，其归一化值均在 0.75 以上，而且生活垃圾无害化处理率持续走高，2015 年达到 99.49%。绿色生活指标基础较好，进一步提升的空间相对较小，其继续提高的难度将进一步增大。结构优化和水资源利用指标值均处于中游水平，提升幅度较大，2015 年湖南结构优化指标值为 59.44，2011 年净增 16 个数值之多，这主要是各项三级指标，如人均 GDP、第三产业增加值占 GDP 比重、万元 GDP 能耗均有较大改善，尤其是工业劳动生产率指标值增加将近两倍，说明湖南的供给侧结构性改革成效显著，结构更趋优化。水资源利用指标值 2011 ~2015 年提升幅度也较大，净增 10 个数值，年均增幅 5%，主要是支撑水资源利用的所有三级指标值有不同程度的提升，其中万元 GDP 水耗增加了近一倍，年均增幅超过17%；工业用水效率指标值增加 57.5%；人均生活用水量增加 16.6%，这些数据都说明湖南“两型社会”建设取得实效。此外，绿色投入、水生态治理、开放协调、创新驱动等指标值均有一定程度的增加，其中开放协调、水生态治理和绿色投入指标值呈平缓而稳定持续的增加态势，而创新驱动指标值波动性明显，从 2011 年的 36.31 快速上升到 2012 年的 40.24 后，就始终以方差 0.5 围绕数值 40 徘徊。这四项指标值较低，说明今后改进和发展仍有较大的空间。

（三）湖南与长江经济带各省份绿色发展比较分析

1. 长江经济带各省份绿色发展总指数的比较

从绿色发展总水平看，2015 年，湖南省绿色发展总指标值为 49.51，在长江经济带 11 个省份中居第 9 位，仅高于安徽省和江西省。

2. 长江经济带各省份绿色增长度的比较

2015 年，湖南省绿色增长度指标值为 49.22，在长江经济带 11 个省份中居第 6 位，高于江西、安徽、贵州、云南，低于湖北省 7.22 个数值，低于居第 1 位的上海市 34.42 个数值。在该项下二级指标中，湖南结构优化指标值在长江经济带处于中等水平，创新驱动指标值居第 4 位（长江经济带 11 个省份指数值都不高），开放协调指标居第 8 位，处于落后水平。

3. 长江经济带各省份绿色承载力的比较

湖南省绿色发展水平在长江经济带排名居后，主要源于其绿色承载力低。2015 年，湖南绿色承载力指标居第 10 位，其指标值仅高于江西省 2.37，低于第 1 位上海市 35.56 个数值。在该项下二级指标中，湖南水资源利用指标在长江经济带居第 9 位，仅高于安徽和江西，但指标值为 57.73，超过 50 的界限，处于中等水平；水生态治理指标值仅为 40.46，在长江经济带 11 个省份中居最后一位。

4. 长江经济带各省份绿色保障力的比较

2015 年，湖南在长江经济带 11 个省份中绿色保障力的排名居第 4 位，仅落后于贵州省、重庆市、浙江省。在该项下二级指标中，湖南省绿色投入指标和绿色生活指标在长江经济带 11 个省份中均处于第一方阵，特别是绿色生活指标值达到 74.76，居第 3 位。

二　湖南绿色发展面临的主要问题与对策建议

（一）湖南绿色发展面临的主要问题与挑战

1. 湖南绿色发展总体处于中下水平

湖南是全国唯一的“两型社会”试验区，在绿色发展方面进行了先行探索，积累了一定的宝贵经验。总体来看，湖南绿色发展取得成效，绿色发展指数呈逐年快慢交替上升。但从其绝对值来看，未超过公认 50 为界限的中等发展水平，处于中级发展阶段。从长江经济带 11 个省份比较来看，湖南绿色发展总指数居第 9 位，落后于中西部区域的湖北、重庆、四川、贵州、云南，更远落后于东部区域的上海、浙江和江苏，未来应在重要和关键指标上大做文章，以尽快弥补不足，缩小差距。从绿色增长度、绿色承载力、绿色保障力 3 个一级指标来看，其变化与绿色发展总指数变化节奏惊人一致，呈现逐年快慢交替的上升，2015 年的指数值同样处于中等水平，有待今后快速提升。

2. 创新驱动与开放协调有待加强

近年来，湖南绿色经济发展取得积极成效，绿色增长度指标值由 2011 年的 40.18 提高到 2015 年的 49.22，在长江经济带的排位由第 10 位上升到第 6 位，落后于上海、江苏、浙江、湖北、重庆；年均增长率为 5.20%，远高于长江经济带年均 2.83% 的增速，在 11 个省份中增速居第 4 位。结构不断优化是拉动湖南绿色增长的重要原因，2011 ~ 2015 年，结构优化指标值由 43.68 提高到 59.44，在长江经济带排名由第 9 位上升到第 6 位。创新驱动指标值与开放协调指标值增长较慢，这两项指标 2015 年的测算值在长江经济带均居第 8 位，属于中等偏低水平，且升幅小，是湖南绿色发展中相

对薄弱的环节，未来应成为绿色发展水平提升的重要着力点。

3. 绿色承载力提升与水生态治理任重道远

绿色承载力是湖南绿色发展的短板，在长江经济带处于比较落后的状态。2011～2015年，湖南绿色承载力指标值由40.49提高到46.38，在长江经济带11个省份中保持第10位；年均增长率为3.45%，高于长江经济带的年均增速2.86%，在11个省份中居第8位。湖南水资源利用效率较低，水资源利用指数处于第9位，但年均增速较快，为4.06%，高于长江经济带的平均水平，低于贵州、云南、重庆和江西。水生态治理效果不明显，2015年湖南水生态治理指标值为40.46，远远低于以88.91排名第一的上海，位居11个省份的末位；年均增速也不容乐观，为1.84%，低于长江经济带2.55%的平均增速，居第10位，湖南水生态治理的任务非常艰巨，亟待在大力推进重点流域水污染治理和生态保护的基础上，进一步出台一批政策措施，推动由“一江一湖”治理保护向“一湖四水”纵深发展。

4. 绿色生活水平与质量有待进一步改善

五年来，湖南绿色保障力指标由长江经济带11个省份第7位提高到第4位，仅落后于贵州、重庆和浙江；绿色保障力指标值的年均增速较高，在11个省份排名中居第4位。绿色投入力度大是绿色保障力指标值高的主要原因，2011～2015年，湖南绿色投入指标值由40.98提高到46.24，排名由第7位上升到第4位。湖南绿色生活指标值处于较高水平，2015年达到74.76，居第3位，但是年均增速较低，仅为1.16%，低于长江经济带2.27%的平均增速，远远低于上海9.69%的增速。绿色生活指标值增长乏力，直接影响绿色保障力提升。

（二）加快推进湖南绿色发展的对策建议

1. 以加大科技投入为杠杆，撬动创新与绿色融合发展

湖南R&D投入强度低、万人拥有科研人员少，导致科技产出低、万人拥有专利数低。加之科技成果转移转化渠道不畅，技术市场成交额低，导致科技投入产出比值不断加大，创新驱动不足成为影响湖南绿色经济增长的瓶

颈。未来迫切需要加大科技投入强度，进一步提升科技成果转移转化能力，落实创新创业税收优惠政策，完善自主创新产业市场化支持机制，促进创新与绿色融合发展。

（1）提升绿色、低碳科技成果转化能力。从机构组织上加快科研院所转变职能和扶持新型研发机构，支持社会民间资本参与建设科研院所，探索混合所有制管理模式，对符合国家相关政策且有市场前景的科研机构实施企业化转制，转制后企业应有完整的知识产权处置权、收益处置权、法人财产权和民事权利责任，支持转制科研院所组建产业技术研发集团，支持高等院校、科研院所和企业按照市场化机制建立新型研发机构，并对软硬件投入给予资助；建立促进成果转化的人才激励机制，允许高等院校、科研院所和事业单位科研人员留岗创业，鼓励科研人员在高等院校、科研院所和事业单位间双向兼职，鼓励科研人员在企业兼职取酬。允许科研团队、负责人、技术骨干在转化所得的净收益或股权中得到不低于70%的份额奖励。

（2）活跃创新绿色产品需求市场。一是通过政府采购拉动自主创新绿色产品需求。各市（州）可根据产业发展需求和重点扶持方向，建立自主创新绿色产品目录，财政部门对采购人选用目录内产品的优先安排预算。建立首购和订购产品认证制度，对符合相关条件的产品进行认证和颁发证书，对首购、首用采购人给予适当的风险补偿。优化自主产品政府采购信息渠道和监管机制，使采购人能便捷地将产品使用意见及时反馈，并动态调整产品目录，对政府采购中违反自主创新采购政策的单位进行通报。二是活跃自主创新绿色产业金融。探索对自主创新绿色企业实施信用评级管理，建立企业信用自律组织，以企业信用为基础创新金融服务模式，鼓励金融机构开展信用贷款、知识产权质押贷款、信用保险和贸易融资等业务，并建立与之配套的科技保险和风险分担补偿机制。三是引导专业咨询公司对自主创新绿色企业提供数据支持及分析，提供企业发展、业务与运营模式、客户服务等专业咨询，促进企业新技术、新产品与市场需求紧密对接。

2. 以结构优化为途径，挖掘绿色增长提升空间

近年来，湖南大力实施结构转型升级战略，结构优化指标值升幅较大，

成为拉动绿色增长度和绿色发展总指数增长的重要动力，但总体来看还处于中等发展水平，有待今后进一步提升。当前，应当继续把转方式、调结构作为提高湖南绿色发展水平的重要着力点，不断提高绿色增长水平。

（1）着力构建绿色的产业体系。坚持绿色导向，积极培育发展战略性新兴产业，着力发展以绿色核心科技为支撑的先进制造业、以生态环保为特征的高效农业和现代服务业，推动绿色产业发展，努力变资源优势为经济优势。

（2）加快建立绿色技术支撑体系。加快建立绿色技术研发体系、应用体系和市场开发体系，加强绿色生产技术的研发、应用和推广，为实现结构调整和绿色增长提供有力支持。

（3）强化节能减排提高生产效率。完善节能减排激励约束机制、市场准入和退出机制、节能减排价格机制，实行节能减排“一票否决”，严控高耗能、高排放行业低水平扩张和重复建设，严控水体污染，严控大气污染，严控固体废弃物污染，激励和引导企业节能减排、提质增效。

3. 以强化水生态治理为切入点，提升绿色承载力

湖南森林植被覆盖率高，生态资源丰富，绿色发展的自然基础较好。但总体来看，绿色承载力指标值低，特别是水生态治理指标值在长江经济带排名最后，亟待在大力推进重点流域水污染治理和生态保护的基础上，进一步出台一批政策措施，推动由“一江一湖”治理保护向“一湖四水”纵深发展。

（1）优化绿色空间布局。坚持主体功能发展，优化绿色区域布局，不断加强长株潭、武陵源、湘西等地原有地形植被和景观保护，加强重点生态功能区的保护与管理，巩固“一湖三山四水”生态安全战略格局，提高全省生态安全水平。

（2）强化生态环境治理和恢复。坚持以预防为主、综合整治的原则，从源头上解决危害群众健康的环境污染问题；坚持以保护优先、自然恢复为主的原则，加强生态建设和保护，扭转生态环境恶化趋势，重塑秀美山川。

（3）创新生态环境管理机制。积极探索建立绿色增长机制，完善以资

源有偿使用、生态环境补偿、节能减排约束、循环经济统计评价、生产者责任延伸制度为重点的绿色发展保障机制，提高绿色环境发展的制度保障能力。

4. 以拓展开放合作领域为突破口，加快绿色开放崛起

近年来，湖南绿色经济发展取得积极成效，但开放协调指标值增长较慢，在长江经济带2015年的测算值中居第8位，属于中等偏低水平。因此湖南必须拓展开放合作领域，加快绿色开放崛起。

（1）积极开展国际交流和合作。借鉴国际环境保护、生态建设和循环经济的有益经验和做法，逐步建立和完善以绿色产品、绿色技术、绿色服务为主导的投资贸易政策体系；拓宽利用外资渠道，积极利用世行、亚行、全球环境基金、联合国开发计划署等国际组织以及各国政府的贷款或赠款；参考生态环境保护和建设的国际惯例，修订地方政策法规和产业标准；在资金、技术、人才、管理等方面全方位开展国际交流与合作；鼓励外商在湖南设立绿色经济研发机构，积极开展有关项目的合资合作。

（2）推动开展国内跨地区交流和合作。联合湖北省加快洞庭湖生态经济区的规划和建设，争取洞庭湖生态经济区尽快上升为国家战略，争取国家在政策、项目、投资和重大产业布局方面的支持；积极参与长江经济带生态环境保护与建设，建立协作机制，开展有组织、可操作的专项议事活动，共同推进环境保护和生态建设；联合国家有关部委，进一步开展湘江流域污染控制及综合防治工作，积极开展重金属治理、环保产业等领域关键技术攻关的省部合作。

5. 以培育绿色生活方式为硬任务，提高绿色保障力

目前，湖南绿色生活指标值处于较高水平，但是年均增速低于长江经济带的平均增速，直接影响绿色保障力提升。因此必须加快培育绿色生活方式。

（1）倡导绿色生活理念。提倡适度消费，形成科学、低碳、环保、循环的绿色消费方式。树立人类与自然和谐相处、共同发展的生态理念，使绿色消费、绿色出行、绿色居住成为人们的自觉行动，人们履行应尽的环境

责任。

（2）构建政府引导机制。各级政府应根据实际情况制定适合绿色生活方式的战略规划，逐步以绿色 GDP 作为各地政府政绩考核指标。大力发展绿色产业，加大对绿色技术和绿色产品的研发投入，充分发挥企业在绿色发展中的作用，致力于向社会大众传播生态价值观念和人文精神。

（3）建立行为制约机制。完善节能减排、排污交易、绿色产业等相关法规、制度，加大执行力度，将绿色发展落到实处。要加大绿色发展法律宣传，建立以科学理念为指导、以行为规范为准则、以法律制度为支撑的系统化绿色生活方式。

B.14

湖北打造“内陆口岸经济高地”对策研究

湖北省社会科学院课题组*

摘　要： 打造“内陆口岸经济高地”，是湖北打造内陆开放新高地的题中应有之义。本研究基于新时代湖北经济发展的战略要求，深入分析湖北口岸经济的发展现状及问题，并与典型省份进行多方面比较，探索湖北口岸经济发展的路径与对策。

关键词： 口岸经济　口岸建设　湖北

口岸是对外开放的重要门户，是扩大和深化对外经济交往和经贸合作的重要桥梁，是确保国家安全的重要屏障。湖北省第十次党代会明确提出了“打造内陆开放新高地”的战略目标，与此相适应，湖北打造“内陆口岸经济高地”势在必行。

一　湖北口岸经济发展现状分析

（一）湖北口岸经济发展成效

近年来，湖北口岸快速发展，对全省对外开放和经济发展发挥了重要支

* 课题组成员：阳小华，湖北省社会科学院中部发展研究所所长，研究员；廖松，湖北省社会科学院中部发展研究所助理研究员；赵宁，湖北省社会科学院中部发展研究所助理研究员。

撑作用，口岸经济建设取得一系列丰硕成果，有力地助推全省经济社会的快速发展。

1. 口岸平台建设卓有成效

（1）口岸数量稳定增长。在改革开放之初，全国仅开放 14 个沿海口岸，内陆地区口岸建设相对滞后。随着我国开放步伐的不断加快，口岸开放也由沿海扩大到内陆。湖北作为一个内陆省份，口岸建设从零起步，经过 30 年的快速发展，目前已有一类口岸 4 个，二类口岸 9 个，口岸建设成效明显。

（2）口岸种类日益丰富。目前，湖北既有武汉天河机场和宜昌三峡机场等空运口岸，也有武汉新港和黄石港等水运口岸以及武汉、襄阳、十堰等铁路口岸；既有武汉天河机场、宜昌三峡机场等国家批准的一类口岸，也有宜昌港和荆州港等省政府批准的二类口岸；既有传统口岸，也有海关特殊监管区域和保税物流中心等新平台，全方位、多层次、立体化的口岸体系基本建成。

（3）口岸功能不断完善。口岸进出口货运量和航空口岸出入境人数等指标是衡量口岸功能实现的重要指标。在口岸进出口货运量方面，由 1979 年的 30 万吨快速增长到 2017 年的 2099 万吨，增长了 69 倍，成绩一目了然。近年来，湖北口岸年进出口货运量已基本稳定在 2000 万吨以上，虽有一定起伏，但波动幅度已经相对较小。

（4）在航空口岸出入境人数方面，20 世纪 80 年代末，湖北年出入境人数仅为几万人次。近年来，随着湖北经济实力的不断增长，国际影响力的不断增强，前来旅游和从事商务活动的入境人数越来越多。2013 年，湖北航空口岸出入境人数首度突破 100 万人次，并持续快速增长；到 2017 年，湖北航空口岸出入境人数已达到 286. 3 万人次，连续多年稳居中部第一位。

（5）随着经济的快速发展，人民群众的物质需求日益提高，推动跨境电商业务的快速发展。为适应经济发展的新形势，湖北目前已建成粮食、水果、肉类、食用水生物、冰鲜水产品、汽车整车进口、药品、种苗等各类特殊商品进口指定口岸 14 个，极大缩短商品物流时间，降低物流成本，既促进地方经济发展，也为人民群众带来实惠。

2. 口岸通道建设实现跨越

近年来，为服务湖北开放先导战略，助力湖北内陆开放高地建设，湖北口岸通道建设不断取得新发展。

（1）在航空方面，武汉天河机场积极开拓国际航线，截至2018年3月，国际和地区航线已达到58条，国际及地区年客运量突破200万人次，连续多年居中部第一位，成为中部地区最大的国际通航口岸。

（2）在铁路方面，中欧班列（武汉）于2012年10月24日正式运行，目前已开通至德国、法国、俄罗斯及中亚五国等16条线路，涉及欧洲、中亚、西亚等28个国家、60多个城市，覆盖面居全国前列。至2017年，总计开行班列377趟，运送3.4万个标准箱，同比增长60%，实载率达97.7%，居全国第一位。

（3）在水路方面，积极推行跨境多式联运，推动大通关建设。武汉阳逻港至上海洋山港“江海直达”航线“天天快班”2006年首次开通，经过多年发展，目前实现高效运转，货物从阳逻港出发直抵上海洋山港并出口海外，仅2015年就开行航班410次，其中航班准点率高达99%，大大降低企业出口成本。泸汉台集装箱快运航线于2013年9月开通，在泸州、武汉、上海、基隆四港口间实行点对点接力运输，使武汉到台湾从9天缩短到5天半，武汉港成为中西部地区货物最快“出海口”。2015年，该航线共开行航班196次，进出口共计3522个标准箱。武汉至东盟四国（泰国、柬埔寨、越南、老挝）直达航线于2014年7月正式开通，以武汉阳逻港、上海外高桥港、泰国曼谷港、越南胡志明港等为节点，以曼谷和胡志明港为支点，架设起覆盖东南亚偏港的全面航运体系，大大缩短货物运输时间。2015年，该航线共开行出口航班97次，共计3862个标准箱。2015年9月，武汉至日韩近洋航线正式开通，以武汉阳逻港、上海外高桥港、韩国釜山港、日本东京港和大阪港为节点，阳逻港至日本东京港、大阪港的平均运输时间缩短到8天，至釜山港缩短到7天，目前阳逻港已成为长江中上游集装箱枢纽港。宜昌港、荆州港积极开通至阳逻港的支线航线，开通至洋山港的直航。

3. 口岸基础设施和配套设施建设扎实推进

武汉天河机场T3航站楼是华中最大航空枢纽，该项目总投资约65亿元，建筑面积达49.5万平方米，是全国几大单体航站楼之一，按照满足年旅客吞吐量3500万人次、货邮吞吐量44万吨、飞机起降40.4万架的目标进行规划设计，能实现“空空无缝中转、空地无缝换乘”。该航站楼于2013年6月正式动工，2017年8月底通过验收并正式启用，进一步巩固了武汉作为中部地区最大的国际通航口岸的地位。

阳逻港三期工程于2012年8月正式开工，共规划17个5000吨兼顾10000吨级集装箱泊位及配套设施，全部完工后将与已建成投入使用的一、二期工程共同实现480万标准箱的吞吐能力。首批开建4个泊位，总投资40亿元，年通过能力为80万标准箱，已于2015年12月开港试运营。该工程将有助于提升阳逻港现代航运服务水平，打造集多功能于一体的现代航运服务功能区，进一步巩固阳逻港作为长江中上游集装箱枢纽港的地位，助力武汉打造长江中游航运中心。

黄石新港一期工程总投资5亿余元，建成9个5000吨级（兼靠1万吨级）泊位，年吞吐能力达到1000万吨，已于2015年9月正式开港运营。目前二期工程正在抓紧建设，总投资10亿元，共有8个泊位，设计吞吐能力为735万吨/年，集装箱20万标准箱。整个项目完工后，黄石港预计年吞吐能力将达到5000万吨以上，集装箱通过能力达到60万标准箱以上，黄石港将成为长江经济带重点港区。

4. 口岸信息化建设跃上新台阶

以口岸信息化促进贸易便利化，依托电子口岸平台，拓展口岸政务功能、口岸物流服务、口岸数据服务和口岸特色应用，开发了一批符合湖北实际、满足企业需求和国家政策的信息化项目。建成“三个一”通关辅助系统等11个应用项目，累计服务企业超过3000家，累计完成各类进出口业务超过1万单。推动国际贸易“单一窗口”建设。制定下发了《关于印发湖北国际贸易“单一窗口”建设工作方案的通知》。目前，湖北省国际贸易“单一窗口”基本建成，应用功能基本涵盖进出口通关各个环节，使用范围覆盖全省所有口岸。湖北先后开发出口退税、加工贸易边角料交易平台等特色应用项目，推动国际贸易“单一窗口”本地化应用。截至2017年底，上线21个应用项目，办理各类通关业务5万余单（票），注册企业2343家。

5. 体制机制创新亮点纷呈

（1）加强政策指导作用。湖北省政府及有关部门先后制定下发了《湖北省口岸办加强和改进口岸工作支持外贸发展的实施意见》《关于进一步优化通关环境 提高通关效率的意见》《湖北省关于推动〈落实“三互”推进大通道、大平台、大通关建设改革方案任务分工〉的实施方案》《湖北省口岸办关于支持湖北自由贸易试验区建设的若干举措》等一系列文件，为全省口岸工作深入开展提供了强有力的政策指导。

（2）创新工作机制，加强部门和跨区域协作联动。积极部署，主动作为，推动关检合作“一次申报、一次查验、一次放行”通关模式，实现集装箱进出口货物一次开箱，联合查验，将企业申报录入项由原来169项优化到110项，大大提高了通关效率。推动实现口岸“一站式”作业，让企业在口岸一次性办结查验手续。推进“三互”大通关建设，优化监管和通关流程，使“串联执法”变为“并联执法”。印发《湖北省口岸压缩货物通关时间的实施意见》，进一步简化办事流程，减少作业环节，提高整体通关效能。

加强跨区域部门间合作，积极参与区域通关一体化改革，推进长江经济带区域通关一体化改革和检验检疫一体化改革，深化湖北省与沿海、沿边口岸区域合作，为企业提供更加高效便捷的通关服务。

（3）创新工作方式，提高工作效率。实施“5+2”工作制和24小时预约通关制度，满足外贸企业全天候通关要求。推进通关作业和检验检疫无纸化。开展免除查验没有问题的外贸企业吊装移位仓储费用试点工作，已惠及1200多家企业。推动开展集装箱进出口环节合规成本专项治理行动，进一步降低企业成本。实施启运港退税政策，企业可提前拿到退税，大大提高企业资金周转效率。

（二）湖北口岸经济发展存在的问题

1. 口岸体制仍不完善，综合执法效能不高

口岸工作由于其特殊性，是一个涉及多部门、多行业、多环节的系统性工作，牵涉口岸、海关和检验检疫等多个部门。近年来，虽然各地都在推行“三个一”通关模式，但在平时执法过程中，执法队伍不同和执法内容有差异，导致执法合作领域有限，综合执法效能不高，不仅影响了口岸通关效率，而且也提高了企业的通关成本。同时，也降低了经济活力，无形中成为一种不必要的束缚，需要对口岸执法体制进行改革，整合执法主体，集中执法权，推动综合执法。让人感到期待的是，随着新一届国务院机构改革将出入境检验检疫管理职责和队伍划入海关总署，今后口岸执法工作的协调性将会有很大改善，执法效能会有很大提高。

2. 口岸布局不尽合理，口岸功能发挥不够

当前，湖北口岸进出口货物和人员出入境大部分集中于武汉，而湖北省西部地区布局则相对薄弱，不尽合理，随着宜昌、襄阳经济的快速发展，鄂西地区旅游资源的深度开发，口岸布局的局限性严重制约了鄂西地区开放型经济的发展。湖北作为一个内陆省份，外向型经济规模有限，同时受限于地理位置，在与沿海口岸进行竞争时存在先天性劣势。在对口岸设点布局时，省级部门往往会从全省范围进行通盘考虑来布局，既要考虑区域平衡，又要考虑产业布局，但有时会忽视地方经济发展水平与口岸规模不符，造成口岸布局不尽合理。

同时，由于口岸辐射区域存在重叠现象，为抢占尽可能多的货源，口岸之间竞争不可避免，而那些规模较小、地方财力有限的口岸就会处于相对弱势地位，久而久之就会造成口岸资源不必要的闲置浪费，口岸功能也得不到充分发挥。

3. 口岸通关环节较为烦琐，企业通关成本较高

近年来经过一系列改革试点，湖北口岸通关烦琐的现象有所改善，但与欧美发达国家的内陆口岸相比，仍然有不小的差距。虽然部分海关已开始实

施启运港退税政策，但我国大部分海关实行的仍然是货物运抵港口后才开始办理各种通关手续，不允许事先申报；同时，我国海关通关手续一般是“多站式”，即客户需要分别到海关、检疫检验、港口、税务等部门办理各种手续，递交各种不同的单据。相关数据显示，即便实行“三个一”通关模式后，企业申报录入项已由原来的169项优化为110项，但还有很大优化空间。烦琐的环节和项目无形中增加了企业的时间成本和各类中间费用，造成企业通关成本高企，增加了企业的负担。

4. 口岸信息化程度不高，通关便利化程度有待提高

口岸信息化建设是推动口岸管理模式改革创新、提高口岸通关效率、促进贸易便利化的重要手段。湖北电子口岸起步较早，早在2004年就开始着手筹建，2011年在武汉市东西湖区正式建成，但发展过程较为曲折和滞后，数据共享共建程度不高，对提高全省贸易便利化程度影响有限，制约了口岸经济的发展。

二　湖北与典型省份口岸经济发展比较

湖北地处长江中游，与江苏、湖南、安徽、重庆等省份同处于长江流域，地理条件和口岸基础设施等大环境类似，长江水运是各省份口岸运输的重要支撑；湖北、湖南、安徽又同属于中部地区，总体经济实力相当，近年来整体发展势态有相似之处；广东作为全国最发达的省份之一，经济总量多年居首位，拥有众多口岸，进出口总量居全国第一位，因而其经验对湖北口岸经济的发展具有十分重要的借鉴意义。限于篇幅，为突出典型性和可比性，笔者将湖北与江苏、湖南、安徽、重庆、广东等五个典型省份的口岸经济发展情况进行比较。

（一）货物进出口总量、增速及占比的比较

1. 货物进出口总额

湖北与典型省份的货物进出口总额比较，广东省与江苏省货物进出口总

额始终保持在较高水平，广东省货物进出口总额近年保持在 1 万亿美元左右并在总体上保持增长趋势，江苏省货物进出口总额保持在 5500 亿美元，且近年发展稳定。而位居长江中上游的重庆市近五年的货物进出口总额居第三位，口岸经济发展良好，总体上来看始终保持了口岸经济货物进出口总额的增长。湖北省的货物进出口总额稍低于重庆市，居第四位，但高于同处长江中游地区的湖南省与安徽省。湖北于 2013 年货物进出口总额达到最大值 455.52 亿美元，从 2013 年之后，货物进出口总额逐年递减，口岸经济的发展遇到瓶颈。安徽省自 2014 年货物进出口总额达到最大值 491.77 亿美元后，下降迅速。湖南省于 2014 年货物进出口总额达到最大值 308.31 亿美元，近年也有降低。

2012 ~2016 年，广东省货物进出口总额分别是湖北省货物进出口总额的 30.79 倍、30 倍、25.01 倍、22.47 倍、24.25 倍，由此可见近年来湖北省货物进出口总额与口岸经济大省广东省的差距正在逐年缩小。

2. 货物进出口增速

2012 ~2014 年，湖北省货物进出口总额的增速始终处于上升阶段，而其余五个典型省份的货物进出口总额增速已经处于减缓阶段；2014 ~2015 年，湖北省的货物进出口总额增速开始减缓，其余五个典型省份的货物进出口总额增速已经为负值，即货物进出口总额减少；2016 年，湖北省货物进出口总额增速降为负值，其余五个省份也保持增速为负值。

3. 外贸依存度

外贸依存度是反映一个地区对外贸易活动对该地区经济发展的影响程度的经济分析指标。从最终需求拉动经济增长的角度看，该指标还可以反映一个地区的外向程度，一般用对外贸易进出口总额在 GDP 中所占比重来表示。将湖北与典型省份外贸依存度作比较，来观察口岸经济对湖北经济发展的影响程度。

2012 ~2016 年，广东省的外贸依存度最高，近年外贸依存度每年都保持了较快的下降，广东省的经济发展在很大程度上依靠进出口，这与广东省自改革开放以来就是我国重要的进出口港口有重要关联。江苏省的外贸依存度居第二位，并且平缓降低。重庆市的外贸依存度居第三位，虽然出现波动但是总体上保持了稳定，口岸经济对三省市的经济发展发挥了重要的支撑作用。湖北省的外贸依存度略低于安徽省，与安徽省及湖南省共同保持平稳提升态势。

（二）口岸经济重点产业的比较

1. 高新技术产业

高新技术产业作为新兴产业和高竞争力产业，其发展状况从一个侧面表明一个地区的经济核心竞争力。从目前的发展情况来看，湖北发展速度较快，进出口增长率达到了 11.11% 的水平，但总额远低于广东、江苏和重庆，仅仅高于湖南省。可见，在高新技术产业方面，湖北任重道远，未来发展空间还很大。

2. 机电产业

湖北机电产业进出口金额和占比仅高于湖南，低于广东、江苏和重庆。2016 年 12 月，湖北进出口机电产品 228.22 万美元，同比增长 0.65%，占比为 1.15%。其中出口 143.2 万美元，进口只有 85.02 万美元，顺差贸易明显。2015 年 5 个省份机电进出口均保持增长状态，但湖北增速缓慢，可见湖北机电产业发展水平还有待提升。

3. 食品业

2016 年 9 月至 2017 年 9 月，除 2017 年 4 月食品进出口普遍减少外，其他时间都保持稳定的态势。广东是经济大省，其进出口额明显高于其他五省份，这与其经济开放程度、对外依存度高有很大的关系。而作为中部地区的湖北省在食品进出口总额上低于江苏和广东，高于湖南和重庆。

4. 旅游业

旅游业的发展能够给旅游目的地带来巨大的人流量，接待入境旅游人数越多，意味着对当地餐饮、住宿等行业的经济带动作用越强。2011 ~ 2015 年，湖北省接待入境旅游人数不断提高，外汇收入由 2011 年的 9.40 亿美元提高到 2016 年的 18.72 亿美元，人均消费量不断攀升。应当看到，中国经济环境向好，支持旅游业发展的政策力度不断加大，各省份接待入境旅游人数都有不同程度的增长，且增长幅度都较大，湖北发展优势并不凸显。

（三）湖北与重庆口岸贸易方式的比较

湖北省和重庆市同属于长江经济带，在自然地理、设施条件上存在较大的相似性，但在口岸经济发展上，两地却存在着较大的差异。

1. 加工贸易方式

中国海关总署统计显示，2018 年 1 ~2 月，湖北省以加工贸易方式出口 70.1 亿元，同比增长 2.2%；进口 25.2 亿元，同比增长 64%；进出口总额为 95.3 亿元，同比增长 13.5%，占同期湖北省外贸总值的 20.6%。而重庆市加工贸易出口 276.4 亿元，同比增长 18.7%，进口 47.2 亿元，同比增长 38.3%，进出口总额为 323.6 亿元，同比增长 21.2%，占同期重庆市外贸总值的 45.1%。通过比较可知，湖北省在加工贸易产业中的进出口额远远小于同期重庆的进出口额，其在地区外贸总值中所占的比重也与重庆有一定的差距，可见湖北省外贸经济也处于劣势。

2. 一般贸易方式

2018 年 1 ~2 月，湖北省以一般贸易方式进出口总值达 327.7 亿元，同比增长 10.2%，占全省外贸总值的 70.9%。其中，出口 210.5 亿元，同比增长 37.3%；进口 117.2 亿元，同比下降 18.6%。而重庆市一般贸易进出口总值 300.8 亿元，同比增长 15.7%，占比 41.9%。其中，出口 169.4 亿元，同比增长 16.3%；进口 131.4 亿元，同比增长 15%。以一般贸易方式进出口在两地区的外贸交易中都占有重要的地位，但是在湖北省进出口总值只高于重庆 26.9 亿元的条件下，占比却远高于重庆，这不仅意味着湖北省整个外贸经济总额处于较低状态，而且从侧面反映出湖北外贸产品结构单一，产品结构缺乏竞争力。

（四）口岸基础设施的比较

1. 口岸数量比较

湖北省口岸数量由 1978 年的一无所有，发展到现在已经建成 4 个国家批准开放口岸，9个省政府批准开放口岸，3个海关特殊监管区域和5个B型报税物流中心，可以说形成了全方位、多层次的对外开放体系。广东省作为我国的口岸大省，拥有国务院批准的对外开放口岸58个；江苏省国家批准开放的口岸有26个；与湖北省同处于长江中游地区的安徽省也十分注重发展口岸经济，拥有国家级经济开发区5家，新获批建设3家综合保税区、4家保税物流中心（B型）、11个进境指定口岸、中国（合肥）跨境电商综合试验区；湖南省也拥有4个国家批准的对外开放口岸；重庆市的对外开放口岸数量较少，空运、水运、铁路口岸各一个。从口岸数量来看，湖北省开放的口岸数量并不多，口岸基础设施还有待完善。

2. 港口货物吞吐量

港口货物吞吐量反映了港口生产能力，吞吐量越大，则港口规模越大，对外贸易的能力越强。2012～2016年，湖北的港口货物吞吐量由2.35亿吨增长为3.52亿吨，取得了较大发展。但湖北港口货物吞吐量仅高于重庆，低于其他四省，湖北的港口建设仍需要继续发展。

（五）成本与效益比较

1. 在成本方面

2017年，湖北省继续推进通关作业和检验检疫无纸化，企业从申报到收到海关电子审结指令仅用时10秒左右，实现了秒速通关。湖北省开展国际贸易“单一窗口”标准申报业务，海关总署推广应用的“金关工程二期智能卡口管理系统”首次在武汉经开港试运行，该系统可在6～8秒内实现集装箱单箱过卡验放。此外，湖北省还建立“中欧直取”模式，企业在铁路运输进口货物运抵当天即可提货，每批次可节省提货时间72小时以上，每年可为企业节约海关通关时间300余小时。这些措施，大大简化了烦琐的货物通关手续，不仅降低了价格成本也节省了时间成本。

2. 在效益方面

2012～2016年，湖北货运量由12.29亿吨增加至16.25亿吨，货物周转量由4439.82亿吨公里增加至5922.87亿吨公里，运输效率和效益明显提高。然而，湖北货运量和货运周转量与其他地区比较还处于中等水平。货运量高于重庆，而低于广东、江苏和湖南，货运周转量高于重庆、湖南，而低于广东和江苏。

（六）结语

口岸作为湖北省发展外向型经济的支撑，是发展外贸经济和吸引人流、物流及资金流的重要着力点。为推动湖北拓展对外贸易、加强与世界各地的联系，政府通过简化口岸通关环节手续，降低企业货物存留在港口、码头、场站的时间，大大降低了货物进出口的时间以及价格成本，提高了货物通关效率，口岸经济也获得了更大的发展。但是通过以上与其他省份的对比，湖北还存在很多不足。

一是湖北外贸进出口总额较低，外贸依存度不高，口岸经济的发展水平还有待提高。二是湖北进出口产业结构不合理，高新技术产业、机电产业和旅游业等高附加值产业发展水平近年有所提高，但与广东、江苏、重庆依然有较大差距。三是湖北贸易方式以一般贸易为主，加工贸易次之，与重庆相比，湖北不仅进出口贸易总量较小，而且以加工贸易方式进出口占比过小，贸易方式还有待优化。四是湖北在口岸基础设施建设方面，优于湖南和重庆，但劣于广东、江苏和安徽，口岸建设还有待继续完善。

三　湖北打造“内陆口岸经济高地”的路径与对策

进入新时代，湖北应以习近平新时代中国特色社会主义思想为指导，抢抓全面建成小康社会、开启全面建设社会主义现代化国家新征程的重大机遇，着重从加强基础设施建设、推动外贸产业发展、加大科技创新力度、力争管理机制创新、优化发展环境等方面入手，推动全省口岸经济工作再上新台阶，助力全省对外开放水平进一步提高。

（一）加强基础设施建设，拓宽对外开放通道

依托湖北地理区位优势，打造铁路、公路、航空、水运立体交通体系，

将湖北省打造成为贯通东西、连接南北的国际物流中转重要枢纽，促进国际物流大通道的互联互通。

1. 加强铁路国际联运货物运输能力

以继续加强中欧班列（武汉）发展和运营为抓手，建设华中地区集并中心和境外集散分拨中心，提升班列国际运输能力，利用武汉优势地理位置，大力发展多式联运，打造出一条由铁路经水路的国际集装箱铁水运输闭合环线，降低企业物流成本。加快铁路口岸功能升级，大力发展集装箱拼箱业务，建设具有先进技术装备和仓储设施的铁路集装箱中心站，将其建设成为具有整列整编、装卸能力，具备物流配套服务和洗箱、修箱条件及进出口报关、报验等口岸综合功能的集装箱铁路集散地和班列到发地，从而提高铁路货物运输能力，提升运输水平。

2. 打造贯通全球的国际航空运输网络

突出重点，加强航空口岸建设。武汉航空口岸要以形成点多面广、通达全球的航线网络为目标，开通更多的国际客货运航线；宜昌航空口岸要加大市场培育，开通更多直飞境外的临时包机，提高运行绩效，争取尽快达到国家规定的运营指标（年出入境 5 万人次）。提高湖北国际航空货运能力，扎实推动武汉至欧美货运全货机航线开通和常态化运营。推进湖北国际物流核心枢纽项目建设，实现口岸现场检查检验设施与机场主体工程同步设计、同步规划、同步建设。

3. 加强港口航道基础设施建设

进一步依托和放大长江黄金水道功能，把武汉新港打造成为长江中游航运中心。加大航道整治，加强主要港口集疏运体系建设，进一步扩大与提升“江海直达”运输覆盖范围和服务能力，积极推动港口运输配套码头、锚地等设施的升级改造，减少船舶待泊时间，进而提升“泸汉台”集装箱快班、武汉至东盟、武汉至日韩等近洋航班运行质量，加快水运提质增效升级。

（二）调整和优化外贸结构，推动对外贸易产业发展

牢牢把握“一带一路”“长江经济带”等国家发展机遇，加强对外交流

与合作，结合自身优势产业，调整和优化外贸结构，加快培育外贸新增长点，转换外贸动力，提高对外贸易效率，加强国内外双向开放，形成口岸经济发展新动能。

1. 推动外贸结构调整

优化外贸商品结构，提升自主品牌产品、高新技术产品和高附加值产品出口比重；优化外贸主体结构，推动大众创业、万众创新，加强民营企业外贸能力，提升民营企业出口比重；优化贸易方式，加速发展跨境电子商务、市场采购贸易等外贸新业态。调整、优化国际、国内市场布局，选择重点开拓市场，加强贸易投资合作，加快培育外贸竞争新优势。

2. 推动外贸动力转换

转换外贸优势，推动竞争优势由以价格优势为主向以技术、标准、品牌、质量、服务为核心的综合竞争优势转变；转换外贸增长动力，推动以劳动力、资源等为主的传统要素驱动向以科技为主的创新要素驱动转变；转换外贸体制机制，改革利用外资、对外投资管理体制，简政放权，提高外贸便捷性和通关效率。加快平台建设，建设外贸转型升级基地、贸易促进平台和国际营销网络，提高对外贸易效率。

3. 坚持“引进来”和“走出去”并重

坚持内外需协调、进出口平衡、“引进来”与“走出去”并重，引资和引技、引智并举，发展高层次的外贸经济，通过统筹平衡“引进来”和“走出去”，特别是在高新技术产业发展上与发达国家积极对接、合作、交流，深化国内外双向投资合作，促进全省产业结构转型升级，进一步推动自身外贸产品质量提高和外贸产业结构优化升级。

（三）加强科技创新，提高口岸通关运行效率

坚持以科技创新作为口岸快速发展的保证，紧跟时代步伐，加强科研投入，形成以现代科学技术、高精尖设备、信息化系统相结合的口岸工作新局面，推动口岸经济科学、高效发展。

1. 积极利用科技查验通关手段

运用信息化查验模式取代传统的人工模式，利用生物特征的唯一性，确保口岸查验的准确性；利用大型集装箱检查设备、小型货运车辆非侵入式检查设备，观测检查集装箱内的货物，通过分析机检图像判断实际货物与申报是否相符，口岸数据与资料库数据精准对接，借助安全智能锁，对转关货物实现了全程实时监控，结合智能卡口、移动施验封等技术运用，实现转关业务“申报无纸化、审放自动化”，特别是大力推行出口集装箱电子化放行，通过“互联网 +”，实现审放过程全程信息跟踪，在免去烦琐人工操作的同时，在最大程度上压缩通关和物流时间。保证口岸通关的效率性与安全性，既降低了企业成本，也提高了检查效率，提升了货物的通关速度和口岸的运行效率。

2. 推动智慧型口岸建设

加快智能技术在口岸的全方位应用，着力打造智慧型电子口岸。积极引进和配备先进的信息化系统、集装箱装卸等大型专业化设备，实现公路、铁路、水路、管道等多种运输方式无缝对接。大力开展港口装卸智能化、现代物流及电子商务、港口现代管理等信息化建设，全力打造大数据信息中心港，提高口岸信息化水平。借助大数据、云计算等新技术，着力打造信息化的监控指挥中心，使其成为对内业务运行监控和对外走私违法风险防控的决策辅助中心、运行监控中枢和指挥协调平台。信息化的监控智慧平台，具有指标展示、业务监控、预警提醒、视频管理、联系处置和提供地理信息等六大功能，通过搭建监控指挥中心平台，将人工查询转变为智能查询，之前需要通过大量的人工数据查询才能获知的内容，现在只要通过计算机查询，就可以知道货物进出口全流程，提高口岸通关工作效率。

（四）推动口岸管理机制改革，发挥口岸更大作用

改革是湖北口岸经济发展的基石。在实际工作中，应凝聚改革共识、破解改革难题，通过加强口岸管理相关部门协作，提高通关效率；通过加强部门间资源共享和集中统筹，形成管理合力；通过加强部门沟通、协作，构建

伙伴关系，实现口岸由单向管理向多元治理转变，不断提升口岸管理的制度化、规范化、科学化水平。

1. 以“三互”大通关建设为抓手深化关检合作

推动通关协作，实现口岸管理相关部门信息互换、监管互认、执法互助。强化跨部门通关协作，加快一体化通关管理，力求实现货物进出口岸在海关和检验检疫机构均可以办理全部报关报检手续。建立健全信息共享共用机制，建立信息全面交换和数据使用管理办法。推动口岸管理相关部门各作业系统横向互联，实现口岸管理相关部门对进出口岸运输工具、货物、物品、人员等申报信息，物流监控信息、查验信息、放行信息、企业资信信息等全面共享。实行一次申报、一次查验、一次放行“三个一”和“一站式”通关、“单一窗口”办结、“一体化”覆盖的叠加服务机制。实现申报人通过“单一窗口”向口岸管理相关部门一次性申报，口岸管理相关部门通过共享信息数据，将执法结果通过“单一窗口”反馈给申报人。推行“联合查验、一次放行”的通关新模式，海关、检验检疫、交通运输、海事部门如需对同一进出口货物或运输工具进行检查时，应实施联合查验，打造更加高效的口岸通关模式。

2. 完善大通关管理体制

优化口岸执法资源，合理配置海关、检验检疫、交通运输、海事等部门执法力量，对职责任务相近、执法对象相同的，探索进行跨部门联合执法、创新查验机制，特别是借鉴珠海查验机制创新的经验，开展“前台共同查验、后台分别处置”的综合执法试点，口岸管理相关部门按职责分工，除针对废物、危险货物等带有特殊专业技术性要求的执法作业外，对进出口岸运输工具、货物、物品、人员的查验合并进行，发现违法行为依职权分别处置，根据试点情况适时总结评估，稳步实施。建立口岸安全联合防控机制，完善常态化的联合工作机制，相关部门联合开展情报收集和风险分析研判，定期沟通、发布口岸安全运行报告，保障口岸工作安全进行。

（五）优化口岸环境，提升贸易便利化水平

在经济全球化、国际贸易便捷化的背景下，优化口岸环境能够降低外贸企

业经营成本，提升地区经济竞争力。因此，湖北应正确把握改革大局，全省各部门应正确对待利益关系调整，自觉服从建设大局，多措并举，提高湖北省口岸的通关效率，降低通关成本，让企业享受到与沿海省份同样的通关服务。

1. 完善国际物流大通道服务

扩大内外贸同船运输、国轮捎带、国际航班国内段货物运输适用范围，提升运力资源综合效能。根据政策沟通、设施联通、贸易畅通、资金融通、民心相通五大领域齐头并进的要求，加强与“一带一路”沿线国家口岸执法机构的机制化合作，推进跨境共同监管设施的建设与共享，加强跨境监管工作日和工作时间、程序和手续的协调，探索联合监管模式等，推动签订口岸基础设施互联互通协议，完善国际执法互助，降低人员、商品、资金、信息跨境流动的时间和成本。

2. 推进通关诚信体系建设

按照国家社会信用体系建设要求，加快推进全省进出口企业综合信息库、口岸管理政策法规资讯库等建设和应用。及时公布进出境活动管理相对人违法行为信息，并与其他部门实现互联互通、共享交换。根据守信激励、失信惩戒原则，实现差别化通关管理，对诚信守法者予以支持和激励，对失信违法者实行相应的限制和禁止。

3. 加快口岸政务服务职能转变

推动口岸管埋相关部门共同简政放权、放管结合，逐步取消和下放前置审批等项目，完善事中事后监管。制定口岸工作条例，建立口岸管理相关部门执法的权力清单和责任清单，依法公开行政审批、行政执法的依据、流程和结果，提高执法透明度和公信力。加强政务公开机制和平台建设，提供规范高效的公共服务。

4. 拓展和规范通关服务

结合口岸进出境物流、客流实际，因地制宜、动态调整口岸开闭关时间。建立健全与跨境贸易电子商务、外贸综合服务发展相适应的通关管理机制，完善与服务贸易特点相适应的通关管理模式。充分发挥口岸相关行业协会的作用，促进口岸通关中介服务市场健康发展。

专　题　篇

Special Reports

B.15

河南推进乡村振兴战略研究

陈明星　乔宇锋[*]

摘　要： 当前，河南农业农村发展呈现总体平稳、稳中有进、稳中提质的良好态势，主要农产品产量稳定增长，农业结构优化升级加快，农民收入持续增长，农村改革全面深化，农业农村发展步入新阶段。但同时也面临着效率效益不高、生产结构不优、市场竞争力不强、城乡发展不平衡等突出问题。要抢抓机遇、乘势而上，加强规划引领，突出提质导向，推动农业农村优先发展、创新发展、绿色发展，高起点、高质量实施乡村振兴战略，扎实推进现代农业强省建设。

关键词： 河南　乡村振兴　现代农业强省

* 陈明星，河南省社会科学院农村发展研究所副所长、研究员；乔宇锋，博士，河南省社会科学院农村发展研究所。

一　河南推进乡村振兴战略的基础分析

河南作为中部地区传统农业大省，农业农村发展总体平稳、稳中有进、稳中提质，呈现向好发展态势。粮食综合生产能力稳定提高，主要农产品产量稳定增长，“四优四化”建设成效初显，第一产业增加值比重首次下降至10%以下，常住人口城镇化率首次突破50%，农业发展步入新阶段。农村改革全面深化，城乡一体化步伐加快，基层基础更加稳固，为积极实施乡村振兴战略奠定了坚实基础。

（一）主要农产品生产保持稳定增长，粮食综合生产能力稳定提高

2017年，全省粮食总产量1194.64亿斤，占全国粮食总产量的9.67%，比上年增产5.32亿斤，同比增长0.5%，为历史第二高产年份，连续7年稳定在1100亿斤以上。粮食增产主要得益于单产提高，2017年全省粮食播种面积为1.52亿亩，比上年减少196万亩，同比下降1.3%；全省粮食平均亩产为392.9公斤，比上年增加7.5公斤，同比增长1.9%。其中，夏粮总产量710.80亿斤，比上年增产15.44亿斤；秋粮总产量483.84亿斤，比上年减产10.12亿斤。截至2017年11月底，全省新建高标准粮田510万亩，累计建成高标准粮田5867万亩，粮食综合生产能力新增150亿斤，达到1250亿斤。

主要畜产品产量整体稳定增长，但增速同比略有下降。2017年，全省猪牛羊禽肉总产量655.90万吨，同比增长3.4%；禽蛋产量422.80万吨，同比增长0.1%。生猪出栏6220万头，同比增长3.6%；生猪存栏4390万头，同比增长2.5%。

（二）农业结构优化升级加快，农业发展步入新阶段

“四优四化”建设成效初显，供给质量显著提升。优质专用小麦、优质

花生和优质林果种植面积分别达到840万亩、1909万亩和1259万亩，优质草畜新增肉牛26.9万头、奶牛5.4万头。培育农业产业化集群542个，规模以上农产品加工企业达到7900多家，实现营业收入2.45万亿元，占全国规模以上农产品加工企业的11.6%，营业收入、利润总额和税金总额均占全省规模以上工业企业的1/3，“三品一标”产品达到3597个，农产品质量安全检测合格率保持在97%以上。休闲农业和乡村旅游蓬勃发展，全省休闲农业经营主体达到16181个，实现营业收入153.98亿元，从业人数34.32万人。全省新型农业经营主体总量超过24.2万家，其中农民合作社达到15.7万家、家庭农场3.7万家、专业大户4.3万家。全省农村土地流转面积3853万亩，占家庭承包耕地面积的38.5%；托管土地面积2007万亩，占家庭承包耕地面积的20.1%。

2017年，全省第一产业增加值4339.49亿元，同比增长4.3%，增速高于全国平均水平0.4个百分点；第一产业增加值占生产总值比重首次降至10%以下，达到9.6%，比上年下降1.1个百分点，进入10%拐点以下的时代。尽管第一产业增加值不断提高，但其占生产总值的比重越来越低，这种“一高一低”意味着河南农业发展进入新的转折点。根据全球发展经验，第一产业占比低于10%，往往意味着大量农村劳动力从农村中转移出来，而种养大户和家庭农场将成为农业发展的主要力量。

（三）农产品价格呈分化走势，农资价格总体平稳

2017年，全省居民消费价格比上年上涨1.4%，涨幅同比回落0.5个百分点。其中，受食品需求增加、加工带动，粮食上涨2.0%，且优质优价态势更趋明显，2017年优质专用小麦平均出售价格为每公斤2.52元，比普通麦子高出0.18元，高出7.7%，并且普遍供不应求、销路好。畜禽价格整体先下降后上升，全年畜肉价格下降7.8%，伴随蛋鸡产能调整，鸡蛋价格先降后涨，但同比仍下降7.6%。受种植面积增加、全年气象条件好等多重因素影响，鲜菜价格走低，比上年下降10.0%；鲜果价格稳中有升，上涨2%。受原料成本和环保成本上升影响，农资、农用柴油价格自2017年下半

年起全面上涨，农用柴油累计上涨13%；12月国产尿素同比上涨34%，农业生产资料价格总指数上涨2.2个百分点，但从全年来看农资价格总体平稳，农业生产资料价格总指数微降0.3个百分点。

（四）农民收入持续增长，脱贫攻坚稳步推进

2017年，全省农村居民人均可支配收入12719.18元，比上年名义增长8.7%，分别高于GDP增速和城镇居民收入增速0.9个和0.2个百分点，继续保持“两个高于”态势，城乡收入比缩小至2.32∶1，低于全国的2.71∶1，农民生活水平不断提升，幸福感和获得感持续增强。全省农村居民收入名义增速比上年提高0.9个百分点，略高于全国0.1个百分点，增速在全国的位次，由上年的第24位上升至第17位。但值得注意的是，全省农村居民收入水平仍低于全国平均水平，仅相当于全国平均水平的94.7%，居全国第17位、中部地区第5位。在精准扶贫、精准脱贫方面，扎实开展驻村帮扶，聚焦重点片区、重点县村、重点人群，抓好产业扶贫、易地搬迁等关键环节，推广金融扶贫卢氏模式，强化教育、交通、医疗、水利、电力等专项扶贫，全省贫困发生率下降至2.57%，兰考、滑县已脱贫摘帽，沈丘等4县有望脱贫摘帽，累计5514个贫困村退出贫困序列、37.3万名贫困群众搬出深石山区。

（五）农村改革全面深化，城乡一体化步伐加快

农村土地承包经营权确权登记颁证工作基本完成，农村集体产权制度改革稳步推进，新型农业经营主体达到24.7万个，129家县级农信社完成改制或达到组建标准，兰考普惠金融改革试验区建设、卢氏金融扶贫成效明显。农村土地承包经营权确权登记颁证基本完成，集体经营性建设用地入市、农村承包土地经营权和农民住房财产权抵押贷款国家试点顺利推进。社会保障体系不断完善，农村社会事业全面发展，基本公共服务得到加强，实现城乡居民大病保险全覆盖和省级统筹，在全国率先建立困难群众大病补充医疗保险制度，开通跨省异地就医即时结算，居民基本医疗保险实现城乡统

一、参保率稳定在95%以上。预计全省累计580万名农村贫困人口脱贫，国家级贫困县兰考、滑县实现脱贫摘帽，全省农民收入增速连年高于城镇居民。“四好农村路”建设积极推进，全省农村公路里程达23万公里。完成新一轮农网改造升级，存量“低电压”问题全面解决，实现城乡各类用电全面同价。农田水利、信息等基础设施建设全面提速，人居环境得到明显改善。常住人口城镇化率首次突破50%，达到50.16%，比上年末提高1.66个百分点。

二　河南推进乡村振兴战略的形势分析

随着农业农村发展进入新的阶段，河南农业农村发展既面临独特的优势条件、难得的战略机遇，同时也面临一系列亟待破解的发展难题。2018年是贯彻党的十九大精神的开局之年，是改革开放40周年，是实施“十三五”规划承上启下的关键一年，也是决胜全面建成小康社会、开启新时代河南全面建设社会主义现代化新征程的重要一年。尽管各种传统和非传统挑战叠加凸显，但有利条件也在逐步累积，全省农业农村发展仍将赢得较大的提升空间，整体将呈现“稳增产、扩增收、提质效、促融合”的态势，为河南积极实施乡村振兴战略、建设现代农业强省奠定坚实基础。

（一）主要问题

1. 效率效益不高

目前，全省农业从业人员比重仍接近40%，低于全国10个百分点，农业劳动生产率只相当于全国平均水平的一半。全省常年农作物播种面积在2.1亿亩左右，其中粮食作物1.5亿亩，占比70%以上。据调查，2017年全省玉米亩均生产收益仅174.3元，小麦也只有440.7元，而蔬菜、水果等效益较高的农产品较少。农产品精深加工少，产业链条短，产品价值低，品种不优、品质不高、品牌不响的问题明显。同时，过去千方百计扩大粮食种植面积，一些地方粮林争地、粮水争地、粮草争地，甚至毁湿地种粮、毁林种粮、毁牧种粮的问题突出，对生态平衡造成了影响和破坏。

2. 生产结构不优

全省农产品产量多，但优质产品少，种养业结构与市场需求不匹配，以粮食主导产品小麦为例，虽然产量居全国第一位，占全国总产量1/4强，但市场需求量大、价格高的强筋、弱筋小麦只占10%左右，面粉中有80%是卖不上价的普通粉。农产品加工业体量大但精深加工少，农产品加工业产业链条短、附加值低、同质化等问题突出，大路货多、中低档产品多、原料产品多，高档精品少，农产品加工转化率只有67%，农产品精深加工占比仅为20%。

3. 市场竞争力不强

河南农户数量多、人均资源少、地域分布不平衡，全省乡村户数占全国总农户的9.1%，耕地面积只占全国总耕地的6%，人均耕地面积仅为全国平均水平的87%。农业规模化集约化组织化程度不高，分散生产、分散买卖的小农户与融入现代产业链条、分享产业链增值收益的矛盾尤其突出，在激烈的市场竞争中处于被动地位，抵御风险能力弱。全省农产品加工企业呈现“大群体、小规模”特征，产业集中度不高，规模以下企业数量占80%左右；除速冻食品、个别肉食品外，其他农产品和加工产品几乎没有进入全国农业品牌前列，注册的农产品地理标志商标仅有82个，而相邻的山东省则超过600个。

4. 城乡发展不平衡

随着工业化城镇化的快速推进，以工补农、以城带乡的能力不断增强，城镇化发展体制机制和农村改革不断深化，虽然推动城乡融合发展的条件逐步具备，但城乡发展不平衡的问题依然突出，阻碍城乡之间资源要素优化配置、合理流动的体制机制障碍依然较多。尽管农民收入水平不断提高，但仍只相当于全省城镇居民收入的43%，扣除必要的生产性支出，可供农民实际消费的可支配收入更低；农民务工环境进一步趋紧，农村新产业新业态发展动力不足，农民持续增收压力较大。农业资源约束和环境压力加大，农村生产生活条件、基本公共服务与城市反差较大，农村空心化、农业兼业化、

农民老龄化趋势凸显，关键农时缺人手、现代农业缺人才、农村建设缺人力问题比较普遍，农村文化生活单一，部分农民道德滑坡、法制意识淡薄，一些地方盲目攀比、铺张浪费等不良风气依然存在，乡村治理难度加大。

（二）有利因素

1. 乡村振兴战略提供了后发赶超的历史机遇

党的十九大提出实施乡村振兴战略，这是新时代“三农”工作的总抓手，2018 年的中央一号文件专门就实施乡村振兴战略进行全面部署。当前，作为传统农业大省的河南正处于工业化、城镇化加速推进的阶段，既面临跨越发展的重大机遇，也面临粮食增产难度加大、产业结构不合理、城镇化发展滞后等挑战和问题，乡村振兴战略将为河南加快建设现代农业强省、助推中原更加出彩提供后发赶超的历史机遇。一是通过坚持农业农村优先发展，并通过一系列战略规划、重大工程、重大计划、重大行动等，加快补齐农业农村短板；二是通过坚持城乡融合发展，推动“四化同步”，塑造新型工农城乡关系；三是通过坚持人与自然和谐共生，加快推进绿色发展；四是通过坚持乡村全面振兴，加快推动农业全面升级、农村全面进步、农民全面发展，加快实现更高质量更可持续的农业农村现代化。

2. 社会主要矛盾转化提供了高质量发展的战略契机

党的十九大报告指出，当前我国社会主要矛盾已经转化为人民日益增长的美好生活需要和不平衡不充分的发展之间的矛盾。其中，美好生活需要不仅包括物质层面和精神文化层面的，还包括生态层面的，不仅包括最基本的食品数量安全、质量安全，还包括对良好生产生活环境、更多优质生态产品的优美生态环境需要，以及对民主、法治、公平、正义等方面的诉求。社会主要矛盾的深刻转变，将有力推动农业发展由增产导向转向提质导向，推动农业农村绿色发展和乡村治理现代化水平的提升，从而为推动农业农村高质量发展提供了战略契机。

3. 现代科技应用提供了农业农村转型升级的现实可能

当前，新科技革命和工业革命蓬勃兴起，互联网思维全面渗透，大数据、云计算、物联网、人工智能等新技术应用方兴未艾，第一、第二、第三产业界限日趋模糊。顺应产业演进的根本趋势，产业转移不断深化，价值升级和载体升级不断加快，制造业与服务业、工业化与信息化深度融合，新的生产模式和产业形态不断涌现。尤其是由互联网带来商业模式的革命性发展，众筹等新的业态已渗透到农业等传统领域，正在深刻改变农业生产、经营、流通和产业组织形式。如果能进一步抓住科技革命、产业革命和产业转移的机遇，不仅能提高农业发展的质量和效益、促进产业融合发展，而且能改善农民生产生活条件、提高农民现代文明素质、提升乡村治理能力，从而抢占加快乡村振兴、建设现代农业强省的先机和制高点，为农业农村转型升级提供现实可能。

4. 农村改革全面深化提供了激发新动能的内生动力

改革是乡村振兴的法宝。2018 年迎来农村改革开放 40 年，站在新的历史起点上，全面深化农村改革将进一步向纵深推进，尤其是包括耕地和宅基地在内的农村土地制度改革，以及农村集体产权制度改革等，将迈出实质性的步伐。在工业化、城镇化深入发展的背景下，针对工农、城乡发展明显失衡的城乡二元体制，既解决一时之弊，更着眼长远发展，激发强劲的市场活力和改革发展的内生动力，从根本上破解过去体制不顺、机制不活等顽疾，着力建立健全城乡融合的体制机制和政策体系，强化城乡统筹联动，推动城乡要素平等交换和公共资源均衡配置，赋予农民更多财产权利，使农民平等参与现代化进程、更多更公平地享受改革发展成果，真正让农村资源要素活起来、让广大农民积极性和创造性迸发出来、让全社会支农助农兴农力量汇聚起来，从而全面激发激活乡村振兴新动能。

（三）趋势展望

1. 农产品生产将总体保持稳定

随着“藏粮于地、藏粮于技”战略的落实，粮食生产功能区和重要农产品生产保护区的划定，以及河南粮食生产核心区建设等综合措施的持续推进，全省粮食综合生产能力将持续提升。2018 年，高标准粮田建设将持续推进，高效节水灌溉面积将新增 130 万亩，全省夏粮单产仍有提升空间，秋粮在没有极端气候变化和重大自然灾害的情况下有望实现同比大幅增产，其他主要农产品产量将在总体上保持稳定。

2. 农业结构将持续优化

随着农业供给侧结构性改革的深化，“四优四化”将持续推进，高效种养业和绿色食品业将得到大力发展，2018 年优质专用小麦、优质花生和优质林果将分别达到 1200 万亩、2200 万亩和 1300 万亩以上，优质草畜将新增肉牛 20 万头、奶牛 5 万头，粮油深加工和主食产业化将进一步发展，农村中的第一、第二、第三产业融合发展将进一步加速。

3. 农民收入将延续增长态势

随着“三区一群”等国家战略规划的深入实施，新型农业经营主体和新型职业农民培育，以及多种形式适度规模经营、返乡下乡创业的推进，小农户和大生产、大市场的衔接将越来越紧密，农民增收的动力和渠道将更加稳定。脱贫攻坚将聚焦全省 4 个深度贫困县和 1235 个深度贫困村等深度贫困地区，农村改革红利将持续释放，转移净收入和财产净收入将成为农民增收、农业发展的增长点。

4. 城乡融合将进一步加速

农村改革将继续深化，通过“资源变资产、资金变股金、农民变股东”的方式进一步盘活农村资源。农村社会事业和公共服务水平将进一步发展，社会保障体系将进一步健全。农村人居环境将持续改善，农村“厕所革命”、生活垃圾、污水处理、村容村貌美化、“四好农村路”等农村基础设施建设将进一步加速。

三 河南积极实施乡村振兴战略加快建设现代农业强省的建议

面对农业农村发展的战略机遇和严峻挑战，需要抢抓机遇、乘势而上，加强规划引领，突出提质导向，推动农业农村优先发展、创新发展、绿色发展发展，高起点、高质量实施乡村振兴战略，扎实推进现代农业强省建设。

（一）强化规划引领，重塑新型城乡文明

实施乡村振兴战略是一项长期的历史性任务，要有足够的历史定力和发展耐心，科学规划、注重质量、从容建设。与之相对应，乡村振兴要强化规划引领、规划先行，坚持“有所为有所不为”，坚持城乡融合、一体设计、多规合一，尊重村庄发展规律和个体差异，有序开展建设，不盲目追求速度，坚决防止大拆大建，更不能刮风搞运动。要将农业和农村作为整体考虑，推动乡村经济、社会、政治、文化、生态文明等多维度全方位的发展，深化城乡融合，通过资源要素融合、产业空间重构，实现城乡文明共存共荣、和谐共生，构建工农互促、城乡互补、全面融合、共同繁荣的新型工农城乡关系。

（二）强化提质导向，推进农业农村高质量发展

一是深化农业供给侧结构性改革，强化市场导向，让市场引领生产，减少无效供给。二是支持农村中的第一、第二、第三产业融合发展，推动产加销一体化，大力培育农业产业化联合体，大力发展农产品冷链物流体系和农村电子商务，积极培育“互联网 +”等新产业新业态新模式。三是支持农业高质量发展，支持粮食生产功能区和重要农产品生产保护区建设，推动特色农产品优势区创建，建设现代农业产业园、农业科技园，加强农业投入品和农产品质量安全追溯体系建设，推动农业品牌创建，推进标准完善和协同管理，着力打造区域品牌、企业品牌、产品品牌。四是支持新型农业经营主体培育，完善财政贴息、奖补等方式，大力支持新型农业经营主体发展，着力完善利益联结机制，提升带农能力，积极支持农民创新创业。

（三）强化绿色发展，转变农业农村发展方式

一是推进农业生产布局优化，在资源匮乏、生态脆弱、环境污染严重的地区，支持开展退耕休耕轮作，减少低效产能、有害产能、过剩产能，形成水土资源、环境承载和农业生产协调配合的空间格局。二是完善农业绿色补

贴机制，完善农业支持保护制度，实施以绿色生态为导向的农业补贴政策，积极引导生产者推广投入品减量化、生产过程清洁化、废弃物利用资源化模式。三是建立健全市场化多元化生态补偿机制，支持农业农村生态环境保护，坚持节约优先、保护优先，以自然恢复为主，形成节约资源和保护环境的空间格局、产业结构、生产方式、生活方式。四是加强农村人居环境整治，聚焦农村生活垃圾处理、生活污水治理、村容村貌提升、“厕所革命”等，持续改善人居环境。五是构建乡村绿色发展体系，推进农业农村绿色发展，实现农业可持续生产、农村生态宜居美丽。

（四）强化创新驱动，培育农业农村发展新动能

一是强化科技创新驱动，加强农业农村信息化及科技进步与推广，建设农业农村科技服务云平台，推进农业农村科技协同创新联盟建设，大力发展数字农业、智慧农业。二是强化发展模式创新驱动，积极发展新产业、新业态、新模式，因地制宜探索农业农村现代化发展的新路径。三是强化农村改革创新驱动，在城乡改革联动互促中全面深化农村改革，建立健全城乡统一的生产要素市场，深化农村土地制度改革、农村集体产权制度改革，发展壮大农村集体经济，积极稳妥推进农地流转、发展农业适度规模经营。四是强化乡村治理创新驱动，积极优化现代乡村治理主体，创新现代乡村治理方式，创新现代乡村治理手段，提升乡村治理体系和治理能力现代化水平。

（五）强化优先原则，凝聚乡村振兴强大合力

一是贯彻“四个优先”的具体要求，切实把农业农村优先发展的原则落到实处，将优先发展理念贯穿于有关政策制定实施的全过程。二是加强农业农村基础建设，加强农田水利建设和高标准粮田建设，加强农业绿色生态、提质增效技术研发应用，加强农村基础设施提档升级。三是加快推动公共服务下乡，健全农村基层医疗卫生服务体系，织密兜牢社会保障安全网，推进城乡社会事业和社会保障一体化，推进优质公共服务均衡配置。四是着力形成整体合力，以乡情乡愁为纽带，以激励机制为导向，积极撬动金融和

社会资本更多投向乡村振兴，积极引导各类人才、各方面力量更多地投身乡村振兴。

参考文献

韩长赋：《积极推进小农户和现代农业发展有机衔接》，《求是》2018年第2期。

韩俊：《农业供给侧结构性改革是乡村振兴战略的重要内容》，《中国经济报告》2017年第12期。

李国祥：《加快推进农业由增产导向转向提质导向》，《经济日报》2018年1月4日。

张红宇：《走中国特色社会主义乡村振兴道路》，《学习时报》2018年1月15日。

张占仓：《中国农业供给侧结构性改革的若干战略思考》，《中国农村经济》2017年第10期。

B.16
太行山西部贫困山区农村社会问题调研报告

——以山西茨沟营村为例

李小伟*

摘　要： 茨沟营村地处太行山西部深山之中，是山西深度贫困农村之一，也是首批中国传统村落之一。村中青壮年人口大量流失，经济发展缓慢，居民收入水平低下，村庄公共事务无人管理，农业生产发展后继乏力，出行难、就医难、上学难、养老难、购物难等问题不同程度存在，农村的离散化和无序化的趋势在进一步加剧，村庄处于一种发展停滞和衰败的状态，在一定程度上是当下偏远山区农村走向衰落和凋敝的缩影。实施乡村振兴战略保护和开发、激发内生动力和精准扶贫同步进行、相互促进，或许能使这些贫困山区获得再次发展的契机。

关键词： 太行山区　贫困山区　农村　社会结构

燕山—太行山区域是2011年国务院印发的《中国农村扶贫开发纲要》所确定的14个集中连片特殊困难区域之一，山西省有8个县（市、区）位于其中，这8个县（市、区）整体经济发展水平在山西省来说并不是很

* 李小伟，山西省社会科学院社会学研究所农村社会学研究室主任，副研究员。

差，但属于该区域山区的241个贫困村特别贫困。这些村庄大多数散落在深山区，居住分散，交通不便，缺地少雨，发展困难。地处山西省忻州市繁峙县神堂堡乡的茨沟营村就是一个比较典型的集革命老区、深山区和贫困地区于一体的山区村庄，其地理位置、自然条件、发展方式和水平、社会结构与秩序等，与其他贫困山区村庄具有很多的相似性。因此，通过对茨沟营村的深入调查，了解并掌握当前贫困山区农村社会发展的基本情况和热点、难点问题，探寻突破贫困山区农村振兴发展困境的路径，对于提高贫困山区人民群众生活水平、促进乡村振兴战略的实施具有极其重要的社会意义。

一 茨沟营村概况

茨沟营，地处山西繁峙县与河北阜平县交界处，位于繁峙县神堂堡乡东南方向，距108国道一公里处，四面环山，风景如画，气候宜人，是太行山深处一个自然人文风光俱佳的小村庄。明代由直隶真定总兵府在此建立军营，环村建立三道围城，村内长城相对完整，东城楼名曰“应关城”。2012年底被住建部、文化部、财政部命名为“首批中国传统村落”。茨沟营村注册户籍192户，注册户籍人口516人，目前全村仅有35户约80人在此居住，以种植业和养殖业为主要生活来源。

在市场经济冲击下，茨沟营村人口大量流出，原有的生产生活秩序大大改变，人们的思想观念也发生了深刻的改变，整个村庄在悄无声息中逐步走向凋敝。这正是处于变革中山西大多数农村的共同特点：有流动而无发展的乡村发展空心化、有流动而无突破的乡村结构再复制和有流动而无安宁的乡村秩序失衡性三种非正面、非积极实态和态势。茨沟营村虽然凋敝，但是拥有丰富的历史文化资源，村内保留着相对完整的明代长城、古城堡、庙宇、衙门等，自然风光优美，现存的数百株老核桃树，每到白露季节迎来传统的“打核桃节”，这些都具有重要的开发价值，村“两委”也正积极谋划村庄新的发展规划。

二 人口与家庭

截至2017年9月，茨沟营村实有户籍人口516人，其中男性260人，女性256人，性别比为101.17；共有家庭188户，户均2.74人。[①]

（一）人口年龄结构

茨沟营村0～14岁为81人，占人口总数的15.7%；15～59岁为331人，占人口总数的64.15%；60岁及以上为104人，占人口总数的20.16%，其中65岁及以上人口为79人，占人口总数的15.31%。2015年全国1%人口抽样调查结果显示，0～14岁占总人口的比重为16.52%；15～59岁占67.33%；60岁及以上占16.15%，其中65岁及以上人口占10.47%。与全国平均水平相比，茨沟营老年人口比重较高，少儿人口比重偏低。

在全村60岁及以上人口中，90岁及以上为3人，占60岁及以上老年人口的2.88%；80～89岁为18人，占17.31%；70～79岁为33人，占31.73%；60～69岁为50人，占31.73%，低龄和中龄老年人口占比较高。

在全部人口中，16～60岁劳动年龄人口为326人，占总人口的63.18%。

（二）人口性别结构

全村在册男性人口260人，占总人口的50.39%；女性人口256人，占总人口的49.61%。总人口性别比为101.17，男女总人口数量差距较小，基本平衡。2015年全国1%人口抽样调查结果显示，全国总人口性别比为105.02，茨沟营村总人口性别比低于全国平均水平。

分年龄段看，0～9岁、50～59岁、70～79岁和90岁及以上年龄段人口性别比分别为114.2、109.5、106.3和200，均偏高。

① 人口数据来自茨沟营村提供的公安系统《人员信息列表》。

（三）人口家庭结构

茨沟营村户籍人口共516人，共有家庭188户，户均2.74人。2015年全国1%人口抽样调查结果显示，平均每个家庭户的人口为3.10人，茨沟营村户均人口数量低于全国平均水平。

按照家庭人口数量分类，一人户家庭有35户，占18.62%；2人户家庭有54户，占28.72%；3人户家庭为40户，占21.28%；4人户家庭46户，占24.47%；5人户家庭9户，占4.79%；6人户家庭4户，占2.13%。

近年来，我国“一人户”家庭数量明显上升。全国的独居人口已从1990年的6%上升到2013年的14.6%。茨沟营村“一人户”家庭比重明显高于全国平均水平。在茨沟营村一人户家庭中，以男性为户主家庭有12户，占34.29%；以女性为户主家庭有23户，占65.71%。在男性户主家庭中，60岁及以上孤寡老人家庭6户，38~59岁中青年人家庭6户，各占一半；在女性户主家庭中，60岁及以上孤寡老人家庭18户，占78.26%；50~59岁中年人家庭5户，占21.74%。由此可见，男性“一人户”家庭中，中青年比例显著高于女性“一人户”家庭。

按照家庭代际层次和亲属关系类型分类，茨沟营村共有核心家庭110户，占58.51%，为主流户型。值得注意的是，全村单亲家庭达到了30户，占总户数的15.96%。单亲家庭类型主要是父亲或者母亲与1个或1个以上未婚子女构成的家庭，其中由父亲和子女构成的单亲家庭19户，占单亲家庭总户数的63.33%；由母亲和未婚子女组成的家庭占11户，占单亲家庭总户数的36.67%。

此外，还有9户家庭是由3代人构成的，但其中有5户家庭不完整，4户第二代只有儿子，没有儿媳，家庭人口由爷爷奶奶、父亲和孙子孙女构成。

从人口统计信息中可以看出，茨沟营村未婚、离异或丧偶的单身男性较多。除了1人户家庭中的12名男性外，单亲家庭、联合家庭、其他家庭中还有30岁以上单身男性28人，合计40人，其中30~39岁为13人，占

32.50%；40～49岁为9人，占22.50%；50～59岁为10人，占25%；60岁及以上为8人，占20%。在女性中，除了1人户家庭中的23名独身女性外，单亲家庭、联合家庭、其他家庭中还有30岁以上独身女性13人，合计36人，其中30～39岁为5人，占13.89%；40～49岁为4人，占11.11%；50～59岁为5人，占13.89%；60岁及以上为22人，占61.11%。与男性相比，60岁及以上老年独身女性占多数，达到了61.11%，而男性则恰好相反，60岁以下中青年单身男性占到了80%。一个值得注意的现象是，茨沟营村单亲家庭达到了30户，占总户数的15.96%。单亲家庭的出现，与人口流动有直接的关联，有的是因为一方外出打工，另一方留守，长期两地分居导致最后家庭解体，也有的是因为来到城镇后观念的变化或者追求更富足的生活而离异。

目前，农村中以老年人为主，村中年轻人很少。同时，茨沟营村人口呈现负增长，如果不能实现人口回流，随着时间的推移，村中死亡人口将大于出生人口，村庄的自然消失只是时间问题。

事实表明，城镇人口膨胀的规律是，从特大城市到大城市，再到小城市小城镇，膨胀的程度依次递减；而农村衰落的规律则是从偏远山村到丘陵地的普通农村，再到靠近城镇的平川农村，衰落的程度也是依次递减。这种规律的影响因素是多方面的，但决定的因素是经济因素。

三　基本生活状况

茨沟营村依山傍水，历史厚重而久远，然而作为一个偏远的山村，人们的生活水平依然处于贫困状态。村里以留守老人为主，在为数不多而且贫瘠的土地上，靠天吃饭，以微薄的收入维持村民的基本生活以及村庄的生存。

（一）家庭收入

由于劳动力缺乏，村里本来就少的土地大量撂荒。除了少量农户养羊外，几乎没有别的经济作物，导致收入水平十分低下。问及人均年收入水平，从村委会得到的数据是人均5400元，而村里的住户确认每年的收入人均不到2000元。由于村里以留守老人为主，绝大多数人以养老金和集体分配给每户3棵核桃树为主要收入来源。村民自己计算2016年的收入：养老金收入每人每月85元（年收入1020元），人均核桃树收入约300元；老年人在自家院子里种植一些季节性蔬菜自给自足，玉米黍子等杂粮作物入不敷出，加上一些其他收入，茨沟营村的人均纯收入每年在2000元左右。收入水平在国家贫困线标准以下，不足忻州市农村常住居民人均可支配收入（7015元）的1/3。当然，这样的计算方法仅以村里现在实际居住的人口为主。据介绍，茨沟营村现有贫困家庭40户，占总户数的21.28%，基本是老年家庭尤其是老年残疾家庭。

（二）生活设施

总体来说，各项服务设施比较落后，村里目前已经没有学校、卫生所（名义上挂名的村医在乡卫生院工作，很少来村里），也没有超市、日间照料中心、老年活动室等。

1. 生活用水

家庭生活用水，35户全部使用自来水，是将山上泉水引入自来水管，水质清澈干净，基本无污染。但目前面临供水管道老化需要更换的问题，这笔资金还没有着落。

2. 生活用能

村民家庭生活用能，平时烧水做饭主要用从山上砍下的柴火，着急了用电炉，冬天取暖以烧煤炉和以柴火烧火炕为主。

3. 居住条件

居住设施普遍简陋，生活艰苦，只有极个别生活条件较好的老年家庭有彩电、冰箱、电饭锅、手机等。整个村庄只有移动网络信号，电脑基本没有人使用。厕所是传统的旱厕，有的人家甚至没有厕所，村里建有一座公共厕所。

4. 其他服务设施

茨沟营村只有一个小卖部，为居民提供简单的日常生活用品，商品种类极少。村里也没有信用社服务点，存钱、取钱必须到5里外的神堂堡乡；没有豆腐坊，吃豆腐几乎成为奢侈。进出村落的唯一通道是108国道。

（三）生态环境

总体来说，茨沟营村没有工业，没有矿产，生态环境没有受到破坏，森林覆盖率也较高。但农民传统的生产生活方式对环境保护也存在着一定的影响。

1. 农作物施农家肥和农药混用

种植农作物施肥以农家肥为主，主要是鸡羊粪便和人粪尿，也施用一定量的化肥，每亩施用化肥一般为15斤左右。清除植物病虫害一般使用化学农药。

2. 农作物秸秆处理

玉米、谷子等可作为饲料的秸秆以养羊为主，不能作饲料的秸秆一般作为柴火使用。

3. 养殖业状况

全村35户均养有蛋鸡，一般三五只到十几只不等，除了自家食用一部分外，大部分想办法变卖为生活零用钱。也有9户养羊户，以出卖活羊和羊肉为生。鸡、羊喂养方式均为散养或上山放养。村里有1户养羊大户，养有700多只绵羊，常年在山上放养；也有一两户养鸡大户，饲养方式也是在山上放养。

4. 垃圾处理

生活污水处理方式，一般是随地排放。养殖业由于是散养，不存在污水处理问题。由于属于传统村落，垃圾的集中处理有专项经费支持，因此基本做到生活垃圾的集中处理。

（四）教育与文化生活

茨沟营村原有的一所小学只剩下了残垣断壁，村里已经看不到学龄人群的踪影。留下来的是以老年人为主的群体，几乎与世隔绝，现代化信息技术在这里被阻隔，人们的文化生活也是单调而贫乏。

1. 教育状况

近年来，村里义务教育施行情况良好，接受义务教育的人口比例达到百分之百。该村以前有 1 所小学，后在国家实施“撤点并校”政策过程中被撤销。现孩子们上小学都在神堂堡乡小学，初中、高中在沙河镇中学，有 30% 的家庭选择把孩子送到教育资源更优厚的繁峙县中学上学。

神堂堡乡小学距村 2.5 公里，沙河镇中学距村 20 公里。为了让孩子们有一个好的学习环境，大多数家庭从村里移居出去，其中有 10% 移居到神堂堡乡，50% 移居到沙河镇，30% 移居到县城，仅有 8 个上小学的孩子因家庭较贫困往返于学校和家庭。村支书告诉调研组，村里每年都有考上大学的，有部分家庭因孩子上大学而返贫。更多的学生考上高职和中专。

农村教育费用支出仍然是大头。以村支书家为例，大女儿去年从石家庄铁路职业学校毕业，现在北京地铁公司工作，小女儿在神堂堡乡小学上 6 年级，每 10 天回来 1 次。两个孩子都上学时，每年教育支出占家庭总收入的 80% 。村里大多数家庭情况是这样。为了保证孩子能够上学，大多数人外出打工。

大多数村民认同教育改变命运，教育能改善生活，可是对于他们来说无法接触到优秀的教育资源才是制约当地教育发展的瓶颈。他们希望政府对山区教育要多投入，城市农村的教育资源要均衡，教育要公平，要为山区多培养优秀人才。

2. 文化生活

这里几乎是一个与世隔绝的世外桃源。大多数村民没有电视、手机；村里没有老年人活动室和体育健身设施，闲暇时间老年人只有蹲坐在大门口聊天晒太阳；不少村民家里都养有猫和少量鸡，是与老年人朝夕相伴的宠物；儿孙在外打工或读书、女儿外嫁，配偶离世，老年人只能空守寂寞，望月兴叹。每年核桃树成熟时，是老年人渴望的时刻，这期间只有短短的三五天，是儿女回家帮忙打核桃、收核桃和老人团聚的“法定节日”。

四　社会保障

茨沟营村新型农村合作医疗保险（部分外出打工者在工作地参加了当地的养老保险）、农村居民新型养老保险达到了应保尽保（基础养老金提高到每人每月85元），开展医疗救助、教育救助、农村危房改造等工作。新农合大病保险制度已经建立。全村只有一位“五保”老人，住在繁峙县城的妹妹家，属分散供养。分散供养标准为每人每年3000元。低保补助金分为三个档次，每人每年甲等为2400元，乙等为2200元，丙等为2000元。这些补助金均由管理部门直接打入救助对象银行账户。尽管农村各项社会保障制度在不断完善，但在落实过程中仍然存在不少问题和困难，既有制度设计缺陷导致难落实，也有重视不够、监管不力导致落实不了或落实不到位等因素。

（一）低保户认定过程不规范，“关系保”现象严重

农村低保申请审核程序：一是由户主向居住地的村民委员会提出书面申请，并提供相关证件和材料；二是由村民委员会核实其家庭收入情况；三是召开村民代表会议进行评议；四是在本村内公示；五是乡（镇）人民政府农村低保评审工作小组对申请人基本情况和相关证明进行审核和报批工作；六是县民政局审批；七是将拟批准人员名单委托村（居）委会再次公示。但在实际操作过程中，由于低保工作在政策执行、程序落实和监督管理等方面仍存在漏洞，存在“人情保”“关系保”等问题。调查中干部群众都反映，村里不少居民的低保资格并不是通过正常程序批准的，而是通过到县里找关系得到的。一旦村民以这样的方式获得低保指标，村干部以及村民碍于熟人情面或上级压力，不好意思或不敢戳破，只好听之任之，导致这种现象长期存在。

（二）低保退出机制难实施

农村低保制度实行年度动态管理机制，即保障对象要有进有出，补助水

平要有升有降。但调查发现，茨沟营村低保户存在“一保永逸”现象，退出机制难以实施，动态管理形式化。这就意味着，退出机制主要表现为自然减员。这种现象的存在影响新增困难家庭获得低保待遇，特别是那些本不应该享受低保待遇但通过不正当途径获得的人长期占有指标，对此干部群众反响很大。

（三）村卫生室有名无实

茨沟营村的卫生室只是名义上存在，挂名村医实际是在乡卫生院上班。出现这种情况主要是乡村医生待遇不高，而像茨沟营这样的小山村地处偏僻，所以更难吸引医生到此工作。村里卫生室没有人，村民得了小病只能到5里外的神堂堡乡卫生院去看病，病情严重或行动不便的老人看病需要从乡卫生院请医生上门，既不方便，也增加了村民看病的花费。

（四）大病保障依然乏力

尽管新农合报销比例逐步提高，又有医疗救助，且大病保险制度也已建立，但由于落实不到位或在落实过程中的种种其他因素，导致保障依然乏力。调查中发现，一些贫困家庭成员得了大病只能扛，无钱医治。例如，村民高虎未、高成武均因无钱治病而过早去世；一位50岁男性村民（低保户）得了耳病导致听力严重下降，甚至已影响说话，去年曾去北京检查，但做手术要花4000元，因无力负担只好放弃。即使对经济条件相对较好的家庭来说，大病致贫的可能性也很大。几年前，一位女性村民（老伴为退休职工，家里经济条件在村里算是比较好的）在北京做了心脏支架手术，花费20多万元，新农合报销约10万元，得到医疗救助3000元，自家花光积蓄，还欠下4万元外债。

（五）养老服务缺乏

神堂堡乡没有敬老院，村里也没有老年人日间照料中心，老年人养老主要依靠家庭，十分困难。仅有的一位“五保”老人本来需要集中供养，但因无相应机构，只能由其妹妹照料，由于妹妹年龄也大了，难以保障将其照顾一辈子。例如，一位 83 岁低保老人，患有老年痴呆，无法自理，儿子有病，儿媳为轻度精神残疾，均无法照顾老人，只能依靠女儿照顾，而其女儿生活在 15 里外的另一个村庄，年龄也已 55 岁。女儿既要照料自己家的人，又要间隔 10 来天回娘家照顾母亲，十分辛苦。

（六）农村危房改造政策难以惠及特困群众

调查发现，危房改造补助资金难以落实到那些真正有需求的特困户、贫困户。这些贫困户本身收入就较低，虽然享受国家的住房补贴政策没有任何限制，但仅仅依靠这部分资金还不能完全完成危房改造或重建，要想建房或修缮旧房，需要自己再出相当一部分资金，这是他们难以承受的，无奈只能放弃危旧房改造指标。例如，一户贫困家庭需要新建房子，除政府给予的补助外，还需要自己出资近 7000 元，但最终因无力负担而放弃了指标。

五　社会治理

在当前整个中国社会从传统向现代转型的历史阶段中，农村社会受到了前所未有的巨大冲击，社会生活、社会结构、社会关系正发生着深刻的变化，这种解构式的变化鲜明地体现在农村基层政治、经济、社会和文化发展的方方面面，在引领农村由传统向现代化变迁的同时，导致诸多矛盾和风险，使得农村基层社会治理体系的建设面临新的形势和挑战。茨沟营村大量人口不断外流，对农村固有的社会秩序的冲击更加明显。农村的空心化趋势加剧，人口大量流出而发展停滞，原有以血缘、地缘为纽带的社会关系逐步瓦解，乡村秩序也呈现出无序化趋势。

（一）无主体的村庄社会

在当前的农村基层社会治理体系中，村民自治是主要基础，村级党组织（党支部或党总支）、村委会、村民（村民会议或村民代表会议）、其他社会组织等构成了最为直接的治理主体。这种农村基层社会治理体系的合理性在于，通过自治制度设置使乡村精英能够积极参与乡村建设，促进各治理主体互相制约、互相促进、高效运转。然而，现今的茨沟营村，村民大量外流，对村庄的归属感减弱，不愿或不能参与到乡村具体公共事务之中，这不但对原来的治理体系的具体运作机制形成了冲击，还使村级组织的权威、村民自治的合法性基础面临一定的挑战。

从基层农村党组织来说，党员年龄结构老化、党员流动性较大等是当前所有农村普遍存在的问题，而对于茨沟营村来讲，不仅仅存在这些共性问题，2002 年以后该村就没有再发展过新党员，现有的 13 名党员中，年龄最小的不在村里居住，已经接近 50 岁的村书记就是比较年轻的党员，党员平均年龄在 65 岁以上。党组织的政治引领和核心作用的发挥，往往就成为空谈。

从村委会来说，茨沟营村大量人口特别是中青年劳动力的流失，导致乡村自治的基础条件发生了改变，支撑乡村治理的精英人才严重匮乏。村委会无论从产生还是运行来讲，因为缺少农民精英的介入而陷入一种尴尬的境地，选举难以达到有效人数，勉强产生后也往往无事可做或者无力去做。现任村主任废寝忘食想把茨沟营村旅游业发展起来，无奈村委会成员也是老年人居多，许多事情议而不决，村里工作只是维持状态。

从村民来说，村民行使权利的主要方式就是通过村民会议或村民代表会议来决定农村发展的主要事项。茨沟营村多数外出的村民对村庄的归属感逐渐弱化，对公共事务往往选择置身事外，除非和自己直接利益相关，而人员的大量外出，也使得召开一次真正的村民会议非常困难，即便召集一次会议，会议也是乱糟糟的，难有效果。

（二）运行不畅的治理机制

农村基层社会治理，本身就是一个比较复杂的系统工程，涉及方方面面的人力和物力，需要一个紧密合作、协调有序、高度整合的运行机制。作为贫困山区的茨沟营村，对农民参与乡村治理的积极性要求更高，社会治理机制的构建更重要的目的是促进经济的发展和乡村的振兴。但当前的治理体系，依然沿袭传统的垂直管理运行机制，更多地呈现出各自为政、碎片化管理的特征。

在农民纷纷离家外出打工的大背景下，农民的工资性收入成为主要生活来源，农业生产的家庭经营已不再是赖以生存的方式，农村劳动力转移的数量成为许多地方政府的工作目标。提高农民收入固然是必须的，鼓励农民进城务工也是正确举措，但恰恰没有把农村发展作为提高农民收入的又一条路径，没有把提高农业产业收益作为主要目标，没有把培养新型农民就业作为就业渠道。实际上，这就是把农村和城市割裂开来，农村的归农村，城市的归城市，没有把城乡融合发展作为发展战略，把重点放在了引导农民走出农村，对农村自身的发展反而忽略了。

基层治理缺乏信息化手段支撑。茨沟营村基础设施建设较为落后，在互联网基础设施建设方面更是落后，整个村庄信息网络设施缺乏，基本的手机通信和互联网信号都不能保障畅通，诸多现代化治理技术根本无法在这里实施。留在村庄的农民多为中老年人，其自身文化水平较低，对现代传媒、计算机网络等现代信息技术根本就不了解更不要说掌握，他们经常处于信息滞后甚至隔绝的状态，信息化技术在这里完全无从施展。

（三）人口流动的治理难题

农村人口外流的主体以年轻化、精英化为主要特点，茨沟营村人口外流也不例外，由于大量骨干力量流失，作为村民自治主体的人群出现了结构性缺失，村民自治的效果大打折扣。一方面那些长期在外的流动人口，没有办法经常参与到村务管理之中，村庄发展的好坏与他们没有直接的关联，他们与之前的农村的联系越来越少，关系越来越淡漠，参与村务管理和村庄发展的热情也逐步丧失，慢慢地成为村民自治体系的局外人；另一方面人口大量外流，导致农村自治中监督力量缺失，多数留守人员因年龄、文化素质、自身能力和体力等的局限，很难在村民自治的选举、决策、管理和监督的各个环节中发挥监督作用，易导致村民自治的异化。

村里年轻人多是一走了之，把所有的家庭事务和农业生产留给老人，这在身体和精神上都加重了老人的负担，同时老人也得不到儿女应该给予的精神慰藉和生活照料，对身心健康都带来了很大的影响。那些独自外出打工的未婚青年，多数是刚刚中学毕业，社会经验基本没有，所能从事的工作又多属于相对较苦较累的工作，加之对城市的疏离感和被剥夺感，往往容易产生恐慌、焦虑、厌世等各种心理疾病，进而引发社会问题。

茨沟营村人口的大量外出，还导致新建立起的“农家书屋”没有人去看书，健身器材常年闲置成为摆设，村卫生所没有医生也没有患者，有线电视网络投入大利用率低、维护费用难以保障等，这些都对公共资源造成很大浪费。此外，村里的基础设施年久失修，老旧房屋亟待整理修缮，村容村貌也需要改善，这些问题由于各种原因难以解决。

六　村庄的社会变迁趋势

茨沟营村多数年轻劳动力流向经济更为发达的地区，无疑会改变流入地和流出地的人口结构和人口规模格局。人口的持续减少，必然也会对村庄的社会经济和人口发展产生一定的影响，带来人口结构和村庄社会的变迁。

（一）流出人口的发展趋势

从当前整个农村发展的基本情况来看，在很长一段时间内，人口将持续保持流出状态，这是由其本身具有大量剩余劳动力的客观存在所决定的，同时由于劳动力大量剩余而造成的普遍贫困化持续存在。目前，茨沟营村已经到了没有人口向外转移的地步，青壮年劳动力已经全部流出。不过，从调查情况看，有更多的人愿意或者正在迁往城市定居或就地成为城市居民。但从总体趋势来说，大量的人口继续向城市流动，但一部分农民并未真正融入城市，返乡定居也会在一定范围内出现。

1. 大量流出人口依然处在流动状态，只有少数人实现城市化

调查显示，当前流动人口在流入地平均居住时间已经超过 4 年，其中有

一半人在流入地居住时间超过了3年，未来打算在流入地长期居住的人数比例也超过了半数。与2010年相比，2014年流动人口子女在现居住地出生的比例上升了29.1个百分点，达到56.6%。相应地，在户籍地出生的比例明显下降。虽然大多数流动人口实现了职业的变化，也有强烈的意愿定居到打工所在地，但真正能融入城市的，只会是一小部分人，他们并没有因为职业的改变而改变社会身份。

流出人口难以城市化的重要阻碍因素是长期形成的城乡分割的二元结构难以在短时期内消除。二元结构的社会体系造成了城乡居民身份的差异，农村居民和城市居民分属于不同的社会体系，尽管大量的农村人口流动到城市，但身份上还是属于农民，即便是由于“村改居”等原因转变为城市户口，但依然有别于城市居民的身份，在融入城市的过程中还存在种种的制约和限制，二元结构的社会体系对人口的真正城市化有着很大的阻碍作用。

难以得到社会认可是流出人口难以城市化的又一阻碍因素。在政策层面，虽然有着各种鼓励农村人口融入城市的支持政策，但由于许多城市并没有真正从制度上提供农村流动人口融入城市社会的空间，城市社会自然也就拒绝把他们当作自己的成员来对待，无论在观念上，还是在具体行为中，总是把他们当成外来人口，并不是这个城市的一分子，从而对他们构成了一定的社会排斥。对应这种排斥，农村流动人口也更强化了对城市社会的距离感和陌生感，处于一种游离于城市和农村之间的生存状态。

身份固化也是流出人口难以城市化的阻碍因素。从职业上看，农村流动人口进城从事着各行各业的工作，并希望通过自己的努力增加收入改变自己的生存状态，尤其希望在社会地位上有所改变。但由于制度保障的缺失和城乡二元结构割裂的长期存在，身份和阶层的固化难以打破，农民工成为这一群体标签，从而使得其在社会地位的提高上面临各种制度排斥和社会排斥。

2. 流出人口返乡定居的可能性

返乡创业是农村劳动力转移的一个新动向。那些进城务工获得一定资金或者技术的农民工，在返回家乡后自主创业，开展各种经营活动，在不少地方成为越来越普遍的现象，但从茨沟营村的调研情况来看，虽然没有具体的数据统计，但真正返乡创业的人数少之又少，那些中途返乡的人员，多半是出于家庭原因或者暂时找不到工作，等到家庭问题解决或者就业形势好转，他们还是会选择出门打工。茨沟营村的旅游发展战略如果能够实现，也许会使部分外出人员返乡创业成为可能。值得注意的是，茨沟营村人口向县城或者乡（镇）集中的现象在逐步增多，在一定程度上契合农村人口向农村所在的县级市、建制镇与集镇转移，实现农村农民向城镇居民转变的城镇化战略。

总之，流出人口要融入城市，是一个社会秩序和社会结构不断变化且复杂的演进过程。从时间上来说，必须是长期的、分阶段的不断融合，不可能一步到位；从内容上来说，一般需要经历职业从农业到非农业的变化、居住地点从农村到城市的改变、教育水平的逐步提高、生活习惯的不断改变等，进而实现从职业流动到社会流动的转变。当前各地纷纷出台了户籍制度的改革措施，这仅仅是促进农民工融入城市的一个前提条件，而真正实现社会身份的转变，还需要从各个方面促进改革，比如就业体制、教育体制、社会保障体制、社会治理体制等。只有通过全方位的改革，建立促进农民工融入城市的体制平台，才能真正实现农村人口的社会流动和社会身份的转变。

（二）社会结构的变迁趋势

大批的农村人口外出，导致农村社会结构、社会关系和社会秩序的改变，农村不再是原来意义上的从事农业生产的农业人口聚集地，整个农村的价值观、生产生活方式、精神面貌等都发生了很大的变化，社会结构的变迁与重构也在进行中。

1. 社会结构更趋开放

农村人口的流动对农村人口原有的价值观产生了冲击，外出务工的农村居民受到一些新思想和新观念的熏陶，小农经济的观念逐步淡化，市场经济理念得以加强，生活观念从家本位的家庭伦理进入了个体化状态，对生活的追求不再局限于过日子，而是希望过更有质量和更加富足的生活。平等、竞争、自由、多元、个性等更加开放包容的思想观念在繁峙县的农村，包括偏远山村也正在逐步被接受。茨沟营村时常返乡的人，不仅把外面丰富多彩的发展变化信息带了回来，也把不同的生活方式和价值观念带回了农村，并逐步影响着村庄原有的文化认同和价值观念。

农村人口流动使村庄的传统生活方式更趋向现代化。农村的人口流动不仅表现在农村居民从农村向城镇的空间移动，也表现在生活方式从传统到现代的变化，是一种社会变迁的过程。比如，相对于外出打工经商以前，许多人在梳妆打扮、言谈举止、生活习惯、家庭装修装饰、生活设施配备等方面都发生了不小的变化，对城市生活方式的追求促使农村生活方式更趋向现代化。

2. 进一步走向衰落和凋敝

大量人口源源不断地从农村流向城市，带来的不仅仅是农民收入的增加和非农化的结构转变，其对农村固有社会秩序的冲击也更加明显。从茨沟营村的现象来看，村庄社会变迁的另一个趋势就是越来越多的村庄走向衰落。

从茨沟营村流动的主体来看，青壮年和精英人士是由农村流向城镇的主要人群，其直接影响就是村庄的空心化，老人、妇女和儿童成为如今农村中的主要常住人群。这种流动，是农村中较为优秀的资源单方面向城镇流动，无论从年龄、知识、技能还是资本、市场意识等各个方面来说，流出的往往比留下的更具有优势，农村社会得以发展的资源更加稀缺，从而影响当地农业生产的发展，并且使得各种社会负担直接或间接转嫁到未流动人口的身上，进而导致人口持续不断地外流，使许多农村呈现出凋敝的景象。在茨沟营村以及相邻的其他山村里，基本看不到年轻人的身影，因为无人居住而消失的自然村数量也在逐年增长。农村中缺乏有效的资源整合和投入机制，老人赡养、儿童教育、基础设施建设等问题都在人口流动的冲击下更为突出。

（三）人口变动的趋势

茨沟营村人口状况的一个鲜明特点是户籍人口远远多于常住人口，而且这种人口发展的趋势可能持续存在，进而影响茨沟营村的农业产业发展。

1. 常住人口变化趋势

随着孩子跟着父母打工外出和老年人自然死亡，很多新生儿随同外出的父母居住，常住人口数量有继续减少的趋势。这样的人口变化趋势，势必会对村里社会经济和农业产业发展，尤其是对土豆、小杂粮等旱作区农业产生不利影响，旱作区农田“谁来种”“怎么种”将成为问题。

2. 农村老龄化高于城镇的趋势

人口流动的一个重要影响结果就是农村地区和城市地区人口老龄化水平的差异，多数农村地区的人口老龄化水平高于城镇地区。这是由于随着城镇化的不断推进，更多的农村年轻人迁往城镇地区居住生活，缓解了城镇地区的人口老龄化趋势；反之，农村地区年轻人数量持续减少，人口老龄化水平自然上升。茨沟营村的老龄化程度已经高达16.15%。

七 思考与建议

茨沟营村山水优美，环境清新，数百年的村庄发展史，留下了各种传统建筑和人文景观；传统的村落布局，体现出与自然的和谐共融，形成了有利于生存发展的社会空间，营造出了一个富有诗意和哲思的精神家园；它的沧桑变迁，承载着传统村落乃至中国农耕社会在不同历史时期丰富的人文信息。但茨沟营村的现状也是当前中国农村走向凋敝的缩影：日渐减少的人口，荒芜废弃的院子，冷冷清清的村庄，一天一天走向衰落直至消亡。然而，这里却也是中国农村是否能够获得再次发展的试验田，其所拥有的自然禀赋，也许可以让茨沟营村迎来新的繁华。而这种繁华的到来，归根到底还是需要发展经济，需要让村民富起来，这样才能最终解决客观存在的社会问题。保护和开发历史文化资源与精准扶贫同步进行、相互促进，或许是一条可供选择之路。

（一）实施精准扶贫

茨沟营村的贫穷状况，决定了其必然成为精准扶贫的重点对象。扶贫开发攻坚贵在精准、重在精准，成败之举在于精准，要做到识真贫、扶真贫、真扶贫。针对茨沟营村，要做到国家制定的精准扶贫政策的贯彻执行。

扶持对象精准 对所有贫困户建档立案，将扶贫对象的识别、扶持、管理等制度化，并制定针对性的扶贫计划。

扶贫项目精准 扶贫项目的确立，必须要根据当地的实际，因地制宜，内容上可行有效，进度上与脱贫计划相结合，责任到人，确保脱贫效果直接到户。

资金使用精准 脱贫资金的使用，必须统筹安排，以村和户为单位，确定资金的使用目的和使用数量，让扶贫资金发挥最大效能。

扶贫措施精准 制定政策不能一刀切，要根据不同的扶贫对象的具体需求，因人而异，因地而异，根据致贫的不同原因制定不同的扶贫措施，从根本上解决贫困问题。

驻村帮扶精准 所有驻村扶贫工作队及其人员，要制定具体的扶贫目标和扶贫措施，分时分段完成任务，并根据所在地实际贫困户，划分责任范围，帮扶对象承包到户，确保每户贫困家庭都有对应的帮扶人员。

扶贫成效精准 对扶贫效果的评价，要逐步建立第三方评估机制，考核评价体系要做到科学精确，同时建立相应的奖惩机制。

（二）大力发展种植、养殖业

茨沟营村由于地处山区，林区面积较大，耕地较少，有种植核桃的传统。虽然其所产的核桃品种优良、口感绵香且营养价值较高，但多年来一直靠天吃饭，任由核桃树自生自灭，缺乏规模化效益。应大力扶持广大农民和新型经营主体发展核桃产业，大幅增加核桃种植面积，形成核桃生产的规模化。同时还可以引进资金，大力发展核桃精深加工，开发核桃油、核桃奶、核桃仁等食品，形成核桃加工产业链。

茨沟营村对于养殖业有着得天独厚的条件。茨沟营村坐落在青山绿水的怀抱中，拥有天然草场，各种植物繁多。村里虽然也有养羊、养猪和养鸡的，但都是家庭式饲养，规模小且杂乱。必须实现由粗放型、松散化、经验化的传统养殖模式向精细型、集约化、标准化的现代养殖模式转变，养殖方式由家庭养殖向规模化养殖转变。加大奶牛、肉牛、肉羊、猪、禽标准化规模养殖项目实施力度，以规模化、标准化养殖基地和饲草料生产加工基地建设为着力点，吸纳社会资本参与养殖合作社，促进集约式规模化养殖。

（三）保护和开发历史文化资源

作为“首批中国传统村落”，茨沟营村自然环境优美，四面环山，风景如画，气候宜人，南北是巍峨俊秀的高山，其间有幽深美丽的山谷。东西向有两条溪流，西去可以探寻其源头的神秘，东向可以欣赏其与大河的交汇。茨沟营村同时具有丰富的历史文化资源。主要有比较完整的明代内长城遗址、城门遗址、关帝庙、碧霞祠（俗称“奶奶庙”）、清代衙门遗址等，以及众多的古代民居。这些遗存，单独看上去并不引人注目，但如果是集中在一个古村落里，就是不同凡响的了。

要使茨沟营村的古村落品牌效应得以实现，当前亟须解决以下几个问题。一是道路、交通、通信、水利等公共基础设施条件需要改造升级。二是村庄建设和修复需要统一规划和管理，在研究历史的基础上对古建筑进行原貌修复，深入挖掘其历史文化价值。三是村庄内卫生和住宿条件需要大幅改善，如居住和养殖区域需要分别设置、景区道路需要规划建设等。四是需要引进专业的管理理念和经营团队，创新服务模式并对外大力宣传，吸引各方游客前来观光旅游。达到这些条件，首先需要雄厚的资金做后盾，同时也与政府的扶持、村民的发展意识和创业精神息息相关。

保护传统村落，关键是要让村民从被动保护转变为自觉保护。这个自觉过程既是村民作为自己村落家屋权利人地位确立的过程，也是村民物质生活改善和精神生活丰富的过程。在这个过程中，要让村民切切实实感受到，保护村落就是自家的事。

从长远角度看，发展农村旅游经济是欠发达地区农村寻求产业转型及经济发展的有效途径。建议繁峙县充分利用自身资源优势，因地制宜，在茨沟营村这样的小村庄积极发展乡村旅游产业，不仅可以实现村庄发展自救，还可以带动周边乃至县域经济产业链发展，早日实现脱贫、实现转型发展。

B.17

乡村振兴背景下加强山西农村党风廉政建设的路径探索

山西省社会科学院课题组*

摘　要：　面对乡村振兴的新形势，基层党建仍然存在一些不相适应的问题，农村党风廉政建设还有很大改善空间。本文就乡村振兴背景下如何加强农村党风廉政建设提出了建议。

关键词：　山西　乡村振兴　党风廉政

党的十九大首次提出“实现乡村振兴战略”，2018 年“中央一号文件”指出：“严厉整治惠农补贴、集体资产管理、土地征收等领域侵害农民利益的不正之风和腐败问题。”这些重要决策和决定给了我们一个重要信号，整治“农民身边腐败”是实现乡村振兴的重要突破口，以坚实有力的基层党风廉政建设推动乡村振兴，是提高群众对反腐败的获得感、社会治理的获得感的必要保障。党的十八大以来，以习近平总书记为核心的党中央以巨大的政治勇气和强烈的责任担当，推动党和国家事业发生历史性变革，反腐败斗争压倒性态势已经形成。但是，新形势下党风廉政建设和反腐败斗争也面临着新问题、新情况。近年来，一些村干部由村集体资产管理、土地征收、城中村改造、扶贫领域不正之风等问题引发的“雁过拔毛”式腐败时有发生，

* 课题组执笔：庞丽峰，山西省社会科学院马克思主义研究所所长，副研究员；课题组其他成员：王云，山西省社会科学院科研组织处处长；文丽红，山西省社会科学院马克思主义研究所实习研究员。

由村干部腐败问题引发的群众上访事件也是频繁出现，农村干部违纪违法问题依然严峻，贪污数额也是惊人。“千里之堤，溃于蚁穴”，农村基层频现的“小官大贪”问题不可小觑。在新时代背景下，如何及时掌握农村基层“微腐败”“微权力”的新动向，如何加强村级党组织的党风廉政建设，是当前摆在我们面前的一个重要课题。可以说，推进党风廉政建设和反腐败斗争一刻也不能停歇，必须坚持无禁区、全覆盖、零容忍，重遏制、强高压、长震慑，坚定不移惩治腐败。

一　党的十八大以来山西农村党风廉政建设的新态势与新成效

党的十八大以来，山西一度发生系统性塌方式腐败，成为区域政治生态严重恶化的集中表现。面临如此恶化的政治生态，省委、省政府审时度势，及时做出一系列高压反腐的重大部署，推动全省各方面建设和发展迈上新的征程，得到中央的充分肯定和全社会的高度认同，山西政治生态已经实现由“乱”转“治”，逐渐走向“大治”，农村基层党风廉政建设也取得了明显成效。

（一）农村基层党建工作氛围逐渐向好发展

农村基层党建工作良好氛围的形成，直接关系农村经济社会发展和民生的有效改善。党的十八大以来，山西省全面从严治党向基层延伸成效明显。一是高压反腐向基层延伸，群众身边的腐败问题有所遏制。“拍蝇”持续发力，改变了一度存在的“上面九级风浪，下面纹丝不动，中间波澜不惊”反腐败力度自上而下逐级减弱的问题。有数据显示：2016 年，全省惩治发生在群众身边的腐败问题，共查办农村基层组织人员职务犯罪 587 人，占案件总数的 33.2%。① 二是基层干部作风明显好转。基层公务接待的节俭风气

① 康凯丽：《2016 年山西省检察机关查处县处级以上干部要案 107 人》，《三晋都市报》2017 年 1 月 17 日。

基本形成，克服了过去“来的都是客，一个都不敢惹”的为难情绪。基层干部也反映，现在比过去接待任务明显减少，辗转于饭局的情况基本不见，更多的精力和时间可以用于专心工作。三是基层干部的规矩意识日益增强。作为腐败重灾区，山西经过大刀阔斧地反腐震慑，农村基层干部那种“山高皇帝远”侥幸心理在减弱，做事不讲规矩、霸道横行的行为有所遏制，党员干部知敬畏、守规矩意识逐渐增强。四是社会风气日益向好。课题组在调查问卷中问及“您认为十八大以来的持续高压反腐，您所在地人们的生活变化大吗?”时，有22.73%的人认为非常大，59.06%的人认为变化比较大。在走访中了解到基层干部公款吃喝所带来的享乐、奢侈、浪费等不良社会风气基本遏制。比如，一些村委不仅对党员干部办宴有严格要求，就连村民办宴也倡导节俭，干部作风的转变带动了社会民风民俗向好扭转。五是信访量逐渐下降，平稳可控。调研中了解到，过去有名的“上访县”，上访量和截访量明显减少。有关数据显示，2016年上半年，赴省城上访量为零，进京上访人数下降为往年的三成。①

（二）“两个责任”落地生根见实效

历经系统性、塌方式腐败的沉痛教训，省委、省纪委深刻认识到之所以产生如此严重的腐败问题，究其原因还是省委没有履行好党风廉政建设主体责任，纪委监督缺位。为此，省委、省纪委痛定思痛，把落实“两个责任”作为全面从严治党、净化政治生态的重中之重来抓。特别是经过“两学一做”“两提一创”等活动的洗礼，各级党组织和纪检监察组织的责任意识不断提升，“两个责任”“一岗双责”“一案双查”等逐步深入人心，自上而下的党风廉政建设和反腐败格局逐步形成。极大地改变了过去党风廉政建设“光喊口号不迈步”的现状。全省各级机关党组（党委）落实主体责任的保障机制已建立并完善：各级党委都从党风廉政建设和反腐败工作责任体系构

① 谢锐佳等:《不再花钱买平安，山西一个“上访县”是这样摘帽的》,《决策探索》2017年第1期。

建、责任内容细化、责任考核督察、责任追究入手，全面落实了管党治党责任，并层层落实到了村支部；初步形成以县（市、区）党委为龙头、乡（镇）党委为关键、村党支部为基础，县乡村落实全面从严治党主体责任“三级联动”正风肃纪、从严治党的大环境、大气候。

与此同时，着力推进监督执纪问责向基层延伸，把强化问责作为推进党风廉政建设和反腐败斗争的重要抓手，以“不落实的事”倒查“不落实的人”。特别是针对扶贫、城中村改造等领域出现的截留私分、贪污挪用、挥霍冒领等侵害群众利益的突出问题，不断创新办法加以整治。比如，山西省大同市建立扶贫项目监督工作台账，摸清全市贫困底数、涉及领域和部门、重点环节和人员，督促工作落到实处，以精准监督有效传导了责任和压力。调研中还了解到，一些乡（镇）结合农村实际情况，把“两个责任”延伸到村，开展村委干部述职述廉活动，一改过去对村委干部约束无章可循的窘状。总之，近年来，山西省以“谁来做”“做什么”“怎么做”为着力点，使基层党风廉政建设逐渐明朗化，“两个责任”落到实处，失责必问基本成为常态。

（三）科学的选人用人导向激发干事活力

全面从严治党永远在路上，能否选好用好干部，事关人心向背和地方经济发展。针对山西当前面临的主要矛盾和问题，省委、省政府带领全省人民在构建良好政治生态、推动经济稳步向好发展上发狠力、用狠劲，山西省第十一次党代会提出并实施“一个指引、两手硬”重大思路和要求，确立“巩固、深化、提高”的方针，在认真贯彻落实党中央管党治党决策部署的前提下，以较高的政治站位，谋划治晋理政方略。选人用人导向得到匡正，基层干部干事创业积极性有效激发，选人用人制度“笼子”越织越密。2017 年换届，全省共调整不适宜担任现职乡（镇）干部 56 名，其中正科级 9 名，副科级 47 名。[①] 近年来，省委组织部通过鲜明的选人用人导向，看重

---

① 范非等：《风劲扬帆正当时——山西干部队伍干事创业精气神是怎样“凝”成的》，《山西日报》2017 年 1 月 13 日。

实效、注重基层，一批批敢于吃苦、业绩突出的优秀草根干部被选入重要岗位。全省市县两级领导班子中有下一级党政正职经历的干部占到38.6%，乡（镇）领导班子具有两年以上乡（镇）工作经历的干部占到90.5%。[①]在村“两委”换届工作中，严格按照省委办公厅、省政府办公厅制定的《关于认真做好第十届村民委员会换届选举工作的意见》执行，明确提出符合十种情况的人员不宜被确定为村“两委”成员候选人。把“三有三带”（有理想信念和奉献精神能带来希望，有经济头脑和致富本领能带领发展，有良好品行和公道之心能带出和谐）作为村“两委”候选人资格和任职条件的重要内容。[②] 全省各地市在选人用人上也是结合实际各有特色。比如在长治，从市县领导、市直部门负责人到派驻贫困村的干部，一头“扎”到贫困农村，形成了自上而下一条龙服务体系；在大同，定期对基层干部进行业务培训，仅2017年一年，就对全市9个农业县（市、区）的农委领导、业务骨干、乡（镇）干部、村“两委”主要干部以及各级选派第一书记110多人进行了培训，这对提升基层干部素质、进一步做好“三农”工作夯实了基础；在临汾，自上而下形成了风清气正的传导作用，一位县委组织部长在谈到如何选人用人时说：“组织上怎样选我用我，我就怎样选人用人。考察干部不看关系不看背景，关键看你为党、为群众做了什么。”

（四）基层党组织学习教育制度化、常态化

近年来，山西省各地以开展“三严三实”“学习讨论落实”“两提一创”“学习党的十九大”等活动为契机，尤其是在“两学一做”活动开展以来，全省各级党组织结合“两学一做”活动，把学习贯彻《关于新形势下党内政治生活的若干准则》和《中国共产党党内监督条例》作为基层党风廉政建设的重要任务来抓，农村基层党组织建设更是成效明显。课题组在中

---

① 胡健、刘鑫焱：《风清气正好扬帆——山西构建良好政治生态促进干事创业纪实》，《人民日报》2017年5月3日。

② 裴芬芬：《山西严格把握村两委换届候选人、竞选人资格条件》，《山西日报》2014年10月20日。

阳县调研中发现，在认真开展“两学一做”学习教育活动中，多数“村两委”班子都能带头学习，坚持集中学习和个人自学相结合，“村两委”班子成员带头写学习笔记、心得体会，不断增强贯彻党的基本理论、基本路线、基本纲领的自觉性。一些农村党支部，由于农村党员外出打工人员较多，集中学习比较困难，因此采取微信、远程学习等形式，组织党员学习。农忙时节，还利用晚间休息时间，集中党员学习，并要求党员必须有记录，有心得，党员学习全程留痕。河曲县委要求通过“抓书记、书记抓”“抓基层、基层抓”的方法，及时通报“两学一做”和基层组织建设的突出问题和薄弱环节，切实解决党组织和党员“两个作用”发挥不够充分的问题，农村党支部软弱涣散的精神面貌有了明显改善。

（五）基层党组织管党治党作用发挥效果明显

党的基层组织是党在社会基层组织中的战斗堡垒，是党的全部工作和战斗力的基础。充分发挥基层党支部管党治党作用，是激活“神经末梢”，大力整治庸懒散拖、推诿扯皮、敷衍塞责及吃拿卡要甚至欺压群众等问题的关键。近年来，在反腐高压下，全省基层党风廉政建设也在不断加强，群众身边的腐败问题逐年减少。基层党组织的作用不断凸显。截至 2017 年底，山西孝义市完成了 17 个派驻乡（镇、街道）监察试点工作，实现了对行使公权力人员监督的全覆盖，其中包括对农村干部权力的监督，填补了农村公共权力无人监督的空白。在改革过程中，孝义市突出党的领导、人员转隶融合、“纪法”“法法”顺畅衔接等创新做法受到上级党委、纪委的特别关注和高度肯定，监察体制改革的“孝义改革样板”已成为吕梁乃至山西监察体制改革的一张名片。大同市把发展壮大集体经济作为脱贫攻坚突破点，大力实施村级集体经济“破零行动”，主要采取了集中流转、合理经营、借助优势、服务增值、开发创收、政策推动、特色产业和优势互补八种办法精准发力。在组织部门的推动下，目前全市有 800 多名领导干部直接参与“破零行动”。而县乡两级党委也制定出年度“破零计划”110 个。同时，857 名省、市、县三级“第一书记”已落实扶贫项目 468 个，落实扶贫资金

2300多万元，65个村集体经济实现“破零”。[①] 毋庸置疑，这些成绩的取得，与党风廉政建设的深入推进和农村基层党组织作用的充分发挥是分不开的。

二　当前基层党风廉政建设存在的问题

党的十九大提出的“乡村振兴战略”是以习近平为核心的党中央在总结改革开放实践经验的基础上，契合新时期新形势，并为解决新问题尤其是化解乡村社会发展中的突出矛盾、满足农村对美好生活向往的需要而提出的重大战略举措。随着《监察法》的实施，乡村权力监督这个空白地带将被无死角全覆盖。但是，面对农村庞大的人群、复杂的乡土环境，一些深层次的矛盾和问题一时难以解决。

（一）基层党建创新不能主动适应群众需求

党的十八大以来，党中央高度重视农村基层党建工作，习近平总书记对此多次做出明确指示，强调党的工作最坚实的力量支撑在基层，最突出的矛盾和问题也在基层，必须把抓基层打基础作为长远之计和固本之举。[②] 但是，基层党建创新不够，还不能适应群众需求。一是一些基层党组织推动发展意识不强，尤其是一些发展较为落后的村级党组织，党建工作相对薄弱，引领带动村集体经济发展能力不强。二是一些基层党组织的服务意识不强。解决群众所想、所需的思虑不周，引导村民学习新技术、发展新产业的办法不多、能力不足。三是部分农村党员干部仍处于“老方法不管用、新办法不会用”的尴尬状态，对于解决群众利益诉求、协调处理利益关系、化解复杂矛盾纠纷能力不足、办法不多。一些农村党组织看似点子多、套路多，但由于缺乏科学性和适用性，只是成为工作中刻意制造的“亮点”而已，

---

① 赵志成：《坚持“一个指引、两手硬”以优异成绩迎接省第十一次党代会　大同基层党建与脱贫攻坚同频共振》，《山西日报》2016年9月19日。

② 郑万春：《如何加强基层党组织建设》，《学习时报》2016年9月19日。

追求的是轰动效应和政绩效应，忽视了农村基层党建创新的连续性和稳定性。导致上述问题的主观原因是，部分村“两委”干部年龄偏大、学历偏低，在党建工作中只能依靠村里年轻人以“花拳绣腿”的形式应付上级检查；客观原因是党员外出务工者较多，使一些社会组织缺少得力的党员参与管理，服务群众的措施不够，党员对党建活动的需求难以满足。

（二）党员队伍素质亟待提升

山西省农村党员队伍结构普遍存在“两低一高”的现象，即学历低、素质能力低，年龄高。例如，某县有 4789 名村居党员，60 岁及以上的占到 30%，初中及以下文化程度的占到 70.1%。大部分农村党员没有一技之长，常年以务农、打工为生，在村里很难发挥带动村民致富的模范带头作用。同时，受当前环境影响，部分党员信仰缺失、道德滑坡，党员的先锋模范作用不明显，有少数党员觉悟还不如普通群众。在回答“您认为身边党员能否发挥先锋模范带头作用?”问题时，有 14.77% 的人回答“和普通群众一样，发挥作用不明显”；有 10.23% 的人回答“落后于群众，有损党员形象”。一些人入党动机不纯，把入党作为当官发财的入场券、敲门砖；一些人对党的认识模糊，入党后不知党员的责任和义务；一些人入党后思想有了懈怠，认为有这张“党票”，工作能应付过去就行。一些村干部没有从根本上认识到党风廉政建设的重要性、复杂性、长期性和艰巨性，认为自己不是国家干部，以权谋私行为和不规范执法行为时有发生。还有一些村干部多多少少存在面子思想作怪、好人思想作祟的问题，对党风廉政建设中存在的问题不敢揭丑亮短，对违法违纪的人员不敢抓、不敢管、无担当。同时，一些村干部在主观上仍然认为农村党风廉政可松可紧，可有可无。一些党员素质不高也是导致这些问题发生的主要原因之一。

（三）个别农村基层党组织威信有下降趋势

受环境、资源的影响，一些边远山区农村经济十分落后，村集体收入有减无增，而刚性支出有增无减。村级党组织带领群众致富的效果不明显，群

众关心的热点难点问题不能及时解决，导致落后村庄的集体经济发展越来越弱，村债务“雪上加霜”，由此导致村党组织在群众心目中的形象受损。面对乡村振兴的新形势，部分农村党员干部还没有充分的思想准备，缺乏“懂农业、爱农村、爱农民”的致富能力，带领群众发家致富、实现乡村振兴战略的思路和方法有待创新，严重影响了党组织在群众中的威信。还有部分交叉任职的村干部过多地把时间和精力放在村委会的事务上，忽视了党组织建设，致使党组织作用有所削弱。另外，个别村干部工作积极性不高。由于工资待遇偏低，政治出路无保障，在工作中难免出现负面情绪，不仅影响了工作的开展，也在一定程度上影响了党组织的威信。

三 乡村振兴背景下推进基层党风廉政建设工作的几点建议

党的十八大以来，以高压反腐为突破，在全面从严治党各项工作中取得的阶段性成绩，给基层干部群众以信心。在调研中，当问及“推进全面从严治党有信心吗”的问题时，有56%的人回答“充满信心”，25%的人回答“有一些担心”，9%的人回答“不一定能坚持下去”，10%的人回答“不清楚”。这一方面说明基层党风廉政工作成绩得到了群众认可，另一方面也说明基层党风廉政建设工作还有改善空间，需要坚持问题导向不断推进基层党风廉政建设。

（一）以学习教育为基础，深入推进基层党风廉政教育常态化

各级党委始终把党风廉政教育作为一项经常性的基础性工作来抓，不断强化党员干部和群众的廉洁自律意识。采取多样化的形式开展廉政教育。一是加大农村党员教育培训力度。落实党员教育培训的领导责任，主管部门要积极构建适合农村党员的培训体系。建立健全农村党员教育培训联席会议制度，定期研究和解决重大问题。二是突出党校教育主阵地。将农村基层党建课题纳入省、市、县党校干部培训的内容，要加大农村党建的培训力度，形

成各级领导干部重视、熟悉、了解基层党建的教育机制。三是实现“互联网+远程教育”全覆盖。依托电视、广播、网络、手机、报刊等平台，多渠道、全方位加强农村基层党员教育。四是推行“菜单式”培训模式，让农村党员按需选择培训，增强教育培训的针对性。把党组织的要求与党员自身的需求有机结合起来，做到“缺什么，补什么；用什么，学什么”，做到按需施教。

（二）以制度规范为重点，确保党风廉政建设工作规范有效开展

依法依规推进全面从严治党，必须将法规制度摆在前面，提高制度执行力，将权力关进制度的笼子里。加强基层党风廉政建设，制度是关键。在调研问卷中，当问及“您认为当前推进全面从严治党首先从哪一方面发力”的问题时，有32.95%的人回答“提高制度执行力”，占比最高。这足以说明规范制度的重要性。

1. 将增强党规党纪执行力及党建工作制度的执行力纳入“两个责任”体系

落实好各级党委的主体责任，制定明确的执纪问责制度，加大对基层干部不作为、不愿为的惩处力度；充分发挥基层党员领导干部的模范带头作用，让群众切实感受到党员干部时时严于律己、处处以身作则、事事率先垂范的先锋作用；各级纪律监察委员会要对农村基层党组织建设工作和作用发挥情况进行定期检查、专项督察，对工作不到位、成效不明显的村级党组织下发催办或整改通知，督促抓好落实整改；对问题严重或不重视整改的村党组织或村支部书记，进行诫勉谈话，并将督察情况在一定范围内进行通报，不断增强基层党组织抓党建工作的责任感和紧迫感；完善农村基层党建考核评价制度，科学设置考核内容、指标及程序，年度考核和日常考核、综合考核相结合，奖惩有度，为想干事、能干事的基层干部提供良好的干事创业环境。

2. 完善流动党员管理制度，强化基层党组织凝聚力

建立流动党员信息定期核查制度，根据情况变化，定期调整更新有关信息，及时了解流动党员变化情况。加大非公有制经济组织党建工作力度，采取乡企联建、村企联建、企企联建等方式，成立企业联合党支部，管理分散

于各个企业中的农村流动党员。在外出党员比较集中的地方，建立流动党小组。建立流动党员诫勉制度，对不履行党员义务，长期不参加党的组织生活，不起作用的流动党员，进行诫勉谈话。建立定期巡访制度，党组织要定期派出党员干部进行巡访，及时了解和掌握农村党员的思想动态，以灵活的方式安排好他们的学习和工作，为他们排忧解难，让他们充分感受党组织的温暖。

3. 形成常态化整顿机制，持续整顿软弱涣散党组织

对村务管理不规范、矛盾比较突出的村庄要加强管理；对干扰村务正常运行的宗族势力、黑恶势力，要依法严厉查处；对村组织相对薄弱的村庄，要派专门工作组或“第一书记”进驻帮助加强组织建设；加强农村基层法治宣传教育，让法治观念走进群众生活现实，帮助群众树立法律观念，让群众主动参与“村霸”、黑恶势力问题的治理。

（三）以创建“党员品牌”为着力点，扩大基层党组织的影响力

党员素质决定党组织的战斗力，决定乡村振兴战略的顺利实施。一是把农村党员队伍发展好。坚持侧重在致富能手、科技示范户、返乡成功人士、外出创业人员和退伍军人中发展党员。发展党员既要慎重，又要积极，严格按照党章规定的标准发展党员，真正把有能力、有办法，能带领村民致富的优秀村民吸收到党组织，为村党组织补充新鲜健康的血液。二是把“党员品牌”擦亮。比如，把党员培养成“种养能手”“土专家”“农村经纪人”等农业实用人才，带动群众共同致富，共创“党员品牌”。同时，采取“请进来”“走出去”“传帮带”等多种方法，提高农村致富带头人队伍的内在素养和致富本领。三是发挥优秀党员示范带动作用，积极组织动员甘于奉献、先富起来的党员深入开展帮困“一帮一”结对子活动，帮助和带领贫困户发展种养殖及设施农业等“短平快”项目，为贫困户提供技术、信息等方面的服务，使其尽快脱贫致富，带动群众共同致富。

（四）以选好人用好人为主导，激发农村基层党组织活力

村干部是实现乡村战略振兴的实践者和推动者。振兴乡村能不能在广大

农村得到全面贯彻落实，有没有一个好的思路，村干部起着举足轻重的作用。因此，强化培养村级后备干部的职责，下大力气解决好选人用人问题，培养一批素质高、能力强的村级干部至关重要。一是选拔一批思想进步，有开拓精神的大学生“村官”担任村干部，为乡村振兴增添活力和动力。二是从机关选派优秀干部任“第一书记”，解决农村党组织软弱涣散问题。“第一书记”作为村级党组织建设的组织者、群众脱贫致富奔小康的领路者、实现乡村振兴的推动者，必须要扛起责任、提起“精气神”，着力发挥“尖刀兵”关键作用。三是对储备干部实行动态管理。乡镇党委在考察后备干部过程中，要充分听取民意，根据民主评议结果对后备干部实行科学化管理，及时发现有能力、善作为的后备干部。四是着力解决偏远山区村干部老化问题，加大培养80后、90后农民党员干部力度。

（五）纪检监督向村级延伸，推动乡村小微权力规范运行

监察体制改革向基层延伸，实现对所有行使公共权力的公职人员无死角监督的全覆盖，是打通党风廉政建设“最后一公里”、确保实现乡村振兴战略的重要保障。各级党组织必须在监督执纪问责过程中，把乡村权力纳入其中，全面启动农村巡查工作，重点聚焦村级党组织以及村班子成员全面从严治党情况，及时发现和查纠发生在群众身边的腐败问题和不正之风，解决群众反映强烈的其他问题。一是厘清基层小微权力清单，解决群众反映强烈的“微腐败”问题。聚焦基层腐败易发多发领域和扶贫攻坚政策落实的重点部位，厘清基层站所涉及的低保申办、危房改造、救灾救济、土地流转、集体“三资”管理等内容，列出权力运行依据、规范界限、办理主体、办理程序、办理时限以及廉洁风险点等，让农村干部知道必须做什么、不能做什么、应该做什么，推动“小微权力”廉洁运行，提升人民群众获得感。二是构建自上而下的监督体系，让权力监督无死角无盲区。农村治理事务繁杂，小微权力点多面广，每一项都直接关系群众切身利益。构建上级监督、村监会监督、群众监督、媒体监督四位一体的监督体系，强化权力监督，盯紧重要领域、关键环节、重点人群，形成压力传导，倒逼责任落实，使

“小微权力”规范运行。三是推动问责常态化。加大农村基层案件查办力度，查处重大涉农惠农影响恶劣的腐败案件，比如截留、挪用、侵占、贪污支农资金、征地补偿款、扶贫款等资金案件。通过案件查处，堵塞制度上的漏洞。加大对农村党风廉政建设第一责任人的追究力度，使农村党风廉政建设的责任真正落实到每一个党员干部身上，增强狠抓“微腐败”的威慑力。以问责促廉洁、促落实、促发展。

总之，扎实推进农村党风廉政建设，强化农村基层党组织领导核心地位，无死角、全方位监督农村“小微权力”，是治理“微腐败”，遏制群众身边不正之风和腐败问题的重中之重，是不断增强群众幸福感和获得感、实施乡村振兴战略的重要保障。

参考文献

毛宽海：《十八大以来中国共产党党风廉政建设研究》，《哈尔滨学院学报》2017 年第 7 期。

林栋等：《全面从严治党背景下农村党风廉政建设研究》，《法制与社会》2017 年第 10 期。

宋喆、史献芝：《基层党组织党风廉政建设：解读与建构》，《理论探索》2014 年第 1 期。

孙大伟：《加强基层党建，引领乡村振兴》，《紫光阁》2018 年第 1 期。

刘昭媛：《党风建设向基层延伸的途径及方法研究》，《化工管理》2017 年第 5 期。

陈建平等：《农村基层小微权力腐败的发生机理与治理路径研究》，《河南社会科学》2016 年第 5 期。

B.18

新时代安徽经济后发赶超研究

吕连生*

摘　要： 安徽省是我国正加快崛起的经济欠发达省份，仍处在工业化的中期阶段。目前的安徽，站在从量变到质变、脱颖而出的新起点上。安徽要在中部崛起中闯出新路、冲刺全国第一方阵，关键是把实现的路径确定好。在创新的新时代，安徽的赶超就是要贯彻“五大发展理念”，注重从“数量追赶”转向“质量追赶”，依靠科技创新的支撑引领，实现安徽的后发赶超。

关键词： 安徽经济　皖江城市带　中原经济区淮河生态经济带

一　对安徽经济发展状态的基本认识

安徽既是中部地区省份，同时又是长三角地区省份，在全国具有独特的过渡地带区位特征。从工业化发展水平上看，安徽仍处于工业化中期，而长三角地区的沪苏浙早已处于工业化后期。笔者对安徽省情省力的基本判断是，安徽的经济发展条件在全国居中偏上，经济总量在全国居中，经济发展水平在全国居中偏下，是我国正加快崛起的经济欠发达省份。

（一）对安徽工业化发展水平的认识

根据钱纳里的工业化模型，以人均 GDP、产业结构、就业结构和城市

---

* 吕连生，安徽省社会科学院经济研究所所长，研究员，主要研究方向为区域经济及发展战略。

化率为依据，工业化可分为初期、中期、后期三大发展阶段。联合国经合组织2005年提出的实现工业化的最新标准是：人均GDP为7500美元，三次产业结构为第一产业在10%以下、第三产业超过第二产业；三次产业的就业结构也是第一产业在10%以下、第三产业超过第二产业，城市化率超过75%。按照这个标准，工业化初、中、后期三个发展阶段的判断指标可列为表1。

表1　钱纳里模型的工业化发展阶段划分（2005年标准）

指标	实现标准	工业化初期	工业化中期	工业化后期
人均GDP(美元)	>7500	<1500	1500~6000	6000~7500
产业结构(%)	一产<10，三产>二产	一产>30，二产<三产	一产10~30，二产>三产	一产<10，三产>二产
就业结构(%)	同上	同上	同上	同上
城市化率(%)	>75	<20	20~55	>55

2016年，全国人均GDP为7232美元，安徽省人均GDP为5300美元。[①]加上当年的产业结构、就业结构和城市化率三个方面的数据，与钱纳里的工业化模型对比可以看出，全国工业化已进入后期阶段，安徽工业化滞后于全国，进入中期阶段的后半期（见表2）。

表2　2016年全国、安徽工业化发展阶段比较

单位：美元，%

	人均GDP	一二三产业结构	一二三产业就业结构	城市化率	工业化阶段
全国	7232	8.6∶39.8∶51.6	27.7∶28.8∶43.5	57.35	后期阶段
安徽	5300	10.6∶48.1∶41.3	31.7∶28.6∶39.7	51.99	中期后半阶段

资料来源：国家统计局，《中国统计年鉴（2017）》，中国统计出版社，2017；安徽统计局，《安徽统计年鉴（2017）》，中国统计出版社，2017。

① 根据2005年美元兑人民币汇率计算。

我国及各地区的工业化水平是逐年提高的。根据联合国经合组织提出的工业化实现标准，对人均GDP、产业结构、就业结构和城市化率四项指标折算成实现程度并进行加权处理，可计算出2010年和2016年，全国、安徽工业化实现程度的变化情况（见表3）。

表3 2010年和2016年全国、安徽工业化实现程度变化比较

单位：%，个百分点

地区	2010年	2016年	变化
全国	54.0	81.5	提升27.5
安徽	42.0	57.8	提升15.8
与全国差距	低12	低23.7	少提升11.7

由表3可见，2010年和2016年相比，全国工业化实现程度提升最快，年均达4.58个百分点；安徽年均达2.63个百分点。这种变化表明了党的十九大做出我国发展不平衡和不充分的判断十分正确。

（二）对安徽省情省力的认识

衡量一个省份的省情省力状况，不只是看某项指标的绝对值，更重要的是看某项指标的相对值。因此，省情省力状态可从经济发展条件、经济总量和经济发展水平三个层面进行判断。

1. 安徽发展条件处于全国中上水平

经济发展条件主要包括自然资源、人力资源、资金资源、交通区位条件等。就自然资源而言，据中国人民大学课题组1993年对全国各省份的土地、淡水、矿产、能源四大战略资源禀赋人均拥有量综合指数的研究，安徽居全国第14位，这个位次至今没有新的变化。

就人力资源而言，2015年安徽劳动力总量为4342.1万人，居全国第8位。就资金资源而言，2015年安徽存款余额为34482.9亿元，居全国第14位；贷款余额为25489.1亿元，居全国第13位；固定资产投资总额为23965.6亿元，居全国第10位。就交通区位条件而言，安徽近海沿江、南北过渡，“公铁水”密度均居全国前10位，合肥市是全国14个区域性综合交通枢纽之一。这些指标值及在全国排名表明安徽的经济发展条件在全国居中偏上。

2. 安徽经济总量处于全国中等水平

2015年，安徽GDP为22005.6亿元，居全国第14位；进出口总额为488.08亿美元，居全国第14位；社会消费品零售总额为8908亿元，居全国第15位；地方一般预算收入为2454.3亿元，居全国第16位。此外，还有20多种主要工农业产品产量居全国前10位，其中家用洗衣机、家用电冰箱总产量居全国第1位。这些数据表明，安徽的经济总量在全国居中。

3. 安徽经济发展水平在全国居中偏下

2015年，安徽人均GDP为35996.6元，居全国第25位，只相当于全国平均水平的72.0%，居民人均可支配收入为18362.6元，居全国第18位，相当于全国平均水平的83.59%，其中，城镇常住居民人均可支配收入为26936元，居全国第14位，相当于全国平均水平的86.4%；农村常住居民人均可支配收入为10821元，居全国第18位，相当于全国平均水平的94.7%。人均收入的数据大体与西部地区人均水平相当，说明安徽经济发展水平在全国居中偏下。

改革开放近40年，安徽的省情省力虽然发生了巨大变化，GDP从1985年的331.4亿元增加到2015年的22005.6亿元，年均增长9.4%，特别是2002年以后加快了发展速度，但由于全国各省份同样处于快速发展状态，安徽经济的发展条件、经济总量和发展水平在全国的位次并没有得到改变，全省人均收入水平与全国平均水平不仅有较大的差距，而且差距在总体上还处于只增加不缩小的状态。例如，1978年安徽在全国率先发起的农业大包干加快了全省的经济发展，居民收入水平也较快提高，1986年是农业大包干效益释放最好的一年，当年全省人均GDP达到698元，相当于全国平均水平的72.5%，是自20世纪60年代以后，安徽人均GDP相当于全国平均水平最高的一年，但在30余年后的2015年，安徽人均GDP虽达到35996.6

元，相当于全国平均水平的72.0%，差距反倒比1986年扩大了0.5个百分点。2005年以后，安徽人均地区生产总值与全国平均水平的差距在缩小，2013年是差距最小的一年，当年全省人均GDP为32000元，相当于全国平均水平的73.9%，但在2014年以后差距又开始扩大，这需要引起地方政府高度的重视。

总之，安徽省情省力的三个基本特征表明，安徽的经济发展条件在全国居中偏上，但经济发展水平却在全国居中偏下，发展水平与条件不对称说明安徽仍然是我国的经济欠发达省份，在经济方面还有很多弱项和问题，如长期以来安徽人思想理念偏于保守，决策层的战略多变而缺乏连续性，产业结构调整缓慢，区域布局分散等。此外，经济发展水平与发展条件的不对称，恰恰说明安徽经济还有很大的发展潜力，积蓄着相当的后发优势，目前已进入后发优势释放期，有可能把发展水平提高到与发展条件相同的位次，逐年缩小人均收入与全国平均水平的差距，走在全国省份方阵的前列。研究安徽加快崛起、重返全国省份第一方阵，符合安徽省全体人民的根本利益。

二　安徽后发赶超加快崛起的可能性

（一）习近平总书记对安徽的把脉定向

2016年4月，习近平总书记视察安徽并发表重要讲话，期望安徽省努力在中部崛起中闯出新路。此后，安徽省委、省政府召开“全省深入贯彻落实习近平总书记视察安徽重要讲话推进大会”。进一步深化思想认识、明确目标任务、凝聚各方力量、鼓足发展干劲，奋力在中部崛起中闯出新路，坚定地向全国第一方阵冲刺，为打造创新型“三个强省”、全面建成小康社会、实现中华民族伟大复兴中国梦而努力奋斗。安徽省委、省政府在深入思考、反复研究，充分听取各方面意见的基础上，制定了《关于深入贯彻落实习近平总书记视察安徽重要讲话奋力在中部崛起中闯出新路的意见》，其核心点就是安徽省如何在中部崛起中闯出新路，坚定地向全国第一方阵冲刺。安徽省党的第十次代表大会提出了安徽加快崛起、重返全国省份第一方阵的战略目标，这正是安徽未来5～10年的战略任务。为实现战略目标，2016年11月30日，中共安徽省委、安徽省人民政府正式印发《〈安徽省五大发展行动计划〉的通知》。

安徽提出“奋力在中部崛起中闯出新路，坚定地向全国第一方阵冲刺”。口号的提出是经过深思熟虑的。安徽省经过长期建设和积累，2017年经济总量达到27518.7亿元，规模以上工业增长、财政收入、固定资产投资、城乡居民收入等主要指标增幅好于全国、领先中部，经济社会发展已有坚实基础，未来发展还有巨大潜力。习总书记在安徽视察时曾说：“安徽现在的基础确实是‘三日不见当刮目相看’，对安徽的评价要提升一个档次，星级要往上调一调。”这为安徽发展树立了更高标杆，核心要求是希望安徽发展得更好更快。

（二）2017年安徽经济发展实绩与发展趋势

2017年，面对错综复杂的宏观经济形势，安徽以五大发展行动计划为总抓手，着力推进供给侧结构性改革，适度扩大总需求，较好地完成稳增长、促改革、调结构、惠民生、防风险各项任务，全省经济保持中高速增长，经济增速快于全国、位次靠前。全年GDP增长8.5%，增速比全国高1.6个百分点，居全国第6位。在主要指标中，规模以上工业增加值增长9%，比全国高2.4个百分点，居第6位；固定资产投资增长11%，比全国高3.8个百分点，居第11位；社会消费品零售总额增长11.9%，比全国高1.7个百分点，居第6位；进出口总额增长20.8%，比全国高9.4个百分点，居第6位；年末金融机构人民币贷款余额增长14.2%，比全国高1.5个百分点，居第10位。

从国家层面看，中部崛起是促进“东中一体”、化解中国区域不平衡不协调问题的战略举措。安徽后发赶超，将成为“东中一体”的先导区、发展极，提升全国发展的整体效能。随着工业化、城镇化的持续推进，安徽省发展已形成以下特征与趋向：一是在全国区域发展战略地位的变化。直到21世纪初，安徽全省都没有进入国家战略层面，直到2006年中共中央国务院发布《关于促进中部崛起的若干意见》，全国才形成东、中、西和东北四大板块的区域总体战略，安徽才进入国家区域总体战略布局。“十二五”以后，皖江、皖北、皖南与皖西地区也分别上升到国家区域战略层面。先是皖江城市带于2010年成为国家级的承接产业转移示范区，建设期已延长至2020年，皖江城市带建设的重大意义是促成了安徽省融入长三角，2011年安徽省成为长三角的成员。皖北地区6市于2012年进入中原经济区，2016年作为淮河生态经济带的组成部分，进入国家《淮河生态经济带发展战略规划》的覆盖范围。2014年，国务院批准的《皖南国际文化旅游示范区规划纲要》和2015年国务院批复的《大别山革命老区振兴发展规划》，使皖南与皖西地区也进入国家战略层面。特别是2011年7月国务院批准撤销地级巢湖市，成立县级巢湖市的行政区划调整，扩大了合肥、芜湖、马鞍山三市的发展空间，使合肥市成为长三角城市群的副中心，进而促进合肥、芜湖、马鞍山等8市成为长三角城市群的成员城市。目前，安徽实现了区域发展国家战略的全覆盖。二是区域经济增长动力转化。2017年，安徽科技创新水平在提升，年末全省有各类专业技术人员228.4万人，比上年增长1.7%。全年用于研究与试验发展（R&D）经费支出542亿元，增长14.1%，占全省GDP的1.97%。全年登记科技成果377项，授权专利58213件。输出技术合同成交额249.6亿元，增长14.8%；吸纳技术合同成交额270.7亿元，增长34.2%。在规模以上工业中，战略性新兴产业产值增长21.4%，比上年加快5个百分点，产值占规模以上工业产值的比重由上年的23.3%提高到24.7%。新业态快速发展。全年限额以上网上商品零售额增长39.4%；快递业务量增长25.3%、业务收入增长26.9%。全年太阳能电池产量增长38.9%，工业机器人增长33.2%，新能源汽车增长38.5%，光纤增长34.3%，光缆增长58.2%。预计未来的10年，区域经济增长动力将会持续转化，经济发展的新动能会加快成长。

三　科技创新是安徽后发赶超的根本保证

安徽后发赶超关键在于增长路径的选择。习近平总书记视察安徽时曾指出：“下好创新先手棋，塑造更多依靠创新驱动的引领型发展。”[①] 新时代安徽的赶超就是要把创新摆在突出位置，变中求新、新中求进、进中求突破，注重从“数量追赶”转向“质量追赶”；培育新动能，注重从“要素驱动”转向“创新驱动”；壮大新产业，注重从“中低端”转向“中高端”。

（一）后发优势理论对安徽实现赶超的启示

后发优势理论认为，后进国家或地区在技术进步方式上具有后发优势，即后进国家或地区可以通过低成本引进先进国家或地区的先进技术以缩短发展进程。在世界进入新一轮技术革命和工业革命的时代，后进国家或地区要实现后发赶超，既面临很多机遇，也面临更多挑战，需要下好技术创新先手棋。近五年来的实践也证明，在新常态下我国中西部的后发地区只要能抢抓机遇，厚植和发挥后发优势，也能够实现后发赶超、加快崛起。

安徽省是我国中部地区具有代表性省份，是我国实施中部崛起战略的桥头堡，是承接沿海发达地区的经济辐射、连接西部地区大开发的前沿地带，经济发展的战略意义十分显著。2014 年以来，在新常态经济的大背景下，安徽经济下行压力加大，与回稳动力相持，投资增速放缓，市场消费增幅回落，且随着资源环境硬约束日益强化，要素成本持续上升，传统增长动力不断减弱，发展的空间进一步收窄，新兴产业仍在持续孕育发展中。然而，在当前情况下，安徽拥有多种后发优势，如人口及劳动力资源的后发优势、区位及综合交通的后发优势、自然资源的后发优势、技术创新的后发优势及制度建设的后发优势等。特别是安徽近年来技术创新的后发优势在持续增长，

① 朱思雄、韩俊杰：《李国英：下好先手棋打造发展新引擎》，《人民日报》2018 年 3 月 18 日。

科技创新的支撑引领将成为安徽后发赶超的根本保证。安徽正在积极建设合肥综合性国家科学中心，这个中心将聚焦信息、能源、健康、环境四大领域开展多学科交叉研究，催生变革性技术和新兴产业，其目标是成为国家创新体系的基础平台、科学研究的制高点、经济发展的原动力、创新驱动发展的先行区。安徽在自主创新方面具有领跑的潜力。

（二）厚植安徽崛起的科技创新优势

1. 着力培育转型升级新动能的现实意义

围绕新一轮科技产业革命的孕育，为了抢占先机和赢得新优势，国内各省份之间的科技创新和新兴产业竞争也愈演愈烈，对于创新资源、创新组织的争夺，对于创新方式、创新体制的改革，都表现出争先恐后的态势。把科技产业创新作为构建世界经济新模式的引领，视科技创新竞争为比获得自然资源、市场份额的竞争更加重要的竞争。当前，颠覆性的技术创新往往会催生制造业产业格局的根本性变革，安徽省要充分利用在量子通信等前沿科技创新领域的先发优势，更加注重原始创新，培育一批领跑性产业。

2. 积极推进科技强省建设

2016 年 8 月国务院正式批复《安徽省系统推进全面创新改革试验方案》，提出分四步来完成预期目标，第一步：到 2018 年形成一批可复制可推广的改革试验成果；第二步，到 2020 年基本建成综合性国家科学中心和产业创新中心；第三步，到 2025 年建成有重要影响力的综合性国家科学中心和产业创新中心；第四步，到 2030 年建成科技强省，在全国发挥示范带动作用。为了实现建成科技强省的目标，安徽将聚焦有重大牵引作用的改革，破解制约创新驱动发展的突出矛盾，充分调动各创新主体的积极性，将创新资源优势转化为经济优势和产业优势，力争在量子信息、热核聚变、稳态强磁场、铁基超导等前沿颠覆性技术领域率先取得突破。

3. 构建产学研深度融合的新技术体系

建设制造业创新中心，面向量子通信、智能语音、工业机器人、3D 打印、生物医药和半导体等领域，突破一批产业发展关键共性技术、现代工程技术，催生一批面向未来的前沿引领技术，建设一批省级企业技术中心，组建一批产业创新联盟，培育一批省级制造业创新中心，为安徽经济的“质量赶超”创造技术基础条件。大力发展“互联网＋研发”“设计＋用户”等创新模式；完善产业链、创新链、资金链相融合的创新生态系统，培育一批创新能力强的领头企业；创建一批制造业“双创”平台和第三方服务平台，把各类企业技术中心、创新中心打造成为科技资源的汇聚区、研发设计的策源地。推动产学研深度融合，组织开展高校、科研院所进企业进园区、企业进高校进科研机构“双向进入”活动，促进一批重大科技成果转化产业化，提升科技供给的数量和质量。

4. 打造高端引领的新产业体系

在现有两批安徽省级战略性新兴产业发展集聚基地的基础上，坚持“龙头＋配套”“基金＋基地”，打造具有国际影响力的集成电路、新型显示器、工业机器人、新能源汽车、高端装备、智能家电等先进制造业集群。按照“发展智能产业，拓展智能生活”要求，实施数字经济工程，围绕智慧产业化、产业智慧化，坚持研发攻关、产品应用和产业培育“三位一体”推进，继续深化部省合作，加快把“中国声谷”打造成为全国重要的人工智能产业发展先行区和智慧产业新高地。大力实施“皖芯计划”“皖企登云计划”，加快发展智能芯片、智能终端等制造业，促进汽车电子、智能传感及物联网等产业创新发展，支持千家以上企业与云资源深度对接。按照“运用新技术、新业态、新模式，大力改造提升传统产业”要求，高起点、大规模持续推进新一轮技术改造，大力改造提升冶金、化工、建材、纺织和食品加工五大传统优势产业，实现规模以上企业技术改造全覆盖。

参考文献

《国家创新驱动发展战略纲要》，2016。

《长江三角洲城市群发展规划》，2016。
《“十三五”国家科技创新规划》，2016。
国务院：《依托黄金水道推动长江经济带发展的指导意见》，2014。
《长江经济带发展规划纲要》，2016。
《安徽省系统推进全面创新改革试验方案》，2016。
《安徽省支持科技创新若干政策专项资金管理办法》，2017。

B.19

加快安徽农业产业化发展的思路与对策研究

蒋晓岚*

摘　要： 本文在介绍河南省中鹤集团产业化新城建设、湖北官桥八组发展、浙江森林特色休闲小镇等国内外农业产业化发展实践的基础上，系统研究了安徽农业产业化发展现状及存在的问题，提出建立产业融合发展导向的政策支持体系，包括基于产业融合发展导向，创新农业管理体制；强化制度设计及效果评估，优化产业化政策支持体系；构建农村产业融合发展的公共服务体系等建议。

关键词： 农业产业化　现代农业形态　安徽

一　安徽农业产业化现状及存在的问题

（一）安徽农业产业化发展成效

1. 规模化经营水平提升，新型经营主体加速成长

2016 年，安徽拥有 49 个国家重点农业产业化龙头企业。省级农业产业化龙头企业 915 个，其中“甲级队”133 个、省示范现代农业产业化联合体

* 蒋晓岚，安徽省社会科学院城乡经济研究所副研究员，区域经济研究室主任。

235 个。国家级农业产业化示范基地 15 个，居全国第 3 位。耕地流转率近 50%，规模经营土地面积占比为 40%；畜禽养殖规模化率 71%，水产健康养殖示范面积占比为 50%。农村常住居民人均可支配收入 11720 元，同比增长 8.3%，增长率高于全国平均水平。

2016 年底，在工商部门注册登记的家庭农场 5.4 万个、农民合作社 7.7 万个，入社农户 324 万户，带动非成员户 581 万户。自 2010 年省供销合作总社启动示范社创建以来，形成国家级示范社 361 个，省级示范社 407 个，合作社联合社 309 个。农业社会化服务组织 2.5 万个，现代农业产业化联合体 1000 个。[①]

2. 现代农业示范区建设普遍推开，标准化、绿色化、品牌化水平得到提升

2016 年，安徽实施现代农业示范区十大主题示范行动，推动 13 个国家级示范区深化改革、97 个省级示范区转型升级，促进“粮经饲”统筹、“农牧渔”结合、“种养加”一体、一二三产业融合发展。创建 15 个粮食绿色高产高效示范县，建立 300 个绿色增产示范区、示范村和示范家庭农场，推广“稻渔”综合种养面积 70 万亩。

（1）以百家现代农业示范区建设为抓手的滁州现代农业发展模式。2013 年，滁州以农业先进科技成果及现代装备应用展示区、农业功能拓展先行区、农业综合改革试验区和新型农民培训基地为发展目标，推进百家现代农业示范区五年创建行动计划。2016 年有现代农业示范园 103 家，其中国家级 1 家、省级 6 家、市级 15 家，有农产品加工园区 8 个。作为国家农业产业化示范基地，滁州经济开发区拥有规模以上农产品加工企业 32 家。全椒农产品加工园区是省级示范区，建成大米、面粉、畜禽产品、水产品、滁菊、林产品、苗木花卉和休闲食品八大优势产业集群。[②]

① 《安徽省农业委员会 2016 年农业农村工作总结》，中国农经信息网，http://www.caein.com/index.php/Index/Showcontent/index/bh/046002/id/108796，2017 年 1 月 17 日。

② 李俊：《滁州市强力推进百家现代农业示范园区建设》，安徽农网，http://www.ahnw.gov.cn/nwkx/content/C71EF641－D18E－48CC－8919－7C7FE8A8589C，2015 年 8 月 29 日。

(2) 以种植、养殖为主攻方向的绿色食品基地建设。2016 年，安徽品牌小麦、水稻生产基地 1092 万亩，蔬菜种植面积 42.6 万亩。种植、养殖业标准化覆盖率分别为 64%、78%。秸秆利用率 83.4%，同比提高 1.9 个百分点。企业养殖良种化、标准化、安全化、防疫制度化和生产设施化“五化”率达到 85%。[①]

(3) 以产业化龙头企业、联合体牵头的标准化生产基地建设。采取文化挖掘、质量管理、科技创新、商标注册等手段，龙头企业、联合体着力打造“皖字号”区域公共品牌和产品知名品牌。2016 年，安徽有效获证农产品 4095 个，其中无公害农产品 1940 个，绿色食品 1700 个，有机农产品 420 个，农产品地理标志 35 个。砀山果园被中国绿色食品协会授予“中国绿色食品荣誉企业”称号，终生免收绿色食品审核费和标志使用费。[②]

3. 国家级科技园区形成覆盖广、特色鲜明、功能互补的发展格局

农业科技园区是农业高新技术成果研发转化及示范辐射、农村科技创新创业、现代农业新兴产业集聚孵化、农村人才培养的重要基地，是以市场为导向、企业为主导、创新为动力、效益为目标的现代农业新型发展模式的有效载体。2017 年，安徽拥有 15 个国家农业科技园区、1 个国家级皖江现代农业科技示范区，居全国第 1 位，且覆盖全省所有地级市。

农业科技园区主要采取企业主体、项目支持、政府引导的发展模式，舒城县金龙农业科技公司投入支农资金 1.5 亿元、专项贷款 6 亿元，在科技园建有智能化种苗培育温室、蔬菜加工保鲜车间、农产品追溯系统和物联网体系等，形成“产加销”一体化产业链条。带动周边农户发展生态农田 1 万多亩，形成集优质种苗繁育和绿色食品蔬菜种植为一体的特色农业片区，成为国家绿色食品产业示范园、省乡村旅游示范基地和研学旅游示范基地。

---

① 《安徽省农业委员会 2016 年农业农村工作总结》，中国农经信息网，http://www.caein.com/index.php/Index/Showcontent/index/bh/046002/id/108796，2017 年 1 月 17 日。

② 《安徽省农业委员会 2016 年农业农村工作总结》，中国农经信息网，http://www.caein.com/index.php/Index/Showcontent/index/bh/046002/id/108796，2017 年 1 月 17 日。

2016 年，园区产值 14.2 亿元，其中科技产品与服务及新兴产业产值占比近 50%，农业科技贡献率在 65% 以上。[①]

4. 综合服务体系初步形成，科技研发活动逐步活跃

2016 年，安徽建有农业大数据中心，形成农业信息化、农机装备应用、农业生态环保和质量安全 3 个体系。建设了 26 个农业气象物联网示范点、9 个农业实景观测点，初步形成了基于农业物联网的智慧气象数据感知与服务平台。省级农业物联网平台与安徽农网农业气象、价格行情、远程培训、专家咨询、农业病虫害库等相关频道实现对接，与网上供销社、粮食批发市场电子商务平台、省农业生产调度指挥平台连接，建立“四情”监测系统等实现了数据共享。2016 年农业科技贡献率为 60%，高于全国平均水平。[②]

企业、高校及科研院（所）与专业大户联办的民间研发推广机构方兴未艾。2016 年，安徽农业科技学院与小岗村联办现代生态农业研究所，从事绿色无公害农产品科技示范基地建设。张从宇团队联合 30 多个种粮大户成立优质水稻产业联盟，流转土地 6000 多亩。试种成功的稻鸭共生软香米一斤卖到 8 元，并计划组建专业化的加工和销售团队。

5. 从企业孵化到上市的科技创新链条正在形成

2014 年，安徽首个农业科技孵化器在南陵国家农业科技园区开始运行。建有实验检测、标准化试验基地、生产经营场地、大学生创业园、农产品展示厅等公共服务平台，流转耕地 1200 亩，水田 200 亩。引进院士工作站、博士后工作站、中国农科院果蔬试验站、安徽皖江试验站等研发转化机构，联合组建现代农业研究院，入孵企业 15 家。[③]

---

① 李俊：《滁州市强力推进百家现代农业示范园区建设》，安徽农网，http://www.ahnw.gov.cn/nwkx/content/C71EF641－D18E－48CC－8919－7C7FE8A8589C，2015 年 8 月 29 日。

② 《安徽省农业委员会 2016 年农业农村工作总结》，中国农经信息网，http://www.caein.com/index.php/Index/Showcontent/index/bh/046002/id/108796，2017 年 1 月 17 日。

③ 汪永安：《安徽首个农业科技孵化器在芜湖建成面积 1200 亩》，《安徽日报》2014 年 10 月 17 日。

星创天地是以企业为主体、市场为导向的农村科技创新服务体系，是农业创新创业孵化服务链条的重要环节。2016 年“铜陵凤凰山绿地星创天地”“现代青年农场主”等 40 家入选全国首批农业创新创业平台，总数居全国第 4 位。蚌埠国家级星创天地“禾泉小镇”，通过平台建设，实现创新创业、线上线下、孵化投资有机结合。通过招拍挂取得建设用地 200 亩，建设“前店后坊”式孵化园，搭建智能服务平台 2 个，开设农产品徽商城直销店铺 35 个，带动 120 余人就业，2016 年产值 500 万元。一期农家作坊签约 30 个项目，其中孵化农产品深加工企业 2 家，引进农业电商创业者 5 人。与安徽农业科技学院等高校合作，解决 10 项技术难题，并成为中科大等 6 所高校研发实习基地。①

为构建从企业孵化器到企业上市的完整链条，2016 年，安徽省股权托管交易中心新增农业板，一年多来有 247 家挂牌企业，帮助挂牌企业融资 1.2 亿元。目前，天禾股份、联河米业、桂和农业、新安源和詹氏食品等 5 家产业化龙头企业与安元、农垦、火花等基金达成合作意向，通过股权质押、融资租赁、银行贷款、中小企业集合债等方式开展融资。②

6. 依托基地创品牌，农产品加工业得到较快发展

2016 年，安徽有规模以上农产品加工企业 6398 家，实现产值 9700 亿元，是农业总产值的 2 倍。15 家国家级、66 个省级农业产业化示范基地实现产值 4932 亿元，同比增长 12.5%。年加工产值超过 5 亿元的产业化集群有 150 个。农业领域农产品获得中国驰名商标 67 个，占全省总数的 23.7%；中华老字号 17 个，占全省 68.1%。获得安徽省著名商标 340 个，占全省 29.4%。③

2016 年，安徽粮油类产品加工业实现产值 2514 亿元，占全国的 9.2%，

① 《蚌埠市倾力打造“安徽禾泉小镇”星创天地》，安徽卧涛网站，http://www.wotao.com/display.asp?id=18687，2017 年 7 月 17 日。

② 《24 家农企在安徽省股权托管交易中心挂牌》，安徽省人民政府网，http://www.ah.gov.cn/UserData/DocHtml/1/2016/9/11/6479673068958.html，2016 年 9 月 11 日。

③ 张永：《去年安徽农民收入增长 8.3% 增幅高于城镇居民》，安青网，http://www.ahyouth.com/news/20170427/1294597.shtml，2017 年 4 月 27 日。

居全国第4位；利税总额92亿元，居全国第6位；粮油产品加工转化率超过70%，销售收入超20亿元的有7家，居全国第5位。[①] 通过深化“政产学研推”协作机制，加强与河南工大、武汉轻工、合肥工大、安徽农大等院校科研机构合作。粮油系统组建植物油、杂粮、糯米产业技术创新战略联盟，粮食产业化龙头企业组建专业合作社304个，专业协会81个。[②]

淮北凤凰山省级食品经济开发区是安徽首家生态型、集群式食品工业基地，内有产值超亿元企业36家，引进食品加工及配套项目189个，形成焙烤类、软饮料类、肉制品深加工、粮油深加工、生物科技类和服务配套六大产业集群。2016年，食品工业产值突破200亿元，拥有中国驰名商标6个，省著名商标19个。[③]

7. 促进农业多元化发展，新型业态不断涌现

（1）休闲农业与乡村旅游发展火爆。2016年，安徽创建全国休闲农业与乡村旅游示范县14个，示范点40个，一村一品专业示范村（镇）45个。2017年上半年，休闲农业和乡村旅游经营主体16072家，比上年底增长26%；从业人员60.28万人，其中农民占比80.26%；接待游客9143万人次，综合营业收入343.77亿元。[④]

（2）农产品电商平台支撑作用增强。2016年，安徽农产品电商销售额450亿元，进入全国前10名。砀山发展电商平台21家，网店、微店近2万家，网上农产品销售额达31.6亿元，排名全国前列。随着“互联网+”等新技术植入，农村电子商务、农商直供、产地直销、食物短链、社区支农、

---

① 《安徽粮油加工业多项指标居全国前列》，安徽粮食局网站，http：//www.ahls.gov.cn/content/detail/58e443017f8b9ae55d7b3260.html，2017年4月5日。

② 牛向阳：《全面推进粮食主食产业转型发展》，安徽农网，http：//ypqy8.ahnw.com.cn/nwkx/content/4F370E67-2BC4-4FF5-B80B-9A2B250966FE，2015年8月21日。

③ 吴万蓉：《2017中国（淮北）好食品高峰论坛在安徽淮北举行》，新华网安徽频道，http：//www.ah.xinhuanet.com/20170424/3701992_m.html?from=groupmessage&isappinstalled=0，2017年4月24日。

④ 《安徽省农业委员会2016年农业农村工作总结》，中国农经信息网，http：//www.caein.com/index.php/Index/Showcontent/index/bh/046002/id/108796，2017年1月17日。

会员配送、个性化订制等新型经营模式不断涌现。①

8. 加快体制改革，不断推进管理服务水平提升

（1）农村集体资产股份合作制改革。2016 年，有 90 个村开展试点，量化集体资产达 6.5 亿元。目前，累计试点村有 178 个，覆盖所有地级市和 80% 的县（市）。天长市有 96% 的村完成股份合作制改革，发放农村集体资产股权抵押贷款 73.3 万元。

（2）开展村级“三变”改革试点。首批选择 11 个县 13 个村试点。发展土地股份合作社 63 个，入股农户 1.3 万户，入股土地 8.9 万亩。

（3）开展农业“三项补贴”改革，推动农业信贷担保体系向市县延伸，目前累计担保金额超过 10 亿元。

（4）整合财政资金建立风险补偿基金，在 24 个县开展风险补偿基金支持合作社发展试点，为 2098 家农民合作社、家庭农场提供无抵押、弱抵押贷款 9.2 亿元。在全国率先成立省级政策性农业信用贷款担保公司，累计为 6412 家合作社、家庭农场等新型农业经营主体担保贷款 16.3 亿元。

（5）评选 300 个省示范家庭农场和 131 个省示范农民合作社，培训新型农民 5.01 万人。②

（二）安徽农业产业化发展中存在的问题

1. 产业化发展层次较低，农业产业体系不完善

（1）产业化链条短，农业综合生产效益较低。2016 年，安徽农业劳动生产率为 1.96 万元/人，仅为全国平均水平的 63%；农产品加工业产值是全省农业总产值的 2 倍，低于全国平均水平，农产品加工业仍然是安徽省短板。农产品加工转化率为 56%，其中粮食、水果、蔬菜、肉类和水产品分

① 孟扬、李艳龙：《安徽砀山：电商“井喷”，助力特色农产品大卖》，新华网，http://news.xinhuanet.com/mrdx/2017-04/06/c_136186175.htm，2017 年 4 月 6 日。

② 《安徽省农业委员会 2016 年农业农村工作总结》，中国农经信息网，http://www.caein.com/index.php/Index/Showcontent/index/bh/046002/id/108796，2017 年 1 月 17 日。

别为70%、23%、13%、25%和31%。全省秸秆饲用率不足10%，规模化畜禽粪污资源化利用率不足60%。①

（2）农业企业研发能力不足，创新平台建设支撑力不够，先进适用技术成果的源头产出和供给不足。2016年，全国农业高新技术企业6800家，占高新技术企业总数的8.6%。安徽农业高新技术企业248家，占安徽高新技术企业总数的4.3%，低于全国平均水平。2015年，农业企业与高校及科研院所共建81个省级联合工程技术研究中心，全省有252家农业企业拥有专门研发机构，193家农业企业建立省级以上独立技术研发机构，研发投入占销售收入比重超过3%的龙头企业有231家。但多数涉农企业研发投入不足1%，先进适用技术成果的源头产出和供给不足。②

（3）利益联结松散，合作方式单一。从生产组织及利益连接关系看，大部分地区采用了“龙头企业+基地+农户”的基本模式，但是股份制和股份合作制等紧密型利益连接方式比例很低。从新技术采用和高端化发展看，农业产业化龙头企业采取网络化、智能化、精细化的现代“种养加”生态农业发展模式较少。

（4）农业多元化发展不足，休闲农业、旅游农业以观光为主，文化传承、人物历史、风土乡俗等触及不多。少数地方休闲农业项目同质性强，缺乏差异化竞争，导致资源过度开发、市场无序竞争、环境严重破坏。

2.农产品加工业转型升级滞后，带动能力不够突出

（1）现代农业特色产业园处于初级阶段，尚未形成集群化、绿色化、融合化发展态势。依托农业科技园、农民创业园和特色农产品优势区，把原料生产、展示销售有机结合，培育一批前后相连、上下衔接的全产业链产业集群，这是安徽农业转型升级的现实路径。但是安徽农产品加工科技创新联盟尚未普遍建立，精深加工技术装备研发和推广速度慢，缺乏领军企业带

① 《安徽省农业委员会2016年农业农村工作总结》，中国农经信息网，http://www.caein.com/index.php/Index/Showcontent/index/bh/046002/id/108796，2017年1月17日。

② 何珂、李雪梅：《农产品“七十二变”，还缺啥?》，《安徽日报》2016年10月31日。

动，加工企业集群化成长态势尚未形成。农产品精深加工水平比较低，加工副产物60%以上没有得到综合利用。

2016年，安徽绿色食品原料标准化生产基地43个，仅占全国的6.2%。40%的绿色产品品牌、50%以上的绿色食品加工业集中在粮油领域，畜禽、水产品加工短腿现象严重。绿色生产资料、绿色食品原料、绿色食品产品、绿色食品营销等存在缺链、断链现象。[①]

（2）缺乏特色特大型企业集团，多数龙头企业主导产品处于产业链中低端。2016年底，安徽规模以上农产品企业有6398家，资产规模超过50亿元的企业有2家，超过20亿元的有30家，超过10亿元的有100家。在49家国家级重点龙头企业中，有35家主导产品处于产业链中低端，产品附加值低，缺乏农工商综合发展型、科教文旅融合型、国内外连锁发展型的国际化大型企业，既缺乏如中鹤集团、温氏集团的大型特色企业集团，也缺乏在农业产业链某些环节提供科技服务的专业化企业，尤其是具有资本市场运作经验和资源的金融导向型农业服务企业。部分龙头企业虽从事精深加工，但规模小，产值低，缺乏百亿元产值的超大型综合型农产品加工企业。

（3）农产品加工企业竞争力较低，成本税负上涨压力较大。多数企业主导产品处于产业链低端，产品附加值较低，缺乏科技研发、品牌运营的资金支持，地域扩展、产品提升途径有限，产业竞争力较低。2015年，安徽农产品加工企业平均税负占销售收入的8%～10%，利润仅为销售收入的3%～5%。各类原料价格10年上涨了66%～108%，能源、动力价格上涨了74%，劳动力成本8年涨了两倍左右，企业财务费用同比增长10.71%，而大部分农产品加工制品价格10年仅上涨了80%。[②]

---

① 《我省全国绿色食品原料标准化生产基地建设工作取得明显成效》，安徽省农业委员会网站，http://www.ahny.gov.cn/detail.asp?id=883F7554-0446-4B63-86DC-FD6F5A330472，2017年3月16日。

② 安徽省农委副主任陈卫东在全省一季度农业产业化工作调度会上的讲话，安徽省农业委员会网站，http://www.ahny.gov.cn/detail.asp?id=5A948E10-26AC-449A-B779-4C606B3C75CD，2016年3月25日。

3. 农民合作社没有进入自我增值、良性循环的轨道

（1）部分合作社不具备自我发展能力。2015 年，全省合作社平均利润仅为 10.4 万元。由于缺乏带动能力，近年来安徽有 21 个国家级示范社、18 个省级示范社资格被取消；“有名无实”或违法经营，分别有 1322 个、159 个农民合作社被注销、吊销。[①]

（2）合作社普遍经营规模小、服务层次低、规范化程度不高，全省合作社直接或间接带动农户 40%，但是提供销售农产品、购买农资等服务能力低，有效带动农民致富的合作社仅为 20%。

（3）绝大多数合作社与农民的关系黏性不强，没有建立起农产品保护价收购制度，社员与合作社的约束关系十分松散。各地农业产业化行业协会在推进区域标准化、品牌化建设方面服务不足。

（4）大部分合作社缺乏规范、透明的财务管理制度，只有收入和支出的流水账，没有完整的会计资料。由于缺乏人才和先进的管理理念，在社务和财务等方面的管理十分粗糙，致使外部资源为合作社提供服务时，很难评估合作社的运营能力。

（5）多数农民合作社缺乏在利益联结、内部管理、资本融合、组织联动等方面的创新和建树，尚没有进入自我增值、良性循环轨道。

4. 产业化发展面临管理体制和政策障碍

近年来，安徽出台一系列引导品牌化、集群化、高端化、绿色化、生态化、融合化的文件及专项行动计划，形成扶持特色基地、新型主体、新型业态发展的支持体系。但是产业化发展仍然存在管理体制和政策障碍，如管理体制僵化、办事效率低、缺乏统筹规划和安排，部分政策生产导向过强、消费导向不足等。各地制定和执行的政策，主要从生产层面给予扶持，突出增加产品供给，对以市场需求引导农村产业融合发展用力不均。忽视流通、信息、研发等服务环节的政策支持及刺激效应评估，造成区域公共品牌建设滞后，研发等公共服务平台建设滞后，影响农业整体竞争力的提高。

① 史力：《全省 324 万户农民加入专业合作社》，《安徽日报》2017 年 5 月 12 日。

三　安徽农业产业化路径探索和模式总结

（一）宿州产业联合体发展路径

1. 现代农业“两区”建设探路

宿州市是全国重要的粮食、肉蛋、蔬菜、水果供应基地和农产品集散中心。2010 年，埇桥区入选第一批国家现代农业示范区，2011 年宿州市入选第一批全国农村改革试验区。为解决传统农业生产区结构性、素质性、体制性矛盾，2012 年宿州政府出台了《关于 2012 年全市现代农业“两区”建设实施意见》，提出以“主体创新为核心，基地建设为平台，体系建设为保障”的现代农业“两区”建设思路。以现代农业产业联合体为建设重点，强化农业规模化、标准化和生态化的发展导向，推动中国特色农业现代化发展进程。①

（1）创新现代农业经营组织体系。构建以新型职业农民为主体、社会化服务组织为纽带、农业企业为龙头的新型现代农业经营体系。2013 年出台《宿州市家庭农场认定管理暂行办法》，引导适度规模经营发展，初步形成县服务中心、乡（镇）服务站、村服务点的土地流转市场服务体系。在全国率先试点职业农民鉴定和认证工作，涉及农业行业中的动物疫病防治员、家禽饲养工、蔬菜园艺工、农作物种子繁育员、农机修理工等 20 多个工种。②

（2）现代农业产业联合体的模式创新。现代农业产业联合体采用“农业企业 + 合作社 + 家庭农场”模式，通过签订生产服务合同、协议，确立联合体各方责权及利益分配关系。在生产服务方面，企业以优于市场价格负责农产品收购，提供农业生产资料，制定农业生产标准；合作社开展技术指

① 孙林、何兰生：《现代农业建设的探路前锋——安徽省宿州市创新农业“两区”建设纪实》，《农民日报》2013 年 10 月 14 日。

② 王磊：《宿州“农业产业联合体”孵化新型职业农民》，《中国青年报》2017 年 4 月 26 日。

导，为家庭农场提供产前、产中、产后全程服务；家庭农场进行土地流转，按标准做好农作物适度规模种植。

2. 构建产业联合体培育和扶持政策体系

（1）出台并实施建设试点方案，建立市县两级服务中心。宿州及时出台《促进现代农业产业联合体建设试点方案》等10多个配套文件，形成了一套完整的政策支持体系。市财政每年安排现代农业专项资金2000万元，并从财政、金融、保险、设施生产、农机装备等方面对联合体扶持。依据《宿州市关于推进现代农业产业联合体综合服务体系建设的意见》，建立了农业科技、农机装备、农村金融、教育培训等4大服务体系，每个服务体系分别设立了市级服务中心，县级分中心，研究联合体服务需求，落实指导服务。①

2012年9月，宿州推进16个产业联合体试点。2013年以来，淮河粮食产业联合体、意利达种植业联合体、磊博粮食产业联合体、绿丹农智慧农业联合体等相继被列入国家财政项目支持的农业全程社会化服务试点，项目资金1200万元。24个农民专业合作社承担创新发展试点项目，项目资金1332万元。2013年以来，市、县（区）财政兑现产业联合体成员土地流转、基础设施建设奖补、贷款贴息等财政扶持资金7200多万元。市、县政府出资的担保公司每年安排2亿元担保额度，专项用于联合体成员贷款担保。

2016年，市政府与省农业信贷担保公司合作开展“劝耕贷”试点，累计发放贷款9521万元。在粮食产业联合体开展农业政策性保险提标试点，家庭农场6.2万亩小麦和玉米每亩保额分别提高到500元和400元，新增保费由市县两级财政给予70%的补贴。

（2）采取项目安排、财政资金支持、开展金融创新、提高农业保险标准等扶持措施，促进产业联合体健康发展。2017年，宿州市有229家联合体涵盖龙头企业237个、农民合作社700个、家庭农场1286个，分别占全市总量的4.5%、7.2%、31.5%；覆盖粮食生产、畜牧养殖、蔬菜水果、

① 王磊：《宿州“农业产业联合体”孵化新型职业农民》，《中国青年报》2017年4月26日。

林木等各类主导产业，年产值达200亿元以上，联合体内农民年人均可支配收入达到1.2万元，高于全国和全省平均水平。埇桥区联合体内经营土地面积46万亩，覆盖全市耕地面积的33%。

联合体建设以来，新增农民专业合作社4697家，新增家庭农场3635家，新增农业企业933家，培训认证联合体职业农民2279人，占全市新型职业农民的30%以上。目前宿州市有农民合作社9087家，家庭农场4080家，均居全省首位，这对发展现代农业产业联合体来讲还有很大的空间。①

3. 产业联合体发展相关案例

（1）淮河粮食产业联合体。2012年7月，埇桥区灰古镇淮河种业吸纳淮河、惠康等5家农机、种植专业合作社和8个家庭农场，组成淮河粮食产业联合体。当年流转土地6300亩，由于缺资金及大型农业设备，出现丰产亏损状况。随后在有关部门支持下，该联合体购置大型玉米精播机及烘干机，实现扭亏为盈。2016年，联合体拥有淮河农机、润禾水利等企业及专业合作社13家，27个家庭农场，流转土地1.6万亩，托管带动全区小麦良种繁殖4万亩，带动6500余个农户。联合体亩产小麦575公斤、玉米600.5公斤，亩均利润1701元，年净利润621万元。

联合体着力推进新技术应用，与西班牙RAESA公司合建2000亩农业灌溉示范田，形成小麦田间“四情”监测系统和水肥一体化系统。与中国农科院合建1000亩大豆新品种、新技术应用示范基地、鲜食玉米育种实验基地，与安徽农大合建玉米育种教学试验基地。2015年建成集办公、科研、展示、培训于一体的综合服务大楼。

联合体将农业企业市场加工优势、合作社的组织协调优势、家庭农场的生产经营优势有机结合，实现组织一体化，生产规模化，经营集约化，服务社会化，经营效益同比明显提高。农机专业合作社拥有各类农业机械380台（套），农机资产650万元。公司将农机合作社作为“联合体”农机资源整

---

① 孙林、何兰生：《现代农业建设的探路前锋——安徽省宿州市创新农业“两区”建设纪实》，《农民日报》2013年10月14日。

合及融资平台，以资金、资产、技术、品牌、劳动力等资源要素融合形成利益联结。2016 年，农机合作社服务带动周边 6500 余个农户，每户亩均增收 230 元。①

（2）意利达种植业联合体。2008 年西寺坡镇意利达农业科技专业合作社成立。经营方向定位为提供专业服务，与农户之间建立技术、契约、利益“三保障”机制。2013 年托管土地 9000 余亩，每亩节本增收 468.1 元。2016 年，合作社拥有农业机械 120 台（套）；托管土地 5.2 万亩，入社成员 581 人；累计带动 50658 个农户，助农增收 1.3 亿元。

土地托管具有以下优势，一是农民实现收入和粮食产量“双增”。农民既可参加合作社劳动取得报酬，又可通过土地增产实现增收，每亩地净增加收入 200 元，户均增收 2000 元。二是生产成本和资源消耗“双节”。合作社与农资生产厂家对接，可降低生产资料成本；统一选用优质高产品种，开展测土配方施肥，统防统治，按时按需按量灌溉，节约资源。三是科技化水平和机械化程度“双提”。土地集中连片利于开展机械化作业，易于大面积推广新技术，提高劳动生产率和土地产出率。四是资金风险和生产风险“双控”。相比土地流转，土地托管不需要提前支付租金，资金投入少、见效快，融资风险降低。在当地，流转 1000 亩土地年投入需 140 万元；而同样托管 1000 亩土地，只需投入 40 万元。②

4. 产业联合体主要成效及推广价值

（1）“两区”农民增收效应明显。由于新型经营主体的出现，批量采购确保了农资价廉质优，连片作业使人工费便宜了约 10%，统一销售使农产品价格高出市场约 15%。

（2）探索了适度经营区间。从 2015 年调研统计结果看，宿州家庭农场面积在 300～500 亩，管理成本较低；年纯收入 10 万～15 万元；农场种植

---

① 孙林、何兰生：《现代农业建设的探路前锋——安徽省宿州市创新农业“两区”建设纪实》，《农民日报》2013 年 10 月 14 日。

② 农业部赴安徽调查组：《安徽宿州：土地托管促进农社双赢》，农业部网站，http://www.moa.gov.cn/ztzl/bxwhdy/gongzdt/201505/t20150511_4587814.htm，2015 年 5 月 7 日。

粮食的亩产较普通农户增产100～150公斤。[①] 但是家庭农场在农作物保险、融资抵押等方面存在瓶颈。

（3）农业产业化联合体是三产融合发展的重要组织方式。通过经营主体联合，将市场交易的外部性变为联合体的内部性，通过信息和资源共同分享，打通产需信息快速传递、迅速响应的通道，同时也打通从生产到加工、储藏、流通、销售、旅游等产业环节连接的路径。

（4）农业产业化联合体是提升农业社会服务水平的有效形式。联合体内各类主体既是服务对象，也是服务端，结成了一个覆盖农业产前、产中、产后全程环节的联合体。

（二）安徽产业化示范区建设路径

2012年，安徽首推16家产业化示范基地建设试点，目前省级以上农业示范区耕地面积1403万亩，占全省耕地面积的22.3%；其中核心区建设面积151万亩，占比为10.8%；高产创建示范面积247.47万亩，占比为17.6%。

近年来，已有六安、黄山等5个市、30个县（市、区）以建立现代农业产业体系、生产体系和经营体系为目标，创建100个现代生态农业产业化示范区，通过品牌引领、循环利用和三产融合，探索产品、企业、产业三位一体的现代生态农业产业化发展模式，引领农业绿色发展和转型发展。

1. 示范区建设成效

（1）综合生产能力迈上新台阶。2016年，全省示范区农林渔牧业产值为854.39亿元，粮食总产量为457.31亿斤，农产品质量安全监测合格率为99.99%。太和县实施“高产创建计划”“绿色增产模式攻关”等活动，保持和刷新了全省小麦、玉米最高单产水平；铜陵市形成白姜从种植、加工到销售的一条龙产业化格局，正在申报中国重要农业文化遗产。

（2）物质技术装备水平提升。2016年，全省示范区有高标准农田

① 王磊：《宿州“农业产业联合体”孵化新型职业农民》，《中国青年报》2017年4月26日。

880.63 万亩，占耕地面积比重为 66.21%；农作物耕种收综合机械化率为 80.49%，农田灌溉水有效利用系数 0.58。六安金安区“12316”农业信息服务热线实现全区覆盖，设施农业面积 34 万亩，占比为 47.57%。

（3）农业科技推广应用上水平。示范区推进产学研合作，社会化服务体系基本形成。颍上县与国家农业信息化工程中心、安徽农科院共建农信、农机、农艺融合示范点 4 处，与南京农大、安徽农大共创“产学研推”融合试点 3 处，编制完成全省第一张“粮食作物绿色增产模式攻关技术路线图”，基于模型与地理信息系统（GIS）的稻麦精确栽培系统运用于 60 万亩水稻、148 万亩小麦，实现即时田管监控、品质在地分析、产量空间估算等。

（4）新型农业经营体系构建得到推进。示范区基本构建公益性和经营性服务相结合、专项和综合服务相协调的农业社会化服务组织体系，助力适度规模经营。全椒县引进全国供销总社和本省的辉隆集团和金牛控股集团以及广东温氏等龙头企业，到位资金近 15 亿元，形成上下游产业配套的经营体系。

（5）切实促进农业可持续发展。以资源高效利用、环境治理与生态修复为重点，促进农业可持续发展。郎溪创建全国绿色食品原料（油菜）标准化生产基地，示范区粮油、茶叶标准化认证全覆盖。桐城采取“稻油轮作”减肥小循环生态农业，实施稻田养鸭、养鱼等生态种养模式，农作物秸秆综合利用率 94.5%，减少 20% 以上化肥使用量。[①]

2. 示范区建设模式

（1）新型经营主体培育模式。这种模式有太和县农业经营主体集群发展模式、埇桥区现代农业产业化联合体模式、郎溪县家庭农场协会模式、庐江县“四位一体联合”建设模式。

（2）产业融合发展型模式。以规模化特色产业基地建设带动产业拓展、

① 安徽省农委：《安徽省 2016 年推进国家现代农业示范区建设情况总结报告》，文档在线，http：//max.book118.com/html/2017/0321/96329652.shtm，2017 年 3 月 21 日。

产业集聚、产业融合。这种模式有黄山区特色休闲农业融合发展模式、全椒县“互联网+稻虾共生”生态综合种养模式、当涂县现代生态渔业健康养殖模式。

（3）机制创新发展模式。推动农村土地经营权抵押贷款、农村金融保险、农业社会化服务、农民分享产业链增值收益等机制体制创新，这种模式有铜陵市返乡农民工创业创新示范模式、涡阳县农村土地经营权抵押贷款模式等。

3. 示范区转型发展路径

（1）确立示范区转型发展目标。以产业布局优化、资源节约集约、生产清洁可控、废弃物循环利用、绿色提质增效为主要建设内容，强化农业废弃物收集、运输、处理等配套服务设施建设，推广环境友好型农作制度和生态循环农业集成技术，促进产业链、要素链、利益链有效整合，推动全环节升级、全链条增值。

（2）探索多样化的发展模式。创新示范区多元化投融资机制，开展农村土地制度改革，整合涉农财政项目资金。率先在示范区开展农业科技创新试点，支持示范区与科研院所合作，探索工商资本进入农业的引导政策和风险防范机制。

吸引龙头企业和科研机构建设运营产业园，鼓励发展涉农电商、智慧农业、休闲农业、设施农业、精准农业、生物农业、工厂化农业等新业态，探索相互参股、股份分红、利润返还、服务协作等紧密型利益联结机制。

（3）发挥示范区辐射引领作用。鼓励示范区新型经营主体对外开展技术转移、产业链分工、品牌输出、人才辐射、飞地合作等多种产业带动活动。借助现代多媒体平台，宣传推介产业融合发展型示范区。

（三）村级土地股份合作制建设路径

以建立“村社一体、合股联营”新型经营体制为导向的农村“三变”改革，厘清了“资源变资产、资金变股金、农民变股民”的土地股份合作社建设思路，是村级范围内农业产业化发展的实现模式。试点村将村域范围内资源、集体资产及相关财政扶持资金量化为村集体股金并以一定比例量化到农户，以契约合同形式入股产业化承接经营主体，同时鼓励农民以土地承包经营权及闲置资产入股，按股获得收益，这种制度安排可最大限度集聚、整合和转化农村资源，发展复合型地方特色农业，形成集体资产和农民财产性收入增长机制、财政资金有效使用和管理机制。

1. 发展“经营主体 + 集体 + 基地 + 农户”等多种土地股份合作

自 2016 年 8 月开始，安徽省在 11 个县（区）的 13 个村开展“资源变资产、资金变股金、农民变股东”的改革试点。截至 2017 年 2 月，试点工作取得以下成效。

（1）探索多种合作方式模式。试点村依托特色产业和生态资源等优势，寻求经营主体入驻，形成多种股权合作模式，如“村集体 + 农户”模式，即村集体成立经济实体，农户以土地经营权等入股开展合作；“企业 + 农户”模式，即农户以闲置住房等入股企业发展乡村旅游；“企业（合作社） + 村集体 + 农户”模式，由村集体、农户各以土地、资金、实物资产等入股承接企业，或者与承接企业共同组建新的股份公司作为三方合作平台，开展产业项目运营。

（2）不断丰富试点内容。金寨县徐冲村原试点内容为土地经营权抵押贷款和猕猴桃项目开发，在实践中又结合扶贫开发，将“金猪工程”、光伏发电等纳入试点内容。黟县田川村原定试点任务为土地股份合作，开展有机水稻种植，后又组织开发农旅一体的特色旅游项目等。

（3）逐步扩大试点范围。金寨县在做好徐冲村试点基础上，又选择 10 个条件较好的村和 24 个国家扶持集体经济组织试点村自行试点，并逐步推进 71 个贫困村的试点。黟县也在全县 8 个乡（镇）各选择一个村扩大试点。

（4）保障参股方收益。徐冲村资产入股及收益分配的主要做法是，以集体的资源、资产、资金和财政项目资金成立创福公司，作为入股经营的主体，农民以土地直接入股；也可以土地合作社作为入股经营的主体。对其他有价资源，采取不同的折股量化方法入股经营主体。各方签订合作协议，做到“三个确保，三个递增”，保障参股方权益。村创福公司以优先股入股，不承担经营风险，不参与经营管理。

（5）实现了集体和农民双增收。13 个试点村整合投入资金 1.26 亿元，投入土地 7805 亩，农户投入住房 2532 平方米，开发项目 25 个。入股农户实现收益分红 344.6 万元，其中保底收益户均 2533 元，分红收益户均 358.4 元。入股村集体实现收益分红 725 万元，其中保底收益村均 38.5 万元，分红收益村均 17.2 万元。[①]

2. 金寨县油坊店乡面冲村集体资产股份制改革、“三变”改革双试点

2016 年，油坊店面冲村被列为省级集体资产股份制改革试点村，同时也成为“三变”改革县级试点村。面冲村拥有山场 1.8 万亩，其中有茶园 5860 亩，毛竹 2500 亩。有市级龙头企业一家，市县专业示范合作社 10 家。2016 年 8 月，该村进行股份制改革，通过清产核资，将光伏发电站、六安瓜片生产厂等 1280 万元经营性集体资产进行股改，资产量化后的总股数为 128908 股，股民 2484 人，村集体持股 40%，成员持股 60%，由村创福公司管理集体资产。引进了大业茗丰茶旅公司，村创福公司集体茶厂、鲜叶大市场，农户茶园基地等以 700 万元的资产入股该公司，采取“公司 + 农户 + 基地”的运营模式，推进农业规模化、集约化发展。企业每年给村里 15 万元固定分红，且每 3 年递增 3 万元。

面冲村通过改革，实现了村民增收、村级集体经济发展壮大。一是分析村情，辩证看待优势劣势。面冲村虽是库区贫困村，但是处于茶谷重地，毗邻响洪甸水库，拥有较好的区位条件，有利于相关产业的发展。二是以土地合作制为基础的多种合作方式是发展现代农业的必由之路。通过吸引有实力的外来经营者，形成以土地合作制为基础的多种合作方式，提升了专业合作社规模和水平，形成了规模化、集约化、产业化发展趋势。三是选好配强村“两委”班子。在面冲村集体经济发展过程中，每一次重大决策的实施，都有村党组织的论证和引导，每一项主导产业的发展，都有村“两委”成员

① 陶方启：《推进关键领域改革 培育绿色发展动能》，《农村工作通讯》2017 年第 13 期。

的动员和组织。因此，把农村优秀人才选拔到“两委”班子，是形成机制创新能力的关键。①

3. 安徽农村“三变”改革未来发展方向

2017 年，安徽选择在 10 个县进一步扩大试点范围。从提高改革成效的深度考虑，引导工商资本、龙头企业和地方合作组织组建现代产业联合体，采取种植机械化、养殖福利化、食品有机化、剩余物资源化、产品品牌化等多样化生态产业化发展模式，探讨以制度建设和政策扶持来把控和降低承接主体经营风险等综合措施，比如加强土地确权到户及流转交易市场建设、优化“银证基信”合作模式下农村信贷产品创新等产业化发展的支持体系。

（四）田园综合体建设路径

2017 年“中央 1 号文件”提出“三区一体”建设目标，“三区”即粮食生产功能区、重要农产品生产保护区、特色农产品优势区；“一体”指田园综合体。田园综合体是农业多功能发展的有效模式，是将田园旅游、生态可视化、产品体验、销售有机结合起来，打通农业发展环节，引领农产品多样化、高端化发展的途径。

1. 肥西官亭林海特色小镇模式

肥西县在由近郊县向主城区的历史性转变过程中，推动城乡联动发展，着力构建特色美丽乡村，建成省级中心村 38 个、美丽乡村示范带 6 条。其中官亭林海采用田园综合体模式，初步形成集现代农业、休闲旅游、田园社区于一体的特色小镇。

田园综合体是一套综合产业体系，需要集中要素资源对乡村进行整体规划、开发和运营。肥西利用好农民合作社这一载体，通过土地流转，对土地经营进行中长期产业规划，发展现代化、规模化的农业产业园区，为建设田园综合体打下基础。加入合作社的农民，既可以就业，还可以通过股权、租金等方式获得收益，做到充分参与和受益。如此一来，既培育了新型经营主

---

① 田婷、史力：《改革发力，加速农业“动能切换”》，《安徽日报》2017 年 2 月 28 日。

体，也充分保护了农户和农村集体经济组织的权利，防止集体资产被外来资本控制。

官亭林海特色小镇按照多功能、多业态的综合运营方式进行规划设计。力求通过生产、生活、生态的改变，实现农业、加工业、服务业有机结合与关联共生，发挥生态农业、休闲旅游、田园居住等复合功能。田园综合体的核心产业是农业。为了乡村旅游需要，该小镇对地产和基础设施建设进行改造甚至重建，但特别注重保留乡村原生态，同时尊重和发扬农耕文明，融合循环农业、创意农业、农事体验等创新形式，展现农民生活、地域风情、农业特色。目前，这个田园综合体初步形成四大板块，即农业、文化旅游、农事体验和园区社区化管理服务，采取公司化运营方式。

以城乡互动，加快生活、社交、信息的流动，进而实现城乡文明融合是城乡一体化发展趋势。针对农村人向往都市，都市人的田园情结，建设城乡有机融合体没有现成的模式参照，需要在实践中探索，需要通过设计、建筑、环境建设以及人的素质提升来解决。①

2. 安徽三瓜公社互联网应用小镇模式

安徽三瓜公社坐落在温泉疗养胜地巢湖半汤镇，由淮商集团和合巢经开区联手打造。首期建设“南瓜电商村”“冬瓜民俗文化村”“西瓜美食村”三个特色村庄，未来将带动周边12个村庄的建设，打造三瓜公社互联网特色应用小镇。

（1）农业产业化带动集体增收、农民致富。围绕本地特色产品资源，采取“产业基地+专业合作社+订单式农业”方式组织生产；建立农产品加工厂，开发茶、泉、农特、文化4个系列100余种特色产品和旅游纪念品。专业合作社引导本地农民参与到电商产业链的各个环节，所有产品按线上线下融合的方式进行销售与体验，实现农产品商品化、品牌化、标准化、网货化。一年多来，村集体经济增长达200%以上，农民人均增收34%。

① 王永群、徐勇：《安徽：田园综合体成县域经济新动力源》，《中国经济时报》2017年5月9日。

（2）围绕旅游规划农业，促进产业融合发展。三瓜公社充分整合、展示旅游资源，围绕旅游做农业，规划出休闲农业带、观光农业带和体验农业带；所有农作物的种植围绕可观赏、可体验的原则来选择，如五彩水稻、七彩油菜花、千亩四季果园、俩枣农场、五谷良田等规划，可让游客采摘、体验、参与。所有点和村庄是旅游景点，可参观，可生活。三瓜公社将建成60余处线下特色商品经营点、体验点，打造油坊、布坊、茶坊、酒坊、蔑坊、陶坊、烤茶等40余个手工艺作坊和场景再现，建设80户风情民居民宿和60家特色农家乐、10处心动客栈酒店及配套的餐厅、农舍、亲子欢乐广场、露营基地等观光体验区。①

（3）电子商务发展吸引创客入乡，形成宜居宜业宜游的美丽乡村。以南瓜村电子商务发展为驱动，倒逼产业发展，实现“互联网＋一二三产业融合”。南瓜村引进傻瓜网、淘宝、京东合肥馆、甲骨文科技、微创联盟、顺丰等多家电商企业，成立半汤电商协会，创客中心、乡创基地、半汤商学院等。截至2016年底，已为全国25个省近80个县的850余名政府领导、企业家开展农村电商与美丽乡村建设研修培训。

通过一年半的努力，三瓜公社电子商务产业链和一二三产业融合发展，电商基地吸引了很多入乡创客（新农人）和返乡青年创业。三瓜公社以尊重村庄、敬畏土地，与村庄、村民和谐共生为理念，以老人乐、客常来、新农人入乡、年轻人回归为考核指标的建设方式，值得学习借鉴。

（五）休闲农业与乡村旅游发展模式

国家旅游局统计数据显示，2014年乡村旅游人数已占全国游客总量的1/3，至2016年主要城市周边乡村旅游接待人数年均增长超过20%。2016年，安徽省《关于加快发展休闲农业的实施意见》提出，引导大中专毕业生、新型职业农民、务工经商返乡人员创办休闲农业合作社、兴办农家乐、

---

① 半汤商学院：《“美丽乡村欢乐多”——三瓜公社“田园综合体”的探索与实践》，搜狐，https：//www.sohu.com/a/133701809_72026，2017年3月23日。

开展乡村旅游，推进农业与旅游、教育、文化、健康养老等产业深度融合，把农区变景区、田园变公园、劳动变运动、农品变商品、农房变客房，把休闲农业培育成新兴支柱产业，推动安徽省从传统农业大省向现代生态农业强省转变。截至2017年上半年，安徽创建全国休闲农业和乡村旅游收入示范县14个、示范点48个；省级农家乐1241家，其中五星级155家。首批省级旅游度假区7个，首批省级研学旅行基地10个。

1. 南陵大浦试验区综合发展模式

2007年3月，南陵尝试推行农村改革试验区建设试点。按照“政府引导、企业运作、村企共建、政策创新、产业推动”的发展模式，安徽鲁班建设集团启动总投资40亿元的大浦新农村建设试验区（以下简称大浦试验区）项目。到2016年，大浦试验区先后被确定为国家农业科技园区、国家现代农业示范区核心区、国家AAAA级旅游景区、全国美丽乡村创建试点、全国科普教育基地、全国农产品加工示范基地、全国魅力新农村十佳乡村、全国休闲农业与乡村旅游五星级企业、全国水产健康养殖示范基地等。大浦试验区发展有以下特色。

（1）综合规划先行，突出功能区建设。大浦试验区规划面积16平方公里，水域面积2.7平方公里，3个村1810户，总人口6900余人。相关部门对试验区道路、沟渠等农业设施及居民点进行综合规划，对宅基地、滩涂地进行整理复耕。按照精品农产品生产、科技示范展示、辐射带动、培训教育、休闲观光五大功能规划建设七个产业区。

（2）确立研发基地定位。试验区致力打造现代农业科技孵化器，与多家高校合作开展产学研项目，引进高新技术、高端人才和农业高科技企业。科技部、教育部、安徽农大新农村研究院皖江综合试验站与大浦试验区建立紧密协作关系，开展设施果树、蔬菜、花卉苗木等研发与示范推广，开展新材料和新装备技术集成转化工作。加强农业人才培训，大浦试验区与中国农科院、安徽农大、安徽农科院等8家农科院所建立合作关系，拥有一支110余人的科普师资队伍。

2013年12月，成立大浦现代农业研究院。以中国科协唯一的农业海智计划示范项目为资源平台，以观光农业、都市农业和中国现代农业产业联盟3条主线开展农业研究，构建技术管理服务体系、生产体系、物资供应体系、物流体系和市场运作体系等。

（3）致力现代农业发展。以优质水稻、健康水产、高效园艺为主导产业，建成国内一流的组培中心、驯化中心、自动化育秧育苗工厂、生物肥料厂、食用菌研究所等一批先进的农业设施。建设1万亩高标准良田，形成4000亩优质水稻种植区、3000亩特种水产养殖区、池湖观光游览区及服务区，体现规模化、科技化、生态化及展示性等现代农业特征。国家星火计划龟鳖规模化健康养殖关键技术集成示范与推广项目、农业部水产原良种场、安徽健康水产养殖工程技术研究中心等落户园区。2013年南陵大浦试验区获批国家现代农业科技示范区。

发展低消耗、高增值的观光休闲、服务和物流业。建立农展馆、无公害农产品质量认证中心、无公害农产品检测中心，皖江地区最大的无公害农副产品批发交易市场、农副产品国际交易物流中心。依托试验区苗木花卉组培和驯化中心，建设皖江、安徽乃至长三角地区最大的苗木花卉批发交易市场。与西山风景区合办大浦苗木花卉暨丫山牡丹节，打造苗木花卉节庆品牌；打造环浦西湖沿岸大型综合性苗木花卉交易市场带。

（4）发展休闲旅游观光农业。依托试验区，以农业生产、旅游度假、生态人居三大功能为核心，建设集农业科技展示、农产品生产、农业观光、农业休闲、亲水休闲、户外运动、商务会议、养生居住为一体的复合型生态休闲旅游区，成功建成4星级大浦乡村世界景区。建有中国农业自然灾害教育体验主题公园、科普植物园、特色农业示范园、我家农场、南瓜探秘、果蔬天地、葫芦神宫、浦天童乐和避雨葡萄园，以及农业文化广场、葡萄广场、大浦绿洲生态美食园，形成以科普教育体验为重心，以旅游观光、乡村体验、田园度假为主题的休闲旅游格局。①

① 俞才贞：《总结大浦新模式　探索新农村试验区建设》，《芜湖日报》2012年12月6日。

2. 休闲农业与乡村旅游的霍山模式

2014 年，霍山县成为安徽第一批全国休闲农业与乡村旅游示范县之一。2016 年，全县旅游业吸纳 2.5 万名农村劳动力就业。乡村旅游产值突破 10 亿元，10 个乡村旅游扶贫重点村及近千个贫困户，户均增收 5000 元。2017 年上半年，全县接待游客近 390 万人次，旅游综合收入 21 亿元。霍山县成为“国家全域旅游示范区”首批创建单位和国家中医药健康旅游示范区首批省级推选单位，大别山主峰、佛子岭景区创建省级旅游度假区和省级研学、体育旅游基地，绿斗石斛、鹏泽石斛、中华药谷、霍山灵芝入选第二批省级中医药旅游示范基地等。

（1）高起点规划，形成乡村旅游多点突破态势。霍山县通过编制《旅游总体规划》《全域旅游创建规划》《智慧旅游发展规划》《乡村旅游发展规划》《中医药健康旅游发展规划》等专项规划，推进产业融合，创新旅游业态，推进旅游脱贫。设立乡村旅游发展绿色减贫专项资金 600 万元，扶持鹿吐石铺茶谷小镇、磨子潭堆谷山、黑石渡朱家畈、衡山镇永康桥等 30 多个乡村旅游示范点，创建农家小院示范户 85 家，4 星级以上农家乐 17 家。

（2）推动产业融合，探索“旅游 +”农业发展模式。

推动“旅游 + 特色农业”融合发展。在美好乡村建设中嵌入旅游元素，在农村“三变”改革过程中鼓励引导农民以土地房屋、投资投劳等方式参与旅游发展，实现“田园变游园、农房变客房、农产品变旅游商品”。建成金竹坪黄茶生态体验园、大沙埂现代农业示范园等一批休闲农业与乡村旅游示范点。

推动“旅游 + 电子商务”融合发展。依托大别山电商产业园，建设霍山旅游天猫旗舰店等电商旅游平台及农副土特产品展览体验馆，线上线下相结合，定制采茶研学、激情漂流、红色旅游文化节等特色旅游项目。

推动“旅游 + 文化”融合发展。围绕红色文化、古色文化、文化创意发展文化旅游业，重点建设了安徽红色区域中心纪念园、文庙、玉玺楼、仙人冲画家村等旅游景点。

推动“旅游 + 养老养生”融合发展。紧抓创建国家中医药健康旅游示范区契机，推出泉乡等一批健康养生景点和中医药健康旅游线路，叫响

“养生宜居”品牌。

(3）推进茶香、温泉、艺术、旅游（太阳乡、佛子岭镇）、生态5个“特色小镇”建设。石斛小镇暨高桥湾现代产业园围绕霍山石斛“百里走廊，百亿产值”目标，通过研发、文化展示、药品保健品与功能食品开发加工、线上线下交易、休闲养生养老及旅游等产业链延伸，打造宜业、宜居、宜游的产城新区。大化坪茶香小镇依托霍山黄芽文化和茶山，与中国农科院茶研所、安徽农大国家重点实验室等联合研发培育优质品种，形成省级茶叶龙头企业2家，省市级茶叶示范社17家，茶叶家庭农场6家，建成茶文化广场、主题公园、摩崖石刻、茶博馆、茶香书屋、四望堡等特色茶文化旅游景点。诸佛庵艺术特色小镇建设仙人冲十里艺术长廊，吸引国内百余位知名画家入驻创作。在上土市温泉特色小镇，大别山华强集团建设温泉中心、国医馆、汤屋、药乡等项目，与中国温泉旅游协会、安徽医科大学等合作，推进医养结合，开展个性化温泉养生和康复服务。①

四 建立产业融合发展导向的政策支持体系

产业化离不开产业要素流动、整合、提质，离不开政府引导和扶持、法律保障及市场化的制度环境。

（一）基于产业融合发展导向，创新农业管理体制

1. 创新政策组合，实施对农业产业化发展前沿和重点领域的有效支持

以创新的科技、财政、金融、土地等政策及其组合，实施对农业产业化发展前沿和重点领域的有效支持。比如，以现代农业产业化示范区、现代农业产业化联合体为操作平台，设立财政投入资金管理平台、借款平台、担保平台、信用协会等，结合农地抵押贷款试点，探索采取信用担保和贴息、业

① 伍连成、王甫胜：《引领绿色发展霍山县创建国家全域旅游示范区综述》，中国网，http：//union. china. com. cn/txt/2017 -06/29/content_ 9547996. htm，2017年6月29日。

务奖励、风险补偿、费用补贴、投资基金等方式，解决融资难题。

2. 把握关键环节和重点领域，形成支持农村“三产”融合发展的政策体系

从欧美、日本以及我国台湾地区和国内先发展地区经验及案例来看，要素交融、产业整合、城乡互动带来的农村产业升级前景广阔。

在认真分析优劣势，认清和把握近年来安徽农村产业融合带来的新产业、新业态、新模式、新走向的前提下，相关政府部门应着力推进农村产业融合发展的规划指导、政策创设和落实、科技创新推广、人才队伍建设、公共服务体系建设和示范型创建等工作。通过采取“先建后补”、贷款贴息、设立产业引导基金等多种方式，支持农村“三产”融合发展的关键环节和重点领域，逐步形成支持农村“三产”融合发展的新的政策体系。

（二）强化制度设计及效果评估，优化产业化政策支持体系

1. 为解决政策目标锁定不准造成的风险，应及时评估实施效果，优化政策体系

近年来，安徽对农业产业化的支持政策体现了突出重点、注重特色、兼顾一般的原则，比如对皖北等不同类型地区的差异化支持，对新型经营主体、综合性产业项目、农业基础设施、农产品流通领域的倾斜政策，但是仍存在目标及环节锁定不准、资金需求与分配错位造成使用效益差、风险大等问题，应结合农村综合改革和供给侧改革背景以及地方发展需要，强化制度设计、注重运用多种政策手段，及时进行重大政策事项评估，监督实施效果，优化政策体系。

“互联网 +”是现代农业发展的基础，对于农业电子商务、农业物联网、农业大数据、信息进村入户的支持，应研究更为具体的重点支持范围、环节和方式。

2. 继续推进金融创新，着力对供应链融资产品的供给

为形成产政银合力推进农业产业化局面，应注重引导支持金融部门围绕地方特色农业，创新土地抵押贷款业务，开发推广订单融资、动产质押、应收账款保理和产商银等多种供应链融资产品。

（三）构建农村产业融合发展的公共服务体系

打造公共服务体系有利于降低涉农生产成本，提高产业整体赢利能力，且有利于推进农村产业融合发展。

1. 建立健全多元化公共服务平台

依托骨干企业、供销社等生产经营组织，采取政府购买服务或民办公助等方式建立公共服务平台。一是建立农村综合性信息化服务平台，面向农业农村提供农业物联网、农业移动互联网应用、电子商务、品控追溯、休闲旅游等全程信息化综合解决方案。二是建立创业孵化与法律援助平台，为中小新型农业经营主体提供经营场地、政策指导、项目顾问、人才培训、仲裁调解、诉讼代理等创业扶持服务。三是建立公益性农副产品批发市场、产地集配中心、农业博览会或展销会等农产品公共营销平台，提供价格信息、经纪交易、品牌培育等营销服务。四是建立农村产权评估与交易平台，围绕农村土地经营权、林权、农村房屋和农业设施所有权、集体建设用地使用权、集体经济组织股权、农业知识产权等，提供信息发布、资产评估和交易服务。

2. 促进产业化服务组织成长

是鼓励各类农业行业协会在发挥行业自律、教育培训和品牌营销作用的基础上，开展商业模式推介和示范带动活动。选择质量检测、资质认定、信用评估等部分领域，推进政府部分职能向行业协会转移。二是引导资产评估、商务咨询、融资租赁、检测认证、农业设计服务等中介服务组织健康发展。三是推进由卖产品向卖设计、卖服务的模式转变，鼓励龙头企业、专业合作社、家庭农场等向农村产业融合服务商或系统解决方案供应商转型。四是选择市县科技园、中心镇产业园、中小企业创业基地，建设特色鲜明、服务能力强的中介服务功能区。五是推进政产学研合作，培育以企业为主导的农业产业技术创新战略联盟，允许农业科研人员以科技成果分享产业融合利益。六是鼓励成立农业风险咨询公司，建设农业产业链风险管理信息系统，设立政府作为出资主体，企业、专业合作组织和其他主体为补充的农业风险基金，统筹用于土地流转、涉农贷款等风险防范。①

3. 构建紧密型利益联结机制

农村产业融合发展中的紧密型利益联结机制，不是简单的买卖关系或合同契约关系，而是要以保障农民权益为核心，使新型农业经营主体之间及与普通农户之间形成风险共担、互惠共赢的利益共同体。

（1）推广股份合作型利益联结机制。安徽正在推进的农村“三变改革”试点是通过农村集体资源资产、土地承包权、财政支农资金确权折股到户，以村集体为发包和监管主体，吸引企业共建股份合作制经济实体，以“保底收益+按股分红”为主要分配方式，维护农民利益。此举破解了长期以来农村的人口松散、土地零散、资金闲散等造成的生产率低下难题，也解决了财政补助资金监管不到位、使用效率低的难题，使农民参与全产业链、价值链利益分配。鼓励有条件的地区开展农村土地和集体资产股份制改革，在此基础上，引导龙头企业和农民合作社通过双向入股方式实现利益联结，鼓励专业合作社、家庭农场、种养大户和普通农户以土地、劳务、资金等入股企业，支持企业以资金、技术、品牌等入股领办专业合作社。

（2）推广产销联动型利益联结机制。支持农产品产销双向合作互动，鼓励批发商、零售商与农民合作组织共建规模化、标准化农产品基地，扶持农民成立农产品流通合作组织，并以加盟或入股形式成为大型连锁超市会员，强化“农超对接”利益联结。借鉴黟县等地发展休闲农业股权众筹的做法，推广新业态利益联结模式，鼓励农户和消费者围绕农产品和土地，按照农业众筹方式形成产销利益共同体。鼓励龙头企业或行业协会，联合专业合作社、种养大户、家庭农场设立共同营销基金，专项用于农产品销售推介、品牌运作和出口服务。

（3）强化链式利益联结机制。以美丽乡村、特色小镇、农业园区等为载体，以农产品加工业、休闲农业和乡村旅游为引领，促进产业相互渗透和

① 马晓河等：《推进我国农村一二三产业融合发展问题研究》，《经济研究参考》2016 年第 4 期。

交叉重组，做强家庭农场、农民合作社和加工流通企业等新型经营主体，带动资源、要素、技术、市场需求在农村的整合集成和优化重组，实现产业链、价值链、供应链等三链重构。将农业发展由单纯依靠人力、地力、机械力转变到依靠资金、技术、管理、设施、装备、企业、企业家等多要素协同发力，催生新产业、新业态、新模式。

鼓励产业链核心企业利用价值链、信息链和物流链整合各方利益主体，建立农业技术开发、农产品生产标准体系和上下游连接的质量追溯体系，着力打造纵向和横向产业联盟，鼓励通过交叉持股、联合研发、交互许可、供应商契约等方式结成利益共同体。[①]

① 宗锦耀：《完善承包经营制度发展适度规模经营》，《农民日报》2016 年 12 月 17 日。

B.20

江西省实施精准扶贫战略的实践与新征程

梁勇　陈胜东*

摘　要：　在我国实施精准扶贫战略背景下，江西省通过实施产业扶贫全覆盖、健康扶贫再提升、易地扶贫搬迁再精准、教育扶贫再对接、贫困村村庄整治再推进等措施，精准扶贫工作取得显著成效，农村居民生活质量和生活水平都得到较大程度的改善和提高，农村居民基本公共服务也得到明显改善，但与全面实现小康还存在一定差距。为达到2020年农村贫困人口全部脱贫目标，本文提出江西省在实施精准扶贫新征程中的重点工作建议。

关键词：　精准扶贫　农民生活改善　江西省

一　江西省实施精准扶贫战略取得成效

党的十八大以来，江西省精准脱贫进入了历史上进度最快、成效最好的时期，脱贫攻坚与全国同步取得决定性进展，到2017年脱贫攻坚工作全面推进，精准脱贫取得新突破，迈出新步伐。

---

* 梁勇，江西省社会科学院院长，研究员，主要研究方向为区域经济；陈胜东，江西省社会科学院产业经济研究所副研究员，主要研究方向为生态经济。

（一）全省精准脱贫攻坚工作成效显著

1. 减贫成效更加显著

贫困人口大幅减少，在现行标准下农村贫困人口由2012年初的438万人下降到2017年的87.54万人，累计减少350多万人，贫困发生率由12.6%降至2.37%。贫困村由“十二五”时期的3400个调减到“十三五”时期2900个，到2017年底已实现1600个退出；在25个贫困县中井冈山市、吉安县脱贫摘帽，瑞金市、万安县、永新县、上饶县、横峰县和广昌县等6个贫困县达到摘帽条件。

2. 民生保障更加有力

2017年，江西省农村最低社会保障标准提高为每人月均305元，特困人员分散供养标准提高为月均320元；全省列入建档立卡低保对象达122万人，建档立卡贫困人口医疗救助累计52.60万人，累计救助金额3.27亿元。

（二）农村居民生活质量得到较大改善

1. 农村居民人均可支配收入持续增加，城乡收入差距逐渐缩小

江西农村居民人均可支配收入绝对值由2006年的3584.72元增长到2016年的12137.72元，绝对数值增加了8553元，增加了2.39倍，年均增长12.98%。城乡居民人均可支配收入比由2006年的2.66下降到2016年的2.36，其间有不同程度的起伏，但整体来看呈现逐渐缩小的趋势。

2. 农村居民消费水平逐步提高，消费结构更趋合理

2016年，农村居民人均消费绝对数值为11320元，较2006年增加8510元，增长3.02倍，年均增长率达14.96%，超过农村居民人均可支配收入的增长率，表明农村居民消费水平正逐步提高。从农村居民消费结构来看，用于食品消费的支出逐渐减少，农村恩格尔系数逐年降低，由2006年的49.26%降低至2016年的30.90%，共减少了18.36个百分点，说明农村居民人均消费中，吃穿住等生存型消费占比下降，交通通信、教育文化娱乐、医疗保健等发展型消费占比有所提高。

（三）农村居民生活上升到新水平

1. 农村居民人均资产大幅增加

农村居民人均固定资产有较大幅度提升，2006～2016 年，人均新增固定资产总体呈现持续增加态势，先由 2006 年的 540 元增加到 2014 年的 1915 元，随后又有所下降，但始终维持在 1000 元以上。农村人均住宅价值增长较为迅速，由 2006 年的 994.26 元增长到 2016 年的 5685.76 元，增长了 4.72 倍，年均增长率达到 19.05%。

2. 农村居民居住条件得到较大改善

农村居民人均房屋面积呈现逐年增长趋势，由 2006 年的 35.91 平方米增加到 2016 年的 51.80 平方米，增加了 15.89 平方米，年均增长 3.19%。从新增住宅面积看，农村居民人均新增住宅面积由 2006 年的 0.71 平方米增长到 2014 年的 2.12 平方米，增长了 1.99 倍，年均增长率达 14.65%，近两年虽有所下降，但增幅都在 1.5 平方米以上，表明农村居民居住条件处于持续改善当中。

3. 农村居民家庭生活条件得到较大改善

每百户拥有空调数由 2006 年的 2.16 台增加到 2016 年的 48.34 台，增长了 21.38 倍，年均增长率达到 36.45%。移动电话普及率进一步提高，百户移动电话数由 2006 年的 78.04 部增加到 2016 年的 241.19 部，年均增长率达到 11.94%。

（四）农村居民基本公共服务得到明显改善

1. 农村医疗卫生服务普及性显著提高

全省农村卫生室由 2008 年的 25772 个增加到 2012 年的 32369 个，增加 6597 个，增幅达 25.60%。全省农村卫生室人员则由 2008 年的 38574 人增加到 2016 年的 51990 人，共增加 13416 人，年均增长 3.80%，进一步为农村居民提供基本医疗服务。

2. 农村社会保障进一步完善

为进一步提高农村居民生活水平，扩大农村居民受惠范围，国家先后多次提高扶贫标准，2008 年将 1067 元作为扶贫标准，实行绝对贫困标准和低收入标准合一，2009 年和 2010 年该标准进一步上调至 1196 元和 1274 元。2016 年江西省农村低保标准提高到每人每年 3240 元，首次高于全国扶贫标准。全省农村扶贫对象人数持续减少，由 2011 年的 438 万人下降到 2016 年的 325.03 万人，年平均减少 22.59 万人。然而，新标准的实施将推开农村低保人员数量，农村最低生活保障者所占的比例相对应地呈现持续增加趋势，由 2006 年的 2.41%，增加到 2015 年的 3.71%，增加了 1.3 个百分点，增幅达 53.9%。

二　江西省精准扶贫实施路径

（一）实施产业扶贫全覆盖工程

1. 发展特色扶贫产业

一是重点发展特色种养业、劳动密集型加工业和服务业，充分利用各地资源及品牌优势，引进特色产业，吸纳当地贫困农户就业，提高贫困农户收入水平。二是积极发展乡村旅游扶贫，对于具有旅游资源禀赋的乡村，重点加强旅游基础设施和公共服务设施建设，关键是抓好乡村道路、环境整治和改厨改厕，以及家庭旅馆、小型超市等服务项目建设，鼓励当地村民发展农家乐、采摘园、垂钓园等休闲旅游项目。三是探索电商扶贫，立足特色农产品，积极与国内电商平台对接，发展农村电子商务，让更多贫困户走上“电商致富”之路。2017 年全省投入产业扶贫的资金总额达到 523.6 亿元，支持贫困村发展扶贫产业；培育 4.8 万个农业新型经营主体，发展特色种养业带动贫困户 63.6 万户 210 万人，预计户均增收 3900 元；建设贫困村电商站点 2463 个，帮助 4.9 万户 14.92 万人销售农产品。

安福县利用赣南等原中央苏区和特困片区产业扶贫资金的优势，优化产

业布局，重点发展蜜柚、蔬菜、珍贵楠木、高产油茶、竹木花卉、烟叶6个支柱产业；定南县大力扶持发展油茶、毛竹、蔬菜种植和牛、羊、家禽养殖6种产业，重点支持油茶产业，每年新造油茶林1.5万亩、低产油茶林改造5000亩；广昌县通过特色产业发展与现金直补相结合，对白莲、烟叶、茶薪菇等15类种养产业给予每年最高5000元的现金直补，受益贫困户2723户；会昌县按照“山上茶果林、田间烟稻菜、栏里猪牛羊”的模式，重点发展效益高、回报周期短的立体生态农业，通过规划旅游精品线路，在全省区域内打造有特色的乡村旅游示范区，实现“旅游旺县富民”；吉安县实施的“四个一”产业扶贫模式被认为是可复制、可推广的精准扶贫致富工程；吉水县以井冈蜜柚为主导产业，大力发展养鹅、养鸭、养牛、花卉苗木、油茶、绿色蔬菜等产业，有50%以上的贫困户通过发展产业增收致富；井冈山市明确将“两茶一竹”（茶叶、油茶和毛竹）作为产业扶贫的三大主导产业；龙南县因地制宜地发展脐橙、油茶、茶叶、生猪、水稻、肉牛、肉羊、水产养殖和其他区域特色优势农业产业；庐山区借助电子商务发展的浪潮，以优化产业基础、抓好智力提升、完善服务机制等方式，推动电商产业带动农民脱贫致富；石城积极探索农旅结合，以农带旅、以旅兴农，以旅游、农业、扶贫互动融合发展的思路，推行“农业 + 旅游”模式，构建了以生态为基础、农业为主体、扶贫为主旋律的休闲农业、乡村旅游与精准扶贫的发展格局；婺源乡村旅游扶贫富民篁岭实践，为中国乡村旅游奉献了“全域旅游模式”，创造了具有世界意义的“最美乡村·梦里老家”品牌；宁都县引进著名电商“孔明灯大王”创建宁都电商孵化园，以孔明灯、脐橙、黄鸡、肉丸、服饰鞋帽等为主导的宁都特色产品，通过电商渠道带领贫困户脱贫致富。

2. 打造特色产业扶贫模式

一是培育合作组织，完善利益联结机制，打造特色的“龙头企业 + 合作组织 + 贫困农户”产业扶贫模式，按照整乡整村推进方式，打造“一村一品”特色规模产业项目。二是打造就业扶贫园区，发展乡村“扶贫车间”，企业把生产车间办到乡镇，形成“一企帮一村、一企帮多村、多企帮一村”的特色扶贫模式。三是拓展农村社区服务和生态护林员等公益岗位，帮助留守贫困人口就近就地实现就业增收。2017 年，在全省 51.02 万名贫困劳动力中，实现就业 32.57 万人，占贫困劳动力总数的 63.84%。其中建立乡村“扶贫车间”3541 个，吸纳 3.5 万名贫困劳动力就地就近就业；设立扶贫就业专岗 3 万余个，安排 54722 位贫困群众在公益岗位就业。

东乡县发展莲藕产业，采用“公司+贫困户”“合作社+贫困户”“基地+贫困户”等模式，鼓励有生产能力的贫困户参与；广昌县采取“企业+合作社+贫困户”模式，建立企业（合作社）与贫困户的利益联结机制，引导贫困户以土地入股、务工投劳、租赁生产和产业扶贫资金入股等方式加入基地（合作社）中，成立各类合作社 42 家，吸纳贫困户 1373 户，每年每户享受合作社分红 3000 元；吉安市采取“龙头企业+基地+贫困户”“基地+合作社+贫困户”“五统一分”（统一供苗、统一培训、统一标准、统一物资、统一营销，分户经营）等运作模式实施产业扶贫；莲花县推行“合作社+基地+贫困村+贫困户”产业扶贫新模式，通过村社合作养猪，推动产业扶贫工作，全县有 33 个贫困村签订合作养猪协议，带来 409.77 万元的产业分红；瑞昌市探索出“1+N”产业扶贫模式，通过打造横立山乡红旗腊米等 5 个千亩扶贫基地，扶持带动新型经营主体 83 个，扶持农村电商点 193 个，其中贫困村 19 个。

3. 实施光伏扶贫扩面工程

一是实施村级光伏电站对建档立卡贫困村全覆盖，统筹建设集中式光伏扶贫电站，每个村级电站规模达 100 千瓦，增加村集体收入 4 万~5 万元，贫困户参与分成。二是根据农户意愿，在贫困户屋顶、房前屋后地面分户建设规模 5 千瓦户用光伏发电，每年收益 3000 元归贫困户。2017 年全省建成光伏扶贫电站规模 119 万千瓦，受益贫困村 3766 个、贫困户 24.5 万户。

崇义县上堡乡扩大光伏产业，三个省定贫困村由 175 千瓦扩大到 300 千瓦；广昌县第一批光伏扶贫工程总装机容量 7.79 兆瓦，实现发电收益 790

万元，覆盖建档立卡贫困户1558户，实现了户均年增收3000元，同时采取光伏扶贫与兜底保障相结合的措施，贫困户在享受到4000多元的政策补贴的同时，还领到了3000元的光伏扶贫收益；瑞昌市财政专项投入2396.5万元，建成光伏发电并网村级站46个、户用站28座，拟分两年再建村级站38个，加大光伏产业扶贫力度；奉新县第一批80户特困家庭光伏扶贫项目能为每户每年增收2500元，可持续增收20～25年；横峰县溪畈村、葛源村、枫林村、黄溪村、黄山村等9个村为78户贫困户家中安装了光伏发电设备，铺就了脱贫的“光明之路”；吉安市首批光伏扶贫建设规模达164.68兆瓦，覆盖全市建档立卡贫困户4.39万余户12.87万人，包括村级电站和居民屋顶（项目以村为单位）项目1818个。

（二）实施健康扶贫再提升工程

1. 全面筑牢四道保障线

围绕“看得起病、看得好病、看得上病、更好防病”目标，一是实施城乡居民基本医疗保险和城乡居民大病医疗保险两道普惠制保障线；二是针对贫困人口设置疾病医疗商业补充保险、民政医疗救助两道保障线，政府全额资助所有建档立卡贫困户免费参保，减轻了群众看病就医的经济负担，有效防止了“因病致贫”“因病返贫”现象的发生。2017年全省共安排4.35亿元扶贫资金，资助建档立卡贫困人口免费参加城乡居民基本医疗保险；安排财政扶贫资金4.93亿元，按年人均不低于90元筹资标准为所有建档立卡贫困人口购买重大疾病医疗补充保险，全省建档立卡贫困患者住院自付医疗费用比例下降到6.79%。

全南县2017年财政出资1907万元将全县21427名贫困人口纳入了“四道医疗保障线”，使全县建档立卡贫困患者就医自付费用比例控制在4%以内；瑞金市将贫困人口慢性病门诊费用报销比例提高到90%以上，贫困户慢性病的门诊报销费用由政府兜底保障。

2. 落实“三个一批”健康扶贫行动计划

一是实施大病集中救治一批，积极开展农村贫困人口大病专项救治，对患有大病的农村贫困人口实行集中救治。二是慢病签约服务管理一批，开展慢病患者健康管理，对患有慢性疾病的农村贫困人口实行签约健康管理。三是重病兜底保障一批，提高医疗保障水平，切实减轻农村贫困人口医疗费用负担，有效防止因病致贫、因病返贫。

芦溪县宣风镇536户贫困户全部签订家庭签约医生服务，贫困户足不出户便可享受上门诊疗、健康指导、随时咨询等服务；全南县全面推行先诊疗后付费“一站式”同步结算服务，在县域范围内住院不需缴纳住院押金即可入院，出院时只需刷卡付清个人承担的费用；瑞金市实施尿毒症、急性精神病等8种重大疾病免费救治，对耐多药肺结核、肺癌等15种重大疾病实施大病救助，减少因病致贫或返贫的发生；吉安市对农村贫困家庭妇女“两癌”实行免费救治；吉水县每年预算500万元建立贫困户大病救助专项基金，为贫困户提供大病救助保障。

3. 开展政府、社会和慈善组织相结合的爱心救助活动

对无须住院但要长期服药的精神病、慢性病、失能病和经“四道保障线”报销救助后仍有困难承担自负费用的特困患者，采取政府、社会和慈善组织相结合的“爱心”救助兜底的办法为贫困户解决医药费用。

吉安市对因病、因灾致贫的贫困群众实行救助保障，五保医疗救助对象、农村低保户新农合报销、大病保险后，医疗救助比例达到70%，农村医疗救助10.29万人次，发放医疗救助资金74043万元；瑞金市为孤寡老人开展亲情陪护，心理疏导，提供助餐、助洁、助医等基本养老活动，实现孤寡老人老有所养，老有所依。

（三）实施易地扶贫搬迁再精准工程

1. 积极推进扶贫搬迁工程，确保整体搬得出

一是将移民扶贫与城乡一体化发展进行统筹规划、共同部署，对“一方水土养不了一方人”的区域实施整体搬迁。二是根据政府引导、群众自愿、梯度安置的原则，结合群众需求能力，以县城、工业园区搬迁安置为主，中心镇、中心村、养老院安置为辅的方式进行集中安置，采取离乡不离

土的办法，有序组织向县城、工业园区、中心集镇村梯度转移。三是对一些想搬、应搬，但靠个人经济能力搬迁有困难的贫困户，给予重点帮扶，确保整体搬得出。五年来全省完成易地扶贫搬迁 51 万人。

会昌县在台商创业基地安置区规划兴建“梦想家园 · 台商园小区”移民搬迁扶贫项目，对居住在深山区、库区、地质灾害频发区的贫困户实施异地搬迁安置，实现家门口就业或创业；吉水县实施移民工作“百日攻坚、百村竣工、乔迁安居、库区清理”四大战役，在两年时间内完成了 100 个移民新村建设、2.3 万名移民搬迁安置任务；黎川县注重差异化搬迁安置，将搬迁移民分为有搬迁能力、通过借贷能搬迁、暂无搬迁能力三类，由农民根据自身条件决定建房标准，把安置点建在就业、就学、交通等便利的集镇和主干公路旁；全南县在 10 个易地扶贫搬迁安置点新建农村保障房 82 套，实现拎包入住；万安县针对移民户不同的生产、生活需求，实行“政府团购、让利移民”，主攻“进城进园”，鼓励“乡镇建点”，实行梯度安置；遂川县移民搬迁扶贫试验区、永新县“引农上坡”、井冈山市特困移民户“爱心公寓”，创新了移民搬迁模式，树立了安居工程典范。

2. 加强集中安置点综合管理，确保长期稳得住

一是按照“设施与城市看齐、环境与农村媲美”的要求，高标准、严要求抓好集中安置区（点）建设，一般选址于置业、就业、创业便利的城区和工业园区。二是妥善解决易地安置“人地分离”的管理问题，对安置小区实行社区化管理，建设完善公共服务管理机构。三是贫困户继续享有土地承包经营权、集体收益分配权及相关惠农、社会保障“两转一选择”等政策，解决搬迁户的后顾之忧。

井冈山市通过地毯式摸排情况、菜单式设计模式、立体式整合资金、量化式考核四个步骤，科学规划、统筹安排，严格落实各项安居工程措施，努力提高工程质量，确保贫困户能住上舒适的房屋；吉安县将贫困村优先列入美丽乡村建设范围，按照“五美”内涵、庐陵风格的要求，全面整治村容村貌，提升村庄宜居水平；万安、永新结合乡村旅游实施村庄整治，切实改善了贫困村面貌；武宁县武安锦城安置区按照精品商住小区标准规划设计，

社区服务中心、卫生所、警务室、幼儿园、农贸市场等生活设施配套齐全。

3. 大力发展移民扶贫产业，确保逐步致富

一是深化农村改革促增收，以实施乡村振兴战略为契机，推进移民搬迁地区集体产权制度改革，加快推进农村土地承包经营权、林权的确权登记颁证和流转工作。二是贫困农户以林权、土地承包权入股参与分红，形成“人走权不走、人移利不移”的利益机制。三是推进产业扶贫促增收，坚持把产业发展作为脱贫致富的必由之路，探索不同产业发展模式，帮助贫困户发展致富产业。

瑞金市用好建设用地“增减挂”政策支持易地扶贫搬迁，允许赣南等原中央苏区、特困片区和贫困县用地指标在省域范围内交易流转使用，推进移民搬迁与危旧土坯房改造有机结合，实行政策叠加，安全系数在40%以下的住房进行拆除，贫困户每人给2万元的标准补助，每户给50～90平方米的住房面积进行安置；修水县黄溪村整体搬迁后集体土地流转出1400多亩，共引进8家企业发展蚕桑、蔬菜等农副业，为全村300多户居民提供务工收入、耕地租金和股份分红。

（四）实施教育扶贫再对接工程

1. 建立精准扶贫学生档案库

一是所有贫困家庭中正在接受教育的学生统一登记注册，建立贫困学生电子档案信息系统，对贫困学生享受资助情况全程跟踪，确保其每个教育阶段都能获得相应资助并顺利完成学业。二是通过实行资助政策校长负责制，确保贫困家庭学生享受各种助学金政策、不遗漏一名建档立卡的贫困家庭学生、学生不因家庭经济困难辍学失学，切实阻断贫困代际传递。

2016年，赣州市投资23.08亿元，实施教育扶贫六大工程，建立从学前教育到高等教育完整的学生资助体系，累计资助各级各类贫困家庭学生18.7万人次；会昌县采取办好一乡一所公办幼儿园、义务教育“两免一补”、普通和职业高中贫困生补助、新入学大学生政府救助、大学生生源地

信用助学贷款、社会慈善助学等措施，全力保障贫困家庭子女接受教育，杜绝因贫辍学现象发生。

2. 实施贫困家庭子女就学全覆盖

一是以建档立卡贫困家庭受教育子女为重点，实现资助贫困家庭子女就学全覆盖、关爱留守儿童全覆盖、帮扶贫困家庭高校毕业生初次创业全覆盖。二是对新增和返贫的贫困户就学子女，及时纳入教育扶贫资助范围，确保应扶尽扶，应补则补。2017 年，全省建档立卡贫困户享受教育补助政策的人数已达 35. 05 万人。

芦溪县每年定期举办主题为“扶贫助学、尚德励志”的教育扶贫仪式，2017 年有 40 名优秀贫困学生获得爱心助学金、23 名优秀贫困学生获“春蕾计划”助学款、41 名优秀学生获奖学金；2017 年全南县资助贫困户学生 4029 人次，资助金额达 339. 41 万元，实现了贫困户子女教育资助政策 100% 全覆盖；宁都县积极落实义务教育家庭经济困难寄宿生生活补助，足额落实了精准扶贫学生资助提标配套资金。

3. 夯实基础教育发展基础

一是加大技能教育培训力度，对贫困家庭子女接受中、高等职业教育和贫困劳动力参加转移就业技能培训及创业培训，给予资助和补贴。二是积极开展“送就业到户、送技能到人、送服务到家”的就业扶贫和“雨露计划”培训工作，助推了贫困群众脱贫致富。三是通过完善乡村教师补充和定向培养机制，提高贫困地区乡村教师待遇，稳定教师队伍，留住教师人才，夯实乡村教育基础。全省实施“雨露计划”五年来实际培训了 22 万余人次，投入培训补助资金 3. 8 亿元；每年招聘补充乡村教师 3000 名。

广昌县在农村推广“8 + 1”教育模式，即在校学生通过 6 年小学和 2 年初中教育后，要用 1 年时间学习传统产业种植、经济林果栽培、病虫防治及商品经营等农村实用技术，加强农村教育的针对性和实用性；会昌县采取政府购买服务的方式，由人力资源公司对贫困劳动力进行就业、培训、职业介绍等“一条龙”服务，让贫困户尽快实现脱贫致富；吉安县通过“雨露计划”，让贫困户子女接受了中长期职业教育培训，实现了“培训一人，成就一人，致富一家”的目标，参与井冈蜜柚、横江葡萄、肉鸡种养贫困户均得到系统的技术培训，达到每个贫困户有一人掌握了致富技能的目标；井冈山市以特色政策吸引各类团体加大对全市优秀教师的奖励与帮扶，通过设立诸多教育教学奖励金褒奖教育系统优秀人才，鼓励优秀教师扎根乡村。

（五）实施贫困村庄整治再推进工程

1. 建设“整洁美丽、和谐宜居”的人居环境

一是抓好村庄整治，优先安排贫困村和自然村开展“整洁美丽、和谐宜居”新农村建设，全面治理生活垃圾、污水和面源污染，加强生态环保建设。二是完成通组和入户道路硬化，按照贫困村水泥路通畅率100%的基本要求，加强村出口公路和连村一般出口公路硬化、安全防护设施和中小危桥改造等建设，对25户以上自然村道路全部实现硬化。三是加强贫困村饮水工程建设，提高饮水安全水平和自来水普及率，为贫困村居民提供饮用安全、健康清洁的自来水，维护农民身体健康，促进农业和农村持续稳定发展。

会昌县统筹各类涉农资金和社会帮扶资金，完成全县110个省级以上扶持贫困村（其中有国定贫困村54个）的基础设施建设，全面实施水、电、路、房、网络和环境改善“六到农家”工程；瑞金市帮助贫困户修建水冲式厕所，每座补助800元，确保65%的农户拥有水冲式厕所。

2. 加大贫困户危房改造扶持力度

一是推进C级危房加固改造，全面实施D级危房新建工作，坚持就地就近建设，以分散分户改造和农户自建为主，防止贫困户因建房举债致贫或返贫。二是对符合“一户一宅”要求且自愿拆除土坯（危）房的贫困户，整合搬迁移民安置建房补助资金、农村土坯（危）房改造补助资金和财政资金给予补助，根据群众意愿和实际需要选择不同的户型和面积改建住房。三是严格执行房屋改造标准，改造后的房屋以居住用房建筑面积进行控制，户人口1～3人控制在40～60平方米，户人口在3人以上人均建筑面积不低

于13平方米、不超过18平方米。

3. 实施深度贫困户住房社会兜底

一是对孤、寡、“三无”人员、五保户等无力改建住房的对象实行养老院集中供养，切实解决其基本生活保障。二是对建档立卡贫困户中兜底解决的特困户，采用“交钥匙工程”方式，切实解决其最基本的住房问题，“交钥匙”工程房屋产权归村集体所有，特困户享有使用权；“交钥匙”房屋，严格控制建筑面积，1~2人户住房建筑面积不得超过40平方米，3人以上户原则上不得超过60平方米。

三　江西省实施精准扶贫新征程

党的十九大报告指出，到2020年实现现行标准下农村贫困人口全部脱贫，江西省同步完成脱贫攻坚任务，并使农村最低生活保障标准超过国家贫困标准的40%，现有贫困县农民人均可支配收入增长速度高于全省平均水平，为完成此目标，全省上下将全面落实压紧市县主体责任、行业部门责任、帮扶责任，以进一步强化精准识别，加强资金项目保障，夯实扶贫基层基础，着力做好精神思想扶贫工作，全力推进以下重点工作。

（一）推进产业扶贫

通过推进高标准农田建设、农业结构调整、发展林下经济等工作，结合实施光伏扶贫、电商扶贫、金融扶贫、旅游扶贫等，推进村干部与能人带头领办和村党员主动参与、村民自愿参与、贫困群众统筹参与的“一领办三参与”模式，发展贫困村集体经济。强化实施扶贫小额信贷，开展贫困户全面授信评级，实现贫困户“应贷尽贷”“户贷户用”。

（二）实施就业扶贫

以灵活丰富的就业形式，帮助贫困群众在家门口实现就业增收，全方位拓展贫困群众就业门路。着力推进“雨露计划”等职业技能培训，实施就业扶贫“春风行动”，每年培训 10 万人次，就业 10 万人。

（三）开展健康扶贫

进一步提高贫困人口重大疾病医疗补充保险筹资标准和保障水平，全面实现贫困人口县域内住院“先诊疗后付费”和“一站式”报销结算，确保贫困患者县域内住院医疗自付费用控制在 10% 以下；在实施 10 种大病免费救治的基础上，建立 15 种大病全部得到专项救治机制。

（四）落实教育扶贫

进一步加强学籍管理系统与建档立卡信息系统动态衔接，建立义务教育扶贫资助政策学校校长与乡镇属地双负责制度。

（五）推进安居扶贫

严守易地扶贫搬迁政策，全面完成“十三五”时期易地扶贫搬迁工作任务。落实搬迁贫困户后续帮扶措施，确保搬得出、稳得住、逐步能脱贫致富；加大贫困户危房改造扶持力度，坚决防止贫困户因建房举债致贫或返贫，确保贫困农户不住危房。

（六）兜底保障扶贫

结合低保提标提补和年度审核工作，全年开展两次以上农村贫困群众排查摸底工作，及时把新增符合农村低保条件的贫困群众全部纳入农村低保，对失能弱能的贫困人口应保尽保，兜住保障底线。

（七）落实生态扶贫

加大生态补偿力度，落实贫困县补偿资金和管护补助，在流域生态补偿资金分配上，提高贫困县分配系数，在贫困县建立补偿资金与扶持贫困群众挂钩机制；大力开发生态公益岗位，优先安排贫困劳动力担任护林员、护路员等。

（八）聚力深度贫困

聚焦269个深度贫困村，加大投入和帮扶力度，坚持脱贫攻坚新增资金、新增项目、新增举措向深度贫困村倾斜，为深度贫困村在2019年全部脱贫提供保证。

（九）衔接乡村振兴

优先支持贫困村和自然村完成“整洁美丽、和谐宜居”新农村建设，科学规划贫困村生产空间、生活空间、生态空间的布局，因地制宜、突出特色、量力而行，加大贫困村整体提升力度，全面完成25户以上自然村通水泥路，加快改变生活条件、发展环境和基础设施、公共服务的落后面貌，全面改善人居环境。

B.21

江西实施乡村振兴战略路径研究

江西省社会科学院课题组*

摘 要： 党的十九大首次提出实施乡村振兴战略，2018年“中央一号文件”也明确了当前乃至今后一段时期实施乡村振兴具体方针路线与政策路径。江西实施乡村振兴战略有基础、有条件、有优势，但同时面临着“六大不相适应”的新问题、新挑战，为破解这些新问题、新挑战，江西省应紧紧围绕农业农村发展中的重点与突破口，通过提财气、强底气、聚人气、营风气、添朝气、凝民气等路径，来增强乡村发展的内生强劲动力，探索出一条具有江西特色的乡村振兴之路，力争在实施乡村振兴战略中走在全国前列。

关键词： “三农” 乡村振兴战略 江西

向特色优势要竞争力，是建设富裕美丽幸福现代化江西的必然选择和现实路径。我国乡村振兴战略的全面实施，为进一步巩固提升江西省农业农村在全国的地位与作用提供了重要契机。江西省农业农村发展有特色有优势，为实施乡村振兴战略奠定了坚实的基础条件。江西要探索出一条具有自身特色的乡村振兴之路，力争在实施乡村振兴战略中走在

* 课题组组长：龚建文，江西省社会科学院副院长、研究员，研究方向为农业经济。课题组成员：张宜红，江西省社会科学院应用对策研究室副主任、副研究员，研究方向为农业经济；盛方富，江西省社会科学院应用对策研究室助理研究员，研究方向为农业经济。

全国前列，本报告聚焦江西乡村发展中存在的瓶颈问题，提出相应对策建议。

一　江西实施乡村振兴战略基础坚实

（一）农业发展基础夯实有力

一是地位重要，贡献突出。江西省是全国粮食主产区，是新中国成立以来两个从未间断输出商品粮的省份之一；五年来，整合资金320亿元，建成高标准农田1957万亩。2017年，全省粮食总产量425.4亿斤，实现了“十四连丰”。柑橘产量居全国第3位，水产品产量居内陆省第2位，出口居内陆省第1位；供沪生猪居全国第1位，供港叶类蔬菜居全国第2位。二是基础建设迈出新步伐。现代农业产业技术体系、智慧农业“123 + N”平台建设日益完善，农田基础设施水平、农业信息化率、主要农作物综合机械化率、农业科技进步贡献率等关键性指标显著提升。三是特色鲜明，优势突出。奋力打造全国首个绿色有机农产品示范基地试点省，2017年全省“三品一标”农产品达4712个，绿色食品、有机农产品、农产品地理标志认证数量居全国前列；建有全国绿色食品原料标准化生产基地44个，面积达853.6万亩；创建国家农产品质量安全市县11个、省级绿色有机示范县15个；主要农产品抽检合格率达98.6%，农业部连续两年专门致信省政府，肯定江西省在农产品质量安全方面所做的工作。四是品牌知名度提升，影响力进一步扩大。连续成功举办中国绿色食品博览会，赣南脐橙、南丰蜜橘等10个品牌入选“2017年最受消费者喜爱的中国农产品区域公用品牌”，“生态鄱阳湖、绿色农产品”品牌知名度日益提升。

（二）农村改革走在全国前列

一是农村土地“三权分置”改革居全国前列。自2015年以来，整省推进农村集体土地确权登记颁证工作，创造了“江西确权七步工作法”，2017

年江西省农村承包地确权颁证工作全部完成，走在了全国前列。二是深入推进农村集体产权制度改革试点。2016 年建成市、县、乡农地流转服务机构分别达 11 个、102 个和 1454 个，流转农户承包土地 1150.4 万亩，2017 年承包土地经营权流转率达到 40.5%，超过全国平均水平。三是“房地一体”农村宅基地和农民住房确权登记加快推进。扎实推进农村不动产登记，余江县、会昌县和婺源县全面完成房地一体确权登记发证，完成数据整合建库，全面接入国家平台。四是各项改革推进有序。2016 年农业部把江西省列入全国新型职业农民培育整体推进试点省，在全国首创基层农技推广体系改革“综合建站”模式，被农业部列为六大模式之一向全国推广。基本建立农业农村改革的“四梁八柱”，新主体、新业态、新模式不断涌现。

（三）农村环境整治创新有效

一是农业生态环境进一步改善。2017 年减少化学农药和化肥的使用量 300 多吨，使用量（折纯量）为 9.7 万吨，农药、化肥使用量实现负增长；畜禽养殖“三区”划定和地理标注全面完成，畜禽废弃物资源化利用率、病死畜禽无害化处理率分别超过 76% 和 95%。二是农村生活垃圾与污水得到有效治理。江西省有 90% 以上的农村生活垃圾和 70% 以上的农户厕所污水得到有效处理或资源化利用。三是探索创新循环发展模式。探索了新余 N2N 区域生态循环农业发展模式、东乡全域“六有、两全覆盖”病死畜禽治理体系、江西润邦集团现代农业生态循环经济示范区、赣县“指尖农业”等“互联网＋”农业新模式。四是农村面貌发生新变化。五年来，共安排新农村建设村点 6.22 万个，受益农户 311 万户、1269 万人；“连点成线、拓线扩面、特色突出、整片推进”的建设格局初步形成。

（四）农民增收与脱贫攻坚齐头并进

一是农民增收渠道多元且势头强劲。2017 年，全省农村居民人均可支配收入 13242 元，全国排位从第 14 位前移到第 11 位，同比增长 9.1%，连续 14 年保持较快增长、连续 8 年快于城镇居民人均可支配收入和 GDP 增速，增幅居全国第8位、中部六省第1位。其中，农村居民人均工资性收入2839元，比上年同期增长10.6%，高于全国平均水平1.5个百分点，对可支配收入增长的贡献率为62.7%。二是脱贫攻坚卓有成效。江西省建档立卡贫困人口从2013年末的342万人减至2017年末的87.54万人，贫困发生率从9.7%下降至2.37%，2017年2月，井冈山正式通过国家扶贫办委托第三方开展的退出专项评估，在全国率先实现国贫县“摘帽”，吉安县成为江西省第二个脱贫摘帽的县（市），瑞金市、万安县、永新县、上饶县、横峰县和广昌县6个县（市）脱贫摘帽正处于公示阶段，1600多个贫困村脱贫，史无前例的攻坚举措带来的是江西减贫史上的最好成绩，成功交出了一份完美的脱贫攻坚江西答卷。

二　江西实施乡村振兴战略存在诸多不相适应

虽然江西实施乡村振兴战略有基础、有条件、有优势，但仍然面临着一系列新问题、新挑战，主要可以归纳为“六个不相适应”。

（一）农业结构不优与消费者对优质农产品需求不相适应

虽然江西省粮食、畜禽、水产等农产品产量较大，但与多样化、高标准、高品质农产品需求相比，仍然相距甚远。一是农业产业结构单一。江西省水稻、生猪、柑橘、常规水产“四个独大”的产业结构现状未能改变，大路农产品多、低档农产品多、原料农产品多，绿色生态农产品少、优质特色农产品少、高技术高附加值的加工产品少，江西省农产品加工率仅有61%，低于全国65%的平均水平，更低于发达国家90%的水平。二是优质不优价。当前，即使江西省生产出大量优质农产品，尤其是绿色有机农产品，但由于农产品市场不健全、信息公开透明的制度体系不完善，加之高昂的甄别成本，“劣币驱逐良币”的现象在优质农产品市场不同程度存在，进而导致价格上不去。三是农产品品牌不响。近年来，江西虽涌现出了如“赣南脐橙”“万年贡大米”“南丰蜜橘”等少数农业区域公用品牌，但农产品品牌“散、小、弱”局面并未改变，叫得响、影响大、销量多、价格高的农业品牌还不多。

（二）要素流动单向化、非农化与城乡融合发展要求不相适应

经过近四十年的改革开放，尤其是工业化、城市化的资源正向吸引力，使得土地、劳动力、资金等基本生产要素持续大规模由乡向城单向流动。近年来虽然也出现了一些资本下乡、返乡创业等现象，但进程较为缓慢，与城乡融合发展要求不相适应。一是要素流动单向化，造成农村严重“失血”和“贫血”，与城乡融合发展要求不相适应。二是要素流动非农化。由于当前江西省耕地补偿标准偏低、农村金融缺失、农村劳动力价格低廉等因素，土地、资金和劳动力等生产要素大量流向城市，工业对农业、城市对乡村资源的“虹吸”效应仍较为突出。三是要素下乡障碍亟待破除。要素下乡之路不畅通，涉及农村物权、产权的要素流通在多数地方依然是“红线区”，乡村人才、资金、信息、技术、管理的匮乏依然没有得到根本改变，如被限制在村域土地上的农村资产、资源没法盘活，甚至闲置，以至废弃。

（三）乡村环境污损化与生态美丽宜居乡村建设不相适应

一是农业面源污染形势不容忽视。一方面江西省农膜、秸秆、畜禽粪便等农业废弃物并未得到有效利用，造成多重面源性污染，如 2017 年 11 月南昌周边地区大规模秸秆焚烧造成严重的大气污染；另一方面许多农户为追求自身短期利益，仍大量使用农药、化肥，《中国农村统计年鉴（2017）》显示，2016 年江西化肥施用强度为每公顷 465.83 公斤，略高于全国 446.12 公斤的平均水平。二是农村生活污水、垃圾处理方式仍较为滞后。江西省农村生活污水处理设施处于严重闲置状态，大多采取直排方式；垃圾处理方式以填埋为主，处理设施大多以“垃圾桶”为主，农民垃圾分类意识较弱，相应政策法规体系建设较为滞后，“垃圾围村”仍然较为突出。三是农村房屋建设“无序化”。目前，农村“外出打工，回乡建房”的现象普遍，而且房

屋建在耕地上的现象也比比皆是，大多房屋建设无规划，许多老宅也没有得到保护而破败不堪。

（四）农村精神文化荒漠化与乡风文明建设需求不相适应

乡村文化建设严重滞后，普遍存在重视体育娱乐而忽视文化道德建设的问题，与乡风文明建设需求不相适应。一是乡村文化设施落后。江西省许多农家书屋缺乏专职管理员、馆藏书籍老旧、破损严重，形同虚设，体育健身器材维护管理不善，毁损较为严重，绝大多数乡村没有村史馆，更别提乡村文化站。二是传统村落保护力度亟待加强。由于保护体系不完善、法律法规不健全等原因，江西省一些传统村落逐渐破败没落，人居环境较差、空心化趋势严重，有的传统村落甚至被随意拆毁，传统村落以惊人的速度消失。三是乡村优秀传统价值观逐渐沦丧。乡村社会原有的价值体系遭受了严重冲击，传统乡村文化被忽视、被破坏的情况相当严重，一些地方乡村传统生活形态、社会关系日趋式微与淡漠，乡村文化日渐荒芜。同时，厚葬薄养、铺张攀比、红白喜事大操大办等不良风气蔓延。

（五）农村改革深化难度加大与制度供给现实需要不相适应

随着改革不断深化，农村改革进入深水区，难度加大，与制度供给现实需要不相适应。一是农村集体产权制度改革有待深化。虽然江西省已经出台有关农村集体产权制度改革的意见，但对成员的界定、权责义务、进退机制等一系列问题都没有给予法律上的认可与界定，法人地位缺失。二是农村土地制度改革刚起步。江西省农村集体建设用地市场体系与入市机制均尚未建立，不能实现同地同价；与安徽近五成、江浙超六成土地流转率相比，江西省农村土地流转规模仍然偏小；与此同时，江西省农村土地经营权抵押贷款仍在探索过程中。三是乡村治理亟待改革推进。江西省不少乡村基层组织无资产、无资源、无资本、无资金，甚至乡村两级债务繁重，乡村基层组织不断弱化，村“两委”等组织影响力有限，不少村庄存在一定程度上的“空心化”现象，致使部分乡村公共产品供给不足，村民对集体组织认同感降低，互助合作基础在减弱，农民陷入“原子化”状态，乡村黑恶势力乘虚而入，直接影响村民自治选举，相关管理部门应对乡村家族化、乡村干部豪强化的趋势加以防范。

（六）农民持续增收难度加大与全面建成小康社会要求不相适应

打好脱贫攻坚战，增加农民收入，是江西省全面建成小康社会的内在要求。然而，江西省全面建成小康社会正面临脱贫攻坚和农民增收两大难题。一是农民增收难度加大。目前，主要农产品价格持续弱势运行，农业生产成本不断攀升，农业生产效益在逐步下降。据测算，目前一个人打工的收入可相当于一个劳动力种37亩双季稻、13亩柑橘、经营13亩鱼塘，养105头猪的收入；与此同时，江西省农民工外出务工人数和工资水平增速也呈现出“双下降”趋势，农民收入增长速度也跟着在下降。二是脱贫攻坚难度加大。虽然近年来江西省脱贫攻坚取得了一定成效，但仍然有269个深度贫困村，贫困发生率普遍在10%及以上，生存环境恶劣，致贫原因复杂，基础设施和公共服务严重滞后，越往后这些深度贫困村越是一块难啃的“硬骨头”。

三　江西实施乡村振兴战略的路径

实施乡村振兴战略，通过提财气、强底气、聚人气、营风气、添朝气、凝民气，增强乡村发展的内生动力。

（一）振兴农业农村现代经济，提高乡村振兴的财气

一是培育壮大绿色生态农业产业。以农业供给侧结构性改革为主线，依托江西省绿色生态优势，围绕“打造全国知名的绿色有机农产品示范基地”的目标任务，大力实施质量兴农、品牌兴农，做大做强绿色有机农业产业。二是推进农村三产深度融合，大力发展乡村新产业、新业态。积极拓展农业多种功能，立足乡村特色文化、旅游资源，深度挖掘并加以充分利用，加快

培育观光体验、个性定制、乡村民宿等农业新业态，加快推进农业与工业、科技教育、文化、健康养生等领域深度融合，建设一批集生活、生产和生态为一体的田园乡村综合体，培育乡村经济新动能。三是壮大村集体经济。在摸清底数的前提下深化农村集体产权制度改革，以盘活存量资源、用好增量资源；立足各乡村的产业、生态、文化等资源，因地制宜地发展“城郊服务型”“种养服务型”“资源挖掘型”等类型的集体经济。

（二）夯实农业农村基础条件，增强乡村振兴的底气

一是加强农村基层组织建设。打破地域、身份、行业限制，精心选育基层党组织带头人，加强对软弱涣散基层党组织的整顿转化工作；大力实施村干部素质提升工程，改进考核机制，探索推广村干部的年薪制、风险抵押金制等经营管理机制，有条件的村可探索股权激励机制。二是推进农业农村基础设施提档升级。加大农田水利等生产性基础设施，公路、供水、物流、信息等生活性基础设施，休闲娱乐等发展性基础设施，以及水库、森林保护、水资源治理等生态性基础设施的建设与升级；建立健全“有制度、有标准、有经费、有人员”的管护长效机制。三是推进城乡基本公共服务均等化。推动城乡教育、医疗、就业、养老保险等公共服务资源均衡化配置，探索建立以城带乡、整体推进、城乡一体、均衡发展的公共服务发展机制。

（三）促进各类人才流入乡村，聚集乡村振兴的人气

一是培养新时代新型农民。规范新型农民资格认定，扶持发展种养大户和家庭农场，构建家庭农场联合体，加强农民合作社规范化管理，鼓励发展农民合作社联合社，增强龙头企业辐射带动农民增收的能力，大力培养有文化、懂技术、会经营的新时代新型农民。二是培育壮大“农创客”队伍。大力支持农民工、大学生、退役军人和科技人员等返乡下乡人员到农村创业创新；继续实施“现代农业人才支撑计划”、新型职业农民培育工程和“一村一名大学生工程”，培育一批农村实用人才带头人、现代青年农场主、农村青年创业致富“领头雁”，培养一批专业人才，扶持一批乡村工匠。三是

鼓励社会各界投身乡村建设。以乡情乡愁为纽带，出台相关的管理办法，允许和鼓励符合要求的公职人员回乡任职；吸引支持企业家、专家学者、医生、教师、规划师、律师、技能人才等，通过下乡担任志愿者、投资兴业、包村包项目、行医办学、捐资捐物、法律服务等方式服务乡村振兴事业。

（四）强化优先发展制度供给，营造乡村振兴的风气

一是建立健全农业农村优先发展的责任机制。将实施乡村振兴战略的实效和发展农业农村优先的进展情况作为考核各级领导干部的重要内容，增加考核结果在干部选拔任用中的权重。二是健全完善投入优先保障制度。把农业农村作为财政支出的优先领域，健全完善财政投入与乡村振兴目标任务相适应的制度安排，改革财政支农投入机制，做好“整合”和“撬动”两篇文章。三是确保土地规划及使用优先安排。积极推进农村土地征收、集体经营性建设用地入市、宅基地制度等改革；实施耕地占补平衡管理制度、用好用活城乡建设用地增减挂钩政策，所得收益优先用于农业农村领域；探索建立社会资本进入农业农村的用地保障机制，对田园综合体与乡村新业态产业等用地应优先支持。

（五）构建积极向上的和美环境，增添乡村振兴的朝气

一是振兴赣鄱优秀乡土文化。弘扬和践行社会主义核心价值观，加强农村思想道德建设；开展移风易俗行动，提升农民精神风貌，培育文明乡风、良好家风、淳朴民风，不断提高乡村社会文明程度。二是丰富乡村文化形式与内涵。推进乡村文化馆、展览馆、文化墙等一批文化设施建设，充分挖掘乡规民约、民俗故事、名人传说等一批乡村文化资源，丰富乡村文化服务内容，深入推进乡村阅读能力提升计划，大力开展文化下乡活动。三是推进“三治合一”的乡村治理体系建设。深化村民自治实践，建立健全自治章程和村规民约；加快完善乡村法律服务体系，加强农村司法所、法律服务所、人民调解组织建设；加强农村社会治安综合治理；强化道德感召，鼓励“新乡贤”参与乡村建设和治理；用好村规民约，设立道德讲堂，宣扬道德风尚，惩治不良道德行为。

（六）创新探索利益联结模式，凝聚乡村振兴的民气

一是探索“农业产业化联合体＋农户”模式。培育以龙头企业为核心、专业合作社为纽带、家庭农场为基础的现代农业产业化联合体，探索开展以“农业产业化联合体＋农户”形式，将农户吸收为成员或帮扶对象，发展特色优势农业带动农民持续增收致富。二是创建“新型农业经营主体＋农户”模式。引导新型农业经营主体优先流转或租赁农户闲置或利用低效的土地和设施、设备，鼓励新型农业经营主体优先吸纳贫困地区具有相应劳动能力的农民长期就业或季节性务工，鼓励新型农业经营主体优先与有产品销售需求的农户签订长期农产品购销合同，以拓宽农户稳定增收的渠道。三是构建“农民合作经济组织＋农户”模式。改革农村土地及集体产权制度，鼓励农户以土地经营权、自有设施设备、财政扶持到户资金、产业扶持奖补金、扶贫小额信贷资金、量化到户的集体资源资产资金、财政支农资金等入股农民合作经济组织，实现“资源变资本、资金变股金、农民变股民”的目标，享受“保底收益＋按股分红”的收益分配。

参考文献

《中共中央国务院关于实施乡村振兴战略的意见》，2018 年 2 月。

《中共江西省委　江西省人民政府关于实施乡村振兴战略的意见》，2018 年 3 月。

宋海峰：《江西省绿色生态农业“十大行动”扎实推进》，《江西日报》2017 年 12 月 26 日。

龚建文：《奋力开启江西乡村振兴新征程》，《江西日报》2017 年 12 月 4 日。

黄家亮：《基层社会治理转型与新型乡村共同体的构建——我国农村社区建设的实践与反思（2003～2014）》，《社会建设》2014 年第 9 期。

B.22
湖南省优势新兴产业链发展研究

郑谢彬*

摘　要： 围绕制造强省建设重点产业领域，聚焦20个工业新兴优势产业链，以产业创新为动力，以转型升级、节能环保、提质增效为中心，以建设制造强省为目标，进一步补链、强链、延链，着力形成和巩固一批优势特色产业竞争高地，精心打造一批在全国有影响力有地位的产业集群、产业高地、领军企业和核心品牌，加快构建以先进制造业为核心的现代制造业体系。

关键词： 湖南　制造强省　优势新兴产业链

一　湖南优势新兴产业链发展基础

（一）产业链优势明显

以自主可控计算机产业链为例，湖南省涵盖了基础软件、关键元器件、整机、系统等多个环节，在各个环节均有龙头骨干企业。在基础软件方面，湖南麒麟研制的麒麟操作系统成功通过了多个国家权威部门的测评，在国产操作系统领域市场占有率稳居第一位。在存储系统方面，长沙中兴、季高信息等研制的系列化大数据存储管理系统，拥有完整的密钥管理与安全访问控

* 郑谢彬，湖南省社会科学院产业经济研究所助理研究员。

制管理机制，支持全套国密算法、异构存储虚拟化和软件定义存储。在数据库方面，上容信息形成了关系型数据库、集群数据库、安全数据库、地理信息数据库和机器人数据库等一系列数据库软件产品，数据库产品及技术服务销售收入已超过100亿元。在关键元器件方面，国防科技大学研制的新一代飞腾芯片已经到达国外同类产品80%的综合性能指标；国科微自主研制的SSD主控芯片GK系列已成为全球可对外供应固态硬盘控制器芯片的少数厂商之一，打破了国外垄断；景嘉微电子的景美系列GPU芯片，是国内首个具有完全自主知识产权的高性能产品，其性能与国际主流桌面产品的差距缩小至10年以内，企业已经实现GPU的量化生产；融创微电子设计生产符合宇航级芯片标准的三款SRAM存储器，设计生产符合军品和宇航级芯片标准的OPAMP芯片，填补国内空白。在整机方面，长城银河研发出国内第一台ARM平台整机，已实现向中办、国办、工信部等单位批量供货，在国产化信息安全整机领域处于“领头羊”地位。投资规模超过30亿元的长城电脑株洲整机和电源生产基地将成为国内最大的计算机整机和电源的生产基地。中国电子“二号系统工程（网络安全）”战略部署以及长城信息与长城电脑业务重组后的子公司将落户湖南长沙，定位于面向军队国防、关键领域和重要行业的网络安全和信息化关键基础设施及解决方案提供商、服务运营商，将战略性地引领高安全整机的发展。

（二）龙头企业引领

以IGBT大功率器件产业链为例，湖南省目前建有国内首个8英寸大功率IGBT产业化基地，基地一期建成达产后将形成20亿元以上的产值。基地产品可满足轨道交通、输配电、高端工业装备、风电、光伏、电动汽车、家电等领域应用需求。中车株洲电力机车研究所有限公司是湖南省IGBT产业链的龙头企业，拥有IGBT芯片、模块、变流器、系统等产品，构建了IGBT“芯片—模块—组件—部件—系统”的完整产业链条，产业链规模达150亿元；其下属公司中车时代是湖南省IGBT大功率器件的龙头企业，也是中国IGBT技术创新与产业联盟理事长单位，是我国唯一一家全面掌握晶闸管、IGCT、IGBT及功率组件全套技术并构建集设计、制造、测试、应用于一体的完整产业平台的企业，是IGBT延伸领域——轨道交通牵引传动与控制系统、输配电变流系统、工业变流系统的龙头企业，近年积极发展风电变流系统、光伏变流系统、船舶变频系统、工业变流系统、电动乘用车电驱动系统等新兴业务。

（三）技术创新领先

以先进轨道交通装备（含磁浮）产业链为例，湖南省拥有中车株洲机车大功率交流传动电力机车系统集成国家重点实验室、轨道交通车辆系统集成国家工程实验室、国家认定企业技术中心、国家工业设计中心、国家国际科技合作基地等7个国家级创新平台，以及车辆系统集成试验平台、电气系统联调试验平台、高低压电器试验平台、车体静强度试验平台、列车制动仿真试验平台、整车空调通风系统试验平台、部件环境模拟系统等试验装备。中车株机国家重点实验室自2006年开始进行磁浮技术研究，2012年1月成功研制一列常导短定子中低速磁浮示范列车，攻克了车辆系统集成、部件轻量化、直线电机及变流系统、悬浮系统、悬浮架、制动系统等核心技术，建成磁浮车辆调试厂房及1.57km的试验线路，构建了中低速磁浮列车的设计、制造、试验、检测平台，建立起中低速磁浮列车自主知识产权的技术体系。2015年9月完成了我国首条商业运营中低速磁浮交通线的车辆研制。湖南博科瑞新材料有限责任公司建设有先进粉末冶金闸片生产线，目前已完成磁浮列车粉末冶金闸片的研制工作。

（四）人才产品突出

以基因技术及应用产业链为例，在基因检测领域，形成了以夏家辉院士、周宏灏院士、卢光琇教授和戴立忠教授等专家领衔的人才支撑团队，为湖南省基因检测产业的发展奠定了雄厚的人才基础。其中，夏家辉院士是我国开展“唐氏综合征”等染色体病诊断与产前诊断的第一人，周宏灏院士是我国遗传药理学和药物基因组学的创始人、个体化医学的首倡者，卢光琇教授是我国著名的遗传学与生殖医学专家、中国生殖医学的创始人之一。

优秀的人才决定了产品的高度。一是高血压个体化用药基因芯片。该产品为高血压患者提供了一种方便、快捷、系统的检测高血压反应相关基因突变、确定药物反应性的方法，将药物基因组学与临床药物治疗完美结合，提高了药物的疗效，降低了药物的毒副反应发生率，同时减轻病人的痛苦和经济负担。二是乙、丙型肝炎病毒核酸定量检测试剂盒。该产品采用国内领先的“磁珠法”提取技术研制而成，用于临床乙肝/丙肝患者的精准诊断，主要性能指标明显优于国际先进水平的同类产品，对于加强病毒感染情况监测，提高疾病防治水平意义重大，具有重大的健康惠民效益。三是全自动核酸提取仪。该产品是引进、消化吸收国外先进技术后国内首创的全自动核酸提取系统。通过应用配套的磁珠法核酸提取试剂，产品可完成临床多种样本核酸的全自动化大样本量提取工作，极大地降低了人工操作误差，提高检测结果的准确性，有效解决了现有核酸提取系统易受污染的问题。

二　发展路径

（一）发展重点

1. 先进轨道交通装备（含磁浮）产业链

一是整机板块。重点发展重载货运机车、客运机车、中低速磁浮车辆、城际动车组、新型车体城轨车辆、储能式有轨电车、储能式无轨电车、重载敞车、长大货物车、铁路铺轨机、高效架桥机、轨道交通隧道工程掘进机等整机产品。二是核心部件板块。支持中车株机发挥轻量化车体制造和转向架技术方面的优势，重点发展新型车体车辆、高性能转向架等产品；依托储能装备核心制造技术，积极推进超级电容器产业化。鼓励支持中车株所、中车电机等企业重点发展轨道交通牵引电传动系统、网络控制系统、永磁同步电传动系统、工程及养路机械控制系统、通信信号系统、安全监控系统、制动系统、功率半导体、低压 IGBT、基于能源互联网相关装置等核心技术的研发及制造，加强标准化系列动车组牵引电机及变压器、大功率及储能式现代有轨电车牵引电机和变压器等核心部件的研发和制造。三是配套部件板块。加快推进中车电机完成中国标准动车组，新型城际、城轨车辆，200km/h大功率交流传动快速客运电力机车，储能式现代有轨电车，中低速磁浮列车等的配套产品产业化。加强中车株所旗下的时代新材及其他本土配套企业在轨道交通装备碳化硅新型高效交流器、减振降噪材料、高性能及环保新型先进复合材料、高端绝缘材料、低地板车铰接装置及贯通道产品、轨道交通主辅逆变器屏柜、车辆铝覆板风道、车辆通风冷却系统及油水复合冷却系统等方面配套部件的自主研发，实现规模化生产。培育生产地铁屏蔽门、通风系统、排水系统、自动扶梯等地铁设施的本土企业。四是支持重点企业掌握低速、快速、中速和高速磁浮交通系统核心技术，形成不同速度等级的磁浮列车系列化产品，并建设试验线，为开拓国内和国际市场做准备。

2. 工程机械产业链

在现有基础上强化混凝土机械、路面机械、起重机械、桩工机械等重型工程机械类主机产品的生产，开发高可靠性、节能环保、多功能化、个性化的高端产品和用于地下及海上施工的工程机械产品；研发工程机械关键配套零部件，重点研制开发大扭矩、低转速、大马力、低排放的工程机械专用柴油机、高品质传动部件、重卡底盘、重载精密轴承、柱塞型液压马达、液压泵、液压传动部件、液压元器件和“四轮一带”等。重点生产天然气（CNG/LNG）驱动、电驱动及混合动力驱动工程机械产品；大型隧道掘进装备；800吨级以上全地面起重机；大型商品混凝土机械成套设备；高等级路面维修养护成套设备。

3. 新型轻合金产业链

以高强、轻质、大规格、耐疲劳、耐高温和耐腐蚀，符合未来产业和工程需要的高性能铝合金、铝镁合金、铝钪合金和钛合金为重点，满足大飞机、轨道交通、节能环保等领域需求，发展高精尖轻合金材料、轻合金成型装备和模具以及汽车、电子信息产品、建筑模板等轻合金制品。积极开发高性能铝合金品种及大型铝合金材料加工工艺及装备。加快镁合金制备及深加工技术开发，开展镁合金在智能家居制造、轨道装备制造、汽车零部件、电容器等领域的应用示范。突破航空大规格高性能钛合金棒材、大卷重宽幅钛及钛合金带卷、高性能钛焊管制备技术，提升钛合金精深加工技术水平和产业化能力。

4. 化工新材料产业链

一是大力发展湘北地区炼化一体化带动的基础原材料及中下游产业。二是加快发展长株潭地区优势化工新材料产业。重点发展先进高分子材料、高档涂料和颜料、生物医药等化工新材料。三是着力支持湘南地区盐（氟）化工新材料产业升级。四是努力开发大湘西地区特色精细化工新材料的产业潜力，开发高附加值生物基化工新材料和医药中间体。

5. 碳基材料产业链

重点发展高性能碳基复合材料。积极发展石墨材料及石墨烯。重点生产高端石墨材料，通过对微晶石墨的综合利用，推进石墨产业产品高端化、序列化、品牌化和产业链完整化。

6. 显示功能材料产业链

一是发展黑白 LCD 模组，以拓展在工控、航空航天、车载显示等领域的应用。二是发展 TFTLCD 模组，主要发展 OxideTFT 与 LTPS TFT 技术。三是发展触控液晶显示模组，主要发展 in-cell 与 on-cell 技术，以及大尺寸电容式触控显示技术。四是发展主动式矩阵有机发光二极管（AMOLED）显示模组及柔性显示模组，延伸至智能手机、可穿戴设备和 VR 等领域。

7. 先进陶瓷材料产业链

国际上采用干法等静压成型与数控修坯相结合的先进技术，发展特/超高压电瓷。采用自动化程度高的挤出成型、微波干燥和辊道窑烧成技术，发展高性能陶瓷膜，改善过滤精度并提高过滤效率，大幅降低生产能耗。加快原料突破，发展可穿戴精密陶瓷。采用注射成型、流延成型、喷墨印刷等先进的制备工艺以及高洁净的全自动生产线，发展电子陶瓷。采用冷等静压技术和微波烧结技术，大力发展耐磨陶瓷。

8. 先进硬质材料产业链

立足钨钴合金和石墨等原材料，重点发展硬质合金数控刀片、球齿、轧辊、顶锤、钨棒、聚晶、锯片等钨片和石墨制品，人造金刚石、六方氮化硼等制品，大力发展硬质合金涂层刀片、精磨球齿、精磨棒材等深加工制品，硬质合金数控刀具、整体刀具、潜孔钻、盾构刀具等涂层数控刀具、新型超硬材料和掘进钻头等高端产品的应用推广。

9. 先进储能材料及电动汽车产业链

一是在锂离子电池方面，重点开发高安全性、良好循环稳定性和倍率性能的磷酸铁锂、钴酸锂、锰酸锂和富锂材料等。二是着重发展多孔化材料、纳米化材料等超级电容器。三是重点研究储氢合金负极及其改性、镍氢电池正极材料的掺杂改性工作。四是在燃料电池方面，重点发展高效率和低成本的质子交换膜燃料电池和固体氧化物燃料电池。五是在太阳能电池方面，着重开发新型塑料太阳能电池、具有柔韧性且可折叠的纸质太阳能电池等。六是在电动汽车方面，攻克纯电动乘用车在电池、电机、电控及整车集成、轻量化技术、电子产品部件技术、充电配套设施等产业链关键环节的关键核心技术，开发新型纯电动汽车。

10. 新能源装备产业链

一是在风电装备方面推进 5 ~ 8 兆瓦风电机组整机研发、液压风机整机研发，以及风电机组配套设备和技术研发与海上风电设备和技术研发。二是在太阳能利用装备方面，重点开展高效硅基薄膜太阳能电池组件、铜钴镓硒薄膜太阳能电池组件、新能源先进储能装置及材料、太阳能热发电成套装备生产及开发应用。三是在核电装备方面，安全有序发展核电配套装备，重点发展核电站 2、3 级泵及常规岛和 BOP 循环泵、冷凝泵等核电机组相关设备。四是在生物质发电装备方面，大力开发用于发电的流化床生物质锅炉和层燃生物质锅炉和生活垃圾焚烧发电装备。五是在智能电网装备方面，重点发展 500 ~ 1000 千伏及以上超（特）高压变压器以及智能型高低压成套电器装置、地埋式变电站成套设备、高温超导传输电缆等。六是在配电装备领域方面，重点发展高精度冲击性负荷电能表、近场通信电能表等产品，推动智能化电网产品在分布式电力系统中的应用和普及。

11. IGBT 大功率器件产业链

加速突破关键技术和装备。加快新型动车、高速列车用，智能电网用，新能源、电动汽车用等集成式 IGBT 功率组件产品技术和新一代逆导、超结 IGBT 技术突破。加快基于自主 8 英寸高密度平面栅芯片技术与模块封装技术等系列高压 IGBT 产品产业化。加快基于自主 8 英寸的沟槽栅 IGBT 和 FRD 芯片高功率密度的中低压 IGBT 产品产业化，满足电动汽车、工业变流、新能源及军工装备领域的应用需求。

12. 人工智能及传感器产业链

一是重点支持和发展军用特种传感器、车用传感器、机器视觉、管网监测等传感器，以及新型薄膜与 MEMS 传感器的研发，加速多功能、微型化传感器的发展。二是重点支持行业数据库和数据采集系统建设，支持企业开展 FPGA、GPU 等研发生产，以及 Orange、Python 等软件开发。三是重点生产智能工业机器人和智能特种机器人，推动医疗康复、教育娱乐、家庭服务等特定场景的智能服务机器人研发与应用。四是支持智能家居企业创新服务模式，在家庭安全、健康医疗、智慧娱乐、环境监测、能源管理等领域积极提供互联共享解决方案。五是加快复杂环境感知、智能辅助驾驶等软件产品的研发与应用，发展智能汽车芯片和车载智能操作系统、高精度地图及定位、智能感知、智能决策与控制等重点技术。六是重点支持微型和轻小型智能无人系统的研发与应用，突破结构设计、智能材料、远程遥控、自感应巡航、图像回传等无人系统化技术，推动无人系统在物流、农业等重要行业领域的创新应用。七是重点研发集成图像与视频精准识别、生物特征识别等多种技术的智能安防产品，加快重点公共区域和国家安全保密区域安防设备的智能化改造升级。八是重点发展低功耗高性能芯片、轻量级操作系统、虚拟现实和增强现实等技术与装备，鼓励企业面向医疗、健康、体育等领域，积极开展差异化人工智能技术的可穿戴设备创新。

13. 自主可控计算机及信息安全产业链

一是在自主可控整机方面，重点发展国产笔记本、台式机、一体机、掌上平板电脑等安全终端、高性能计算服务器、安全数据一体机，以及核心关键器件、存储控制器、操作系统、安全存储系统软件等安全存储设备，打造高端整机产品集群。二是在工业控制系统安全装备方面，重点发展基于国产CPU 和 FPGA 的可编程逻辑芯片、实时以太网现场总线通信接口安全芯片等基础软件系统，构建基于国产操作系统的工业控制管理平台、实时监控平台、异常智能预警平台、安全态势评估平台等。三是在新一代网络空间安全系统方面，重点发展新一代网络空间安全装备，未来瞄准市场前景好的新兴领域。四是基于国产化平台的信息安全关键产品，重点发展省内具有国产化安全技术优势和产品积累的安全装备。

14. 航空航天（含北斗）产业链

一是在航空器整机领域方面，重点发展各型号浮空器、2～6 座多用途轻型通用飞机、3 吨以下直升机、小型公务机、消费级多旋翼无人机等整机。二是在航空发动机整机领域方面，积极发展民用涡轴发动机、民用涡桨发动机等的产业化能力。三是在飞机起降系统领域方面，建设包括军用飞机、民航飞机、通用飞机等多机型在内的起降系统设计、生产能力。四是建立完善的航空维修服务标准体系，打造覆盖三代机、四代机整机维修基地，拓展无人机、通用飞机、民用直升机的维修和改装能力。五是发展北斗产业高精度高性能系统级芯片、通用导航芯片、导航终端、授时终端、3S 软件，带动产业链整体发展。

15. 基因技术及应用产业链

围绕遗传病、肿瘤、心脑血管疾病、感染性疾病等重大病种预防、诊断与治疗的个性化、精准化需求，打造覆盖全国的健康检测服务网络，依托国家（湖南）基因检测技术应用示范中心的建设，充分发挥湖南省雄厚的基因检测技术创新优势，实现技术和产品创新发展。推动基因检测技术在重大疾病上的应用，推动上下游产业均衡发展，形成完整的基因检测产业集群。

16. 中药产业链

着力在妇科、消化系统、抗风湿、补益等领域开发中药创新品种，培育形成妇科千金片（胶囊）、驴胶补血颗粒、六味地黄丸、四磨汤口服液、接

骨七厘片、喉咽清口服液等中药品种。培育全国市场认可的“湘九味”等中药材品牌。创制系列大健康产品，拓展中药材应用市场，提高中药材产业综合效益。

17. 空气治理技术及应用产业链

顺应洞庭湖生态经济区建设和湘江流域重金属污染治理需要，大力发展脱硝催化剂制备和再生、脱硫技术装备，加快发展选择性还原技术及其装备，以及高效率、高容量、低阻力微粒过滤器等汽车尾气净化技术装备，推进燃烧尾气、工业废气、厨房油烟的除尘净化技术装备的产业化。加强环境监测仪器设备的开发应用。

18. 装配式建筑产业链

重点扶持远大住工、远大可建、中民筑友等一批创新能力强、机械化和装配化水平高的龙头企业发展壮大。继续支持三能集成房屋公司、东方红建设集团等大型传统建筑施工企业向预制构件和住宅部品部件生产企业转型。引导省内特级施工总承包企业和行业内有一定影响力的部品部件生产企业转变发展方式，集中力量攻克关键材料、基础部件、关键装备等核心技术。

19. 3D 打印及机器人产业链

一是构建涵盖选择性激光烧结 SLS、选区激光熔化 SLM、光固化成型 SLA、熔融沉积成型 FDM 等多元化 3D 打印系统及装备研发制造体系。二是重点发展机器人柔性焊接生产线、智能物流生产线、智能制造生产线等系统集成应用。促进机器人与物联网、大数据、云计算等跨领域技术融合，以服务为导向，构建基于服务创新的机器人产业体系。以传统制造业转型升级为契机，推动制造业“机器换人”。

20. 农业机械产业链

重点引进开发新一代水稻育秧、插秧机械，油菜种植和收获机械，生产轻便、耐用、低耗中小型耕种收和植保机械，发展节水灌溉和小型抗旱设备，发展畜禽水产自动化饲喂装备，生产高效、节能、环保、多功能、智能化的农用工程机械和运输机械，研究开发田间信息采集、作业机械智能监控和变量作业先进技术与装备。

（二）发展任务

围绕新兴优势产业链，加快实施创新引领、开放融合、生态建设、集聚发展四大工程，培育发展动力，增强发展活力，提升竞争实力，助推新兴优势产业链创新、突破、引领和跨越发展。

1. 突出创新引领

充分发挥新兴优势产业链在自主创新中的主导作用，以长株潭国家自主创新示范区和国家级园区为重点，不断强化企业技术创新主体地位，围绕产业链部署创新链，围绕创新链部署资金链，完善协同创新体系，增强源头创新能力，推动创新成果应用，弘扬自主创新文化，打造新兴优势产业链竞争新优势。

（1）完善协同创新体系。深入实施创新驱动发展战略，构建能够充分发挥企业自主权和市场定价权的“政产学研用”协同创新体系，加强统筹部署和协同创新，提高创新体系整体效能，着力推动央地、部省和军民三大融合，系统凝练重点产业创新链和关键技术创新点，积极促进新技术、新产品、新业态、新模式融合发展。加强技术创新平台建设，依托中科院、中南大学、湖南大学、国防科大等大学科研院所和领军企业，推动“产学研用”向大规模、高层次、全方位的合作模式转变，鼓励企业与高校、研究院所共建一批新兴优势产业链技术创新平台。设立一批以应用技术研发和产业化为主、产学研协同创新的新兴产业技术研究院。推进公共服务平台建设，建设一批促进协同创新的公共服务平台，推进建立重点领域数据库应用中心，为企业提供创新知识和工程数据的开放共享服务。

（2）增强源头创新能力。突出原始创新和关键核心技术攻关，力争突破一批核心、共性和基础性技术，为新兴优势产业链的发展提供有力支撑。实施前沿技术攻关“登峰计划”，以解决制约经济社会发展的重大瓶颈技术为目的，超前部署系统材料科学、有机自旋电子、基因信息、个体医学等领域的探索研究，在生物技术、未来制造、人口与健康、新型能源、资源环境等领域突破一批科学难题。针对新兴优势产业链当前薄弱环节，聚焦重大战略产品和重大产业化目标，实施种业自主创新、芯片、军民两用高端新材料、干细胞与再生医学等科技重大专项，在生物育种、生物农药、农林废弃物资源化利用等现代农业领域以及风电装备、新型电池材料、新能源技术、智能制造技术等新兴领域开展集成攻关和原始创新示范。

（3）推动创新成果应用。依托长沙高新区、宁乡高新区、宁乡经开区、望城经开区与国防科技大学、中南大学、湖南大学等高校合作建立创业孵化基地或产业园区，支持有条件的高校规划建设专门服务于本校师生的创业孵化基地或产业园区，健全产业园区“创业苗圃—孵化器—加速器—专业园区”的孵化模式，培育创新创业孵化示范生态圈。大力推进半导体、工业智能机器人、3D 打印装备与材料、航空航天装备、智能交通、精准医疗、高效储能与分布式能源系统、智能材料、高效节能环保、虚拟现实等新兴前沿领域创新和产业化，转换新旧动能，形成一批新增长点。加强在空天海洋、信息网络、生命科学、核技术等领域的前瞻布局。探索建立跨学科、跨单位、跨省、跨国的“四跨”研发平台和开放式重点实验室，打造集技术研发、成果转化、企业孵化于一体的高水平转化平台。

（4）弘扬创新创业文化。大力弘扬追求真理、实事求是的科学精神，努力营造以科技创新为核心价值观，尊重、支持、激励科技创新的人文社会环境，营造“鼓励创新、宽容失败”的大众创业、万众创新氛围，充分激发企业家精神，调动全社会创新创业积极性。积极倡导湖南人“敢为人先、勇于冒尖、吃得苦、耐得烦、霸得蛮”的创新精神，使创新成为全社会的一种价值导向、一种思维方式。大力提倡专注、标准、精确、完美的“工匠精神”。加强舆论宣传和表彰奖励，进一步鼓励国有企业和科研院所创新发展，进一步激发中小企业、青年创新创业的活力，进一步营造创新创业浓厚氛围。

2. 推进开放融合

以湘江新区和国家级开发区为核心载体，推进新兴优势产业链开放融合发展，推动创新资源和产业链全球布局，支持新兴优势产业链龙头企业与国际有影响力的大企业开展国际合作，全面参与“一带一路”建设和“长江经济带”战略，加快推动湖南省新兴优势产业链“内引外联”，提升新兴优势产业链对外开放水平。

（1）融入全球创新链。积极融入全球创新网络，支持与“一带一路”沿线国家共建一批联合实验室（研究中心）和国际技术转移中心，合作开展重大科技攻关。扶持重点行业在海外建立战略合作关系，开拓国际市场。引导支持有实力的企业在“一带一路”沿线国家建设研究中心或技术示范和推广基地，建立全球研发管理网络，推动企业参与国际科技合作计划，承担和组织国际重大科技合作项目，在境外申请专利、注册商标、参与国际标准制定、取得国际标准认证。支持跨国公司、国际知名实验室在湘设立研发中心，带动中小微企业参与和开展国际合作创新活动。

（2）对接全球产业链。着力推进新一代信息技术、生物医药与医疗器械、机器人及智能制造、增材制造、节能环保、新能源装备制造等重点领域深度融入全球产业链、价值链和供应链。推动龙头企业与国际有影响力的大企业开展国际合作，支持其在更大范围、更高层次上参与国际分工与合作，实现优势互补、共赢发展。支持重点企业在境外开展并购和股权投资、海外上市、创业投资，推动全产业链上的投融资合作，推动企业对全球范围内的产业链资源进行优化整合，推动企业形成从设计研发、生产制造到市场营销的全球产业链条。鼓励省内外企业组团“走出去”，通过“以大带小”“合作出海”，共同开拓国际市场，带动一批中小配套企业“走出去”，构建全产业链技术创新战略联盟，形成综合竞争优势。积极实施有针对性的“引进来”，加大招商引资力度，鼓励地方政府针对产业链薄弱环节开展“定点招商”“产业链招商”“创新链招商”等行为，提高招商引资效率。

（3）拓展产业新空间。大力发展产业新业态，提升产业开放承载能力，吸引全球资源加速向湖南新兴优势产业链聚集，积极拓展产业发展新空间。重点加强轨道交通、工程机械等优势产业与新材料、新一代信息技术、生产性服务业等新兴产业的对接合作、协同发展。大力发展“互联网＋制造”，推动企业利用互联网采集并对接用户个性化需求，推进设计研发、生产制造和供应链管理等关键环节的柔性化改造，开展基于个性化产品的服务模式和商业模式创新。大力发展智能制造，以智能工厂为发展方向，开展智能制造试点示范，加快推动云计算、物联网、智能工业机器人、增材制造等技术在生产过程中的应用，推进生产装备智能化升级、工艺流程改造和基础数据共享。积极发展服务型制造，鼓励制造企业重点围绕提高研发创新和系统集成能力，发展产品设计、技术开发、系统控制和工程总包等业务，加强制造业与金融、文化、物流等现代服务业的有效融合。

3. 营造生态环境

加快落实创新驱动部署，推进重点领域体制机制改革攻坚，创造有利于新兴优势产业链孕育发展的市场环境，全面营造新兴优势产业链发展壮大的生态环境。

（1）加强知识产权保护。加强知识产权服务体系建设。分类制定服务标准和服务规范，加强知识产权服务机构的服务资质管理和分级分类管理。支持专业服务机构开发知识产权管理系统和工具，着重为创新型中小企业和小微企业提供全程服务。实施加强新兴优势产业链领域知识产权执法保护行动，强化新兴优势产业链领域知识产权保护，加大新兴优势产业链专业市场和重大技术标准中的知识产权保护力度，积极开展知识产权抵押贷款等新型金融模式，逐步掌握重点领域、核心技术与关键零部件的知识产权主导能力。支持在国外部署知识产权，支持企业和研发机构积极开展全球研发外包，建立企业和研发机构与专利申请目的国专业服务机构的对接机制。加强国际合作，完善国际知识产权保护政策，进一步提高企业和研发机构在国外获取知识产权的效率。

（2）提升政府管理水平。主动转变政府职能。深化行政审批制度改革，建立健全行政审批管理目录制度，完善“一口受理”服务模式，改革审批事项，优化审批流程，缩短审批时间，推进审批后监管标准规范制度建设。推进行政审批管理标准化，实行集中审批、并联审批。推行一体化行政审批廉政监督机制，实行行政审批过错责任追究制度，建立与省市联网的行政审批监察系统。推动涉外经济管理体制从事前审批向事中、事后监管和提供服务转变。深化商事登记制度改革。企业注册登记推行“一照一码”登记模式。全面推广政府智能化监管服务模式，以商事登记簿信息为基础，集合质检、税务、海关、检验检疫等部门登记、许可、备案等信息，推行“商事主体电子证照卡”，作为企业的“电子身份证”，实现商事主体办事“一卡通”。

（3）增强市场主体活力。深化国企国资改革。分类推进省属国有企业改革，健全国有资本合理流动和交换机制，推进国有资本的战略性调整。推动国有资本在新兴优势产业链的合理发展，推进省属国企资产证券化。建立职业经理人制度，提升企业经营管理水平。发展混合所有制经济。支持国有资本、集体资本、私有资本等交叉持股、相互融合。推进公有制经济之间股权多元化改革。稳妥推动国有企业发展混合所有制经济，提高国有资本配置和运行效率。引入非国有资本参与竞争性行业国有企业改革，鼓励在非控制领域发展非公有资本控股的混合所有制企业，鼓励国有资本以多种方式入股非国有企业。支持民营经济健康发展，消除各种隐性壁垒，保证民营经济依法平等使用生产要素、公开公平公正参与市场竞争、同等受到法律保护，鼓励民营企业依法进入地方银行、保险、石油、通信等更多领域，更好激发民营经济活力和创造力。

（4）加快军民融合发展。推动新兴优势产业链领域内军转民、民参军和军民资源共享，实现军民技术、能力、资本等要素的深度融合，优化涉军新兴优势产业链产业结构，形成全要素、多领域、高效益的军民融合发展格局。大力推进军工特色高技术向民用领域转化，建立分类分级的定密、脱密、解密、降密标准和程序，打通国防科技成果转化运用的“最后一公里”。建立把部分可转为民用的国防科技成果的使用、处置和收益权，赋予实际承研单位和个人的激励机制。积极支持、引导和鼓励高端装备、新材料、新一代信息技术、生物等领域符合条件的企事业单位和社会资本参与武器装备科研生产，推动先进民用技术在国防领域的应用，增强军民融合产业和经济基础。

4. 推动集聚发展

立足各地新兴优势产业链发展基础和特色优势，坚持因地制宜、因业布局，促进长株潭城市群向新兴优势产业链发展策源地转型升级，重点建设京广经济带、环洞庭湖经济带、沪昆高铁经济带等新兴优势产业链聚集区，培育一批有影响力的产业集群和特色优势产业链条，加快形成多点支撑、分工协作的产业链发展新格局。

（1）建设长株潭新兴优势产业链策源地。充分发挥长株潭等城市文化积淀深厚、创新资源丰富、科技金融活跃、新兴产业基础扎实等优势，以建设具有全球影响力的科技创新中心、具有原始创新能力的新兴优势产业链高地为目标，着力打造创新生态良好、创新创造活动活跃、具有强大的知识产权创造能力的新兴优势产业链发展策源地。依托长株潭自主创新示范区、湘江新区高端制造研发转化基地和创新创意产业集聚区等国家战略载体，鼓励企业、科研院校在新一代信息技术、新材料、生物、绿色经济等领域掌握一批重大关键共性技术的自主知识产权，在数字创意等知识密集型服务业建立自有品牌，加速知识产权应用。推进高等院校、科研院所技术转移和自主创新成果产业化，建立创业绿色通道，支持海外人才、科研人员、高校师生创新创业，积极吸引国内外知名大学、科研机构与长株潭合作建设大学科技园等孵化机构，打造新兴优势产业链创新创业中心。深化全面创新改革试验，发挥体制机制先行先试的引领示范作用，探索建立完善有利于新兴优势产业链发展壮大的制度环境。

（2）壮大新兴优势产业链发展集聚区

进一步深化区域合作，加快资源配置，促进地区间良性互动发展，在京广经济带、环洞庭湖经济带、沪昆高铁经济带等区域，布局一批新兴优势产业链发展集聚区，形成特色优势突出、发展潜力巨大、能够带动区域经济转型发展的新兴优势产业链集聚区。立足京广经济带沿线城市先进制造发展和承接产业转移的比较优势，推进岳阳、衡阳、郴州等地区新兴优势产业链加快发展，形成北斗卫星导航、特高压输变电装备、先进硬质材料等一批特色新兴产业，提升区域产业对外开放水平和承接产业转移质量，带动区域产业结构升级。立足洞庭湖生态治理的比较优势，推进常德、益阳等环洞庭湖经济带新兴优势产业链发展，形成生物育种、高端工程机械、先进船舶、环保技术装备等特色产业，打造新的产业增长极。立足沪昆高铁沿线城市丰富资源和独特文化，推进怀化、娄底、湘西州等沪昆高铁经济带新兴优势产业链集聚区发展，打造生物医药、节能环保技术、新能源、新材料、数字创意等特色产业，带动大湘西地区产业发展，加快形成落后地区新兴产业扶贫的发展局面。

（3）培育新兴优势产业链特色集群

立足产业分布实际和各地资源与配套条件，面向带动区域经济转型升级、经济社会可持续发展的紧迫需求，选择在有基础、有条件、有潜力的地区，围绕六大产业领域培育一批优势产业集群和特色产业链条。力争通过5年左右的时间，在重点产业领域打造轨道交通装备、高端工程机械、生物医学工程、生物育种等左右具有全球影响力、引领我国新兴优势产业链发展的标志性产业集群，30个左右特色鲜明、创新活跃、错位发展、优势互补的产业基地和产业链条。促进创新要素向集群集聚，形成以点带面、点状辐射与带状推移相结合，产业链创新链各环节相互支撑、相互补充、各具特色的战略性新兴产业发展格局。

三　政策建议

（一）推进重大项目建设

加快高端项目引进。围绕促进战略性新兴产业发展的尖端前沿领域、价值链高端环节和产业链缺失环节，全力推进高端大项目、好项目的引进和落实。鼓励和吸引境内外创新型企业和科研机构在湖南设立区域总部或国际总部，带动省内企业参与国际分工。支持符合条件的外商投资企业与内资企业、研究机构合作申请政府科研项目，吸引一批海外高层次创新创业人才带项目到湖南发展，促进海外创新资源投向战略性新兴产业。加强重大项目建设。保持重大项目对战略性新兴产业发展的强力支撑作用，按照“成熟一批、启动一批、储备一批、谋划一批”的要求，在“互联网+”、大数据、

健康保障、海洋工程、信息消费、智能制造等领域超前部署一批工程项目。科学合理制定项目库的工程目标和建设方案，实行动态管理、滚动实施。健全完善项目推进和保障机制，规范项目基本建设程序，严格审查项目准入条件，明确项目实施主体和落实项目建设责任制度。完善项目建设跟踪、协调、服务等相关管理制度，解决项目建设中的实际困难和问题，促进项目早开工、早见效。

（二）提升土地统筹利用水平

探索建立产业用地标准体系，规范集约使用存量和新增土地，通过多种方式满足战略性新兴产业企业和项目用地需求。新增工业用地指标重点用于保障战略性新兴产业重大工程、重点项目的用地需求。大力推进存量工业用地二次开发，对腾挪出的土地指标可用于经认定的战略性新兴产业重点项目，并向重点园区和重点区（县）倾斜。实行工业用地全生命周期管理，加大闲置低效工业用地处置力度，综合运用财税、环保、安监、信用等措施，倒逼企业盘活存量低效用地。

（三）创新金融服务方式

加快推动金融政策、金融工具创新，多渠道解决战略性新兴产业中小企业发展过程中的融资难题。进一步发挥政府专项发展资金的引导和杠杆作用，采取股权投资、担保贷款等市场化综合手段放大财政资金的效应。加快完善产业资本市场和产权交易市场建设，鼓励园区或企业联盟与银行合作设立担保基金，壮大战略性新兴产业创投基金规模。建立融资风险补偿机制，鼓励金融机构加大对创新型企业的信贷支持。引导和鼓励各类社会资本投向产业集聚发展企业和项目，建立多层次产业投资体系。

（四）加强人才梯队建设

构建战略性新兴产业人才支撑体系，加快各类高端人才和创新团队的引进培养，推动与产业链、创新链的有机融合。开设高层次服务人才引进绿色通道，启动特殊岗位人才全球招聘计划，大力引进全球的高端和紧缺型领军人才，不断提高引才聚才的知名度和影响力。依托万人计划、湖湘人才发展支持计划等国家和省内重大人才工程，通过国际科技合作项目、重点实验室、重大科研项目等平台大力培养尖端人才，探索建立培育创新型人才的新途径。实施产业高技能人才振兴计划，建设一批省级综合性产业技能公共实训基地，加快培育战略性新兴产业发展需要的紧缺技能人才。

B.23

建设“空中丝绸之路”河南核心区研究

河南省社会科学院课题组*

摘　要： 建设“空中丝绸之路”河南核心区，是落实习近平总书记支持建设郑州—卢森堡“空中丝绸之路”精神的具体行动。经过五年航空港综合经济实验区建设的探索实践，河南省凭借得天独厚的国际综合性立体交通枢纽优势，探索出了一条以航空经济带动区域对外开放和高质量发展的新途径，夯实了建设“空中丝绸之路”河南核心区的基础条件。然而，作为经济社会发展总体水平仍然相对较低的河南省，在核心区建设上仍面临特殊困难挑战。为此，课题组在认真分析建设“空中丝绸之路”河南核心区现实基础和问题挑战的基础上，充分借鉴新疆和福建建设陆上丝绸之路和21世纪海上丝绸之路核心区的经验，提出了建设“空中丝绸之路”河南核心区的总体思路和相应对策，供相关部门决策参考。

关键词： 空中丝绸之路　河南核心区　综合性交通枢纽

2017年6月14日，中共中央总书记习近平在会见卢森堡首相贝泰尔时强调，中方支持建设郑州—卢森堡“空中丝绸之路”核心区，将建设“空中丝绸之路”与“新丝绸之路经济带”和“21世纪海上丝绸之路”共同构

* 课题组负责人：张占仓；课题组成员：王玲杰、赵西三、王新涛、郭志远、王中亚、杨志波、韩鹏。

成了全球最具合作空间、最具发展潜力的宏大战略构想，同时也对河南深度融入世界经济、打造内陆开放高地提出了新要求。2017 年 9 月 18 日，河南省人民政府发布《郑州—卢森堡“空中丝绸之路”建设专项规划（2017 ~ 2025 年）》，将郑州—卢森堡“空中丝绸之路”建设作为加快打造内陆开放高地的重中之重，摆在全省发展的重要位置。为破解建设“空中丝绸之路”河南核心区面临的现实问题，加快推进核心区建设，课题组成员通过同相关机构座谈、对相关经验借鉴并进行了深入系统研究，提出了核心区建设的总体思路和相应对策建议，供相关部门决策参考。

一　建设“空中丝绸之路”河南核心区的战略意义

（一）是落实习近平总书记建设郑州—卢森堡“空中丝绸之路”精神的具体行动

2017 年 6 月 13 日，卢森堡首相贝泰尔率领的代表团一行首次访问河南，特意到新郑国际机场考察；6 月 14 日，习近平主席会见贝泰尔时表示，支持建设郑州—卢森堡“空中丝绸之路”。这是习近平总书记第一次明确提出“空中丝绸之路”概念，并且明确郑州和卢森堡的核心地位，标志着“空中丝绸之路”成为河南参与国家“一带一路”建设的重要组成部分，达到了一个新的战略高度，得到习近平总书记的高度重视。“空中丝绸之路”概念在中国官方高层提出，是“一带一路”愿景下，通过发展航空经济促进中西方新经济发展的重要途径，丰富了“一带一路”内涵形式，拓展了“一带一路”发展领域。建设“空中丝绸之路”核心区，将成为河南省贯彻习近平总书记提出支持建设郑州—卢森堡“空中丝绸之路”重要指示精神的具体行动，为“一带一路”建设增添了新的支撑点。

（二）是打造亚洲国际航空中心和国际综合性交通枢纽的重要举措

目前，河南省基本搭建起了分别以郑州和卢森堡为亚欧中心，“一点连三洲，一线串欧美”的航空国际货运网络。就全国范围来看，在以郑州新郑国际机场为中心的一个半小时航程内，能够覆盖全国 2/3 的主要城市和 3/5 的人口。就国际视角来看，以郑州新郑国际机场为中心，两个小时航程内覆盖亚洲人口最多。“空中丝绸之路”核心区的建设，一方面将会进一步增强中国中部至欧洲、美洲、亚洲、澳洲以及非洲等地区的航线，形成五大洲全覆盖的枢纽航线网络，从而进一步增强航线网络的通达性和便利性，打造中国中部亚洲国际航空中心；另一方面将有利于在中国中部构建以国际航空港为核心，通过郑州航空港到正在建设的郑州高铁南站之间的快速连接线路，建设“铁、公、机”三网联合的多式联运体系，提高国际资源配置效率，为更多国际化企业落户郑州和河南奠定基础设施方面的条件。

（三）是促进中欧经贸合作的重要支撑

“空中丝绸之路”的提出，使“一带一路”能够直接向欧美发达经济体延伸，极大地拓展了“一带一路”的想象空间。郑州—卢森堡“空中丝绸之路”建设，能够将河南与欧洲紧密联系在一起，促进河南深度开展经贸、人文等领域的交流与合作，进而将郑州打造成为中外人文交流的重要节点，推进河南全面融入全球经济文化发展中。一方面可以将“空中丝绸之路”核心区建设成为河南省高水平统筹内外发展的载体平台，推进河南省在对外经济联系方面进一步提升“走出去”参与国际产能合作的能力，鼓励社会资本向海外和“一带一路”沿线国家投资，从而尽快实现“走出去”与“引进来”的均衡发展。另一方面“空中丝绸之路”核心区建设能够有效支撑国际高端产业的转移，特别是通过发展航空物流和跨境电商，可以带动航油航材、航空制造、航空器维修、航空培训等上下游产业发展，吸引信息技术、生物工程、新材料、金融、会展等相关产业的聚集发展，引领整个内陆地区融入全球的产业分工和经济合作体系，促进河南省乃至整个中部地区产业结构向速度经济和高附加值产业的转型升级。

二 “空中丝绸之路”河南核心区建设现实基础与突出问题

（一）“空中丝绸之路”河南核心区建设的现状基础

1. 有利的枢纽优势

郑州市具有承东启西、连接南北的传统区位优势，近代以来就成为我国路网的关键枢纽，是全国“十三五”现代综合交通体系确定的十二大国际性现代综合交通枢纽之一，已经投用的郑州机场二期工程，使郑州市具备了年客运4000万人次、货运70万吨的吞吐能力，夯实了建设核心区的基础能力。郑州市处于全国铁路网、高速公路网和航空网的中心，基本上形成了“三网融合”（民航网、铁路网、公路网）、“四港联动”（航空港、铁路港、公路港、国际陆港）的集疏运体系，陆空衔接、多式联运的优势日益凸显。当前，以郑州为中心的米字形高速铁路网建设格局加快形成，集客货运输、公铁于一体的郑州高铁南站与主要服务于国际航空运输的机场三期工程正在如火如荼的建设当中，以五大铁路特等站为骨干的铁路枢纽体系正在持续优化，以新郑机场为中心的航空港功能正在持续提升，“空中丝绸之路”河南核心区建设将表现出更加明显的区位优势。

2. 良好的平台条件

自2013年3月国务院批复《郑州航空港经济综合实验区发展规划》至今，郑州航空港经济综合实验区是全国唯一一个以航空港经济为引领的实验区，在相关领域探索试点中获得国家一定的政策支持，正在通过深化合作、持续创新加快发展，正在为“空中丝绸之路”河南核心区建设创造越来越好的平台条件。郑州—卢森堡合作不断深化，双方于2017年6月相继签订成立合资货运航空公司、开展签证便利业务谅解备忘录和专属货站战略合作框架等一系列合作协议，在航空运输、跨境电商、金融服务、经贸交流等领域合作不断深化。跨境电商、航空港区和自贸区探索取得积极进展，体制机

制不断完善，创制“单一窗口”“秒通关”郑州模式，跨境电商进出口业务量规模居全国第一位；郑州航空港初步形成横跨欧、美、亚三大经济区，覆盖全球主要经济体的枢纽航线网络；郑州新郑综合保税区进出口额跃居全国第一位。

3. 向好的发展趋势

自《郑州航空港综合经济实验区发展规划》发布以来，郑州航空经济发展十分迅猛，郑州新郑国际机场国内外客货运输业务连续高速增长，呈现出明显向好发展的趋势。2012～2017年，郑州新郑国际机场旅客、货邮吞吐量分别从1167.36万人次、15.12万吨增加到2429.91万人次和50.27万吨，年均增长率分别达到15.79%和27.16%，在全国排名分别由第18位和第15位，上升至第13位和第7位；货邮吞吐量居中部地区第一。截至2016年底，郑州新郑国际机场国际货运吞吐量和全货机吞吐量在货运吞吐量中的比重快速增长，全货机吞吐量比重在国内居首位，郑州—卢森堡航线目前已覆盖德国、英国、比利时、美国、智利等欧美主要国家，卢森堡货航航班量达到每周15班，货运量占郑州机场货运量的1/4以上。

（二）“空中丝绸之路”河南核心区建设面临的突出问题

1. 发展基础相对薄弱

与长江下游城市群、珠三角城市群、长江中游城市群和京津冀城市群等国家级城市群相比，以河南省为主体的中原城市群经济总量相对较小，并且总体效益和质量相对较低，建设“空中丝绸之路”核心区的区域经济基础较弱。航空经济、高新技术、金融服务、高端商务服务、会展经济等先进制造业和现代服务业发展仍显不足，核心区建设所依托的产业基础还相对薄弱。新疆与中亚西亚国家的民风习俗相近，福建是我国著名的侨乡，与其分别建设陆上丝绸之路经济带和21世纪海上丝绸之路核心区相比，河南还缺乏天然的人文合作基础。

2. 支撑条件不足

当前，铁路、航空和海关边检等管理体制机制与地方发展还存在固有矛盾和限制，因此在站线建设、航权航线资源分配和海关边检资源分配以及客货通关能力等方面河南还缺乏必要的支撑条件。目前，郑州市还没有一家领事机构，顶尖的人文交往机构还十分缺乏，大区性金融、物流、跨国公司总部等在豫设立的数量仍显不足，国际资本、管理、科技、创新、创意等发展航空经济的要素短板突出，“空中丝绸之路”核心区建设所需的国际人才、国际交流经验和国际化发展等支撑条件不足。

三　相关省份推进“一带一路”核心区建设进展及启示

（一）新疆“陆上丝绸之路”核心区建设取得丰硕成果

1. 政策规划体系不断完善

新疆始终坚持强化顶层设计，落实丝绸之路经济带核心区建设的各项工作部署，陆续出台了一系列实施方案、行动计划和指导意见，并积极开展各类专项规划编制工作。加强与丝绸之路沿线国家合作，完成了《中国新疆与巴基斯坦合作规划纲要（2016～2020年）》编制工作，并在积极推进中蒙俄、中塔、中捷、中巴经济走廊合作规划的调研和编制。不断完善的政策规划体系正在成为引领丝绸之路经济带核心区建设的理论依据。

2. 项目建设快速推进

围绕“五中心、三基地、三通道、十大产业聚集区”建设，新疆筛选出《新疆丝绸之路经济带核心区建设优先推进项目清单》，确定优先推进项目有352项（类），总投资超过3万亿元，其中，已经开工建设的项目153项（类），总投资超过1.2万亿元。尤其是以兰新铁路第二双线等为代表的一批铁路、公路和机场建设项目加快推进，使新疆迈入高铁时代，交通等基础设施不断完善。新疆电子口岸在乌鲁木齐市正式启动并上线运行，乌鲁木齐综合保税区正式封关运营，阿拉山口、霍尔果斯整车进口口岸通过国家验收，实现进口整车零突破。

3. 对外交流渐入佳境

新疆先后与巴基斯坦、澳大利亚、英国、美国、瑞典、韩国等国就共同推进“一带一路”建设进行了深入交流，达成了一系列共识。举办了“第九届丝绸之路市长论坛”“中巴经济走廊（新疆·克拉玛依）论坛”等一系列国际会议。大型文化歌舞剧“丝路上的中国梦——永远的麦西热甫”剧组先后赴阿斯塔纳和阿拉木图进行了多场访问演出。新疆电视台驻乌兹别克斯坦和驻巴基斯坦办事处的建设工作正在加快推进。积极开展国际医疗服务，进一步扩大了新疆医疗服务的影响力。

4. 资金融通政策实现突破

霍尔果斯经济开发区成为全国首个跨境人民币创新业务试点区，国家给予其比深圳前海、上海自贸区还优惠的离岸人民币政策；以人民币标价、结算和流通开展国际贸易，中哈霍尔果斯国际边境合作中心逐步探索和实现人民币的跨境结算。新疆已与哈萨克斯坦、美国等86个国家和地区开展了跨境人民币实际收付业务，2016年跨境人民币贸易结算量突破2200亿元，参与办理跨境人民币的银行机构19家，在地域上实现了新疆全覆盖。此外，伊犁霍尔果斯离岸人民币试点金融港、喀什区域金融贸易区次区域金融中心等重要的金融平台建设正在加紧谋划。

（二）福建“海上丝绸之路”核心区建设取得积极成效

1. 互联互通不断加强

福建始终把设施联通放在推进“海上丝绸之路”核心区建设的突出位置，不断完善海上、空中和联运通道，截至2017年中，已经建成168个万吨级以上泊位，打造了以福州和厦门机场为主体和4个区域干线机场为支撑的航空枢纽体系，开通138条海洋集装箱外贸航线和46条空中国际航线。目前，福建省已经能够直接通达东南亚、欧洲、美洲、澳大利亚、日本、韩国等，并且实现了“海上”“陆上”“空中”“丝绸之路”的有效对接。

2. 经贸合作全面提升

加快企业“走出去”，福建加强双向贸易拓展，2016 年实现与海上丝绸之路国家贸易额 2696. 5 亿元；建成 9 个境外远洋渔业综合基地，设立了中国—东盟海产品交易所；“一带一路”沿线投资项目备案 96 个、实现投资额 22. 3 亿美元。完善经贸合作品牌建设，以 21 世纪海上丝绸之路博览会暨福州海峡两岸经贸交易会、21 世纪海上丝绸之路建设暨国际产能合作研讨会和亚洲合作论坛工商大会等活动为主体，加强经贸合作品牌建设和营销。

3. 人文交流更加密切

以海丝文化为纽带，坚持“走出去”与“引进来”、经贸往来与人文交流的结合融通，扎实推进国际人文交流。加强文化精品建设，打造大型舞剧《丝海梦寻》并积极推动文化精品“走出去”，先后在联合国总部、欧盟总部以及“海上丝绸之路”相关国家演出。打造文化交流品牌，将福州“海上丝绸之路”国际电影节、国际旅游节、泉州“海上丝绸之路”国际艺术节等节庆活动作为文化交流品牌重点打造。创新教育交往形式，厦门大学马来西亚分校在国内率先实现海外建校并投入使用。

（三）对河南建设“空中丝绸之路”核心区的启示

1. 积极争取政策支持

争取深化航空领域改革试点的政策支持，探索互相开放航权，争取得到各大国际枢纽的国际航线资源，加快空域优化与管理体制改革。争取破除航空经济发展瓶颈的政策支持，深化跨境 E 贸易、一体化通关、电子口岸等试点创新，完善领事、口岸等功能，实施过境免签、便利游、免签游等人员往来便利政策，健全海关和检验检疫机构设置、合理增加人员编制。争取促进核心区稳定快速发展的政策支持，实现投资便利化，加大对基础建设资源的倾斜力度，实行部分先行先试领域的税收减免返还和财政补贴。

2. 充分发挥比较优势

充分发挥河南地处天下之中的区位优势，进一步扩大其作为国际综合性交通枢纽优势，提升航空港实验区连接中外的水平，推进设施联通、港口合作、产业发展。充分发挥要素资源与产业配套优势，引进国际资本、管理、科技、创新、创意等要素补足发展短板，加快装备、技术、人才走出去，进一步推进国际产能合作。充分发挥河南文化底蕴与市场腹地优势，深入开展教育、文化、科技交流，推动国内国际市场融合发展。

3. 加强基础设施联通

完善规划体系，以强化联通能力为核心，优化完善市政和内外路网格局，加快建设以郑州机场与郑州高铁南站为依托的航空、高铁、公路、城铁和市政交通无缝衔接的多式联运综合交通枢纽。加快项目实施，优化整合全省资源配置，充分发挥市场作用，加快推进项目落地实施、尽早打破发展瓶颈。丰富合作方式，加快与周边区域和国内重要机场、港口、海关特殊监管区域等对接，与相关部门和企业合作，倡导推进“空中丝绸之路”发展的标准规范体系，创新互利共赢的合作机制和合作载体。

4. 全面拓宽融资渠道

拓宽核心区发展的融资门路，理顺利益关系，创新多主体投资、多渠道融资的体制机制，提升发展质量，创建长效发展机制。找好“走出去”的融资出路，把握丝路基金等国家投资平台融资机会，整合和运用好区域融资平台，找好资金、贸易、管理合作伙伴，提升“走出去”的水平。接通资金往来的断头路，申请跨境人民币创新结算业务试点，打通国际资金往来瓶颈。

5. 加强人文交流合作

搭建交流平台，综合运用论坛、展会、节庆活动等多种形式，积极推荐宣传“空中丝绸之路”核心区理念与作用，努力吸引国际组织、丝绸之路沿线城市和各界人士来访交流。构建合作载体，灵活采取合作办学、共建园区、协同创新等方式，共同搭建一批科研、教育、文化等合作平台，深化合作内容。健全合作机制，全面对接现有的区域合作机制，用好国家“一带一路”人文交流合作平台和机制，扩大友好省市范围，积极互办、联办、合办各种节庆活动，支持丝路文化学术合作，鼓励各类社会组织积极参与承担人文交流项目，促进民间合作，深化文化交流，构建立体的国际人文交流合作机制。

四　建设“空中丝绸之路”河南核心区的总体思路

（一）确定河南核心区的建设原则

1. 坚持市场运作

遵循国际航空市场规律和国际通行规则，充分发挥市场在资源配置中的决定性作用，大力发挥企业主体作用，积极吸引社会资本参与，同时发挥好政府引导作用。通过市场配置资源，把河南居“天下之中”的战略枢纽优势与中国全面建设“一带一路”深度融合，让全球认识历史悠久的中原大地，不仅拥有享誉全球的“少林功夫”，而且具有包容文化的博大胸怀，是中国“三商”（商品、商业、商人）发源地，是全球进入航权和网权时代区域发展的热点地区之一。

2. 坚持以人为本理念

“空中丝绸之路”河南核心区建设，要突出抓好以人为本的合作主题，充分发挥中国与欧洲传统历史文化沉淀丰厚和历史上通过“丝绸之路经济带”进行文化深度融合的优势，促进中国同欧洲各国之间以及中国和“空中丝绸之路”沿线国家的国际旅游和人文合作与交流。引导更多国家在郑州设立领事馆或签证处，让“空中丝绸之路”合作之光真正为当地老百姓带来获得感，激发民间合作热情，奠定长期深度合作的基础。

3. 坚持互利共赢

秉承和弘扬和平合作、开放包容、互学互鉴、互利共赢的丝路精神，大力推进与“空中丝绸之路”沿线国家和地区的务实合作，共促更大范围、更高水平、更深层次的大开放、大交流、大融合，在合作中实现互惠互利，通过互惠互利实现共同发展，促进新一轮由“一带一路”支撑的全球化迈向更高水平，让中国和平崛起的时代红利惠及更多友好合作的国家与人民。

4. 坚持不断加强基础设施能力建设

在持续培育和增强郑州—卢森堡“空中丝绸之路”双枢纽比较优势的

同时，要全面提升与“一带一路”沿线国家和地区的基础设施互联互通能力，并积极推动各个层面的产业合作和经贸往来，率先在重点国家和区域取得突破，逐步形成联系全球的更多的空中通道，让郑州居亚洲经济地理中心的区位优势，为更多的亚欧合作企业带来降低成本的实惠。

（二）明确核心区建设的功能定位

1. 亚太地区重要的国际航空枢纽

郑州区位优势突出，是亚洲的经济地理中心，便于开展全球化联程联运，国际客货运输量增长速度非常快。加快建设连接“一带一路”沿线国家和世界重要枢纽机场的航空运输网络，完善“铁、公、机”多式联运的现代综合交通运输体系，强化国际人员往来、物流集散、中转服务等现代综合服务功能，加快步伐将郑州建设成为亚太地区重要的国际航空枢纽，减轻“北上广”航空枢纽的发展压力，积极培育中国国际航空枢纽“第四极”。

2. 中国内陆地区重要的开放门户

郑州航空港经济综合实验区与中国（河南）自贸区、中国（郑州）跨境电子商务综合试验区等国家战略规划与战略平台的叠加效应逐步显现，特别是在郑州国际航空枢纽的带动下，2016 年河南进出口总额跃居全国中西部地区首位，开放型经济发展势头强劲，内陆开放高地雏形显现。伴随国家支持郑州—卢森堡“空中丝绸之路”建设，以及国家批准在河南多地建设自由贸易试验区、综合保税区等高层次开放平台，进一步完善国际化营商环境，河南省将以 1 亿人口的共同意志为服务“一带一路”建设贡献力量，将为提升中国内陆地区对外开放层次提供新的支撑。

3. 中国丝路文化重要的对外交流中心

河南既拥有丝绸之路东方起点的品牌效应，又具有航权和网权时代对外经贸与文化交流的独特优势。在建设郑州—卢森堡“空中丝绸之路”河南核心区进程中，河南将发挥历史文化资源集聚优势，持续传承和弘扬丝绸之路友好合作精神，广泛开展文化交流、合作办学、旅游合作、体育交流等活动，打造形成我国丝路文化重要的对外合作交流和创新中心。

4. 航空经济引领转型发展的先行区

郑州航空港经济综合实验区是我国首个航空港经济发展先行区，从2013年启动建设以来，对河南这样的内陆腹地开放型经济发展起到了历史性推动作用，也使河南成为由内陆腹地迈向开放发展前沿的开放高地。充分发挥航空运输资源配置效率高、综合带动作用强的优势，吸引高端要素特别是人才资源加快在中原大地集聚，推动智能终端制造业、高端数控装备制造业、飞机制造维修业、现代医药制造业、现代金融等服务业集聚发展，逐步推动河南经济深度融入全球生产供应链和消费供应链，将为我国广大中西部地区转型发展提供示范。

（三）拓展支撑核心区建设的合作方向

建设“空中丝绸之路”河南核心区的重点合作方向是：以郑州和卢森堡分别为亚欧“双枢纽”，加快把郑州打造成为亚太地区国际物资集聚分拨中心，把卢森堡打造成为欧洲地区物资集聚分拨中心，加快开通联系北美、俄罗斯、东南亚、澳洲、非洲等国家和地区重要枢纽机场的客货运航线，形成中国中部至欧洲、北美、俄罗斯、东南亚、澳大利亚和新西兰以及非洲的空中合作通道，使中国品牌的“空中丝绸之路”在全球范围内提升资源配置效率水平，促进空前规模的全球化立体网络的形成。

（四）优化支撑核心区建设的总体布局

充分发挥优势，统筹推进国家战略规划实施和战略平台建设，加强以政策沟通、设施联通、贸易畅通、资金融通、民心相通为主要内容的交流与合作，打造连接东中西、沟通境内外、支撑“一带一路”建设的核心区域。

1. 将郑州航空港经济综合实验区打造成为重要的战略平台

以郑州大型航空枢纽为依托，以发展航空运输为突破口，率先在民航管理、海关监管、金融支持、土地利用、服务外包、文化交流等领域开展体制机制创新，全面提升与欧洲、北美、俄罗斯、东亚、东南亚、澳洲等国家和地区的开放合作水平。

2. 将洛阳、南阳、安阳、信阳、商丘打造成为“空中丝绸之路”重要的战略支点

充分发挥洛阳、南阳、安阳、信阳、商丘等地的产业基础、文化底蕴、机场建设和开放发展等综合优势，广泛吸收借鉴郑州航空港经济综合实验区先行先试的经验和体制机制创新成果，加快完善提升洛阳、南阳、安阳、信阳机场功能，高标准建设商丘机场，完善“铁、公、机”高效衔接的现代综合交通运输体系，加快形成与郑州大型航空枢纽联动发展的局面，在全省形成共同建设“空中丝绸之路”的协同发展。

3. 将开封、新乡、焦作等区域打造成为重要的功能拓展区

支持河南省内其他城市立足本地实际，加快建设现代集疏运体系，加快构建航空产业体系，推进航空要素整合，努力推动与“一带一路”沿线国家和地区在装备制造、现代物流、文化旅游、医疗卫生、科技教育等重点领域的交流合作，形成全面参与“空中丝绸之路”核心区建设的整体格局。

五　建设“空中丝绸之路”河南核心区的对策建议

围绕建设“空中丝绸之路”河南核心区，在多领域多层面争取国家战略的大力支持，突出先行先试，探索一批可复制可推广的政策与经验。

（一）支持优先安排航权航线

一是优先安排航权开放。争取国家在郑州机场进一步开放第五航权，保障全货机起降时刻，根据情况适时支持开放第七航权，对落地河南的国内外航空公司在航线经营权、航班时刻等方面给予优先支持。二是完善全球货运网络。支持河南依托郑州—卢森堡货运网络，加快谋划构建中亚、东欧、美洲等航运“双枢纽”，谋划推进与仁川、迪拜等枢纽机场建立货运联盟，加快批复卢森堡货航和河南航投等单位联合组建的以郑州为基地的货运航空公司。三是打造郑州国际航空货运枢纽。充分考虑郑州居“天下之中”的先

天优势，推动我国三大货运航空公司整合设立新公司，并把公司总部设在郑州，支持其他航空公司在河南设立基地公司，支持河南以更优厚的政策吸引大型物流集成商和品牌货代公司落地，吸引全球航空货物在郑州集疏。四是拓展洲际客运航线。支持河南以更优厚的政策开通更多的洲际客运航线，完善通航点布局和航线网络，支持国际国内航空公司在郑州建设基地公司；五是支持河南优化空域资源。创新军民融合发展模式，协调新郑机场与军用机场空域资源，优化空域资源配置，拓展新郑机场发展空间，启用信阳、安阳等机场为地方经济发展服务的功能，加快发展通用航空。

（二）支持重大设施项目建设

一是支持第三跑道建设。支持河南启动郑州机场三期工程，加快推进第三跑道、第三航站楼建设，建设北货运区、货运专属跑道等综合配套设施，以满足郑州—卢森堡“空中丝绸之路”建设对郑州航空港规模快速扩张的实际需要。二是支持打造“空中丝绸之路”大数据平台，支持河南整合现有客运、货运、跨境电商、海关、检验检疫等数据平台资源，并与中国民航局及其他枢纽机场数据库对接，构建统一的“空中丝绸之路”大数据平台，为各类市场主体在“空中丝绸之路”河南核心区开展业务提供数据支持，打造新型航空信息枢纽。三是支持多式联运设施网络建设。重点探索“航空—高铁”联运模式，同步规划建设郑州南站高铁快运物流基地，配套建设物流基地至郑州南站和机场货站联络线，支持河南与中国铁路总公司合作推进空铁箱体标准、安检标准、通关模式等无缝对接，探索空铁货物集输新模式，打造多式联运国际性物流中心。四是支持河南建立国家新型对外文化贸易基地。目前，北京、上海、深圳建立了国家对外文化贸易基地，河南是文化资源大省，支持河南依托中原文化、非物质文化遗产以及民间艺术品等优势，建立第四个国家对外文化贸易基地，推进艺术品进出口在通关、结算、拍卖、仓储等方面便利化，大力发展跨境文化电子商务，打造新兴的文化产品及艺术品进出口基地，助推华夏历史文明传承创新区建设。

（三）支持提高通关效率

一是支持完善提升口岸功能。支持河南设立药品、进口粮食、进境植物种苗（花卉）、木材等指定口岸及国际邮件经转口岸，提升肉类、澳大利亚肉牛、水果、冰鲜水产品、食用水生动物、汽车等已有指定口岸运营水平，继续保持中西部地区口岸体系优势，延长拓展口岸上下游产业链条，吸引航空货物集聚。二是进一步支持通关一体化。依托河南电子口岸，打造国际贸易“单一窗口”更高版本，优化关检合作“三个一”，推进相关部门信息共享、监管互认、执法互助，加快实现跨关境、跨区域口岸执法部门互联互通。三是支持综合保税区扩区发展。完善综合保税区口岸作业区功能，实现与机场口岸强强联合，积极申建郑州国际陆港保税物流中心（B 型）。四是优先下调商品“查验率”。争取国家支持，下调出口商品查验率，加大集装箱检查设备配备力度，深化“双随机”改革，进一步提高查验的针对性和有效性，提高通关效率。五是增加通关人员编制。实施 7×24 小时全天候通关模式，支持河南根据业务快速增长需求适当增加河南海关、检验检疫人员编制，消除人员的瓶颈制约。

（四）优化金融支持方式

一是支持离岸金融创新。支持具备条件的企业注册成立离岸公司，加快吸引和集聚离岸贸易主体，推进以人民币离岸业务为重点的离岸金融业务发展，积极发展外币离岸业务，支持商业银行设立开展外币离岸业务的机构，允许符合条件的中资银行试点开办外币离岸业务，吸引跨国企业结算中心入驻，拓展跨境人民币创新试点范围，探索开展跨境人民币创新业务和跨境电商线上交易线下人民币支付模式，建设境内境外互动、本币外币互动、内企外企互动的人民币离岸业务在岸结算区域交易中心。二是支持构建多元化基金体系。积极发挥中原航空港产业投资基金和中原丝路基金的引领作用，引导各类社会资本联合组建先进制造、冷链物流等特色产业发展基金等，助推重大基础设施建设和高端产业项目入驻。三是争取国家金融平台支持，支持河南利用丝路基金、亚投行等金融平台，加大对“空中丝绸之路”河南核心区重大项目建设的资金支持。四是支持航空金融发展。支持设立供应链金融公司，支持飞机融资租赁、航空保险、贸易融资等产业发展，为本地优势产业转型创新发展提供融资支持。

（五）深化国际人文交流

一是支持领事馆区建设。支持在郑州航空港建设领事馆区，为各国大使馆在郑州设立领事馆或签证处提供便利，提高人员往来便利化水平，方便中原地区与全球的交流合作和民心相通。二是支持在郑州机场开展114小时过境免签。争取国家支持河南开展114小时过境免签、境外旅客购物离境退税及设立口岸进境免税店，吸引国际商务和旅游客户在郑州落地和中转。三是支持优先开展“航空—高铁”一票制试点，提高国际旅客中转效率。四是深化教育交流合作。支持河南围绕航空经济深化教育领域国际合作交流，支持河南高等院校与国际知名院校共建合作办学项目，聚焦航空制造、航空维护、航空物流、航空管理、跨文化等专业，创新航空人才、多语种跨文化人才培养模式，为“空中丝绸之路”河南核心区建设提供人才支撑。

参考文献

福建省发改委、省外办、省商务厅：《福建省21世纪海上丝绸之路核心区建设方案》，《福建日报》2015年11月17日。

福建省人民政府发展研究中心课题组：《福建建设21世纪海上丝绸之路核心区的研究报告》，《发展研究》2015年第6期。

河南省人民政府：《中国（河南）自由贸易试验区建设实施方案》，《河南日报》2017年6月5日。

河南省人民政府：《郑州—卢森堡“空中丝绸之路”建设专项规划（2017～2025年）》，2017年9月。

黄卫：《精心打造“丝绸之路经济带”的核心区》，《求是》2014年第7期。

王也：《新疆着力构建丝绸之路经济带核心区》，《中国改革报》2015年8月12日。

王瑟：《建设丝绸之路经济带核心区》，《光明日报》2015 年 5 月 29 日。

许建英：《“丝绸之路经济带”视野下新疆定位与核心区建设》，《新疆师范大学学报》（哲学社会科学版）2015 年第 1 期。

荀梅、关志强：《创新引领“丝绸之路经济带”核心区建设的路径研究》，《北方经济》2017 年第 7 期。

闫海龙：《新疆丝绸之路经济带核心区建设的现状与优发展途径》，《对外经贸实务》2017 年第 4 期。

张占仓：《河南从内陆腹地迈向开放发展前沿》，《河南科学》2017 年第 2 期。

张占仓、陈萍、彭俊杰等：《郑州航空港临空经济发展对区域发展模式的创新》，《中州学刊》2016 年第 3 期。

张占仓、孟繁华、杨迅周等：《郑州航空港经济综合实验区建设及其带动全局的作用——河南发展高层论坛第 60 次会议综述》，《河南工业大学学报》（社会科学版）2014 年第 3 期。

Abstract

This book systematically explores the major theoretical and practical problems of high quality development in the central region of the new era, including four parts: the general report, the comprehensive chapter, the regional chapter and the thematic chapter.

In the past fifteen years, the general report has systematically reviewed the strategy of the rise of the central region. The central region has achieved remarkable achievements in the remarkable enhancement of the comprehensive economic strength, the improvement of the living standard of the people, the improvement of the quality of the ecological environment, the development of the urban and rural areas, the accelerated pace of reform and innovation, the basic formation of the overall opening pattern, etc. By 2020, the moderately prosperous society in the central region will be realized. In the new era of socialism with Chinese characteristics, the economy has entered a new stage of high quality development. Facing the new situation, new problems and new challenges, the central region should adhere to the concept of innovation, coordination, green, openness and sharing new development. We should grasp the new development requirements, strengthen the innovation drive, adjust the industrial structure, deepen the reform and opening up, consolidate the basic support, strengthen the livelihood guarantee and promote the cooperative development, open a new journey of the rise of the central region, and work hard to write a new chapter of the rise of the central region in the new era.

The comprehensive chapter researches on the key issues affecting the rise of the central region, such as the supply side structural reform of the central region, the modern economic system, the development of urban agglomeration, innovation driven development, the construction of ecological civilization, the construction of the basic public service, cultural innovation and development.

The regional chapter makes a deep study on the major strategic practice of economic and social development in central provinces, such as the construction of Henan is an economic strong province, the transformation and development of Shanxi's resource-based economy, the development of Anhui's strategic emerging industries, the construction of Jiangxi's characteristic regional innovation system, the green development of Hunan, and the building of the economic highland of the inland ports in Hubei.

The thematic chapter focus on some key issues, hot spots and difficult issues facing the economic and social development of central provinces, such as promoting the strategy of Rural Revitalization and the construction of the Henan core area of the "air Silk Road" in Henan, the rural social problems in the poor western areas of Taihang Mountain and the building of a clean and Honest Party style in rural areas in Shanxi, catching up with the economic postand development of agricultural industrialization in Anhui, the implementation of the precision poverty alleviation strategy in Jiangxi, development of new industrial chain in Hunan.

Contents

Ⅰ General Report

Abstract: The central rise strategy has been implemented for 15 years, people in the central region seized opportunities, comprehensive economic strength has significantly strengthened, people's living standards has greatly improved, the quality of the ecological environment has improved overall, great changes have taken place in the urban and rural landscape, the pace of reform and innovation has been accelerated, the all-directional opening pattern has been basically formed, the achievements of the "three bases and one hub" have been remarkable, the construction of the "four districts and one center" has been accelerated. We judge that from now until 2020, the economy of the central region will grow at an average annual rate of more than 7.5%, and the building of a moderately prosperous society in the central region will be implemented as scheduled. In the new era of socialism with Chinese characteristics, the economy has entered a stage of high quality development. In the face of the new situation, new problems and new challenges, the six provinces of central China should adhere to the concept of innovative, coordinated, green, open and shared, should strengthen innovation drive, adjust the industrial structure, deepen reform and opening up, strengthen basic support, improve people's wellbeing, promote coordinated development. The central region will embark on a new journey in the middle of the new era and strive to write a new chapter in the rise of central

China.

Keywords: Rise of Central China; Central Plains City Group; Agricultural Production Base

Ⅱ Comprehensive Reports

B. 2 Research on the Deepening of the Supply-side Structural Reform in the Central Region

Zhao Xuqiang, Sun Xiuling and Zhang Wenxia / 039

Abstract: Supply-side structural reform is an important strategic task for the rise of central region in China. Based on the promotion of supply-side structural reform, this paper summarizes the policy measures and implementation effects of "address overcapacity, reduce inventory, deleverage, lower costs, and bolster areas of weakness" in the central region. And then, this paper puts forward the ideas, principles, and paths for deepening the supply-side structural reforms in the central region by analyzing the problems of the economic and social development in the central region.

Keywords: Central Region; Supply-side Structural Reform; Central Plains Economic Zone

B. 3 Research on Speeding up the Construction of Modern Economic System in Central China

Subject Group of Hubei Academy of Social Sciences / 056

Abstract: Building a modern economic system is a major decision-making made by the party and the state. In the work of building a modern economic system, the central regions have made a solid progress in the construction of the modern economic system. However, there are still some short boards and problems. It is necessary to further implement the new development concept and speed up the construction of a modern economic system.

Keywords: Central Regions; Modern Economic System; New Era

Abstract: The report of the 19th CPC National Congress proposed that urban agglomeration should be the main body to build a coordinated urban development pattern for large, medium and small cities and small towns. The urban agglomerations in the central region have played a leading role in cultivating new growth poles, enhancing the carried capacity of resources, and promoting the rise of central part of China. Based on the development history of urban agglomerations in the central region, this paper analyzes the new situation, new problems and new challenges facing the development of urban agglomerations in the central region of the new era. And it is practical application to identify the functional positioning, realize the complementary development of dislocations, build a characteristic industrial system in the central region, improve urban agglomeration spatial structure and urban system, promote co-construction of the ecological environment in the central region, increase the level of internal and external cooperation and opening up, and deepen the mechanism innovation of the regional internal cooperation mechanism to accelerate the development of the urban agglomeration in the central region.

Keywords: Central China; Urban Agglomerations; Urbanization Construction

Abstract: Driven by the innovation "engine", the central region gives full play to the comprehensive advantages of innovation. The central region has formed a national strategic innovation for the mission, highlighting the central innovation characteristics; to promote the construction of comprehensive test system mechanism reform and innovation as the fundamental, pay attention to the overall linkage and comprehensive reform; policy innovation, agglomeration and activating innovation resources; to achieve scientific and technological achievements of the "three jump" as the foothold, to inspire the whole social innovation vitality and creative potential; focus on fostering innovation, create innovative industrial clusters; to strengthen the innovation driven intellectual support, let all kinds of talents of innovation and entrepreneurship has become the central hot spot; in order to promote the coordinated development of regional innovation as the goal, to cultivate regional innovation development of new growth pole and other distinctive characteristics of innovation. The central region remains the overall innovation ability is not strong, old and new energy transfer to accelerate, the need to deepen the implementation of innovation driven development strategy in the new era, by strengthening the central region in the original innovation of the leading position, continue to deepen reform and innovation, continue to increase efforts to promote the reform and innovation of test system of industrial technology innovation, accelerate the development of innovation type of enterprise cluster, build regional collaborative innovation community, intensify the construction of innovation, to build the Central Highlands with great efforts of international talents of propulsion system, keep the advantage, make up the short board, spare no efforts to catch up, to a higher position, a broader vision, greater efforts to build innovation central, promote the transformation of development, promote the overall development of comprehensive the innovation of technology and innovation as the core, creating more canes relying on innovation driven development to achieve an "amazing leap" from factor driven to innovation driven.

Keywords: National Strategy; Innovation Driven, Comprehensive Innovation and Reform Test; Regional Innovation Comprehensive Capability

Abstract: This paper summarizes the achievements in the construction of ecological civilization in central China since the 18th National Congress of the Communist Party of China, combs the typical practices of ecological civilization construction in provinces, cities and counties in the central China. The paper also points out that the construction of ecological civilization in the central region faces some problems, such as the task of adjustment of industrial structure adjustment is arduous, the level of comprehensive utilization of energy resources needs to be improved, the pressure of consolidating and upgrading the advantages of ecological environment is great, the relative shortage of environmental protection investment needs to be improved. The causes of these problems are further analyzed. Finally, the paper puts forward some suggestions, such as perfect ecological protection system, creating a green industrial system, speeding up the implementation of major green projects, strengthening the construction of ecological culture.

Keywords: Central China; Ecological Civilization Construction; Ecological Protection System

Abstract: With the overall strength and competitiveness of the central region

rising to a new level, its basic public service financial support capabilities have been further strengthened, and the level of common public service construction and sharing has been continuously enhanced. Especially in the important areas such as basic education, health care, social security, employment and ecological environment is developing rapidly, public budget expenditure increased by 8.5%, 11.3%, 15.6% and 19.02% respectively over the same period in 2016. However, the basic public service construction in the central region still has a low overall level, and the supply imbalance between provinces and regions is not sufficient and the matching degree of supply and demand is low. In the new era, we must first raise the level of public finance to the basic social security, focus on introducing market players, foster a diversified competition mechanism for public services, promote the full and balanced development of the supply side of public services; secondly, improve the public demand expression mechanism for public goods, and improve the matching degree of public service supply and demand; finally, strengthen the supply of public goods in the central region and build a new pattern of basic public services in the central region.

Keywords: Central Region; Basic Public Services; Financial Security

B. 8 Research on the Development of Cultural Innovationin of the Central Region

Project Group of the Henan Academy of Social Sciences / 145

Abstract: Innovation is the soul of social progress and the source of vitality in promoting economic stability and progress. Cultural innovation is the internal driving force of the development of cultural industry. Only by continuously promoting cultural innovation can we fundamentally improve the core competitiveness of the cultural industry. At present, the six provinces in Central Region are in a transitional period of economic and social development. The cultural industry has become a creative industry that enhances the quality of economic development. The basic situation of the development of cultural innovation in the Central Region was comprehensively analyzed. On that basis, this paper makes a comparative analysis of the six provinces in the Central Region, including the existing cultural resources, public cultural service capabilities, the scale of cultural industry development, and cultural policy support. Then summarize the subjective and objective factors that restrict the development of cultural innovation in the Central Region. This paper proposes to promote the development of cultural innovation in the Central Region. Through the above countermeasures and suggestions, we hope to provide some references for the high-quality development of cultural construction in the Central Region in the near future.

Keywords: Central Region; Cultural Innovation; Cultural Resources; Cultural Industry; Cultural Policy

Ⅲ Regional Reports

Abstract: Henan Province is a major economic province. In recent years, the comprehensive economic strength has been greatly improved, the economic structure has been accelerated and optimized, the basic capabilities have been continuously enhanced, and the quality and benefits of economic development have been significantly improved. These achievements come from the province's unswerving implementation of the central policy, the overall promotion of the national strategy of "three regions and one group", the in-depth promotion of economic transformation, the improvement the capability of ensuring factors, and the continued promotion of reform and opening up, and so on. Standing at a new historical starting point, Henan should strengthen the guidance of Xi Jinping's thought of Socialism with Chinese characteristics in the New era to the economic development of the province, promote the development of high quality in depth, and strive to improve the level of construction of "three regions and one group," actively strengthen the support capacity of high-end elements, deepen reform and opening-up, and speed up the pace of the Construction of a powerful Economic Province.

Keywords: A Powerful Province of Economy; Henan Province; "Three Districts One Group"

B. 10 The Practice and Exploration of the Transformation and Development of Shanxi's Resource-based Economy

Han Yun, *Wang Yun* / 179

Abstract: The transformation of resource-based economy is a worldwide problem. Shanxi is a typical resource based area. To achieve sustainable development of economy and society, Shanxi must jump out of the trap of resource advantage, break through the existing development path and carry out the transformation of resource economy. From the perspective of practice, Shanxi has been exploring the way of transformation and development. Thetransformation and development are accompanied by the progress and deepening of the reform process. At present, China's economic and social development has entered a new era. Shanxi should speed up the overall transformation of the economy and society, through industrial transformation, enterprise reform, technological innovation, transformation of resource utilization mode, and cooperation and opening up to the outside world.

Keywords: Shanxi; Resource-based; Economy Transformation

Abstract: The strategic emerging industry has broad prospects, can strongly promote the development of regional economy, and help the region to achieve corner overtaking. The article describes the size, policy support, industry chain, innovation of Anhui provincial strategic emerging industry development base, analyzes the existing problems, and gives the optimization suggestions.

Keywords: Anhui; Strategic Emerging Industries; Financial and Monetary Support Policies; Development Base

Abstract: In recent years, Jiangxi has actively formulated and perfected various kinds of scientific and technological policies, optimized the allocation of regional innovation resources, and solved the major problems facing scientific and technological innovation in the region. It has achieved good results. Constructing regional innovation system with local characteristics has provided strong support for promoting regional economic development. But regional innovation also has many problems, such as low investment intensity of science and technology, imperfect investment system, insufficient development of innovation platform, low transformation of scientific and technological achievements and lack of scientific and technological innovation talents. We must deepen the reform of the system of science and technology, cultivate the technological innovation system based on enterprises, build a service platform for scientific and technological innovation, establish a diversified investment and financing system and support system of scientific and technological talents, and promote the further improvement of the regional innovation system with the characteristics of Jiangxi.

Keywords: Jiangxi; Technological Innovation; Regional Innovation System

Abstract: Based on the analytic hierarchy process grey relational (AHP-GRAP) joint evaluation method, this paper takes the green development index as the target layer, with green growth, green bearing capacity and green support as the first grade index, with the structure optimization, innovation drive, open coordination, water resources utilization, aquatic management, green investment and green life as two. In order to measure and evaluate the state and characteristics of the overall and various aspects of Hunan's green development, a green development evaluation index system which includes 1 target layers, 3 first grade indicators, 7 two grade indicators and 34 specific indexes is established to measure and evaluate the state and characteristics of all aspects of green development, and is compared with other provinces and cities of the Yangtze River economic belt, aiming at the green development surface of Hunan. Facing the problems and challenges, concrete countermeasures and suggestions are put forward.

Keywords: Hunan; Green Development; Evaluation System

Abstract: building the "inland port economic highland" is the proper meaning for Hubei to create a new highland for inland opening. Based on the strategic requirements of Hubei's economic development in the new era, this paper analyzes the current situation of Hubei port economy, compares with typical provinces and cities, and explores the path and Countermeasures of the economic development of the Hubei port.

Keywords: Port Economy; Port Construction; Hubei

Ⅳ Special Reports

Abstract: The development of Henan agriculture and rural areas presented a good situation of overall stablitiy, steady progress and steady improvement. It is expected to achieve the main agricultural products output growth, accelerate the optimization and upgrading of the structure of agriculture, farmer income growth, deepen rural reform, agriculture and rural development entered a new stage. But at the same time, it is also facing with outstanding problems such as inefficient efficiency, poor production structure, low market competitiveness and unbalanced development of urban and rural areas. We should seize the opportunity and momentum, strengthen planning guidance, outstanding quality and guidance, promote agricultural and rural development priority, innovation and development, green development, high starting point, high quality of the implementation of the strategy of rural revitalization, promoting the construction of modern strong agricultural province.

Keywords: Henan; The Strategy of Rural Revitalization; Modern Strong Agricultural Province

Abstract: Cigouying is based in deep Taihang mountain, is one of the poorest villages in Shanxi Province, and one of first traditional villages in China. Most young people in the village go out for living, economy develops slowly, income is very low, nobody wants to be in charge of public affairs, agriculture is also too weak. There are many difficulties for village people, such as traffic, medical care, education, aged support, purchase and so on while the scattering and disorder are continuing to spread. And development is in a state of lag and fade. It shows the economy of far areas go downside furthermore, to support poor villages precisely and to gain mutual progress and promotions.

Keywords: Taihang Mountain Area; Poverty Countryside; Rural Area; Society Structure

Abstract: Since the 18th National Congress, corruption in Shanxi province once shocked the whole China and was characterized as "systematic corruption". Faced with such a serious situation, Shanxi Provincial government has made a series of major arrangements to promote economic and social development, especially in the construction of the rural party's clean government. But facing the new situation of Rural Revitalization, there are still some problems that are not suitable, it has a lange room for in provemenl. The subject study is aimed at putting forward the followings suggestions.

Keywords: Shanxi; Rural Vitalization; The Party Style and Clean Government

Abstract: Anhui is an economical underdeveloped province rising rapidly in China, which is still in the middle stage of industrialization. At present, Anhui is standing on a new starting point with a qualitative change and a stand out. It is essential for Anhui to break out a new path to sprint the first square of the country in the rise of the middle of the country. The key is to make sure the path of realization. In the new era of innovation, to achieve Anhui's post catch up, Anhui is to carry out the five development ideas, focus on "catch up with quantity" to "catch up with quality", and rely on support of technological innovation.

Keywords: Anhui Economy; Wanjang City Belt; Zhong yuan Economic Zone; Hwaihe Ecological Economic Belt

Abstract: Based on Henan province zhonghe group industrialization new city construction, Hubei guanqiao eight group development, Zhejiang forest characteristic leisure town and other domestic and foreign agricultural industrialization development practice, the paper systematically studied the current situation and existing problems of Anhui agricultural industrialization development, it proposes to establish the policy support system of industrial integration development orientation, including innovation of agricultural management system based on industrial integration development orientation; Strengthen the system design and effect evaluation, optimize the industrialization policy support system; Construction of public service system of rural industry integration development and other suggestions.

Keywords: Agricultural Industrialization; Modern Agricultural Form; Anhui

B. 20 The Practice and New Course of Accurate Poverty Alleviation Strategy in Jiangxi Province

Liang Yong, *Chen Shengdong* / 330

Abstract: China's poverty alleviation has gone through five stages. During the implementation of the accurate poverty alleviation strategy, Jiangxi Province implemented industry, improved health, improved precision in resettlement, linked to education, and remediation of poverty-stricken villages, the province precision has achieved remarkable achievement for poverty alleviation, rural residents quality of life and living standards are improved largely, rural basic public services were also significantly increased. However, there is still a certain gap between the reality and the overall realization of well-off society. Finally, to achieve the goal of eradicating all rural poverty in 2020, this paper points out several key tasks in Jiangxi Province's new course to implement accurate poverty alleviation.

Keywords: Accurate Poverty Alleviation; Improvement of Peasant Life; Jiangxi Province

Abstract: The 19th National Party Congress proposed the implementation of the strategy of village rejuvenation for the first time. In the year 2018, the Central Document No. 1 also clarified the specific guidelines and policy paths for the implementation of rural rejuvenation in the current and future period. The implementation of the strategy of village rejuvenation in Jiangxi Province has basic and conditional advantages, but at the same time it faces the "six major incompatibility" new issues and new challenges. In order to solve these new problems and new challenges, it is necessary to closely focus on the development of agricultural and rural areas in our province. The key points and breakthroughs will enhance the endogenous and strong driving force for rural development through the provision of financial resources, strong emboldens, gathering popularity, creating a strong atmosphere, adding vitality, and condensing the people's morale. It will explore a road to rural development with Jiangxi characteristics and strive to implement it. The country's rejuvenation strategy takes the lead in the country.

Keywords: Agricultural Rural Farmers; Rural Revitalization Strategy; Jiangxi

Abstract: Focusing on the key industrial fields of manufacturing strong province, focusing on the 20 industrial chain of emerging advantages, taking industrial innovation as the motive force, taking the transformation and upgrading, energy saving and environmental protection, improving the quality and efficiency as the center, building a strong province as the goal, further supplementing the chain, strong chain and prolonging the chain, and focusing on the formation and consolidation of a group of competitive industries with competitive characteristics. A batch of influential industrial clusters, industrial Highlands, leading enterprises and core brands are carefully built up to speed up the construction of a modern manufacturing system with the core of advanced manufacturing industry.

Keywords: Hunan; Make a Strong Province; the Advantages of the New Industry Chain

B. 23 Research on the Construction of "Aerial Silk Road" Henan Core Area

Abstract: The construction of the "Aerial Silk Road" Henan Core Area (ASRHCA) is a concrete action to implement Xi Jinping's spirit on the support for the construction of the Zhengzhou-Luxembourg "Aerial Silk Road". After five years exploration and practice of the construction of the aerial comprehensive experimental area, Henan province, with special advantage of international comprehensive traffic hub, finds a new way of opening to the outside world and high quality economic development, driven by airline economics. This strengthens the basic of the construction of ASRHCA. However, as the overall level of economic and social development of Henan province still relatively low, the construction of ASRHCA still faces some challenges. Therefore, based on careful analysis on the status quo and challenges of the construction of ASRHCA, experiences for Xinxiang to construct core area of land silk road and for Fujian to construct core area of the maritime silk route of the 21st century are fully absorbed to put forward the general idea and countermeasures for Henan province to the construct ASRHCA, which can be used for decision-making reference by relevant department.

Keywords: Aerial Silk Road; Henan Core Area; Comprehensive Transportation Hub

✧ 皮书起源 ✧

“皮书”起源于十七、十八世纪的英国，主要指官方或社会组织正式发表的重要文件或报告，多以“白皮书”命名。在中国，“皮书”这一概念被社会广泛接受，并被成功运作、发展成为一种全新的出版形态，则源于中国社会科学院社会科学文献出版社。

✧ 皮书定义 ✧

皮书是对中国与世界发展状况和热点问题进行年度监测，以专业的角度、专家的视野和实证研究方法，针对某一领域或区域现状与发展态势展开分析和预测，具备原创性、实证性、专业性、连续性、前沿性、时效性等特点的公开出版物，由一系列权威研究报告组成。

✧ 皮书作者 ✧

皮书系列的作者以中国社会科学院、著名高校、地方社会科学院的研究人员为主，多为国内一流研究机构的权威专家学者，他们的看法和观点代表了学界对中国与世界的现实和未来最高水平的解读与分析。

✧ 皮书荣誉 ✧

皮书系列已成为社会科学文献出版社的著名图书品牌和中国社会科学院的知名学术品牌。2016 年，皮书系列正式列入“十三五”国家重点出版规划项目；2013~2018 年，重点皮书列入中国社会科学院承担的国家哲学社会科学创新工程项目；2018 年，59 种院外皮书使用“中国社会科学院创新工程学术出版项目”标识。

中国皮书网

（网址：www.pishu.cn）

发布皮书研创资讯，传播皮书精彩内容
引领皮书出版潮流，打造皮书服务平台

栏目设置

关于皮书：何谓皮书、皮书分类、皮书大事记、皮书荣誉、皮书出版第一人、皮书编辑部

最新资讯：通知公告、新闻动态、媒体聚焦、网站专题、视频直播、下载专区

皮书研创：皮书规范、皮书选题、皮书出版、皮书研究、研创团队

皮书评奖评价：指标体系、皮书评价、皮书评奖

互动专区：皮书说、社科数托邦、皮书微博、留言板

所获荣誉

2008 年、2011 年，中国皮书网均在全国新闻出版业网站荣誉评选中获得“最具商业价值网站”称号；

2012 年，获得“出版业网站百强”称号。

网库合一

2014 年，中国皮书网与皮书数据库端口合一，实现资源共享。

S 基本子库
UB DATABASE

中国社会发展数据库（下设 12 个子库）

全面整合国内外中国社会发展研究成果，汇聚独家统计数据、深度分析报告，涉及社会、人口、政治、教育、法律等 12 个领域，为了解中国社会发展动态、跟踪社会核心热点、分析社会发展趋势提供一站式资源搜索和数据分析与挖掘服务。

中国经济发展数据库（下设 12 个子库）

基于“皮书系列”中涉及中国经济发展的研究资料构建，内容涵盖宏观经济、农业经济、工业经济、产业经济等 12 个重点经济领域，为实时掌控经济运行态势、把握经济发展规律、洞察经济形势、进行经济决策提供参考和依据。

中国行业发展数据库（下设 17 个子库）

以中国国民经济行业分类为依据，覆盖金融业、旅游、医疗卫生、交通运输、能源矿产等 100 多个行业，跟踪分析国民经济相关行业市场运行状况和政策导向，汇集行业发展前沿资讯，为投资、从业及各种经济决策提供理论基础和实践指导。

中国区域发展数据库（下设 6 个子库）

对中国特定区域内的经济、社会、文化等领域现状与发展情况进行深度分析和预测，研究层级至县及县以下行政区，涉及地区、区域经济体、城市、农村等不同维度。为地方经济社会宏观态势研究、发展经验研究、案例分析提供数据服务。

中国文化传媒数据库（下设 18 个子库）

汇聚文化传媒领域专家观点、热点资讯，梳理国内外中国文化发展相关学术研究成果、一手统计数据，涵盖文化产业、新闻传播、电影娱乐、文学艺术、群众文化等 18 个重点研究领域。为文化传媒研究提供相关数据、研究报告和综合分析服务。

世界经济与国际关系数据库（下设 6 个子库）

立足“皮书系列”世界经济、国际关系相关学术资源，整合世界经济、国际政治、世界文化与科技、全球性问题、国际组织与国际法、区域研究 6 大领域研究成果，为世界经济与国际关系研究提供全方位数据分析，为决策和形势研判提供参考。

法律声明